文物科技研究

第七辑

中国文化遗产研究院 编

科学出版社

北京

内 容 简 介

《文物科技研究》是一部关于文物保护科学技术研究的学术系列出版物，主要刊登国内外文物保护理论与方法研究、应用技术研究、保护工程技术研究的成果，以推动我国文物保护科学和应用技术研究的发展。此前已连续出版六辑，本辑主要刊登了 2009 年 11 月由国家文物局科学技术司主办、中国博物馆学会藏品保护专业委员会承办的"馆藏文物保护科学与技术研讨会"论文 13 篇，同时还刊登了铁质、木质、砖石文物等保护技术研究文章和国外文物保护技术译文 9 篇。

本书可供从事文物保护与修复专业的科技人员、考古工作者、博物馆科技工作者和大专院校相关专业的师生阅读、参考。

图书在版编目（CIP）数据

文物科技研究. 第 7 辑 / 中国文化遗产研究院编. —北京：科学出版社，2010

ISBN 978-7-03-029310-7

Ⅰ. ①文… Ⅱ. ①中… Ⅲ. ①文物保护–科学技术–中国–文集 Ⅳ. ①K87-53

中国版本图书馆 CIP 数据核字（2010）第 205995 号

责任编辑：雷 英 / 责任校对：桂伟利
责任印制：赵德静 / 封面设计：陈 敬

科学出版社 出版
北京东黄城根北街 16 号
邮政编码：100717
http://www.sciencep.com

中国科学院印刷厂 印刷
科学出版社发行 各地新华书店经销

*

2010 年 11 月第 一 版　　开本：787×1092 1/16
2010 年 11 月第一次印刷　　印张：14　插页：4
印数：1—2 500　　字数：317 000

定价：**72.00 元**
（如有印装质量问题，我社负责调换）

《文物科技研究》指导委员会

主　　任　张文彬
委　　员　刘燕华　柯　俊　傅熹年　葛修润
　　　　　宿　白　徐苹芳　谢辰生　罗哲文
　　　　　张忠培　黄景略　王丹华　黄克忠
　　　　　胡继高　陈同滨　张廷皓　付清远
　　　　　Neville Agnew（美国）
　　　　　沢田正昭（日本）
　　　　　Mario Micheli（意大利）

《文物科技研究》编委会

主　　任　刘曙光
委　　员　（以姓氏笔画为序）
　　　　　马清林　王昌燧　王金华　朱晓东
　　　　　乔　梁　李宏松　杨　新　吴小红
　　　　　罗宏杰　周卫荣　孟宪民　荣大为
　　　　　侯卫东　柴晓明　梅建军　詹长法
　　　　　潘　路
主　　编　马清林
副 主 编　王小梅
编　　辑　宋　燕　黄　彬

SCIENTIFIC AND TECHNOLOGICAL RESEARCH ON CULTURAL HERITAGE

VOLUME 7

CHINESE ACADEMY OF CULTURAL HERITAGE

SCIENCE PRESS
BEIJING

目 录

"馆藏文物保护科学与技术研讨会"论文

青海贵南尕马台墓地出土铜器的初步科学分析 ⋯ 徐建炜 梅建军 孙淑云 许新国（1）

山东青州香山西汉墓镀锡青铜鐏镀层结构研究 ⋯⋯⋯⋯ 周麟麟 张治国 马清林（9）

铁质文物脱氯技术研究⋯⋯⋯⋯⋯⋯ 成小林 杨小林 胥谞 陈淑英 潘路（17）

莫高窟壁画多光谱无损调查和分析进展 ⋯⋯ 苏伯民 范宇权 王晓伟 柴伯龙（28）

西汉"四神云气图"壁画综合保护研究 ⋯⋯⋯⋯⋯⋯⋯⋯⋯⋯⋯⋯⋯ 铁付德（40）

陕西墓葬壁画现场保护与搬迁技术的最新发展 ⋯⋯⋯⋯⋯⋯⋯⋯⋯⋯⋯⋯⋯⋯⋯⋯⋯⋯⋯⋯⋯⋯ 杨军昌 王啸啸 宋俊荣 张勇剑 赵西晨（48）

古代丝织品血迹污染物的清洗研究⋯⋯⋯⋯⋯⋯⋯⋯⋯⋯⋯ 龚德才 孙淑云（59）

天衣有缝与天衣无缝——兼谈文物修复中的可识别原则⋯⋯⋯⋯⋯⋯ 赵丰（70）

馆藏纸质文物保护技术的历史、现状与展望⋯⋯⋯⋯⋯⋯⋯⋯⋯⋯ 张金萍（77）

饱水竹简脱色机理研究⋯⋯⋯⋯⋯⋯⋯⋯⋯⋯⋯⋯⋯⋯⋯ 方北松 童华（84）

唐陵石刻内部裂隙发育的超声检测研究 ⋯⋯⋯⋯⋯⋯⋯⋯⋯⋯⋯⋯⋯⋯⋯⋯⋯⋯⋯⋯⋯⋯⋯⋯⋯⋯⋯ 马宏林 马涛 齐扬 阎敏 甄刚（94）

浙江省博物馆武林馆区文物环境控制和监测系统的构架设计 ⋯⋯⋯ 郑幼明（104）

汶川地震中受损馆藏文物的保护与研究 ⋯⋯⋯⋯⋯⋯⋯⋯⋯⋯⋯⋯⋯ 韦荃（112）

* *

中国冶铁技术起源与发展的新探索 ⋯⋯⋯⋯⋯⋯⋯⋯⋯⋯⋯⋯⋯⋯ 陈建立（118）

海洋出水古代铁器表面凝结物的分析研究 ⋯⋯⋯ 刘薇 张治国 李秀辉 马清林（132）

北京市延庆县出土兵器的初步研究 ⋯⋯⋯⋯⋯⋯⋯ 程瑜 李秀辉 范学新（148）

沧州铁狮子保护技术研究概述 ⋯⋯⋯⋯ 永昕群 王晓东 金晓飞 王林安 王伟 范峰 陈重 李秀辉 梅建军 任亚珊 马清林（160）

出土干缩变形木质文物润胀复原的研究进展 ⋯⋯⋯⋯⋯⋯⋯⋯⋯⋯⋯⋯⋯⋯⋯⋯⋯⋯⋯⋯⋯⋯⋯⋯⋯⋯ 陈家昌 柴东朗 周敬恩 黄霞 陈胜龙（176）

河北涞源阁院寺辽、明两代建筑砖瓦分析 ⋯⋯⋯⋯⋯⋯⋯⋯⋯⋯⋯⋯⋯⋯⋯⋯⋯⋯⋯⋯⋯⋯⋯⋯⋯⋯⋯ 郭峰栋 李乃胜 杨益民 郇勇 王昌燧 张新香（182）

中国古代文石结构碳酸钙颜料研究 ⋯⋯⋯⋯⋯⋯⋯⋯⋯⋯⋯⋯⋯⋯ 周国信（187）

多孔建筑材料修复灰浆中盐分迁移和结晶现象分析 ⋯⋯⋯⋯⋯⋯⋯⋯⋯⋯⋯⋯⋯⋯⋯⋯〔荷兰〕R. P. J. van Hee, Barbara Lubelli 著 李博 宋燕译（191）

钻入阻力技术在石质文物保护中的应用：回顾和展望 ⋯⋯⋯⋯⋯⋯⋯⋯〔德国〕Marisa Pamplona, Mathias Kocher, Rolf Snethlage, Luís Aires Barros 著⋯⋯⋯⋯⋯⋯⋯⋯⋯⋯⋯⋯⋯⋯⋯⋯⋯⋯⋯⋯⋯⋯⋯⋯⋯⋯⋯⋯ 张金风译（203）

CONTENTS

Pakers from the Collection Conservation Science and Technology Conference

A Preliminary Scientific Study of Copper and Bronze Objects Excavated from the Gamatai
  Cemetery, Guinan County, Qinghai Province ....
  .... *Xu Jianwei, Mei Jianjun, Sun Shuyun, Xu Xinguo* (8)
Research on the Tinned Bronzes Excavated from Xiangshan Tomb of Western Han Dynasty,
  Qingzhou, Shandong Province .... *Zhou Linlin, Zhang Zhiguo, Ma Qinglin* (16)
Research on Washing Methods and Materials for Chloride Removal from Iron Artifact
  .... *Cheng Xiaolin, Yang Xiaolin, Xu Xu, Chen Shuying, Pan Lu* (27)
The Approach of Non-Destructive Investigation and Analysis by Multi-Spectra on Mogao
  Grotto Mural .... *Su Bomin, Fan Yuquan, Wang Xiaowei, Chai Bolong* (39)
The Conservation of the Wall Painting Transferred from Royal Mausoleum of Western Han
  Dynasty at Shiyuan, Henan, China .... *Tie Fude* (46)
The Latest Development of Conservation of Tomb Murals in Site at Shaanxi ....
  ...... *Yang Junchang, Wang Xiaoxiao, Song Junrong, Zhang Yongjian, Zhao Xichen* (58)
Biological Cleaning of the Blood Stain on Historic Silk .... *Gong Decai, Sun Shuyun* (69)
"Divine Garments with Seams" and "Divine Garments without Seams": Discussion of the
  Principle of Distinguishable Intervention in Textile Relics Restoration ...... *Zhao Feng* (76)
The History, Present and Development of the Conservation Technology of Paper Collections
  .... *Zhang Jinping* (83)
Preliminary Studies on the Mechanisms of the Color Change of the Waterlogged Bamboo Slips
  .... *Fang Beisong, Tong Hua* (93)
Studies on the Ultrasonic Detection of Inside Crannies of Stone Sculptures of Imperial Tombs,
  Tang Dynasty .... *Ma Honglin, Ma Tao, Qi Yang, Yan Min, Zhen Gang* (103)
The Framework Design of the Museum Environment Control and Monitoring System in
  Wulin Branch of the Zhejiang Museum .... *Zheng Youming* (111)
The Museum Collections Damaged in the Earthquake 5.12 in Wenchuan of Sichuan
  .... *Wei Quan* (117)

✳ ✳

Recent Research on Ancient Chinese Iron and Steel Technology .... *Chen Jianli* (131)
Research on the Composition of the Concretion Encrusting on Ancient Marine Iron ......
  .... *Liu Wei, Zhang Zhiguo, Li Xiuhui, Ma Qinglin* (147)

Study on Weapons Unearthed from Yanqing County, Beijing
.... *Cheng Yu, Li Xiuhui, Fan Xuexin* (159)

The Research of the Conservation Technology of the Cangzhou Iron Lion
.... *Yong Xinqun, Wang Xiaodong, Jin Xiaofei, Wang Linan,*
Wang Wei, Fan Feng, Chen Zhong, Li Xiuhui, Mei Jianjun, Ren Yashan, Ma Qinglin (174)

Research progress in shape recovering from collapsed archaeological wood
.... *Chen Jiachang, Chai Donglang, Zhou Jingen, Huang Xia, Chen Shenglong* (181)

The Analysis of Ceramic Building Materials In Geyuan Temple, Hebei Province
Guo Zhengdong, Li Naisheng, Yang Yimin, Huan Yong, Wang Changsui, Zhang Xinxiang (186)

Research on the Aragonite Structure Pigment in Ancient China .... *Zhou Guoxin* (190)

Analysis of Transport and Crystallisation of Salts in Restoration Plasters
.... *R. P. J. van Hee, B. Lubelli* (202)

Drilling Resistance: Overview and Outlook
.... *Pamplona M, Kocher M, Snethlage R, Aires Barros L* (214)

青海贵南尕马台墓地出土铜器的初步科学分析

徐建炜[1]　梅建军[1]　孙淑云[1]　许新国[2]

(1. 北京科技大学冶金与材料史研究所　北京　100083)
(2. 青海省文物考古研究所　西宁　810007)

摘要　青海贵南尕马台墓地是一处属于齐家文化（公元前2200～前1800年）的重要遗址，已知出土铜器49件，对研究中国西北地区的早期青铜冶金意义重大。本文对尕马台墓地的8件铜器样品进行了科学分析研究，结果表明：有7件为锡青铜，1件为砷铜；铜器的制作工艺不仅有铸造成型，也有热锻和冷加工成型。在尕马台墓地首次发现砷铜的使用意义重大，这不仅将有助于我们重新认识齐家文化冶铜技术演进的历程，还将促使我们从新的角度审视齐家文化与周邻地区青铜文化的关系。

关键词　早期冶金，砷铜，尕马台墓地，齐家文化

尕马台墓地位于青海省海南藏族自治州贵南县，1977年发掘，但至今未见发掘简报或报告。据有关资料介绍，该墓地共有40多座墓葬被发掘，既有单人葬也有合葬，大部分为俯身葬，排列规整；随葬器物主要有铜器、骨器、石器、海贝和绿松石等。其中铜器有49件，主要是指环、泡和镜等装饰品；骨器则有骨针、骨贝和大量骨珠等；石器有细石器和石球等。陶器有无尚未见报道。这处墓地已被认定属于齐家文化[1,2]。

齐家文化是中国西北地区早期[①]青铜时代一个重要的考古学文化，其年代在公元前2200～前1800年。对研究中国早期冶金而言，齐家文化的意义重大，因为它是目前所知年代最早的有较多铜器出土的考古学文化。根据李水城的研究[3]，截至2005年，除尕马台墓地出土有49件铜器外，至少还有14处齐家文化遗址有铜器出土，如甘肃武威皇娘娘台（30件）、武威海藏寺（12件）、积石山县新庄坪（12件）、永靖秦魏家（8件）和青海互助总寨（4件）等；铜器出土总数已超过130件；种类包括刀、斧、锥、环、匕和镜等。

学术界对齐家文化铜器一直给予高度的重视。早在1980年，李虎侯就采用快中子活化分析方法，对尕马台墓地出土的一面背饰七角星几何纹和斜线纹的铜镜（图1）进行了非破坏性检测，结果表明其为铜锡合金制成（$m_{Cu}:m_{Sn}=1:0.096$）。这面铜镜重109g，直径89mm，厚约3mm（不包括钮），制作精美，在中国迄今所发现的早期铜器中甚为罕见[4]。1981年，北京钢铁学院冶金史组报告了7件齐家文化铜器的分析结果，即甘肃广河齐家坪2件、武威皇娘娘台2件、永靖秦魏家3件。至此，加上文献中已报道过的5件（即武威皇娘娘台2件、永靖秦魏家1件、永靖大何庄1件和青海贵南尕马台1件），齐家文化遗址出土铜器经过检测分析的共计12件，其中

[①] 本文所谓"早期"均指商代以前的时期，大致相当于公元前1600年以前。

7件为红铜、4件锡青铜、1件铅青铜[5]。1997年,孙淑云、韩汝玢在《甘肃早期铜器的发现与冶炼、制造技术的研究》一文中,报告了部分齐家文化铜器最新的分析结果,包括武威皇娘娘台9件,均为红铜;永靖秦魏家1件,为锡青铜;广河西坪1件,为红铜,另外还纠正了一件铜器前次检测的错误[6]。至此,经科学分析的齐家文化铜器达到23件,其中红铜18件、锡青铜3件、铅青铜和铅锡青铜各1件。2001年,马清林等报告了几件采自甘肃广河齐家坪遗址、疑似齐家文化铜器的分析结果,表明其中有3件为砷铜[7]。

值得注意的是,尕马台墓地作为目前已见报道的出土齐家文化铜器最多的一处遗址,其出土的铜器中仅有七角星纹铜镜进行过科学分析,其他铜器则一直没有进行过任何检测。鉴于尕马台墓地出土的铜器资料对探讨中国西北地区早期冶金术的意义重大,北京科技大学冶金与材料史研究所与青海省文物考古研究所经协商,决定对该墓地出土的部分铜器进行初步的科学分析,以揭示其合金成分和制作技术特征,从而为进一步阐明中国西北地区早期冶金技术的发展提供更多的依据。

一、样品及分析方法

本次共获得铜器样品8件,分别来自7个铜泡和1件铜镯,其中仅有2件残留有金属芯,其余均已完全锈蚀,详见表1。分析方法主要有两种:一是采用金相显微镜观察样品的金相组织,以获取其制作工艺方面的信息;二是采用扫描电子显微镜及配置的X射线能谱仪对样品进行观察和化学成分分析,以获取其材质及夹杂物等方面的信息。

图1 青海贵南尕马台墓地出土铜镜
引自《中国的早期铜器与青铜器的起源》[8]图二

表1 青海贵南尕马台墓地出土齐家文化铜器样品登记表

样品编号	原号	文物名称	现状	器物照片
GM001	77LA: M27 (001)	铜泡	完全锈蚀	
GM002	77LA: M27 (002)	铜泡	完全锈蚀	
GM003	77LA: M27 (003)	铜泡	完全锈蚀	
GM004	77LA: M27 (004)	铜泡	锈蚀,有金属残留	图2
GM005	77LA: M27 (005)	铜泡	完全锈蚀	
GM006	77LA: M27 (006)	铜泡	完全锈蚀	
GM007	77LA: M25 (007)	铜泡	完全锈蚀	
GM008	77LA: M37 (008)	铜镯	锈蚀,有金属残留	图3

考虑到尕马台墓地的 8 件铜器样品均已锈蚀，故制样时一般将所取样品从中间部位一分为二，以断面作为观察面进行镶嵌，这样便于观察是否有残余的金属芯，即使没有金属残存，也力求能观察或检测到内层的锈蚀；而剩余的另一半样品则可留下备用。样品经打磨和抛光后，用质量分数为 4% 的三氯化铁盐酸乙醇溶液进行侵蚀，以显示其金相组织；最后使用莱卡（leica）DM4000M 显微镜对样品的金相组织进行观察并拍照。同一样品经再次打磨、抛光后，即可送入扫描电子显微镜进行观察和成分分析。本次分析所用电镜及其能谱仪型号为日本电子公司的 JSM6480LV 型扫描电子显微镜和美国热电公司的 Noran System Six 型能谱仪；测定的技术条件是：激发电压为 20kV，测量时间在 30～50s。需要说明的是，电镜成分分析是一种微区成分分析，一般需要对几处不同位置分别进行测定，而后取其平均值作为该样品的成分。

图 2　铜泡（GM004）

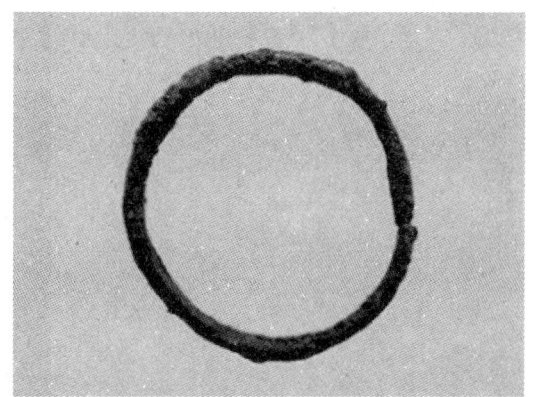

图 3　铜镯（GM008）

二、实验分析结果

仅对 2 件残留有金属芯的样品（即 GM004 和 GM008，图 2～图 7）进行了金相显微组织分析，结果见表 2。采用扫描电子显微镜及其配置的能谱仪对所有 8 件样品进行了化学成分分析，结果见表 3。表 4 所列则为铜镯样品 GM008 内各相成分的分析结果。需要说明的是，表 3 所列的成分分析数据中，完全锈蚀样品的分析结果是去掉 O、Cl 等元素数据后再作归一化处理得出的，故仅具有定性意义。

表 2　青海尕马台墓地出土铜器金相显微组织分析结果

样品编号	文物名称	样品特征	制作工艺	图示
GM004	铜泡	铜锡合金热加工组织；存在等轴晶和孪晶，灰绿色硫化物夹杂按一定方向排列；局部存在滑移线，孪晶界有的变形弯曲，晶粒被打碎变小	热锻，局部冷加工	图 4 图 5
GM008	铜镯	铜砷合金铸造 α 枝晶偏析组织，灰绿色岛屿状相为 γ 相，黑色为氧化物及孔洞缺陷	铸造	图 6 图 7

图 4　铜泡 GM004

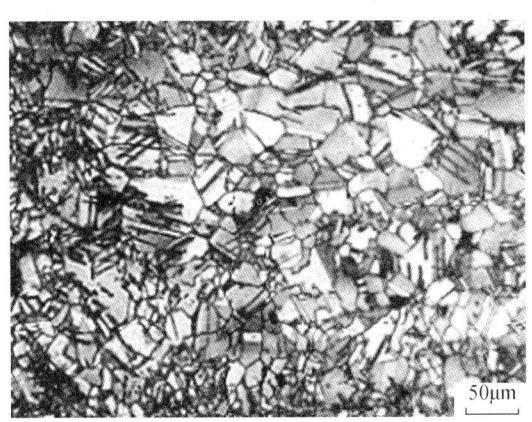

图 5　铜泡 GM004

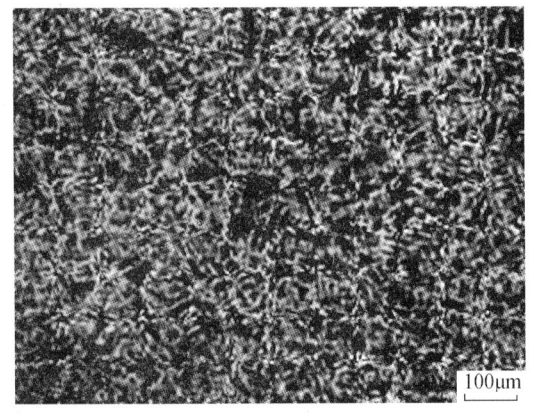

图 6　铜镯 GM008

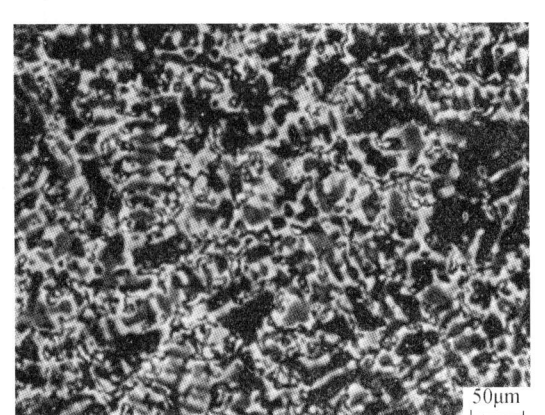

图 7　铜镯 GM008

表 3　青海尕马台墓地出土铜器化学成分分析结果

样品编号	文物名称		主要成分（质量分数）/%				合金类型	备注
			S	Cu	Sn	As		
GM001	铜泡	P1		92.01	7.99		Cu-Sn	完全锈蚀
		P2		92.95	7.05			
		平均		92.48	7.52			
GM002	铜泡	P1		89.54	10.46		Cu-Sn	完全锈蚀
		P2		93.58	6.42			
		平均		91.56	8.44			
GM003	铜泡	P1		88.69	11.31		Cu-Sn	完全锈蚀
		P2		88.48	11.52			
		平均		88.59	11.41			
GM004	铜泡	P1	0.56	93.97	5.47		Cu-Sn	金属
		P2	0.70	92.96	6.33			
		平均	0.63	93.47	5.9			

续表

样品编号	文物名称	主要成分（质量分数）/%				合金类型	备注
		S	Cu	Sn	As		
GM005	铜泡	P1	87.14	12.86		Cu-Sn	完全锈蚀
		P2	87.85	12.15			
		平均	87.49	12.51			
GM006	铜泡	P1	92.81	7.19		Cu-Sn	完全锈蚀
		P2	90.08	9.92			
		平均	91.45	8.55			
GM007	铜泡	P1	84.12	15.88		Cu-Sn	完全锈蚀
		P2	87.31	12.69			
		平均	85.71	14.29			
GM008	铜镯	P1	92.23		7.77	Cu-As	轻微锈蚀
		P2	93.55		6.45		
		平均	92.89		7.11		

表4　铜镯样品GM008成分分析结果

编号	质量分数/%			
	O	Cl	Cu	As
GM008_pt1			96.79	3.21
GM008_pt2	6.18	4.94	88.89	
GM008_pt3			93.73	6.27
GM008_pt4	3.50	5.39	91.11	
GM008_pt5	28.14		71.86	
GM008_pt6			67.93	32.07

由表2可知，本次分析的有金属残存的2件铜器中，铜泡使用的是热锻成型工艺，而铜镯则是铸造而成的。可见，热锻与铸造两种成型工艺在当时均已使用。铜泡样品GM004中还存在冷加工导致的组织形态，表明其在热锻成型后可能还经历过局部的冷加工修整。由表3可知，在本次分析的8件样品中，7件铜泡均为锡青铜，而唯一的1件铜镯则为砷铜。需要注意的是，铜泡GM004和铜镯GM008的保存状况均比较好，被检测部分基本为金属，所以其化学成分分析结果均具有定量意义；铜泡GM004为含锡（质量分数）6%的锡青铜，铜镯GM008为含砷（质量分数）7%的砷铜；而其他完全锈蚀的样品则只能定性为锡青铜，其数值只能作为参考。表4是对铜镯样品GM008所做的进一步检测，其中背散射电子像照片上标示的分析点分别如下：点1、3为基体铜砷α固溶体成分；点2、4、5都是锈蚀产物，各点成分

有别，此为铜的锈蚀产物；点6最亮的岛屿状相和金相照片中的灰绿色岛屿状相对应，成分与铜砷γ相（Cu_3As）成分相近。

三、讨　论

1. 尕马台墓地出土铜器的制作技术特征

本次检测分析了尕马台墓地出土的8件铜器，除一件铜镯为砷铜外，其余均为锡青铜。尽管被分析检测的铜器数量有限，但这一分析结果仍揭示出两个重要的技术特征：其一是锡青铜明显占据主导地位，铜泡样品GM004的含锡量（质量分数）接近6%，与前人对尕马台墓地出土铜镜的分析结果大致是一致的。在这些被检测的锡青铜样品中，很少见其他杂质元素，这也是值得注意的一个现象。其二是砷铜器物的存在，铜镯样品GM008含砷（质量分数）7%，且没有发现其他杂质元素。尽管只有一件器物，但其意义不可低估。由铜-砷二元合金相图可知，砷在α固溶体中的最大固溶度为8%，当超过时就会出现（α+γ）共晶相；而当砷含量（质量分数）达到30%左右时，就会形成γ相。但检测发现，铜镯样品GM008的含砷量（质量分数）仅为7%，却出现了γ相。这一现象前人在研究中已经注意到了，推测是因为古代的熔炼和凝固过程很少是在平衡态下进行的，故实际操作中的不平衡态会导致砷在局部的富集，从而析出γ相[9]。

在制作工艺方面，虽然仅对2件残留有金属的样品进行了金相检测，但结果表明，不仅有铸造成型工艺，而且有热锻和冷加工工艺。这些初步的检测结果表明，尕马台墓地出土铜器的制造技术所反映的应该不是冶铜技术发展的初始阶段，而是已经达到了一个较为发展的水平。这从尕马台墓地出土的锡青铜镜上也可以看出来。

2. 尕马台墓地砷铜器物发现的意义

从世界范围来看，砷铜是早期铜器发展的一个重要阶段，它是人类最早使用的一种铜合金，早在公元前4000前后，伊朗的Susa地区就已开始使用砷铜，直到公元前2200砷铜才逐渐被锡青铜所取代[10]。在中国，早期砷铜的发现主要集中在甘肃和新疆两地，相关的考古学文化或遗址包括属于四坝文化的甘肃玉门火烧沟遗址、酒泉干骨崖墓地、民乐东灰山墓地[11]和新疆哈密的天山北路墓地[12]等。关于砷铜在四坝文化遗址的出现，有研究者倾向于把它视作与欧亚草原地带文化接触或交流的结果[13]，也有研究者推测砷铜技术是在甘肃河西走廊独立起源的，其后西传新疆、北传南西伯利亚，从而"形成了一个独特的砷铜文化圈"[14]。在中原地区，也有早期砷铜发现的零星报道，如在山西陶寺遗址曾发现了一件用砷铜制成的齿轮形器[15]，在河南偃师二里头遗址出土铜器中也曾发现一件含砷（质量分数）4.47%的铜锥[16]。有学者认为，砷铜在二里头遗址的首次发现，暗示出中原与西北地区在当时可能存在某种技术上的联系[17]。

在前人有关齐家文化铜器的分析检测中，没有发现过砷铜的存在。有不少学者注意到这一现象，并试图阐明其考古学意义。例如，张忠培在1987年探讨齐家文化制铜业的发展时，曾根据皇娘娘台4件铜器的分析均为红铜，而该遗址年代又较早这一事实，首次提出齐家文化可能独立走过了由纯铜到青铜的技术发展过程[18]。1997年，孙淑云、韩汝玢在新检测11件齐家文化铜器的基础上，再次肯定了"齐家文化炼铜技术是由冶炼红铜发展到冶炼青铜的"[6]。2005年，李水城根据铜器材质演进上的差异，提出划分东西两大冶金文化区：东区以龙山文化、二里头文化和齐家文化为代表，铜器技术是由红铜直接发展到锡青铜;而西区则以四坝文化和天山北路墓地为代表,其技术演进历程是由红铜到砷铜再发展到锡青铜[3]。对此,刘学堂、李文瑛表达了不同看法,认为齐家文化与四坝文化铜器应该同属于他们新提出的"西北青铜文化圈",而不应以砷铜有无,将它们分属于两个文化区[19]。还有学者注意到疑似齐家文化铜器的检测中发现了砷铜,推断齐家文化铜器中有可能也存在砷铜[20]。

在此背景下,在尕马台墓地出土的齐家文化铜器中首次发现砷铜,其意义重大是显而易见的,因为这是首次以科学分析的证据肯定考古出土的齐家文化铜器中存在砷铜器物。这一发现不仅迫使我们重新认识齐家文化冶铜技术演进的历程,而且引导我们重新思索齐家文化与四坝文化的关系,以及齐家文化与中原地区龙山文化和二里头文化的关系。值得一提的是,在尕马台墓地出土齐家文化铜器中发现砷铜并非孤例,近期我们在检测青海同德宗日遗址出土的部分齐家文化铜器时,也发现了3件砷铜器物,从而进一步肯定了齐家文化铜器中存在砷铜这一事实[21]。还应注意的是,这两次发现把中国早期砷铜的使用和分布范围扩大到了青海东部地区。

四、结　　论

通过对青海省贵南县尕马台墓地出土的8件齐家文化铜器进行科学检测分析研究,本文得出以下两点结论:

第一,本次检测的8件尕马台墓地出土的铜器中,有7件为锡青铜,1件为砷铜。除了合金元素铜、锡、砷外,基本未见其他杂质元素。铜器的制作工艺不仅有铸造成型,也有热锻和冷加工成型。这表明,当时的铜器制作技术已经达到了一定的发展阶段。

第二,在尕马台墓地出土齐家文化铜器中发现砷铜意义重大,不仅将有助于我们重新认识齐家文化冶铜技术演进的历程,还将促使我们从新的角度审视齐家文化与周邻地区青铜文化的关系,从而极大地推进有关中国青铜冶金起源和早期发展的研究。

关于齐家文化砷铜技术的来源等问题,还有待今后更深入的研究。

致谢:本文的研究工作得到了国家科技支撑计划项目《中华文明探源工程》(二)(课题编号:2006BAK21B03)的资助,还得到了青海文物考古研究所相关研究人员的支持和帮助,以及北京科技大学冶金与材料史研究所刘建华老师在实验方面的热情帮助.谨此一并致谢!

参　考　文　献

[1] 李水城. 中国西北地区的早期冶铜业及区域文化的互动. 吐鲁番学研究, 2002, (2): 31-44.
[2] 青海省文物管理处考古队. 青海文物考古工作三十年. 文物考古工作三十年(1949-1979). 北京: 文物出版社, 1979: 160-168.
[3] 李水城. 西北与中原早期冶铜业的区域特征及交互作用. 考古学报, 2005, (3): 239-278.
[4] 李虎侯. 齐家文化铜镜的非破坏性鉴定. 考古, 1980, (4): 365-368.
[5] 北京钢铁学院冶金史组. 中国早期铜器的初步研究. 考古学报, 1981, (3): 287-302.
[6] 孙淑云, 韩汝玢. 甘肃早期铜器的发现与冶炼、制造技术的研究. 文物, 1997, (7): 75-84.
[7] 马清林, 胡之德, 李最雄. 中国古代镀锡青铜器(五). 故宫文物月刊, 2001, (217): 111, 112.
[8] 白云翔. 中国的早期铜器与青铜器的起源. 东南文化, 2002, (7): 25-37.
[9] 潜伟, 孙淑云, 韩汝玢. 古代砷铜研究综述. 文物保护与考古科学, 2000, (2): 43-50.
[10] James D M. The beginnings of metallurgy in the old world. The Beginning of the Use of Metals and Alloys. Cambridge: MIT Press, 1988: 2-20.
[11] 北京科技大学冶金与材料史研究所, 甘肃省文物考古研究所. 火烧沟四坝文化铜器成分分析及制作技术的研究. 文物, 2003, (8): 86-96.
[12] 北京科技大学冶金与材料史研究所, 新疆文物

[13] 李水城, 水涛. 四坝文化铜器研究. 文物, 2000, (3): 36-43.
[14] 潜伟, 孙淑云. 中国西北地区古代砷铜的研究. 中国冶金史论文集（四）. 北京: 科学出版社, 2006: 304-313.
[15] 严志斌. 襄汾县陶寺遗址. 中国考古学年鉴（2001年）. 北京: 文物出版社, 2002: 117, 118.
[16] 金正耀. 二里头青铜器的自然科学研究与夏文明探索. 文物, 2000, (1): 56-64.
[17] 梅建军. 关于中国冶金起源及早期铜器研究的几个问题. 吐鲁番学研究, 2001, (2): 57-68.
[18] 张忠培. 齐家文化研究. 考古学报, 1987, (1, 2): 1-18, 153-176.
[19] 刘学堂, 李文瑛. 中国早期青铜器文化的起源及其相关问题新探. 西藏学刊（第3辑）. 成都: 四川大学出版社, 2007: 1-63.
[20] Mei J J. Qijia and Seima-Turbino: the question of early contacts between Northwest China and the Eurasian Steppe. Bulletin of the Museum of Far Eastern Antiquities, 2003, (75): 31-54.
[21] 徐建炜, 梅建军, 格桑本, 等. 青海同德宗日遗址出土铜器的初步科学分析. 西域研究, 2010, (2): 31-37.

A Preliminary Scientific Study of Copper and Bronze Objects Excavated from the Gamatai Cemetery, Guinan County, Qinghai Province

Xu Jianwei[1], Mei Jianjun[1], Sun Shuyun[1], Xu Xinguo[2]

(1. Institute of Historical Metallurgy and Materials　USTB　Beijing　100083)
(2. Qinghai Provincial Institute of Cultural Relics and Archeology　Xining　810007)

Abstract　The Gamatai cemetery is located in the Guinan county, Qinghai province. It belongs to the Qijia culture (2200~1800 BC) and yielded 49 copper and bronze artifacts, which are important for studying the development of early bronze metallurgy in Northwest China. In this paper, a scientific analysis of eight copper and bronze samples unearthed at the Gamatai cemetery is presented. The analytical results show 7 artifacts are made of tin bronzes, while 1 object is of arsenical copper. The manufacturing techniques include casting, as well as hot forging and coldworking. The discovery of arsenical copper at the Gamatai cemetery is significant, because it will not only help us to reconsider the evolution of copper technology of the Qijia culture, but also lead us to review the relations between the Qijia culture and neighboring bronze cultures in a new light.

Keywords　Early metallurgy, Arsenical copper, Gamatai cemetery, Qijia culture

山东青州香山西汉墓镀锡青铜镞镀层结构研究

周麟麟[1] 张治国[2] 马清林[2]

(1. 山东青州博物馆 青州 262500)
(2. 中国文化遗产研究院 北京 100029)

摘要 2006年在山东省青州市香山西汉墓墓道西侧发现了一处陪葬坑,出土了大量彩绘陶俑、陶器,以及弩、镞、矛头、镦等铜器和铁器,其中青铜镦2000余件,这些青铜镦形状和尺寸接近,表面普遍呈银白色,似为镀锡或富锡青铜器。本文利用光学金相显微镜(OM)、X射线衍射仪(XRD)、扫描电子显微镜和能谱仪等分析了一件残破青铜镦的镀锡层金相组织和合金成分,确定为镀锡青铜器,镀锡工艺属于热镀锡。青铜镦基体合金主要为锑砷青铜,这批砷铜制品的发现对于砷铜在使用时代和使用地域上具有非常重要的考古学意义。这批镀锡青铜器,是继鄂尔多斯文化小件镀锡青铜器、秦文化镀锡青铜器以及云南滇文化镀锡青铜器之后的又一发现,丰富了西汉时期镀锡工艺及其制品的考古学研究内容。

关键词 西汉时期,山东青州,青铜镦,镀锡青铜器,锑砷青铜

一、引 言

2006年,在山东省青州市香山西汉(公元前206年~8年)墓墓道西侧发现了一处陪葬坑,南北长7.3m、东西宽5.1m,坑内埋藏有大量彩绘陶俑、陶器,同时在陪葬坑底层南部清理时发现一个兵器箱,内有弩、镞、矛头、镦等铜器和铁器,其中青铜镦有2000余件。有关专家根据墓葬规模和陪葬坑出土文物推测墓主可能为菑川国王刘贤[1]。这批青铜镦形状和尺寸接近,长约5cm,表面普遍呈银白色,似为镀锡或富锡青铜器。

目前,我国发现的镀锡青铜器多见于鄂尔多斯文化小件镀锡青铜器、秦文化镀锡青铜器以及云南滇文化镀锡青铜器。从地理位置看,山东青州与当时的汉长安距离较远,鉴于此批青铜镦数量较大,很有必要开展研究工作,展示其制作工艺,揭示其科学价值,为考古学研究提供更多的准确信息。

本文利用光学金相显微镜、X射线衍射仪、扫描电子显微镜和能谱仪等分析了一件青铜镦(图1,图版1)的镀锡层金相组织和合金成分,并探讨了镀锡工艺。

图1 镀锡青铜镦

二、样品制备

用蒸馏水清洁青铜镦表面后,直接用

XRD分析。在青铜鐏口沿残缺处切取2mm×2mm的样品，以垂直方向将其断面包埋在环氧树脂内，打磨抛光后用于金相显微镜和扫描电镜分析。

金相侵蚀剂：$FeCl_3 \cdot 6H_2O$，10g；乙醇120mL；盐酸，30mL。

将金相样品表面清洁后喷碳，用于SEM分析。

三、分析仪器与条件

（1）光学金相显微镜

Nikon光学金相显微镜。

（2）扫描电子显微镜和X射线能谱分析仪（SEM-EDS）

Hitachi S-3600N扫描电子显微镜，分析电压20kV；美国EDAX公司Genesis 2000XMS型X射线能谱仪。

（3）X射线衍射仪

Rigaku D/max 2200型X射线衍射仪，工作管压和管流分别为40kV和40mA，Cu靶。发散狭缝、防散射狭缝和接收狭缝分别为1°、1°和0.15mm。

四、分析结果

1. 青铜鐏表面镀锡层XRD分析

直接利用XRD分析青铜鐏表面。分析结果表明鐏表面锈蚀物主要为蓝铜矿（Azurite，JCPDS 72-1270）。表面层主要含有η相（Cu_6Sn_5，Sn的质量分数为61.0%，JCPDS 65-2303）和ε相（Cu_3Sn，Sn的质量分数为38.2%，JCPDS 01-1240）（见图2、图3和表1），表明其表层为镀锡层[2]。

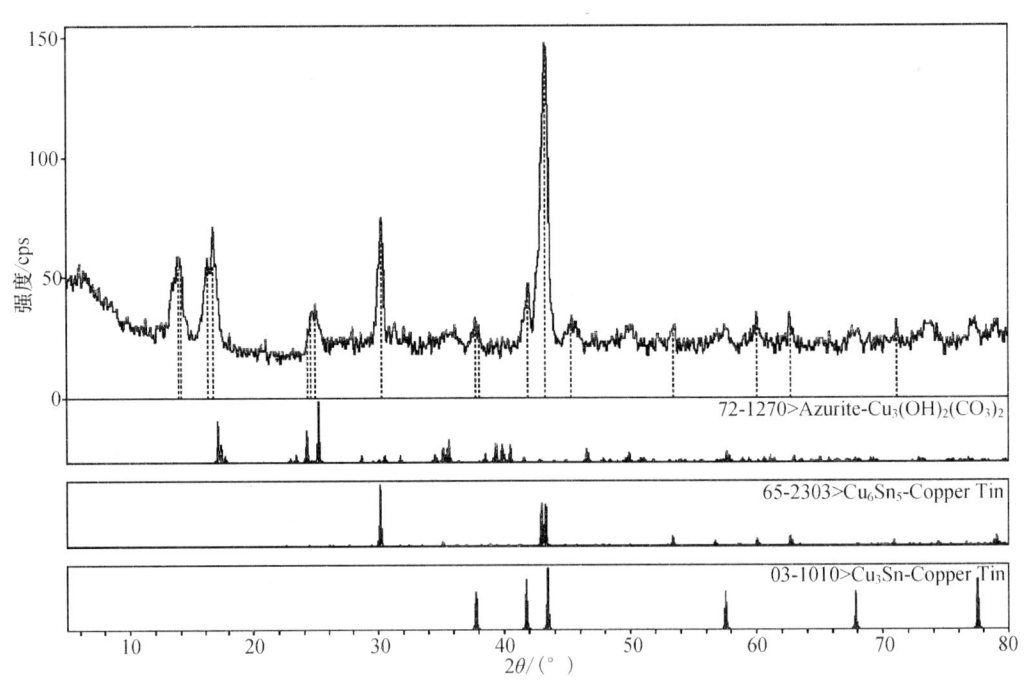

图2 青铜鐏（图1上）表面层X射线衍射图

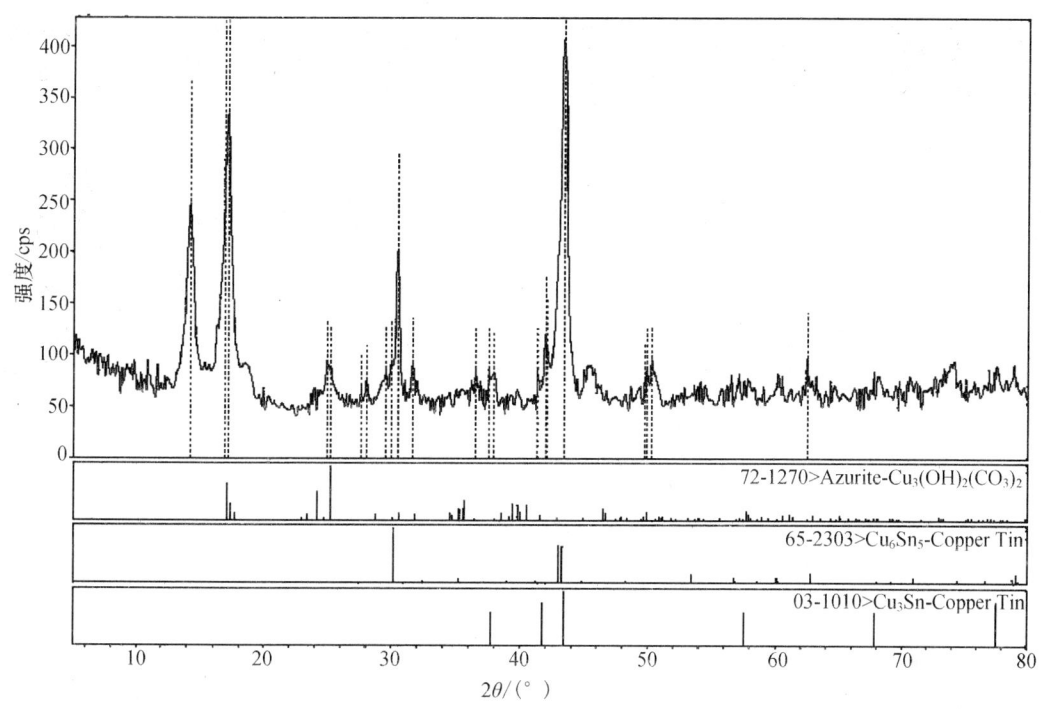

图 3 青铜罇（图 1 下）表面层 X 射线衍射图

表 1 青铜罇（图 1 下）表面层的 X 射线衍射结果

Zun		Azurite 72-1270		η 相 Cu_6Sn_5 65-2303		ε 相 Cu_3Sn 01-1240	
d/Å	I/I_0	d/Å	I/I_0	d/Å	I/I_0	d/Å	I/I_0
5.15	73	5.17	46				
3.53	11	3.53	100				
2.98	10			2.96	100		
2.93	43	2.92	12				
2.48	7	2.51	50				
2.39	11					2.38	17
2.37	11	2.34	19				
2.15	14	2.17	11			2.16	39
2.08	100			2.09	96	2.08	100
1.98	9	1.95	36				
1.82	10	1.82	29				
1.71	3			1.71	24		
1.62	7			1.62	12		
1.60	7	1.60	34			1.60	35
1.59	9	1.59	21				
1.54	10			1.54	19		
1.48	14			1.48	31		
1.38	8	1.38	10			1.38	45
1.24	9					1.24	67
1.23	8	1.22	34				

2. 青铜罇基体成分分析

一般情况下，古代青铜器由于铅偏析可能造成分析结果有较大偏差，因此，在分析青铜合金成分时选取三个区域分别进行扫描分析（图 4、表 2），得出基体平均成分（质量分数）Cu 为 66.48%，Sn 为 1.71%，Pb 为 23.25%，As 为 4.21%，Sb 为 3.45%，Fe 为 0.89%。

同时利用 SEM-EDS 分析了镀锡层合金成分（图 5；表 3）：①最外层成分（EDX1）接近 η 相的铜锡含量，厚度为 1~1.5μm；②次外层成分（EDX2）的铜锡含量接近 ε 相的成分，厚度约为 1μm；③此外，在 ε 相和青铜基体之间还有一层，与 η 相和 ε 相相似，氧元素含量很低，表明腐蚀程度很低，很可能仍然为合金层，厚度为 1~3μm。总体看来，青铜罇镀锡层厚度为 3~15μm。

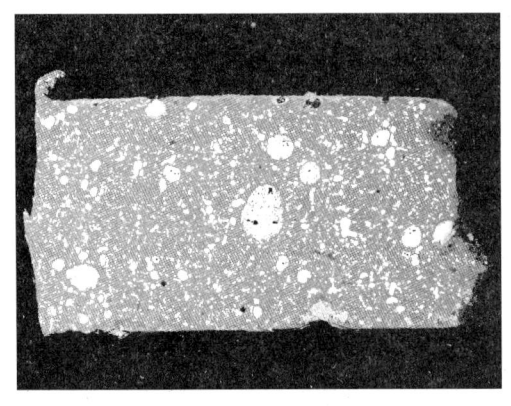

图4 青铜鐏样品扫描电镜背散射电子像

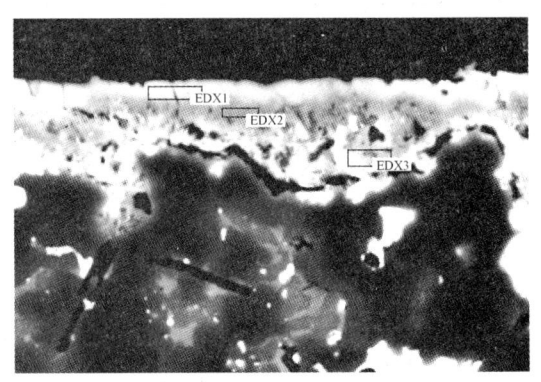

图5 青铜鐏截面扫描电镜背散射电子像

表2 青铜鐏基体合金的SEM-EDX面扫描成分分析结果（单位:%（质量分数））

元素 点	Cu	Pb	As	Sb	Sn	Fe
1-1	66.63	21.99	4.97	3.84	1.56	1.00
1-2	67.03	22.91	4.08	3.27	1.74	0.97
1-3	65.79	24.86	3.58	3.25	1.83	0.70
平均	66.48	23.25	4.21	3.45	1.71	0.89

表3 青铜鐏基体合金的面扫描成分分析（单位:%（质量分数））

元素 点	Cu	Sn	Pb	As	Sb	Fe	可能物相
5-EDX1	42.72	57.28	–	–	–	–	η 相
5-EDX2	65.89	34.11	–	–	–	–	ε 相
5-EDX3	44.12	14.14	30.74	10.28	–	0.71	ε 相与青铜基体的过渡层

3. 青铜鐏合金组成与镀锡层结构分析

通过金相显微镜观察，可知青铜鐏为单面镀锡。表面的镀锡层与青铜合金基体有明显的分界线（图6，图版2）。结合扫描电镜分析结果可知，其最外层为浅灰色的 η 相，次外层为灰色的 ε 相，其下和青铜基体之间还有一层深蓝色的过渡层。

将镀锡层局部单独放大后观察金相与扫描电镜图（图7，图版3和表4），可清晰看出图7（a）和图7（b）以及图7（c）和图7（d）中镀锡层几种相态在色彩和元素成分上的差别，其中EDX1区域为 η 相，EDX2区域为 ε 相，EDX3和4区域为青铜基体。

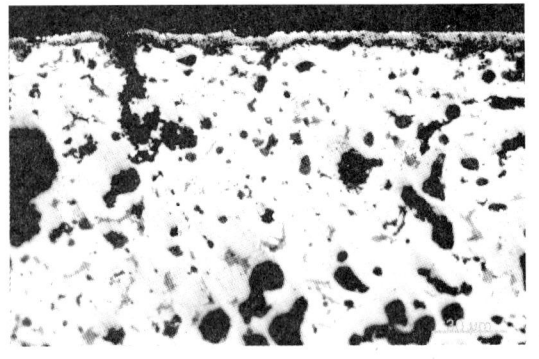

图6 青铜鐏截面金相照片（未浸蚀）

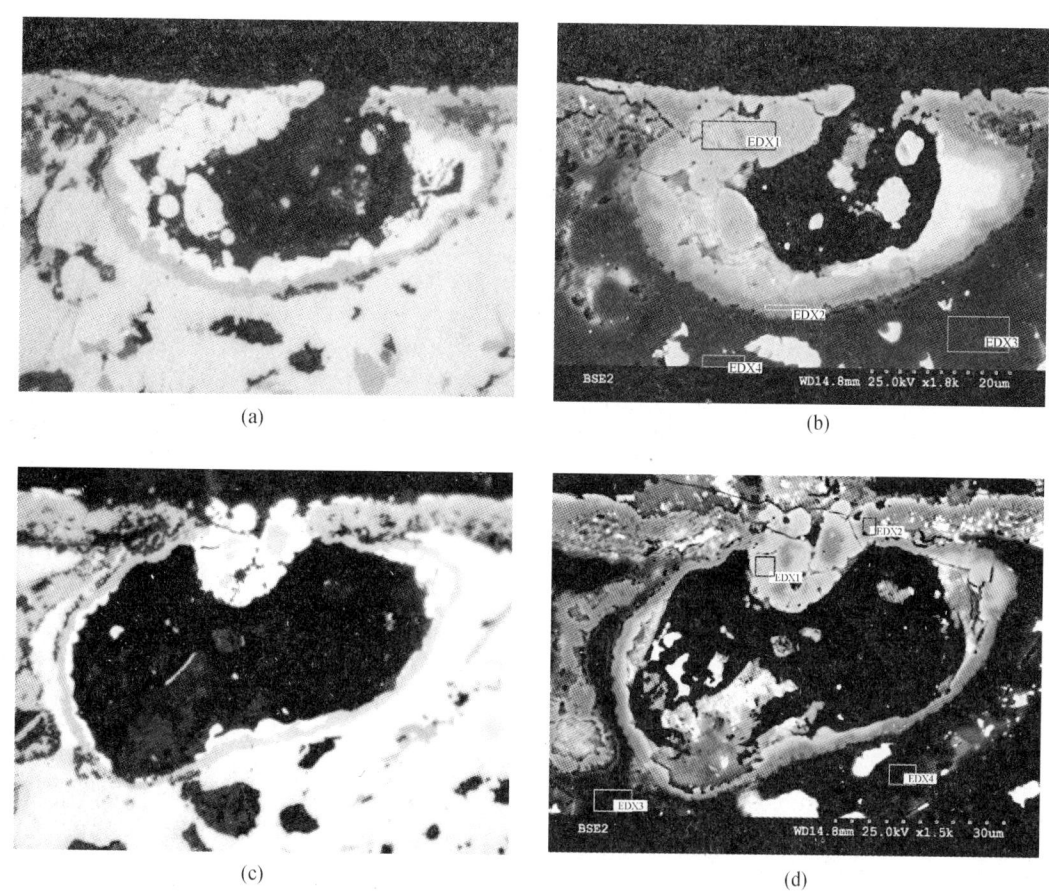

图 7 青铜鐏截面局部金相照片与扫描电镜图像对比图
浅色为 η 相，深灰色为 ε 相。其中（a）、（c）为金相图；（b）、（d）为扫描电镜图

表 4 青铜鐏截面局部的面扫描成分分析结果（单位:%（质量分数））

元素 点	Cu	Sn	As	Sb	Fe	可能相
7b-EDX1	41.05	58.95	—	—	—	η 相（Cu_6Sn_5）
7b-EDX2	59.72	40.28	—	—	—	ε 相（Cu_3Sn）
7b-EDX3	90.89	1.91	4.18	2.16	0.85	基体
7b-EDX4	92.19	2.05	2.86	2.30	0.60	基体
7d-EDX1	40.96	59.04	—	—	—	η 相（Cu_6Sn_5）
7d-EDX2	61.32	38.68	—	—	—	ε 相（Cu_3Sn）
7d-EDX3	89.68	2.30	4.45	2.81	0.76	基体
7d-EDX4	89.43	2.05	5.23	2.80	0.48	基体

用脱脂棉蘸取酒精溶液，将作完 SEM 分析的样品表面的碳粉擦去，经三氯化铁盐酸酒精溶液浸蚀后，用金相显微镜分析，如图 8（图版 4）所示。其金相组织为：α 固溶体组织，偏析不明显，少量银灰色（α+δ）析出，黑色铅颗粒较多，呈团块状或长条状分布，呈现铸造后经过加热的金相组织。

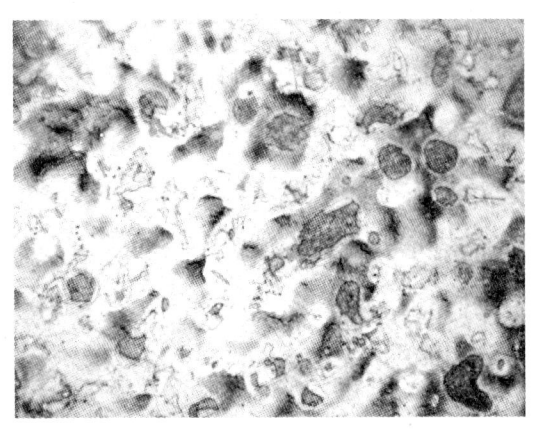 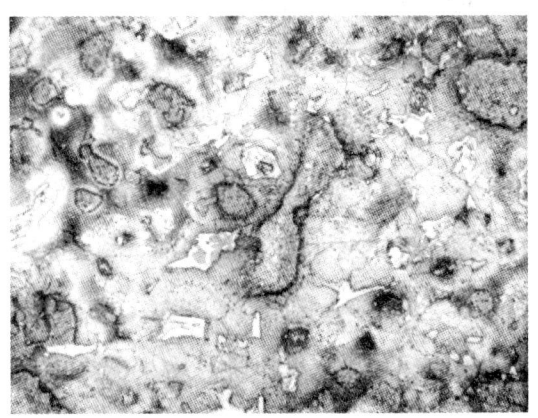

图 8 青铜鐏基体金相图（×1000，FeCl$_3$ 盐酸乙醇溶液侵蚀）

五、讨 论

国外关于古代镀锡青铜器的研究文章较多，其中以 Meeks 的综述性文章具代表性[3~8]。在中国，近年有较多关于镀锡青铜器的研究文章发表。韩汝玢与埃玛·邦克研究了表面富锡的鄂尔多斯青铜饰品，从金相学方面较系统探讨了鄂尔多斯式镀锡青铜器[9]。上海博物馆研究人员研究了东汉"水银沁"铜镜[10,11]和东周青铜兵器菱形纹饰技术[12,13]。本文作者在镀锡青铜器研究方面也做了部分工作[14~18]。最近，北京大学考古文博学院[19]和北京科技大学的研究人员[20]研究了云南出土的古滇国镀锡青铜器。姚智辉在其专著中探讨了四川地区晚期巴蜀青铜器技术及兵器斑纹工艺[21]。

本文对青州香山西汉墓出土的 2000 余件青铜鐏中的两件（其中一件较完整，只作了表层 XRD 分析）分析表明，青铜鐏基体合金主要为锑砷青铜，铜含量为 66.48%，砷含量为 4.21%，锑含量为 3.45%。中国的砷铜主要集中发现于西北的甘肃和新疆等地，时代主要为公元前 2000 年至前 500 年[22]。中原地区仅有零星几例，如河南偃师二里头二期遗址发现有一件铜锥的砷含量为 4.47%[23]，内蒙古朱开沟的早商遗址中发现有铜锡砷三元合金的戈[24]。如果这 2000 余件镀锡青铜鐏的基体合金成分相似（当然这种可能性很大），均为锑砷青铜，说明砷铜曾在西汉时期的中原地区大量使用，这将是古代砷铜制品在使用时代和使用地域上的重大发现，具有非常重要的考古学意义。

一般的镀锡层中含有 η 相（Cu$_6$Sn$_5$，锡的质量分数为 61.0%，Cu$_{6.26}$Sn$_5$，锡的质量分数为 59.9%、ε 相（Cu$_3$Sn，锡的质量分数为 38.2%、δ 相（Cu$_{31}$Sn$_8$，锡的质量分数为 32.6%）和（α+δ）共熔体。在光学显微镜下，镀锡层中的 η 相颜色较浅，呈灰白色；ε 相颜色最深，呈灰-蓝色，δ 相与 η 相比较而言呈浅灰色[3,18]。

从青铜鐏镀锡层结构看，只有外表面有镀锡层，属于单面镀锡，镀锡层以 η 相（Cu$_6$Sn$_5$，锡的质量分数为 61.0%、Cu$_{6.26}$Sn$_5$，锡的质量分数为 59.9%）和 ε 相（Cu$_3$Sn，锡的质量分数为 38.2%）为主，基本未见 δ（Cu$_{31}$Sn$_8$，锡的质量分数为 32.6%）相。镀锡层中未见汞元素，基本可以排除锡汞剂镀锡。Meeks 曾做过热镀锡后退火处理的实验[25]，锡熔点（230℃）以下加热镀锡表面时，金属间化合物 η 相和 ε 相生长缓慢；在230～350℃退火时，金属间化合物生长较快，生长层较厚；在350℃时退火，通常只有ε相层存在；在450℃，足够高的温度驱使锡深入扩散进入合金相，退火后表层形成固态δ相；超过520℃，退火后生成（α+δ）共析体组织；超过650℃，镀锡层消失。根据Meeks的模拟实验和此件镀锡青铜鐏的镀锡层结构，这件镀锡青铜鐏属于热镀锡，而且镀锡时加热温度应未超过450℃，且加热时间不是很长[18]，形成的镀锡层发灰色。在镀锡过程中的持续高温使青铜鐏基体合金呈现出铸造后经过加热的金相组织。

六、结　　论

通过对青州香山西汉墓出土的2000余件青铜鐏中的一件镀锡青铜鐏的镀层物相和显微结构、成分分析，确定其为镀锡青铜器，为单面镀锡，镀锡层厚度较薄，为3～15μm。镀锡层由外到内分别为η相和ε相，镀锡工艺属于热镀锡，镀锡温度未超过450℃。在镀锡过程中的持续高温使青铜鐏基体合金呈现出铸造后经过加热的金相组织。

该件青铜鐏基体合金主要为锑砷青铜，如果该墓发现的2000余件青铜鐏均为锑砷青铜，将是古代砷铜制品在使用时代和使用地域上的重大发现，具有非常重要的考古学意义。这批镀锡青铜器，是继鄂尔多斯文化小件镀锡青铜器、秦文化镀锡青铜器以及云南滇文化镀锡青铜器之后的又一发现，丰富了西汉时期镀锡工艺及其制品的考古学研究内容。

致谢： 此项工作得到青州市博物馆王瑞霞副馆长、秦始皇兵马俑博物馆周铁研究员和夏寅副研究员、国家博物馆潘路研究员的帮助，在此一并表示感谢！

参 考 文 献

[1] 刘华国. 山东青州香山汉墓陪葬坑出土大批精美文物. 中国文物报, 2006-9-13. 2版.

[2] 马清林, 苏伯民, 胡之德, 等. 中国文物分析鉴别与科学保护. 北京: 科学出版社, 2001: 167.

[3] Meeks N D. Tin-rich surfaces on bronzes-some experimental and archaeological considerations. Archaeometry, 1986, 28 (2): 133-162.

[4] Meeks N D. Surface characterization of tinned bronze, high-tin bronze, tinned iron and arsenical bronze. In: La Niece S, Craddock P. Eds. Metal Plating & Patination, Cultural, Technical & Historical Developments. Oxford: Butterworth-Heinemann, 1993: 247-275.

[5] Meeks N D. Patination phenomena on Roman and Chinese high-tin bronze mirrors and other artifacts. In: La Niece S, Craddock P. Eds. Metal Plating & Patination, Cultural, Technical & Historical Developments. Oxford: Butterworth-Heinemann, 1993: 63-84.

[6] ITRI. Tin and Tin Alloy Coatings. Middlesex: International Tin Research Institute, 1983, (625): 15-19.

[7] Kossolapov A, Twilley J. A decorated Chinese dagger: Evidence for ancient amalgam tinning. Studies in Conservation, 1994, (39): 257-264.

[8] Anheuser K. Amalgam tinning of Chinese bronze antiques. Archaeometry, 2000, 42 (1): 189-200.

[9] 韩汝玢, 埃玛·邦克. 表面富锡的鄂尔多斯青铜饰品研究. 文物, 1993, (9): 80-96.

[10] 谭德睿, 吴来明, 唐静娟, 等. 东汉"水银沁"铜镜表面处理技术研究. 上海博物馆文物保护科学论文集. 上海: 上海科学技术文献出版社, 1996: 47.

[11] 谭德睿, 吴来明, 唐静娟, 等. 古铜镜"水银沁"表面形成机理的研究. 文物保护与考古科学, 1997, (1): 1-9.

[12] 谭德睿, 吴则嘉, 廉海萍, 等. 东周铜兵器菱形纹饰技术研究. 考古学报, 2000, (1): 111-146.

[13] Lian H, Tan D. A study of the making of bronze weapons in the Wu and Yue States during the Eastern Zhou period in China. Fiftieth anniversary symposium on scientific research in the field of Asian art. Freer Gallery of Art at the Smithsonian Institution. Washington D. C.: Archetype Publications Ltd, 2003: 47-52.

[14] 马清林,苏伯民,胡之德,等.春秋时期镀锡青铜器镀层结构和耐腐蚀机理研究.兰州大学学报,1999,35(4):67-71.

[15] 马清林,胡之德,李最雄,等.中国古代镀锡青铜器研究实例.(台北)故宫文物月刊,2000,18(213):104-117.

[16] 马清林,胡之德,李最雄.从冶铸史追溯中国古代镀锡青铜器之渊源.(台北)故宫文物月刊,2001,18(217):110-118.

[17] Ma Q L, Scott D A. Tinned belt plaques of the 6-5th century B. C from Gansu province, China: A technical study. Fiftieth anniversary symposium on scientific research in the field of Asian art. Freer Gallery of Art at the Smithsonian Institution. Washington D. C.: Archetype Publications Ltd, 2003: 60-69.

[18] 马清林,大卫·A.斯科特.春秋战国时期镀锡青铜板带镀锡技术研究.文物科技研究(第五辑).北京:科学出版社,2007:24-40.

[19] 崔剑锋,吴小红.古滇国青铜器表面镀锡和鎏金技术的分析.古代文明(第四卷).北京:文物出版社,2005,340-352.

[20] 李晓岑,韩汝玢,蒋志龙.云南晋宁石寨山出土金属器的分析和研究.文物,2004,(1):75-85.

[21] 姚智辉.晚期巴蜀青铜器技术研究及兵器斑纹工艺探讨.北京:科学出版社,2006.

[22] 潜伟,孙淑云.中国西北地区古代砷铜的研究.第三届冶金工程科学论坛论文集.北京:冶金工业出版社,2004:1-9.

[23] 金正耀.二里头青铜器的自然科学研究与夏文明探索.文物,2000,(1):56-64.

[24] 李秀辉,韩汝玢.朱开沟遗址早商铜器的成分及金相分析.文物,1996,(8):84-93.

[25] Meeks N D. Tin-rich surfaces on bronzes-some experimental and archaeological considerations. Archaeometry, 1986, 28(2):133-162.

Research on the Tinned Bronzes Excavated from Xiangshan Tomb of Western Han Dynasty, Qingzhou, Shandong Province

Zhou Linlin[1], Zhang Zhiguo[2], Ma Qinglin[2]

(1. Qingzhou Museum　Qingzhou　262500)

(2. Chinese Academy of Cultural Heritage　Beijing　100029)

Abstract　More than 2000 bronzes Zun were excavated from the accompanying burial pit of Xiangshan tomb of Western Han Dynasty, Qingzhou, Shandong Province. These bronzes Zun appear silvery white, their appearance and dimension are very similar. The optical metallographic microscope, scanning electron microscopy and energy-dispersive spectrometry (SEM-EDS), X-ray diffractometer (XRD) were employed to investigate their metallographic structure and chemical composition. The results show that these bronzes Zun are tinned stibium arsenic bronze objects, which have very important archaeological significance to the using ages and areas of arsenic bronze. Over 2000 tinned bronzes Zun of Xiangshan tomb of Western Han Dynasty are another significant discover after the tinned bronzes of Ordos Culture, Qin Culture and Dian Culture, which enrich the archaeological research of tinning craft and tinned bronze objects of Western Han Dynasty.

Keywords　Western Han dynasty, Qingzhou, Bronze zun, Tinned bronze, Stibium arsenic bronze

铁质文物脱氯技术研究*

成小林 杨小林 胥谞 陈淑英 潘路

(中国国家博物馆 北京 100006)

摘要 在文献调研的基础上，通过对比实验，对铁质文物脱氯方法和脱氯材料进行了深入的研究，筛选出适宜的复配脱氯剂配方和真空脱氯的工艺，并在实际工作中得到应用，获得较好的效果。

关键词 铁质文物，脱氯，复配，真空

中国大约在公元前5世纪进入铁器时代，是世界上进入铁器时代最早、铁质文物遗存最多的国家之一。然而铁作为一种化学性质比较活泼的金属，在通常条件下极易与环境中的有害因素发生作用，产生迅速的、严重的腐蚀。大量铁质文物的原貌由于腐蚀而损坏，失去可欣赏的价值，甚至失去了许多当时所采用的工艺和技术的信息。导致铁质文物腐蚀的因素很多，其中，氯离子的存在是铁质文物不稳定的重要原因之一。氯离子是腐蚀得以循环发生的主要原因；氯离子能够阻止钢铁表面活性 γ-FeOOH 向非活性的 α-FeOOH 转变，并破坏铁表面钝化膜的形成；氯离子能加速点蚀、应力腐蚀、晶间腐蚀和缝隙腐蚀等局部腐蚀。因此，铁质文物脱氯研究是现实工作中一项非常重要的课题。

在对器物进行脱氯之前，首先应分析器物锈蚀情况；根据检测结果确定是否需要脱氯，之后根据器物大小、腐蚀状况、保存环境等来选择合适的脱氯方法。

一、文献综述

1981年，Gilberg 和 Seeley[1] 专门针对水下铁器中的含氯腐蚀产物进行了讨论。North[2] 对水下铁器的腐蚀产物作了进一步的补充。有关铁器中含氯腐蚀产物的种类及存在特性见表1。

表1 水下铁器中含氯的腐蚀产物及其存在特性

矿物名称	分子式	存在特性	转化产物
氯化钠	NaCl	含量很少	
氯化铁	$FeCl_3$	含量较少，经常存在于出水后迅速置于空气中干燥的铁器锈层中，或保存在环境相对湿度波动较大的铁器中	易于水解，转化为 β-FeOOH
氯化亚铁	$FeCl_2$	为铁器开始腐蚀时形成的产物，存在于酸性条件下发生孔蚀的铁器中。腐蚀进一步发生时，将检测不到 $FeCl_2$	

---

*本文得到国家科技支撑计划课题"铁质文物综合保护技术研究"（编号2006BAK20B03，负责人马清林）资助。

续表

矿物名称	分子式	存在特性	转化产物
碱式氯化亚铁（包括三种）	α-Fe(OH)$_2$·FeCl$_2$（氯质量分数33%） β-Fe(OH)$_2$·FeCl$_2$（氯质量分数23%） γ-Fe(OH)$_2$·FeCl$_2$（氯质量分数18%）	发现很少，在还原条件下稳定	在空气中易氧化，生成绿锈，进一步氧化生成 α-FeOOH、γ-FeOOH 和 Fe$_3$O$_4$
绿锈 I	Fe$^{II}_{3-x}$Fe^{III}1+x(OH)$_8$Cl$_{1+x}$·nH$_2$O	研究表明当铁器在 NaOH 溶液中保存时易生成该锈蚀物	
纤铁矿	γ-FeOOH	含量较少	与 Fe^{2+} 反应，生成 Fe$_3$O$_4$
四方纤铁矿	β-FeOOH	常见锈蚀产物。为铁器出水后暴露于空气中发生氧化反应的腐蚀产物	不稳定，易转化为 α-FeOOH；而在潮湿环境下易转化为 Fe$_3$O$_4$
无定形的羟基氧化铁	FeOOH		
氯化氧铁	FeOCl	存有争议	易转化为 β-FeOOH，最终转化产物为 α-FeOOH

通过表 1 可知，海水打捞铁器中常见的含氯腐蚀产物为四方纤铁矿（β-FeOOH）。它并非铁器在海水中发生腐蚀的最初产物，而是铁器打捞之后在空气中进一步发生氧化后的产物。β-FeOOH 是由 FeCl$_3$ 或 FeOCl 水解后形成的[3,4]，或者由 FeCl$_2$·4H$_2$O 在潮湿条件下与金属铁发生氧化反应所得[5]。研究表明：在合成的 β-FeOOH 物相中，氯占有 β-FeOOH 中的晶格空位，其含量约为 β-FeOOH 的 2.28%～6.4%[6]。因此，即使延长清洗时间，或者在高的碱性条件下，也不可能完全去除 β-FeOOH 中的氯[3]。

1978 年，North 和 Pearson[7] 发表论文，阐述了水下铁器锈层中氯离子的扩散规律，指出水下铁器腐蚀产物中的氯化物主要为固态的 FeOCl 与 FeCl$_3$。一般情况下，要使其在清洗液中转化成自由的氯离子，经过以下两个步骤：

（1）FeOCl 分解（或反应）生成自由态氯离子。

（2）自由态氯离子从腐蚀产物内部转移到大量清洗液中。

在脱氯的初始阶段，可用下式表示：
$$Q \propto (Dt)^{1/2}$$
其中，Q 表示脱去的氯离子含量，t 表示处理时间，D 为氯离子扩散系数。

在脱盐的后期，公式即变为
$$Q \propto 1 - k_1 \exp[-k_2 Dt/d^2]$$
k_1 与 k_2 为与器物体积相关的常数，d 为腐蚀层的厚度。要想提高脱氯速率，最为重要的因素是扩散系数 D。

对于脱氯方法的研究，早在 19 世纪 50 年代，丹麦就使用了洗涤法处理铁器。1875 年，Wagner 第一次提到氯化物对铁质蒸汽设备的明显腐蚀作用。1882 年，德国的 Krause[8] 明确了在铁器腐蚀中可溶性盐的作用和空气中湿度的影响，处理中使用了深洗法和表面封护法。1966 年，哥本哈根的 Eriksen 对海洋出水铁器进行了脱氯保护处理。

1970 年，Hodges[9] 将电渗析法应用于铁质文物的脱氯，1971 年，Plenderleith 和 Werner[10]、1975 年，Wihr[11] 研究了电解法除盐，2002 年，采用脉冲电位法，使氯离子提取速率提高了3倍。North和Pearson[12]早在1975年，首次用碱性亚硫酸盐对从海水打捞出的铁器进行过处理；North和Pearson[7]比较了0.1 mol/L LiOH甲醇溶液和0.1 mol/L NaOH水溶液对氯化物的脱除效果，实验证明：LiOH吸取氯化物的速率要比NaOH慢。1982年，Skinner和Bryce[13]用这种方法处理了达特茅斯港口的一艘舰艇中的炮弹及手榴弹。1982年，Rinuy和Schweizer[14]应用碱性亚硫酸盐对铁质文物进行脱氯，并对不同的脱氯方法进行了比较研究，同年，Watkinson[15]对LiOH和NaOH方法处理出土铁器进行了实验评估。1995年，上海博物馆的祝鸿范、周浩进行了出土铁质文物的复配碱性脱氯清洗研究[16]。Watkinson[17]比较了几种水洗去除氯离子方法的有效性：索氏（Soxhlet）提取法、重复水煮法、高压水法和碱性亚硫酸盐法，结果发现碱性亚硫酸盐较其他方法去除氯离子的效率更高。2001年，Carlin、Keith和Rodriguez[18]对电解法脱氯速率进行了实验研究。Schmidt-Ott和Oswald[19]比较了不同浓度的碱性亚硫酸盐及不同浸泡时间的脱氯效果，首推使用0.005 mol/L Na_2SO_3 和0.1 mol/L NaOH溶液。

2007年，欧阳维真和许淳淳[20]研究模拟铁器文物在碱性溶液中恒电位脱氯过程氯离子迁出规律。

North和Pearson[7]的研究表明，NaOH溶液脱氯比其他碱性盐更为有效（表2）。

表2 NaOH与其他碱性盐脱氯速率的比较

处理方法	pH	脱氯率/($mg/h^{1/2}$)
0.1 mol/L $NaHCO_3$	8.5	29.1±1.1
0.05 mol/L Na_2CO_3	10.2	27.6±0.6
0.1 mol/L Na_2CO_3	12.5	28.0±0.9
0.1 mol/L NaOH	13	46.4±3.0

二、脱氯实验研究

1. 物理脱氯方法比较

物理脱氯方法包括冷水静置、冷热交替、振荡及真空法等，采用定性与定量两种分析方法，在相同条件下对比上述各种物理脱盐方法的脱盐效果；同时比较了氢氧化钠水溶液和去离子水的脱氯效率。采用电导率、离子色谱及氯离子选择性电极的方法对脱氯效果进行了评价。

实验一

称取1g粉末状样品（A类），将样品置于三角瓶中。之后用300 mL去离子水浸泡，分别采用静置、冷热交替及振荡进行脱氯。间隔1h取样一次，共取样10次。后进行电导率分析，分析结果如图1所示。图1表明，在开始的2h冷热交替法的电导率增加最快，由最初的3 μS/cm增加到约13 μS/cm，之后缓慢增加；静置法在3~5h增加最快；而振荡法在5~8h内增加最快。10h后，冷热交替法最终的电导率为21 μS/cm，振荡法为17 μS/cm，静置法为15 μS/cm。可知，冷热交替法的脱盐量较振荡法和静置法分别提高了19%和24%，其脱盐效果优于振荡法和静置法。

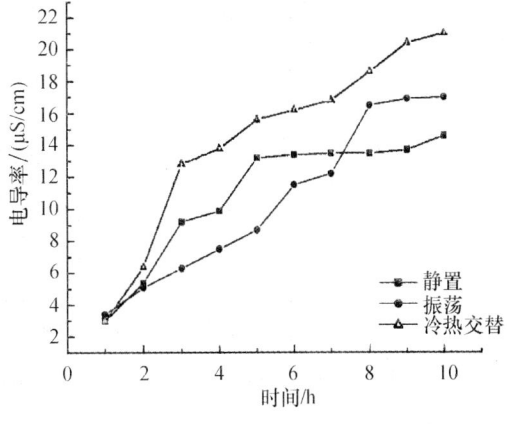

图1 三种物理脱氯方法脱氯效果定性结果比较

实验二

称取1g颗粒或粉末状样品（A类），将样品置于三角瓶中。之后用300mL去离子水浸泡，分别采用冷水静置、冷热交替及振荡进行物理脱氯。在其他条件不变的情况下，溶剂采用去离子水与0.5 mol/L NaOH溶液进行动态实验。间隔1h取样一次，共取6次样，再将溶液进行离子色谱分析。

经静置、振荡脱氯实验后进行定量分析数据表明：

（1）去离子水溶解出的盐分以氯化物和硫酸盐为主（图2）。6h后振荡脱氯方法与静置法相比，溶解出的氯离子提高了约40%，溶解出的SO_4^{2-}离子提高了约50%。

（2）0.5 mol/L NaOH溶液溶解出的盐分主要以氯化物、硫酸盐与磷酸盐为主（图3）。振荡脱氯方法与静置法相比，溶出的氯离子提高了约30%，SO_4^{2-}离子提高了35%，PO_4^{3-}离子提高了33%。

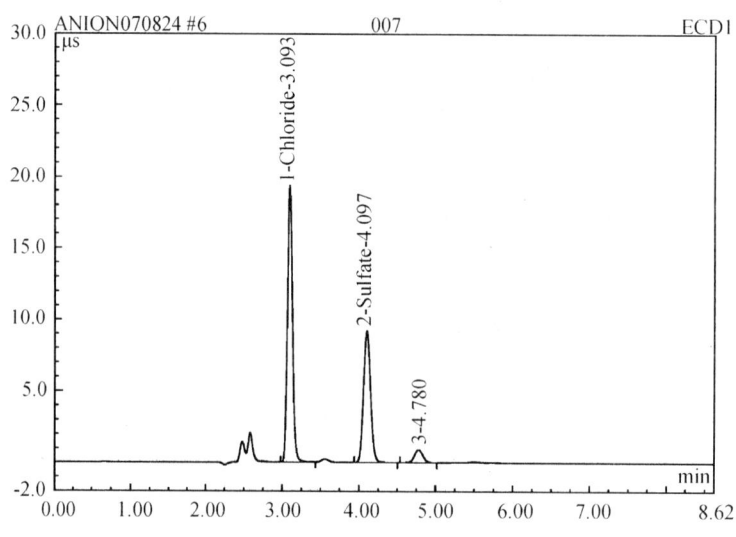

图2 脱氯溶液为去离子水的离子色谱图

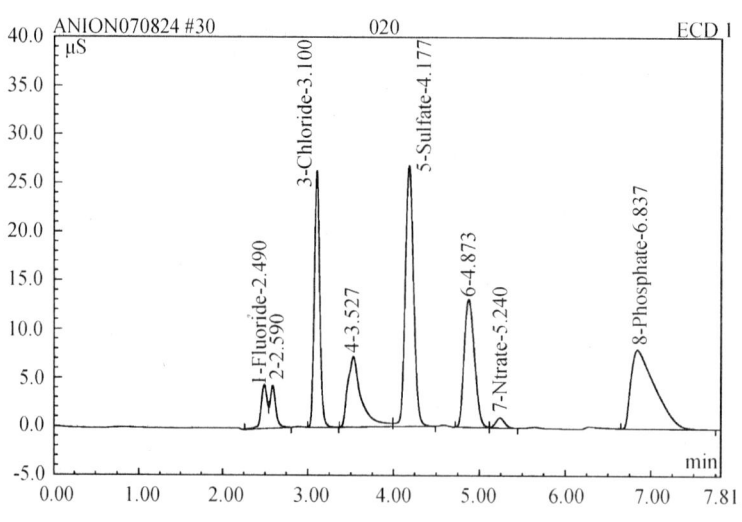

图3 脱氯溶液为0.5 mol/L NaOH溶液的离子色谱图

(3) 同样条件下，0.5 mol/L NaOH 溶液脱氯效率明显高于去离子水。

2. 真空脱氯效果评价

早在20世纪60年代，在石质文物的保护过程中，曾采用真空法对器物进行脱氯。真空状态下，脱氯溶液易于渗入器物锈层内部[21]。据报道，这一被称为"Kratz法"的脱氯方法，效果非常明显。此后，德国的文物保护工作者将此方法进行改进，配备与真空设备相连的水喷射装置[22]。受此启发，将真空法引用到铁质文物的脱氯处理中。

1) 真空法步骤

真空法脱氯步骤如下：

(1) 将样品置于一密闭容器内；

(2) 将密闭容器抽真空至 -0.1MPa，使其内部减压；

(3) 将脱氯溶液通过负压加入密闭容器内，浸泡一定时间后取浸泡液分析。

2) 脱氯速率评价

为评价真空法的脱氯效果，特比较抽真空与浸泡两种脱氯方法的脱氯速率。具体操作如下：分别称取六份颗粒样（A类），每份样重1g；六份块状样（B类），每份样重7g。每类样品中三份为浸泡样，另三份用于真空脱氯。本研究采用两种脱氯溶液：①去离子水；②0.5 mol/L NaOH + 1.5% DP-105 溶液。表3以水为浸泡液的脱氯速率比较，表4以0.5 mol/L NaOH + 1.5% DP-105 的脱氯速率比较。

表3 真空法与浸泡法脱氯速率比较（以去离子水为浸泡液）

样品形状	操作方法	样品号	浸泡时间/h	浸泡液体积/mL	溶液中氯含量/(mg/L)	溶液中平均氯含量/(mg/L)	溶液中总阴离子含量/(mg/L)	溶液中平均总阴离子含量/(mg/L)
颗粒样	浸泡	1#	0.5	100	27.18	29.26	29.42	30.35
		2#	0.5	100	29.12		29.60	
		3#	0.5	100	31.48		32.04	
	真空	4#	0.5	100	36.92	38.85	38.53	41.98
		5#	0.5	100	38.47		40.42	
		6#	0.5	100	41.17		46.99	
块状样	浸泡	1#	0.5	100	50.87	53.49	57.67	61.22
		2#	0.5	100	54.38		59.68	
		3#	0.5	100	55.21		62.08	
	真空	4#	0.5	100	69.30	73.69	68.27	74.36
		5#	0.5	100	67.06		61.86	
		6#	0.5	100	84.72		85.15	

由表3知，真空法的脱氯速率优于浸泡法。对于颗粒状样品，溶解出的氯离子提高了33%，溶解出的总阴离子提高了35%；对于块状样品，溶解出的氯离子提高了34%，溶解出的总阴离子提高了29%。

表4　真空法与浸泡法脱氯速率比较　　（以 0.5 mol/L NaOH + 1.5% DP-105 为浸泡液）

浸泡时间	操作方法	样品号	浸泡液体积 / (mL)	溶液中的氯含量 / (mg/L)	溶液中的平均氯含量/ (mg/L)
0.5 h	浸泡	1#	100	166	161
		2#	100	181	
		3#	100	137	
	真空	4#	100	182	176
		5#	100	171	
		6#	100	175	
24 h	浸泡	1#	100	1107	1063
		2#	100	1043	
		3#	100	1040	
	真空	4#	100	1191	1122
		5#	100	1075	
		6#	100	1100	

由表 4 知，以 0.5 mol/L NaOH + 1.5% DP-105 为浸泡液时，真空法的脱盐效果优于浸泡法。真空法与浸泡法相比，当浸泡时间为 0.5h 时，溶解出的氯离子提高了 27%；当浸泡时间为 24h 时，溶解出的氯离子提高了 26%；而浸泡时间均为 0.5 h 时，脱氯溶液为 0.5 mol/L NaOH + 1.5% DP-105 溶液的脱氯速率与去离子水相比，提高了 61%~75%。

3. 真空脱氯工艺研究

实验室前期研究已证实，真空法在铁器的脱氯处理中，其脱氯效果优于浸泡法。为使真空法在大型铁质文物脱氯过程中得到应用，我们对真空脱氯法的具体实施工艺，包括对真空设备与密闭材料的筛选，注入脱氯溶液的方式及操作工艺等进行了研究。

1）操作工艺

根据文献资料并结合实际情况，设计的现场抽真空脱氯操作工艺示意图（图4）。具体操作流程如下：

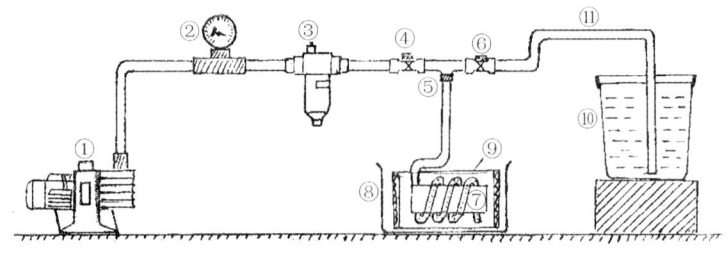

图4　真空脱氯法示意图
① 真空泵；② 真空表；③ 过滤器；④ 三通阀门之一；⑤ 三通阀门之二（与密封袋相连）；⑥ 三通阀门之三（与脱氯溶液相连）；⑦ 被处理器物；⑧ 放置器物的容器；⑨ 密闭袋；⑩ 盛装脱氯溶液的密闭容器；⑪ 耐压塑料管

(1) 将包装袋⑨裁减成合适的规格（体积至少是样品的5倍），包装袋体积的计算公式为

$$V = 长(L) \times 宽(W) \times 高(H)$$

之后将待脱氯的器物⑦放于袋内，包装袋⑨的四周用热封口机密封，留一小口插入与阀门⑤相连的耐压塑料管⑪（图5）。之后将小口用胶带缠绕，使其完全密封。将用袋子密封好的试样置于一定空间的容器⑧内。

(2) 将脱氯溶液（体积至少是器物的5倍）置于一密闭容器⑩内，将连接阀门⑥的耐压塑料管⑪插入脱氯溶液中，密闭容器置于相对高的台面上。

(3) 阀门④连接过滤器③、真空表②与真空泵①，以保证粉尘和少量液体不会倒吸入真空泵导致真空泵损坏。关闭阀门⑥，打开阀门④与真空泵①，包装袋⑨内的空气很快被抽出，此时密闭袋紧贴在器物表面，真空表②显示的压力可达 $-0.1MPa$，在此压力下保持一段时间（图6）。

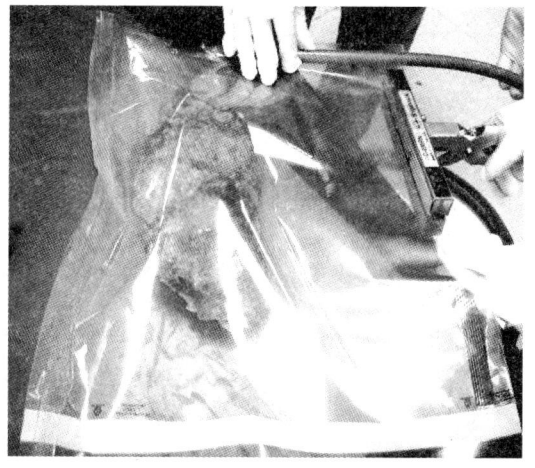

图5 制作密封袋

图6 抽真空

(4) 关闭连接真空泵的阀门④，打开阀门⑥，此时，脱氯溶液会在大气压的作用下，经过耐压塑料管⑪与阀门⑤进入密闭袋内，直到浸没整个器物。

(5) 之后将耐压塑料管从包装袋⑨内抽出，用封口机将小口密封，以保证脱氯溶液不溢出。

对山东蓬莱铁质文物进行现场综合保护过程中，将真空脱氯法应用于两门铁炮（5#、6#铁炮）的脱氯处理之中。其中5#铁炮长约1.18m，6#铁炮长约1.72m。在铁炮外围缠绕已打孔的耐压塑料管，目的是在灌注脱盐溶液时，使溶液更加均匀地分布于铁炮周围（图7）。之后的操作流程同上。器物在浸泡过程中，需要定期检测溶液中的氯含量，并更换溶液。采用医用注射器从器物上部采集脱氯溶液，取样针孔

图7 铁炮外围缠绕的耐压塑料管

通过封口机密封。

2) 讨论

真空法的优点：由于真空，破坏了器物锈层内外的压力平衡，孔隙内的含氯物

质向外运动，注入脱氯溶液后，液体会对运动出的氯离子作用。同时因真空的失去，而向孔隙中运动，提高了脱氯效率；密闭的空间也可以使用亚硫酸钠等还原剂，减少了水溶液处理中铁质文物的氧化问题；以塑料薄膜为容器，现场解决了器物大小不一的容器问题；缠绕的耐压塑料管解决了灌注溶液与器物接触的均匀性问题。

但真空脱氯法不适用于形状不规则且体积过大的器物，如铁锚有较为尖锐的锚齿，容易弄破塑料薄膜。而体积过大的器物，由于需要相对较多的脱氯溶液，塑料薄膜类的材料难以承载过大的质量。同时为使薄膜内的溶液易于浸没器物，需要一盛放器物的容器。对于过大的器物，选择适合的容器也是比较困难的。

对真空脱氯法的研究尚处于初始阶段，许多方面有待改进。如密闭材料的透气性问题；处理溶液加温问题；抽取真空时，耐压塑料管与密封袋间接口的密封性问题等，需要进行深入研究。

4. 脱氯剂的复配研究

如文献所述，碱液清洗剂（0.5 mol/L NaOH 溶液）是一种效果较好的脱氯试剂。但有学者认为，碱溶液本身会使铁器受到进一步的腐蚀，为减弱这种腐蚀作用，在碱性溶液中加入适量的缓蚀剂；为了提高脱盐速率，在碱液中加入适量的表面活性剂，形成复配溶液。本研究根据文献配制一种对比样，三种复配溶液，如表5所示。其中 $1^\#$ 溶液为纯 0.5 mol/L NaOH 溶液，并未添加任何缓蚀剂与表面活性剂，其主要目的是与复配脱盐溶液进行比较。

表5　脱氯复配清洗剂配方

	溶液	缓蚀剂	表面活性剂	pH
$1^\#$	0.5mol/L NaOH	无	无	12.6
$2^\#$	0.5 mol/L NaOH	四种复合无机缓蚀剂	无	13
$3^\#$	0.5 mol/L NaOH	四种复合无机缓蚀剂	1.5% DP-105 体积比	13
$4^\#$	0.5mol/L NaOH	无	1.5% DP-105 体积比	13

通过调研和实验优化筛选的复合无机缓蚀剂：2mmol/L $Na_2MoO_4 \cdot 2H_2O$ + 2 mmol/L $(NaPO_3)_6$ + 0.4mmol/L $Zn(H_2PO_4)_2$ +2mmol/L 苯甲酸钠。

表面活性剂的作用：可减小水的表面张力，改善水的流动性，增加脱盐溶液的渗透性。一般选用阴离子表面活性剂或非离子表面活性剂。例如，仲烷基磺酸钠、十二烷基二乙醇酰胺磷酸酯、脂肪醇聚氧乙烯醚。非离子表面活性剂的主要特点有：清洗性强；临界胶束浓度较低，也就具有低浓度下的强清洗性能，可低浓度使用；发泡性较小；稳定性高，对酸、碱和硬水稳定；与其他表面活性剂的相溶性好[23]。本实验选用的表面活性剂为DP-105，即低泡耐碱性的非离子表面活性剂，该表面活性剂在碱性条件下有良好的稳定性和渗透性，因此非常适宜在强碱性的 NaOH 溶液中使用。

5. 脱氯清洗剂脱氯速率比较

将 Z30 腐蚀试片浸泡于上述 $1^\#$、$2^\#$、$3^\#$ 复配脱氯溶液中，每种溶液共三个平行样。试样在溶液中共浸泡7天，更换四次溶液。浸泡1天后，溶液中的氯浓度值均很高，达到 89 mg/L 以上；第2、第3及第7天的脱氯溶液中，氯离子浓度值均在 11 mg/L 以下，基本达到平衡，可认为脱氯结束（表6）。

表6 1#、2#与3#溶液脱氯速率的比较

浸泡时间/d	1#溶液 Cl⁻/(mg/L)			2#溶液 Cl⁻/(mg/L)			3#溶液 Cl⁻/(mg/L)		
	1	2	3	4	5	6	7	8	9
1	110.26	148.37	130.65	119.82	89.45	101.39	97.25	141.61	124.94
2	5.91	6.17	3.55	8.26	7.94	9.38	6.44	10.20	7.94
3	3.13	3.41	7.62	4.42	4.61	5.45	5.68	5.93	5.68
7	3.71	3.71	4.39	5.45	6.44	5.68	6.44	7.00	6.44
总计	123.01	161.66	146.21	137.95	108.44	121.9	115.81	164.74	145
平均	143.63			122.76			141.85		

由表6数据可知：2#溶液较1#溶液脱氯速率低，可知缓蚀剂的加入会影响脱氯速率。这是因为在脱氯过程中，缓蚀剂在试片表面形成一层膜，阻碍脱氯溶液进入样品内，在一定程度上影响脱氯速率。而3#溶液与1#溶液的脱氯速率基本相同，说明缓蚀剂在影响脱氯速率的同时，表面活性剂良好的渗透性可促进样品内部的氯离子迁入溶液中。

为验证表面活性剂对脱氯速率所起的作用，选择4#复配脱氯溶液（0.5 mol/L NaOH + 1.5% DP-105）与1#脱氯溶液进行比较（表7）。

表7 1#与4#溶液脱氯速率的比较

浸泡时间/d	1#溶液 Cl⁻/(mg/L)			4#溶液 Cl⁻/(mg/L)		
	1	2	3	4	5	6
1	51.14	50.44	79.03	79.24	82.13	79.96
2	6.62	6.91	16.8	17.52	19.58	20.82
4	6.09	5.38	9.06	10.76	8.50	16.98
总计	63.85	62.73	104.86	107.52	110.21	117.76
平均	77.15			111.83		

表7显示：4#复配脱盐溶液的脱盐效果较1#脱盐溶液提高了36%。非离子表面活性剂DP-105加入有提高脱氯效果的作用。

三、总　　结

本研究对铁质文物真空法的脱氯效果进行了对比研究，试验表明，真空法的脱氯速率优于浸泡法；同时开发了室外铁质文物真空脱氯的新工艺，并已应用于大型铁质文物的现场脱氯保护中，取得了较好效果。

本研究同时对现有脱氯碱性清洗液（0.5mol/L NaOH溶液）进行了复配研究，试验表明，在0.5mol/L NaOH溶液中添加一定量的非离子表面活性剂，其脱氯速率优于原有的脱氯试剂。

参　考　文　献

[1] Gilberg M R, Seeley N J. The identity of compounds containing chloride ions in marine iron corrosion products: a critical review. Studies in Con-

servation, 1981, 26: 50 – 56.

[2] North N A. Corrosion products on marine iron. Studies in Conservation, 1982, 27 (2): 75 – 83.

[3] Weiser H B, Milligan W O. X-ray studies on the hydrous oxides. V. beta ferric oxide monohydrate. Journal of the American Chemical Society, 1935, 57: 238 – 241.

[4] Kratky O, Nowotny H. Zur kristallstruktur von β-FeOOH. Zeitschrift für Kristallographie, 1939, 100: 356 – 360.

[5] North N A, Pearson C. Thermal decomposition of FeOCl and marine cast iron corrosion products. Studies in Conservation, 1977, 22 (4): 146 – 157.

[6] Keller P. Eigenschaften von (Cl, F,, OH) < 2Fe (O, OH) 16 und Akaganéit. Neues Jahrbuch Mineralogie, 1970, 113: 29 – 49

[7] North N A, Pearson C. Washing methods for chloride removal from marine iron artifacts. Studies in Conservation, 1978, 23 (4): 174 – 186.

[8] Krause E. Ein neues verfahren zur conservirung dereisen-alterthümer, verhandlungen der berliner gesellschaft für anthropologie. Ethnologie und Urgeschichte, 1882: 533 – 538.

[9] Hodges H W M. Electrodialysis as a means of removing soluble salts from antiquities. Paper Given at the UkIC meeting Recent Advances in Conservation, 1970.

[10] Plenderleith. H J, Werner A E A. The Conservation of Antiquities and Works of Art. London: Oxford University Press, 1971.

[11] Wihr R. Electrolytic Desalination of Archaeological Iron, Conservation in Archaeology and the Applied Arts. London: Preprints of the Contributions to the Stockholm Congress, 1975: 189 – 193.

[12] North A N, Pearson C. Alkaline sulphite reduction treatment of marine iron. ICOM Committee for conservation, 4th triennial meeting, 1975.

[13] Skinner T, Bryce T. The conservation of some cast iron ammunition by the alkaline sulphite method. In: Tate J. Ed. The Laboratories of the National Museum of Antiquities of Scotland 2. Edinburgh: National Museum of Antiquities of Scotland, 1982: 1 – 109.

[14] Rinuy A, Schweizer F. Application of the alkaline sulphite treatment to archaeological ironwork: a comparative study of different desalination methods. In: Clarke R W, Blackshaw S M. Eds. Conservation of Iron: Maritime Monographs and Reports 53. Greenwich: The Trustees of the National Maritime Museum, 1982: 44 – 49.

[15] Watkinson D. An assessment of lithium hydroxide and sodium hydroxide treatments for archaeological ironwork. In: Clarke R W, Blackshaw S M. Eds. Conservation of Iron: Maritime Monographs and Reports 53. Greenwich: The Trustees of the National Maritime Museum, 1982: 28 – 40.

[16] 祝鸿范, 周浩. 出土铁器文物的脱氯清洗研究. 文物保护与考古科学, 1995, (1): 1 – 10.

[17] Watkinson D. Chloride extraction from archaeolofical iron: comparative treatment efficiencies. Archaeological Conservation and Its Consequences: Preprints of the Contributions to the Copenhagen Congress. London: International Institute of Conservation, 1996: 208 – 212.

[18] Carlin W, Keith D, Rodriguez J. Less is more: measure of chloride removal rate from wrought iron artifacts during electrolysis. Studies in Conservation, 2001, 46: 68 – 76.

[19] Schmidt-Ott K, Oswald N. Neues zur eisenentsalzung. VDR Beiträge, 2006, (2): 126 – 134.

[20] 欧阳维真, 许淳淳. 模拟铁器文物恒电位碱液脱氯技术的研究. 腐蚀与防护, 2007, 28 (7): 337 – 339.

[21] Wihr R. The conservation of stone objects in humid interiors-London: the international institute for conservation of historic and artistic works. Conservation within historic buildings: preprints of the contributions to the Vienna Congress, 1980: 139 – 141.

[22] Schoonbroad J. Entsalzung durch konvektive Verfahren. In WTA Schriftenreihe. Heft8, 1996: 90 – 108.

[23] 陈旭俊. 工业清洗剂及清洗技术. 北京: 化学工业出版社, 2002: 248.

Research on Washing Methods and Materials for Chloride Removal from Iron Artifact

Cheng Xiaolin, Yang Xiaolin, Xu Xu, Chen Shuying, Pan Lu

(National Museum of China Beijing 100006)

Abstract In this paper, washing methods and materials for chloride removal from iron artifact were intensively studied. In based of literatures and by comparing experiments, an appropriate multi-material was selected, and the vacuum-pumping method was applied to the desalination of iron artifacts for the first time. The results proved that the new multi-material and the vacuum-pumping method were effective.

Keywords Iron artifact, Chloride removal, Multi-combine, Vacuum-pumping

莫高窟壁画多光谱无损调查和分析进展

苏伯民[1,2]　范宇权[1,2]　王晓伟[1,2]　柴伯龙[1,2]

（1. 敦煌研究院保护所　敦煌　736200）

（2. 古代壁画保护国家文物局重点科研基地　敦煌　736200）

摘要　敦煌研究院通过与国内外科研机构的合作，在莫高窟石窟考古和壁画保护研究中开展了多光谱无损调查和分析研究，综合应用多光谱摄影和分析技术的波长分析与空间分辨能力，在绘画底层草图的透视、壁画制作材料调查、壁画现状和修复工作监测，以及褪变色壁画的研究中做了初步的试验，获得了许多新的信息。

关键词　敦煌壁画，多光谱分析，无损调查

一、引　　言

多光谱技术可以同时记录物体的光谱和空间信息，随着数码技术和材料科学的迅速发展，系统的价格降低，多光谱技术的应用范围得到了扩展，光谱成像在文物的数字化成像管理和保护工作领域得到应用和发展。

文物保护科学中的波长分辨研究最早可以追溯到 20 世纪 30 年代美国学者 Norman 对颜料反射光谱的分析[1]。21 世纪初随着高灵敏度光谱仪器的进展，国外学者综合利用紫外、可见、荧光和红外光谱分析技术，对无机颜料和有机染料开展了无损分析研究[2]。日本学者朽津信明等利用便携式的分光光度计，对常见的纯颜料进行了研究，认为矿物颜料的反射光谱基本上由其晶体结构决定，而颜料的粒度和含水率等因素对反射光谱没有大的影响，因而利用便携式的分光光度计，可以对壁画颜料方便地进行现场调查，粗略地估计颜料的种类[3]。具体的研究范围包括紫外-可见反射光谱，可见-近红外反射光谱和荧光分析等，而综合应用于这些研究领域的便携式光纤光谱仪成了文物无损分析的一个发展方向[4~12]。

1989～1992 年，欧洲 VASARI 计划（Visual Arts System for Archiving and Retrieval of Images）研制了用于绘画数码图像色彩直接扫描系统，该系统比常规的胶片有更高色彩精度和分辨率，能用来替代胶片摄影。VASARI 系统装备有 500 × 290 像素 CCD 和一套覆盖 400～700nm 光谱范围的 7 带通宽带滤波器单色相机[13,14]。能够记录 3000 × 2820 像素高分辨率局部图像，最终的图像靠拼接局部图像来获得，具有当时最佳的分辨率，但存在便携性差和操作费时的问题。VASARI 系统最初是为了科学研究目的而研发的，特别是为监测绘画长期的颜色变化[15,16]，现在主要用于文件和档案领域[17]。VASARI 计划随后继续改进了光源、软件、校准和色标系统，并由伦敦国家美术馆与欧盟的大学、研究所和公司延续发展出了 MARC 计划（Methodology for Art Reproduction in Colour）。MARC 计划为绘画艺术品的科学档案管理发展了数字化系统，发展的技术体系可以

直接扫描绘画获取高分辨率图像,并可以很准确地打印图像,同时改进了系统的便携性。MARC系统基于没有多光谱能力的三色相机来发展,在分辨率和成像时间上有显著的效率[18]。

在欧洲的CRISATEL项目(conservation restoration lnnovation systems for image capture and digital archiving to enhance training, education and longlife learning)内发展了另外两个分别位于英国伦敦国家美术馆和巴黎的光谱成像系统。在巴黎的系统基于一台垂直线形CCD扫描相机来生成12000×30000像素的数字图像,系统装备有13个宽带滤波器:10个位于可见光范围,3个位于近红外范围,系统能够对最大$2m \times 2m$的绘画进行数字化[18,19]。

在欧盟发起的Eu-ARTECH计划,通过在欧盟下属机构设置和运行各种分析调查设备,致力于改善欧洲艺术品研究和保护中对相关设备的使用。该项目的主要目标包括:将尽可能多的文化遗产研究设备引导到同一个领域,使欧洲的使用者能方便地使用高性能设备;提供一个综合的、专业的和协调的支撑平台,促进欧洲信息化产品的生产,并将使用范围扩展到欧盟联系成员国。该项目利用欧洲各国现有的先进研究设施,开展了研究系统的构建和整合。其中设置仪器就有紫外荧光成像系统、紫外-可见荧光光纤光谱仪、可见-近红外光纤光谱仪、反射式红外扫描成像光谱仪、中红外光纤光谱仪和μ-拉曼光谱仪等。针对不同的调查对象,这些现场调查设备可以有选择地搭载在移动试验车中,完成现场的分析和监测工作。

从2001年开始,敦煌研究院通过和美国盖蒂保护所以及日本东京文化财研究所合作,在石窟壁画考古与保护中开展了多光谱技术的应用研究。主要包括壁画的近红外摄影、紫外线激发可见荧光摄影、单色光摄影、可见光激发的荧光摄影、单色光摄影和可见光反射光谱检测等。通过实验室模拟和洞窟现场试验,在褪色和变色壁画调查、壁画现状和修复工作监测、壁画色料中有机材料的调查等方面作了初步研究[20~22]。而壁画数码图像获取和光谱重构则由敦煌研究院数字中心进行研究[23]。

二、多光谱技术原理

当光照射到介质表面时,由于材料的特性,不同波长光的能量会被介质表面吸收、散射或反射,有些材料受特定波段入射光的激发,还会产生荧光。对物体表面发出的这些不同信号的研究,构成了无损反射光谱学和荧光光谱的研究。光谱反射率是单位波长的反射量,它与样品材料特性、光源特性、观察角度和检测器的灵敏度有关。对特定的表面或介质,反射光谱会显示出电子和构成材料的振动吸收过程的特征波段,光谱反射率因此提供了关于材料性质的重要信息,如颜色和成分。

目前多光谱技术的研究领域覆盖了紫外、可见和红外波段,主要包括波长分辨和空间分辨研究。通常不同文献对光谱波段的划分略有不同,一般可以认为:中紫外区域(mid-UV)200~300nm;近紫外区域(near-UV)300~400nm;可见光(VIS)400~780 nm;近红外波段(NIR)780~1000 nm;短波红外(SWIR):1000~2500 nm;中红外波段(MWIR)2.5~15μm。有时近红外波段和可见波段常被一起称为可见近红外波段(VNIR)[24]。

应用于文物保护现场和实验室研究领域的光谱成像技术能根据特征光谱性质来提供空间分辨分析和材料的分布图。文物保护中使用的数码成像系统借助不同的光源和滤波系统,可以获取高清晰度的图像,同时利用计算机处理系统进行光谱解析,获取文物的光谱和空间的数据。多光谱成像系统的基本构成包括：光源、滤光或色散装置、连接计算机的摄像/检测器和带应用软件的操控系统等。

三、多光谱摄影和分析系统构建

敦煌研究院通过对外科研合作，构建了初步的多光谱摄影系统和分析体系，见表1。并在实验室模拟试验的基础上，在石窟壁画考古和保护中开展了应用研究。

1. 多光谱摄影体系

正常光摄影：是在光谱范围在400~780nm的肉眼可见光谱下拍摄，可分为正常光拍摄和侧光拍摄。正常光拍摄是为了记录壁画现存色彩信息；侧光拍摄强调记录壁画表面的凹凸阴影，以此突出某些壁画病害的特征和原始壁画制作技法。

红外线摄影：红外摄影就是利用光谱范围在780~3000nm的、肉眼不可见红外线感光进行拍摄的摄影方式。

紫外线激发荧光阴影：利用光谱范围在300~400nm的、肉眼不可见近紫外光对壁画内容进行拍摄。紫外光摄影包括直接紫外线摄影和紫外荧光摄影。表1为组建的多光谱摄影系统，图1、图2分别为不同滤光片所能透过的光谱范围。

表1 多光谱摄影系统设备

名称	说明
尼康 D200 机身	Nikon Capture Control，Nikon Capture Edit 软件
尼康 17-55/2.8 镜头	面积较大壁画拍摄
尼康 60mm/2.8 微距镜头	局部壁画小范围拍摄
红外摄影滤膜	Kodak 公司 Wratten No. 87 滤膜
紫外摄影滤膜	Kodak 公司 Wratten No. 2E 滤膜
紫外光源	日本 JEB BR-150BL 高压汞灯
闪光灯辅助光源系统	Broncolor Grafit A2 闪光灯系统
Kodak 标准色卡	正常光拍摄中用于光度及色度的调节
Kodak 18 度灰卡	用来自定义白平衡和测定曝光量

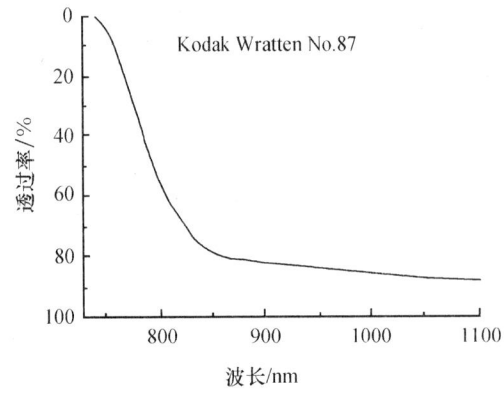

图1 Kodak 公司 Wratten No. 87 滤光片不同波长光线的透过率

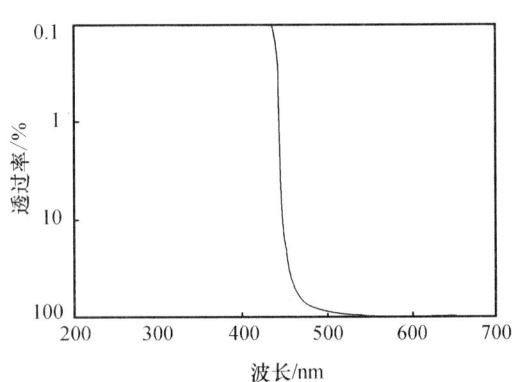

图2 Kodak 公司 Wratten No. 2E 滤膜不同波长光线的透过率

2. 紫外-可见反射光谱系统

随着光电技术的飞速发展,光导纤维和二极管阵列 CCD 探测器等新产品不断出现,利用便携式微小型光纤光谱仪在考古现场对文物进行无损的调查与分析有了可能。系统选配的便携式光纤光谱仪用于壁画现场无损光学分析与调查。主要用来检测壁画颜色,进行反射光谱学研究。测量范围涵盖了紫外、可见和部分近红外波段。反射光谱测量和荧光测量共用热电制冷型、快触发式光谱仪,可测光谱范围 200~1100nm,分辨率 4.3nm。配置的光电二极管阵列探测器,可以对整个光谱进行快速扫描而不必移动光栅;同时借助低损耗的石英光纤,把样品产生的光信号传导到光谱仪的光学平台中,构成了由光源、取样附件和光纤光谱仪组成的现场测量系统。整个系统具有测量速度快,模块化和灵活的特点,可用于文物现场保护和研究工作。表 2 为 AvaSpec-2048TEC-FT 热电制冷型光纤光谱仪系统配制。

表 2 AvaSpec-2048TEC-FT 热电致冷型光纤光谱仪系统配制

名称	用途
主机 AvaSpec-2048FT	热电制冷型、快触发式光谱仪,可测光谱范围 200~1100nm,分辨率 4.3nm
AvaLight-HAL 光源	10W 卤钨灯光源(高功率型),波长范围 360~2500nm
AvaLight-DH-S-BAL 光源	均衡光谱型氘-卤钨灯光源,波长范围 200~2500nm
标准反射探头 FCR-7UV200-2-ME	包括 6 根 200μm 芯径照明光纤,1 根 200μm 芯径探测光纤
标准白参考瓦 WS-2	反射率测量使用
AvaSoft-All	全功能软件,包括颜色测量、辐射测量、化学计量测量、输出到 Excel 和过程控制应用软件

3. 可见-近红外反射光谱

可见-近红外光谱仪可以测量物质的漫反射或透射光谱,进行定量和定性分析。选配的 LabSpec 5000 光谱仪可以用于可见-近红外光谱范围(350~2500nm)的无损分析。检测快速,制样简单或无需制样;测定的信息量大,可同时测定多组分;仪器具有便携,可进行现场无损分析。系统配置包括:ASD 主机、控制系统、光纤、电池、聚焦透镜和标准白板等。

对复杂样品作近红外光谱定量分析时,为了解决近红外谱区重叠与谱图测定不稳定的问题,需要应用全光谱信息,借助化学计量学软件和数据库,对未知物进行检测和研究。

四、多光谱无损分析系统在壁画考古与保护中的应用

多光谱分析技术在文物保护中的应用还处在初级阶段,经过探索目前在绘画草图和底稿的透视、绘画材料的区别和确认、重要模糊图像和文字的恢复、壁画现状和修复的监测等领域有了一些初步成果。

1. 绘画草图和底稿的可视化

由于红外线有很强的穿透能力,因此最早被应用于绘画底层草图的成像研究[25],利用特定颜料和颜料底层草图的红外光学性质的差别,可以用来有效地透视底层草图[26],大多数底层草图最佳的可视化在 1.8μm 处获得[26,27]。通过实验也证

明了使用CCD相机进行红外反射光谱摄影是有效的[28]。成像系统和多光谱系统的分析能力相结合能够帮助获得底层草图成像的正确波长，而这是获取底层草图图像的关键[29]。

红外线摄影需在相机机头前加红外光滤镜，选择性地透过红外线，阻挡可见光信号。由于红外线波长比可见光的波长长，因此成像时的焦点与相机取景屏上看到的影像不在同一平面上，对焦过程可能需要反复调试，直到得到清晰的影像。图3（图版5）显示了红外摄影对莫高窟第85窟壁画底层草图和线条的辨识能力，图4（图版6）是莫高窟第275窟南壁侧光照片红外照片，图5（图版7）显示了272窟北坡东侧的一身飞天在正常光拍摄中裙摆部位，紫外荧光照片中辨识了底层的条纹。

图3 莫高窟第85窟正常光（左）和红外（右）图像

（中美合作保护莫高窟第85窟项目）

图4 莫高窟第275窟南壁侧光（左）和红外（右）图像

2. 绘画材料的区别和确认

利用紫外-可见（UV-VIS）和近红外（NIR）波段光纤光谱仪可以非介入地研究颜料和其他绘画材料的特性，包括最近发展的中红外波段（MWIR）[30~36]。高性能系统可以在多个波段获取图像，采用适当的数据处理方法，能根据光谱特征信号鉴别材料，这和分光光度学的点分析相结合就有重要的优势。分光分析的光谱分辨率比多光谱成像系统的高很多，光谱分析的结果可以支持多光谱成像结果的处理和解释[37~50]。

图 5 莫高窟第 272 窟正常光（左）和紫外荧光（右）图像

根据敦煌壁画的制作技术，用动物胶（骨胶）混合敦煌壁画中使用的颜料，在中性卡纸上涂抹混合动物胶的各色颜料，制作标准试，并利用岛津（UV-2201）分光光度计进行反射光谱分析，测定条件为 360～800nm 波长范围扫描，波长间隔 1.0nm。

根据混合动物胶后的壁画颜料样品光谱分析的结果，证明分光分析可以简便、快速地区别蓝色的青金石和石青，红色的朱砂和土红，黄色的雌黄和铅黄，但无法区别莫高窟壁画中各种绿色和白色颜料（图6）。利用多光谱分析来鉴别颜料还存在局限，这是由于受限的光谱范围，并且也缺乏颜料反射光谱的详尽数据库。因此要将颜料混合物的光谱分解为单个组分的光谱存在困难，还需要互补性的微量取样介入性技术，如偏光显微镜、扫描电子显微镜和能谱仪、X 射线衍射仪、微拉曼光谱仪和傅里叶变换红外光谱等。

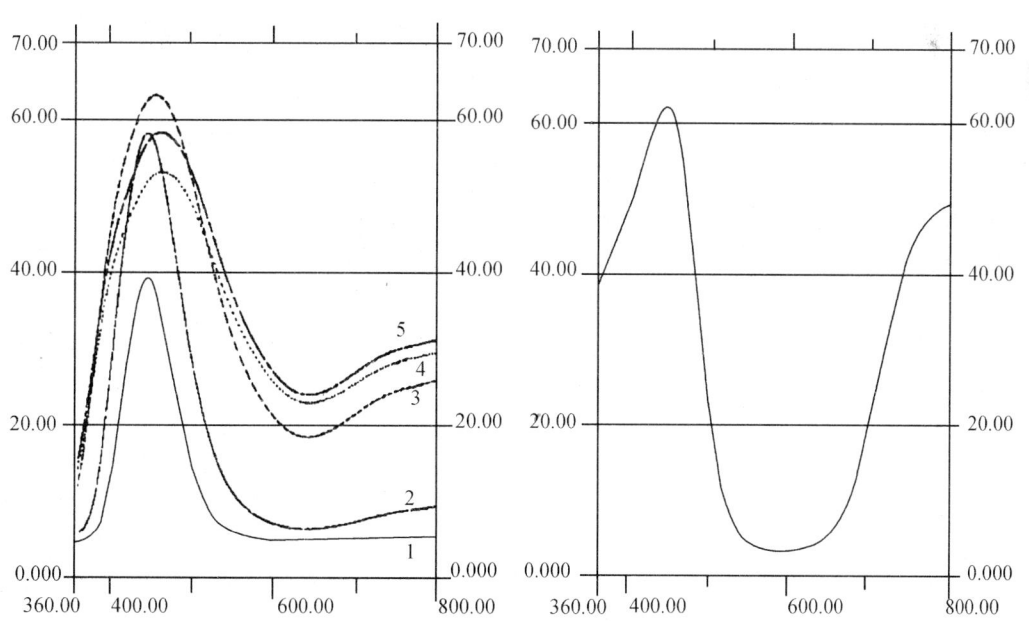

图 6 五种粒径石青颜料的反射光谱图（左）和青金石颜料的反射光谱图（右）

3. 重要模糊图像和文字的恢复

佛教石窟的供养人图像是石窟研究的重要内容，由于供养人图像通常位于石窟壁面的下部，经过长期自然老化和病害的影响，很多图像已经漫漶。因此结合石窟考古调查的成果，利用多光谱技术对莫高窟第194窟不同分期的壁画和彩塑分别进行多光谱摄影，以尽可能恢复褪变色壁画的图案和线条。其中对西壁和南北壁下部图像的紫外荧光摄影获得了较为清晰的图案，图7（图版8）为南壁东侧下部7身女供养人的正常光和紫外荧光图像。

图7　莫高窟第194窟南壁东侧下部7身女供养人的正常光（左）和紫外荧光（右）图像

4. 有机材料的辨识

UV激发可见荧光多光谱成像技术通过将有机胶结材料区分为某一类材料，显示出不同的强度和荧光颜色来进行鉴别。这项技术对绘画的应用研究获得了与白色颜料明确的差别，显示出用肉眼不可见的晚期重绘[44]。在氢氧化铁和碳酸铜颜料与有机胶结材料亚麻子油和兔皮胶相混合的颜料层中，观察到荧光强度的减低（荧光淬灭），结果用标准参比样品校正后发表[51]。其他非介入技术进行了有机胶结材料的特性确认，取得了不同的成功，包括荧光寿命成像（FLIm）和FTIR光谱[52]。

壁画中所用的天然有机颜料经过长时间的自然老化，颜色通常都有明显改变，有机颜料中显色的有机分子结构可能会有变化，而使用过有机颜料的部位面积通常小，颜料层很薄。因此针对有机颜料的研究是文物保护研究工作中的一个难点。

莫高窟第275窟中部在归义军时期曾加有隔墙，20世纪90年代经国家批准将隔墙迁移，揭露了第275窟早期壁画的面貌。其中南壁隔墙遮盖部位上层一尊千佛的袈裟由深浅不同黑蓝色颜料绘制，对该部位进行了无损多光谱调查（图8、图9，图版9）。

根据第275窟北壁深黑蓝色和浅黑蓝色颜料的无损反射光谱分析和数码显微镜现场分析结果，推断该千佛黑蓝色袈裟绘制时使用了靛蓝类的颜料。

5. 保护处置的监测和评估

学者研究了使用320～1550 nm光谱范围的多光谱成像评估激光清洁纸张和羊皮纸，可见光范围可以记录激光处理前后的准确色彩外貌，同时不可见范围的红外和荧光波段的结果可以揭示深部和表面的化学改变[53]。对手稿的研究中，380 nm的紫外反射成像多光谱成像有助于揭示表面的改变，在更长波长处也增强了深度伤害的结果[54]。多光谱成像还被用来分析实时激光和微气泡研磨清洁法清除考古发掘的大理石表面硬壳；最好的结果是用365nm紫外反射成像获得的[55]。靠测定柱状图的限值，有同样吸收特性的区域被区分出来，

图 8 莫高窟第 275 窟北壁黑蓝色壁画正常光（左）和紫外荧光（右）图像

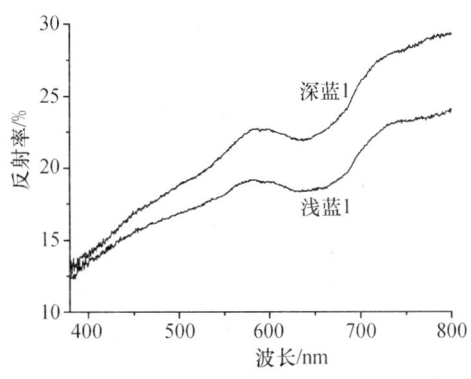

图 9 莫高窟第 275 窟北壁深浅不同黑蓝色颜料的反射光谱图

并且显示出过度清洁的区域。在激光清洁大理石后，紫外和红外光谱成像也用来评估颜色和结构的改变[56,57]。

为了绘画的保护，使用参比光谱数据结合光谱拟合算法的多光谱成像系统被用来评估绘画或重绘中的混合颜料，并解决了位变异构体的问题[41]。在 VASARI 和 CRISATEL 计划中发展出的多光谱成像系统，也被成功地应用于绘画的保护处置[42,58]和检测绘画运输过程中的损伤[59]。

图 10 莫高窟第 194 窟正常光（左）和紫外线激发荧光（右）图像

在中日合作保护莫高窟第53窟的项目中，利用紫外荧光摄影来识别早期曾使用聚乙酸乙烯乳液修复过的壁画位置。通过实验室模拟试验和现场调查，发现聚乙酸乙烯乳液处理过的白粉层的荧光信号会受树脂膜抑制，这种抑制作用和树脂的浓度无关[20,21]。图10（图版10）为莫高窟第194窟保护修复调查正常光照片和紫外线激发荧光照片，其中紫外荧光照片显示出了壁画表面残留修复材料的痕迹。

五、结　　论

多光谱成像技术以其非介入的分析能力，成为文物修复工作者和保护学家的一个新工具。而将成像和光谱学分析相结合，多光谱技术的能力将是其他非介入调查技术的有力补充。在壁画现状分析和调查、保护处置的监测、壁画颜料和胶结材料的鉴别等领域，该技术的应用和发展将起到重要的作用。

参 考 文 献

[1] Norman F, Barnes. C. Characteristics of artists' pigments. Journal of the Optical Society of America, 1939 29(5): 208-214.

[2] Naoto Y, Sadatoshi M. Study of non-destructive dye analysis by UV-visible reflection spectroscopy (Ⅱ). Hozon kagaku, 2005. (45): 17-24.

[3] 朽津信明，黑木紀子，井口智子，等. 顔料鉱物の可視光反射スペクトルに関する基礎の研究. 保存科学, 1999, (38): 108-123.

[4] Delaney J K, Walmsley E, Berrie B H, et al. Multispectral imaging of paintings in the infrared to detect and map blue pigments, Scientific examination of art: modern techniques in conservation and analysis. National Academy of Sciences. Washington, DC: National Academies Press, 2005, 120-136.

[5] Robert G. Investigating wall paintings: seeing is believing. English Heritage Conservation Bulletin, 2004, 45: 30-32.

[6] Marco L, Francesca C, Mauro B, et al. Identification of the pre-Columbian pigment Maya blue on works of art by noninvasive UV-Vis and Raman spectroscopic techniques. Journal of the American Institute for Conservation, 2004, 43 (1): 39-54.

[7] Havermans J, Aziz H A, Scholten H. Non destructive detection of iron gall inks by means of multispectral imaging. Part 1. Development of the detection system. Restaurator: International Journal for the Preservation of Library and Archival Material, 2003, 24(1): 55-60.

[8] Nicholas E. Fluorescence at work. The Picture Restorer, 2003, (23): 11, 12.

[9] Winter J, Giaccai J, Leona M. East Asian painting pigments: recent progress and remaining problems. Scientific research in the field of Asian art: proceedings of the First Forbes Symposium at the Freer Gallery of Art. Archetype Publications Ltd, 2003: 157-163.

[10] Berns R S, Imai F H. The use of multi-channel visible spectrum imaging for pigment identification. 13th triennial meeting, Rio de Janeiro, 22-27 September 2002: preprints. James & James (Science Publishers) Ltd., 2002: 217-222.

[11] Laramie HF. A review of ultra-violet light and examination techniques, Objects Specialty Group Postprints 2002, 9: 161-168.

[12] Liang H., A new multi spectral imaging system for paintings. Conservation of Ancient Sites on the Silk Road-Second International Conference on the Conservation of Grotto Sites, 2004: 27.

[13] Martinez K, Cupitt J, Saunders D R. High-resolution colorimetric imaging of paintings, in cameras, scanners, and image acquisition systems. proceedings of SPIE, 1901 SPIE, Bellingham, 1993: 25-36.

[14] Saunders D, Cupitt J. Image processing at the national gallery: the VASARI project. National Gallery Technical Bulletin, 1993, (14): 72-86.

[15] Saunders D, Chahine H, Cupitt J. Long-term colour change measurement: some results after twentyyears. National Gallery Technical Bulletin, 1996, (17): 81-91.

[16] Saunders D, Burmester A, Cupitt J, et al. Recent applications of digital imaging in painting conservation: transportation, colour change and infrared reflectographic studies. Tradition and Innovation: Advances in Conservation. Proceedings of the 18th IIC Congress, 10-14 October 2000, Melbourne. IIC,

[17] Saunders D. High quality imaging at the national gallery: origins, implementation and applications. Computers and the Humanities, 1998, (31): 153–167.

[18] Cupitt J, Martinez K, Saunders D. A methodology for art reproduction in colour: the MARC project. Computers and the History of Art, 1996, 6 (2): 1–19.

[19] Lahanier C, Alquie G, Cotte P, et al. CRISATEL: high definition spectral digital imaging of paintings with simulation of varnish removal. in 1COM Committee for Conservation. 13th Triennial Meeting, Rio de Janeiro, London, 2002, (I): 295–300.

[20] 井手诚之辅, 城野诚治. 敦煌莫高窟壁画第53窟壁画色彩和技法调查保存修复. 中日合作敦煌莫高窟壁画保存修复研究报告, 2002–2003: 7–23.

[21] 敦煌研究院-日本文化财研究所. 中日合作保护莫高窟第53窟、194窟项目总结报告, 2006 内部资料.

[22] 范宇权, 李燕飞, 于宗仁, 等. 莫高窟第285窟南壁多光谱无损分析初步报告. 敦煌研究, 2005, (5): 55–61.

[23] 刘刚, 鲁东明. 敦煌壁画的数字化. 敦煌研究, 2003, (4): 102–104.

[24] Fischer C, Kakoulli I. Multispectral and hyperspectral imaging technologies in conservation: current research and potential applications. Revieds in Conservation, 2006, (7): 3–16.

[25] Billinge R. Art in the Making: Under drawings in Renaissance Paintings., London: National callery, 2002: 52.

[26] Walmsley E, Metzger C, Delaney J K, et al. Improved visualization of underdrawings with solid-state detectors operating in the infrared. Studies in Conservation, 1994, (39): 217–231.

[27] Delaney J K, Metzger C, Walmsley E, et al. Examination of the visibility of underdrawing lines as a function of wavelength. In: Bridgland, J. Ed. Proceedings of the 10th Triennal ICOM-CC Meeting. Washington D. C., 22–27 August 1993, Paris, International Council of Museums-Committee for Conservation (ICOM-CC), 1993. 15–19.

[28] Walmsley E, Metzger C, Delaney J K, et al. Improved visualization of underdrawings with solid-state detectors operating in the infrared. Studies in Conservation, 1994, (4): 217–231.

[29] Gargano M, Ludwig N, Milazzo M, et al. A multispectral approach to IR reflectography. Proceedings of Art' OS - 8th International Conference on Nora Destructive Investigations and Microanalysis for the Diagnostics and Conservation of the Cultural and Environmental Heritage. 15–19 May, Lecce, Italy, Rome (2005) Electronic Resource. 2005.

[30] Faries M. Analytical capabilities of infrared reflectography: an art historian's perspective. Scientific Examination of Art: Modern Techniques in Conservation and Analysis. Washington, 2003, Proceedings of the National Academy of Sciences, Washington, D. C.: National Academies Press, 2005: 85–104.

[31] Bacci M. Fibre optics applications to works of art. Sensors and Actuators, 1995, (B29): 190–196.

[32] Dupuis G, Elias M, Simonot L. Pigment identification by fiber-optics diffuse reflectance spectroscopy. Applied Spectroscopy, 2002, (56): 44–51.

[33] Casadio F, Toniolo L. The analysis of polychrome works of art: 40 years of infrared spectroscopic investigations. Journal of Cultural Heritage, 2001, (2): 71–78.

[34] Bacci M, Casini A, Cucci C, et al. Non-invasive spectroscopic measurements on the II ritratto della figliastra by giovanni fattori: identification of pigments and colourimetric analysis. Journal of Cultural Heritage, 2003, (4): 329–336.

[35] Williams R S. In-situ, mid-IR spectroscopic analysis of objects at museums using portable IR spectrometers. Proceedings of the Sixth Infrared and Raman Users Group Conference (IRUG 6). Florence, Italy, March 29 to April 1, 2005: 170–177.

[36] Ricci C, Miliani C, Brunetti B G, et al. Non-invasive identification of surface materials on marble artifacts with fiber optic mid-FTIR reflectance spectroscopy. Talanta, 2006, 69 (5): 1221–1226.

[37] Dupuis C, Menu M. Quantitative characterisation of pigment mixtures used in art by fibre-optics diffuse-reflectance spectroscopy. Applied Physics A: Materials Science & Processing, 2006, 83 (4): 469–474.

[38] Casini A, Lotti E, Picollo M, et al. Image spectroscopy mapping technique for non-invasive analysis of paintings. Studies in Conservation, 1999, (44): 39–48.

[39] Baronti S, Casini A, Lotti F, et al. Multispec-

tral imaging system for the mapping of pigments in works of art by use of principal-component analysis. Applied Optics, 1998, 37 (8): 1299 – 1309.

[40] Berns R S, Krueger J, Swicklik M. Multiple pigment selection for inpainting using visible reflectance spectrophotometry. Studies in Conservation, 2002, (47): 46 – 61.

[41] Mansfield J R, Attas M, Majzels C, et al. Near infrared spectroscopic reflectance imaging: a new tool in art conservation. Vibrational Spectroscopy, 2002, (28): 59 – 66.

[42] Bacci M, Casini A, Cucci C, et al. A study on a set of drawings by Parmigianino: integration of art-historical analysis with imaging spectroscopy. Journal of Cultural Heritage, 2005, 6 (4): 329 – 336.

[43] Liang H, Saunders D, Cupitt J. A new multispectral imaging system for examining paintings. Journal of Imaging Science and Technology, 2005, 49 (6): 551 – 562.

[44] Ware G A, Chabries D M, Christiansen R W, et al. Multispectral analysis of ancient Maya pigments: implications for the Naj Tunich corpus. IEEE Transactions, 2000: 2489 – 2491.

[45] Balas C, Papadakis V, Papadakis N, et al. A novel hyper-spectral imaging apparatus for the non-destructive analysis of objects of artistic and historic value. Journal of Cultural Heritage, 2003, 4 (1): 330 – 337.

[46] Melessanaki K, Papadakis V, Balas C, et al. Laser induced breakdown spectroscopy and hyper-spectral imaging analysis of pigments on an illuminated manuscript. Spectrochimica Acta Part B, 2001, (56): 2337 – 2346.

[47] Delaney J K, Walmsley E, Berrie B H, et al. Multispectral imaging of paintings in the infrared to detect and map blue pigments, Sackler NAS Colloquium, Scientific Examination of Art. Modern Techniques in Conservation and Analysis, Washington, 2003. Proceedings of the National Academy of Sciences, Washington, D. C.: National Academies Press, 2005: 120 – 136.

[48] Aldrovandi A, Bertani D, Cetica M, et al. Multispectral image processing of paintings. Studies in Conservation, 1988, (33):154 – 159.

[49] Mansfield J R, Attas M, Majzels C, et al. Near infrared spectroscopic reflectance imaging: a new tool in art conservation. Vibrational Spectroscopy, 2002, (28): 59 – 66.

[50] Attas M, Cloutis E, Collins C, et al. Near-infrared spectroscopic imaging in art conservation: investigation of drawing constituents. Journal of Cultural Heritage, 2003, (4): 127 – 136.

[51] Pelagotti A, Pezzati L, Bevilacqua N, et al. A study of UV fluorescence emission of painting materials. Paradisi A Proceedings of Art'05-8th International Conference on Non Destructive Investigations and Microanalysis for the Diagnostics and Conservation of the Cultural and Environmental Heritage. 15 – 19 May, Lecce, Italy, Rome (2005) Electronic Resource. 2005.

[52] Comelli D, D'Andrea C, Valentini G, et al. Fluorescence lifetime imaging and spectroscopy as tools for nondestructive analysis of works of art'. Applied Optics, 2004, 43 (10): 2175 – 2183.

[53] Kautek W, Pentzien S, Muller-Hess D, et al. Probing the limit of paper and parchment laser cleaning by multi-spectral imaging, Laser Techniques and Systems in Art Conservation, Proceedings of SPIE, 4402, Bellingham, 2001: 130 – 138.

[54] Balas C, Papadakis V, Papadakis N, et al. A novel hyper-spectral imaging apparatus for the non-destructive analysis of objects of artistic and historic value. Journal of Cultural Heritage, 2003, 4 (1): 330 – 337.

[55] Pouli P, Zafiropulos V, Balas C, et al. Laser cleaning of inorganic encrustation on excavated objects: evaluation of the cleaning result by means of multispectral imaging. Journal of Cultural Heritage, 2003, 4 (1): 338 – 342.

[56] Zafiropulos V, Balas C, Manousaki A, et al. Yellowing effect and discoloration of pigments: experimental and theoretical studies. Journal of Cultural Heritage, 2003, 4 (1): 249 – 256.

[57] Maravelaki-Kalaitzaki P, Zafiropulos V, Pouli P, et al. Short free running Nd: YAG laser to clean different encrustations on Pentelic marble: procedure and evaluation of the effects. Journal of Cultural Heritage, 2003, 4 (1): 77 – 82.

[58] Chahine H, Cupitt J, Saunders D, et al. Investigation and modelling of colour change in paintings during conservation treatment, In: Higgins T, Main P, Lang J. Eds. Imaging the Past: Electronic Imaging and Computer Graphics in Museums and Archaeology. British Museum Occasional. London: British Museum Press, 1996: 23 – 34.

[59] Burmester A, Muller M. The registration of transportation damages using digital image processing. Zeitschrift fur Kunsttechnologie und Konservierung, 1992. (6): 335–345.

The Approach of Non-Destructive Investigation and Analysis by Multi-Spectra on Mogao Grotto Mural

Su Bomin[1,2], Fan Yuquan[1,2], Wang Xiaowei[1,2], Chai Bolong[1,2]

(1. The Conservation Institute of Dunhuang Academy   Dunhuang   736200)
(2. The Key Research Base on Ancient Mural of the State Administration of Cultural Heritage   Dunhuang   736200)

Abstract   A research project of Non-Destructive investigation and analysis by Multi-spectra on both archaeology and conservation at Mogao Grotto has been carried on by the Dunhuang Academy and cooperating with domestic institutes and overseas. Multi-spectra shoot, wavelength analysis and resolution sensitivity were applied. Elementary experiments were conducted, such as the clairvoyance at the epure of the underneath painting, the investigation of the material of the painting's facture, monitoring of the actuality and the restoration of the mural, and the research on discoloring of the painting. Plenty of scientific information was achieved.

Keywords   Dunhuang wall paintings, Multi-spectra analysis, Non-destructive investigation

西汉"四神云气图"壁画综合保护研究

铁付德

(中国国家博物馆 北京 100006)

摘要 本研究通过对"四神云气图"壁画的制作材料、损坏类型、保存环境和修复历史的调查,探索壁画损坏原因;采用三维激光扫描技术,对壁画的弯曲、开裂、起翘和孔洞等损坏进行了三维形状数据记录,实现了壁画物理形状和损坏状况的数值量化和分析研究。采用有限元方法对壁画弯曲变形进行数值计算,结果显示原用修复材料和原壁画材料力学性能差异过大是壁画变形开裂的主要原因,环境相对湿度波动过大促进变形发生。通过试验筛选用于去除壁画后背变形支撑体的低震动、高安全性的工具方法和保护修复材料。实现了壁画与原有变形支撑体的成功分离。采用现代分析仪器和试验手段,确定了研究保护修复此类壁画的技术、材料和方法,实施了确保壁画结构体系稳定的技术路线和施工工艺。壁画正面采用与原用保护材料相近的材料进行处理,高分子弹性发泡材料作为过渡层,铝蜂窝材料作为可移动刚性支撑体,弹性结构胶黏剂作为层间过渡以减少应力集中,成功地实施对该壁画的保护修复工程和对其陈列环境的科学控制,实现了对西汉"四神云气图"壁画的综合保护。

关键词 西汉,壁画,保护

壁画揭取对壁画造成的破坏已逐渐显现,这种破坏与壁画基体和保护材料蜕变以及环境影响有关,"四神云气图"壁画的损坏属于典型的已揭取壁画出现损坏的类型。"四神云气图"壁画(5.14m×3.27m)于1991年揭取自中国河南省芒砀山西汉早期(公元前2世纪)梁国王陵区柿园墓。壁画主要内容为龙、白虎、朱雀、怪兽、灵芝和云气纹等图案(图1,图版11),是中国年代最早、墓葬级别最高的墓葬壁画[1]。随着时间的推移,揭取后的"四神云气图"壁画已逐渐显现出损坏的迹象,这种损坏与壁画基体和保护材料蜕变以及环境影响有关。本文通过对"四神云气图"壁画材料、损坏类型、保存环境和原有保护历史的综合调查,探索其损坏原因,在现代技术和材料基础上,研究此类壁画保护和修复的技术、材料和方法,最终实施对该壁画的保护修复。

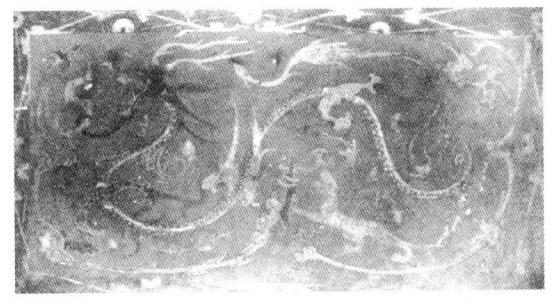

图1 "四神云气图"壁画1989年揭取前全貌

一、"四神云气图"壁画的揭取情况及损坏调查

1. 揭取与保护修复的历史

柿园墓墓室内长年积水,导致相对湿度较高。依据1991年壁画揭取前测量,墓内温度大体在16℃左右,墓室内相对湿度为96%~99%。壁画基体含水率3.2%~3.5%,最高达14.8%。由于墓室内环境恶

劣，该壁画1992年被揭取。当时的XRD分析表明地仗层由黄土和沙子组成，不含纤维物质，碳酸钙$CaCO_3$较高。红色颜料为朱砂HgS，白色为白云母$KAl_2(AlSi_5O_{10})(OH)_2$，绿色为孔雀石$CuCO_3·Cu(OH)_2$，黑色是由辰砂和孔雀石混合调成。揭取时，采用PVAc回贴脱落的画面。画面分割成5块（3.27m × 1.13m）。画面采用5% PVB乙醇溶液加固，脱脂纱布和淀粉浆糊贴面。背衬为棉纱布增强的环氧树脂。木制承托框架采用环氧树脂黏结在背衬上[1]。

2. 保存及陈列环境

"四神云气图"壁画1998年入选河南博物院基本陈列。展厅环境测试结果为：

夏季温度为21（±3）℃、相对湿度为60%±5%。冬季温度23±3℃、相对湿度33%±5%。

壁画位于木质展柜内的后部，展柜正面采用五块玻璃拼接，无密封措施，照明总功率为240W左右，柜内温度基本恒定，展柜内相对湿度在不同季节波动较大，为26%～65%。

3. 壁画的损坏类型

壁画表面颜料层起翘脱落，画面变形、开裂，灰泥层龟裂、变形。左上角、右下角有穿透性开裂，开裂处可见壁画的复合断口。壁画表面可见后背木龙骨部位弯曲变形向前顶地仗层凸起的痕迹。后背木质龙骨与环氧玻璃钢层整体弯曲变形严重。壁画固定件有松脱滑脱现象。

二、"四神云气图"壁画材料及结构的分析

壁画材料及结构的分析确定对壁画的保护修复具有重要作用。采用X射线能谱分析（SEM-EDX，日立S3000N型）、X射线衍射分析（XRD，理光Dmax/2200型）的方法对取自壁画的样品进行了分析。分析结果表明，壁画灰泥层的主体成分为碳酸钙和二氧化硅。壁画表面原有加固材料下渗深度不够，在表面导致PVB积聚（图2）。壁画后背平整用的PVAc泥浆涂层材料总体均匀，局部孔洞较多。环氧树脂层中棉纤维分布不均，环氧树脂总体稳定，且与灰泥层结合情况良好。环氧树脂层支撑体内形成的蜂窝状结构体一般靠近与灰泥层的结合处，分布较广，但并不均匀，这种不均匀将影响材料的性能。蜂窝体的形成是环氧树脂中稀释剂挥发所致（图3）。壁画剖面观察显示，壁画基体较薄，约占总厚度（5mm）的一半。这些分析结果不仅有助于对壁画及其损坏形式的深入认识，也为下一步的材料力学研究所需的材料数据及其所需边界条件的确定提供了依据。

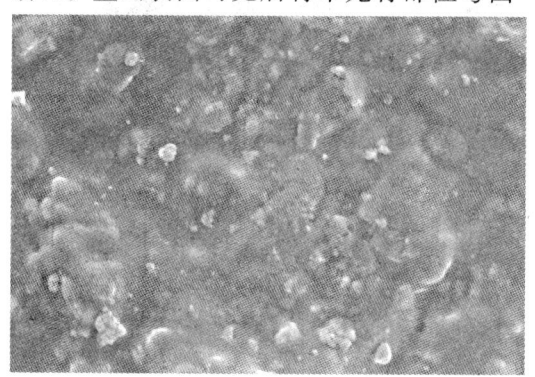

图2 壁画表面的PVB二次电子像
（SEM 20kV，×200）

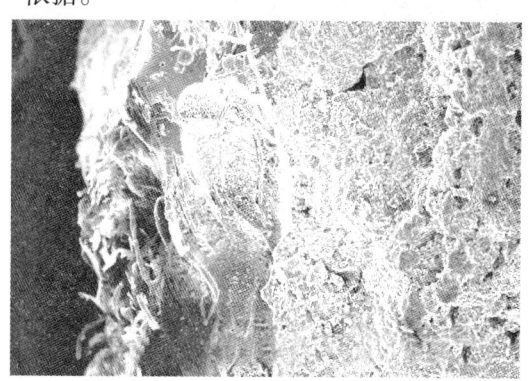

图3 环氧树脂层中形成的不均匀蜂窝体
SEM二次电子像（SEM20kV，×45）

三、"四神云气图"壁画的三维激光数字化分析

调查显示,弯曲、开裂、起翘等变形损坏是该壁画主要的损坏形式。壁画的表面实际上已经是一个不规则的具有三维细节的表面。通常采用的二维记录方式,难以体现受损壁画的三维形貌,限制了壁画状态记录的精确性[2]。本研究采用三维激光扫描技术对"四神云气图"壁画的弯曲开裂损坏的形貌进行记录,构建壁画的立体模型。记录采用了日本美能达VIVID900非接触三维激光扫描仪。通过移动扫描仪器对壁画进行逐行逐列扫描88次,对确定的9处重点位置扫描36次。后期数据处理采用加拿大InnovMetric公司生产的Polyworks软件。

通过三维数据采集及处理,记录了该壁画整体和局部损坏位置状态,图4~图6(图版12~14)为通过三维扫描获得的壁画的三维形貌数据。实现了定量的测量、记录和分析,真实地以数据形式体现了壁画现状及变形损坏。为今后保护研究和跟踪对比提供基础数据。

图4 壁画3D模型反映出的壁画变形状况

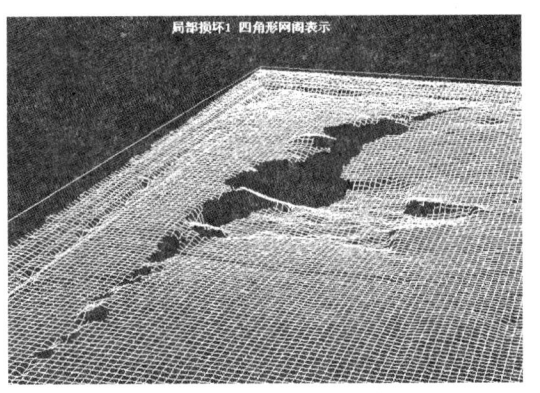

图5 壁画位置1孔洞三维数据四角网格

图6 壁画接缝起翘处的三维数据

四、壁画变形与材料力学研究

研究已揭取壁画的变形损坏,必须从壁画的构造材料的性质以及这些材料对壁画体系的作用和影响入手。然而,多年以来国内外对壁画后背材料以及性能的系统研究很少,对壁画后背支撑体及材料弯曲变形的材料力学研究更少[3~6]。在对壁画揭取前后的状况及壁画结构和材料分析基础上,采用Ansys大型有限元软件对该壁画进行了变形分析,结合材料性能实验,以确定壁画变形的主要因素。

前述已测定了壁画基体的材料和保护材料以及相对位置及厚度,据此可建立壁画层材料结构模型。

考虑材料的热效应时,应力与应变的关系:

$$[\varepsilon_L]^{[h]} = [S][\sigma_L] + [\alpha_L]\Delta T \quad (1)$$

考虑材料的湿效应时,应力与应变的

关系：

$$[\varepsilon_L]^{[m]} = [S][\sigma_L] + [\alpha_L]\Delta M \quad (2)$$

当即承受外载又有湿热效应时，三种因素的应变可以叠加，因此单向复合材料的本构方程为

$$\begin{bmatrix} \varepsilon_L \\ \varepsilon_T \\ \gamma_{LT} \end{bmatrix} = \begin{bmatrix} S_{11} & S_{12} & 0 \\ S_{21} & S_{22} & 0 \\ 0 & 0 & S_{66} \end{bmatrix} \begin{bmatrix} \sigma_L \\ \sigma_T \\ L_T \end{bmatrix} + \begin{bmatrix} \alpha_L \\ \alpha_T \\ 0 \end{bmatrix}\Delta T + \begin{bmatrix} \beta_L \\ \beta_T \\ 0 \end{bmatrix}\Delta M \quad (3)$$

采用 Ansys 有限元软件，计算理论依据公式（3），输入有关数据[7]，对壁画弯曲变形进行了数值计算。计算结果表明，长 300mm 的龙骨自由变形时中点最大位移量为 9mm。计算出变形因素叠加所产生的总变形在画面分割块纵轴线处产生最大变形位移为 15mm，在画面分割块边框处最小为 3mm。计算得到的变形位移值与壁画变形现场测量值基本相符。图7（图版15）为壁画框架弯曲变形应力分布的有限元计算结果1。

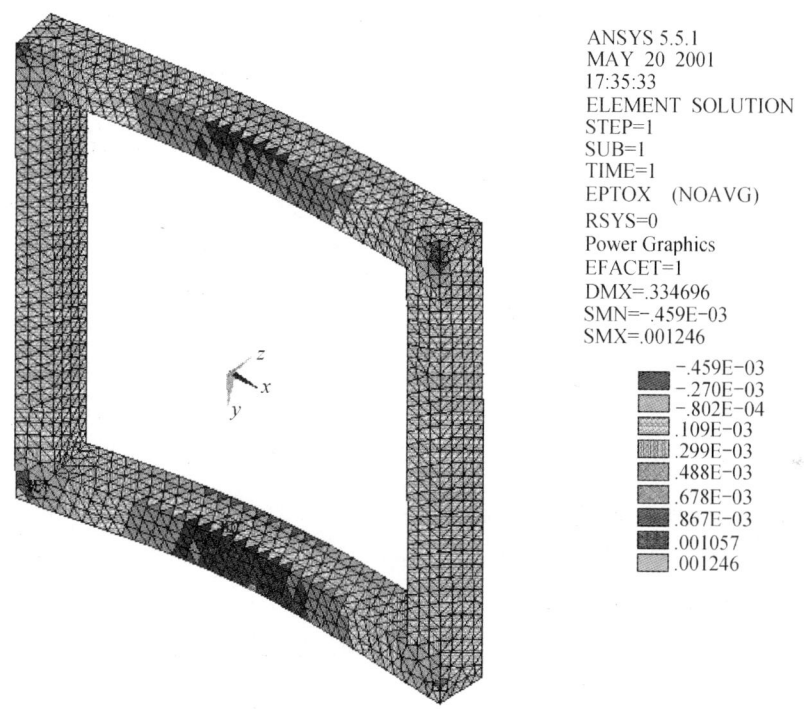

图7　壁画框架弯曲变形应力分布的有限元计算结果1

有限元分析表明造成该壁画翘曲变形的原因：壁画面层与背衬层材料的材质不均匀及湿膨胀引起壁画面层的局部翘曲变形；黏结木龙骨与壁画衬背的环氧树脂胶黏剂的固化收缩引起木龙骨向后弯曲变形；木龙骨前侧面环氧树脂层的存在，导致木龙骨前后侧面湿膨胀更加不均匀和向后弯曲变形。壁画保存环境湿度不稳定促使壁画变形。

依据上述分析，必须把引起壁画变形的木龙骨框架去除，以轻质、高刚度的材料制作新的支撑体，依据分析和试验结果，选择铝蜂窝材料作支撑体，同时插入弹性中间层以消除或缓解环氧树脂层的残存应力。在此基础上提出新的支撑体的设计方案（图8）。

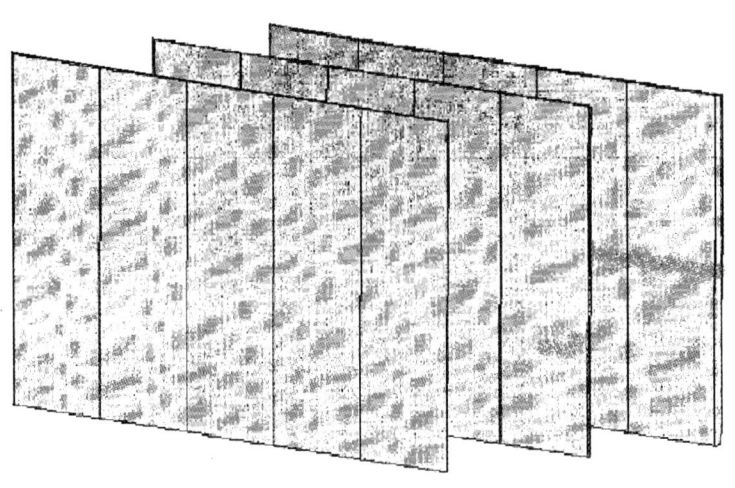

图 8　壁画新支撑体设计
从左至右依次为：壁画/弹性过渡层/蜂窝铝板

五、"四神云气图"壁画的保护修复

1. 表面加固材料

"四神云气图"壁画揭取时画面加固采用了 PVB 材料，SEM 观察显示其在壁画表面基本稳定，未发现其有老化现象。考虑到材料的一致性和相容性，本次保护仍然选用 PVB 作为壁画正面的保护材料。选择聚乙酸乙烯乳液作为脱落和起翘的回贴加固材料。对灰泥层脱落和表面起翘的回贴及下部注入黏结，则采用聚乙酸乙烯乳液和聚乙烯醇的混合物。

2. 贴面

通过实验和模拟选定贴面采用 2% 的聚乙烯醇水溶液，贴面材料采用两层中国宣纸。这种选择：一是遵循对文物的最小干预原则；二是因为壁画后背存在可起承重作用的环氧树脂层；三是兼顾壁画保护修复完毕对贴面材料的容易去除。低浓度贴面胶在壁画表面残留少，易清洗，去除贴面时容易。

3. 木龙骨的分离和残留环氧树脂的剔除

为分离壁画的变形支撑体，通过试验比较了各种方法，最终选用了外科手术用丝锯作为分离工具，对壁画震动最小。为确保分离过程不对壁画造成损坏，分离缝选择在距环氧树脂层后背 2mm 处，余下的薄木层采用木刻刀手动轻轻铲除。木龙骨与环氧树脂层后背之间的环氧树脂，采用电动或气动雕磨工具去除。壁画实际修复过程中，对总长 100.63m 的木龙骨进行了分离，并对分离部位处残留环氧树脂胶进行了去除。

4. 过渡层的选择

依据设计，去除壁画变形支撑体后，在壁画后背与铝蜂窝支撑体之间，必须插入弹性中间层。以免给将来再次修复时造成更大困难。弹性中间层的插入也可消除或缓解环氧树脂层的残存应力。通过评价材料的力学性能，并经试验测试，选定 QH-B6 发泡材料作为中间层。其抗拉强度为 1 MPa，伸长率为 75% 左右。其微孔为闭孔型，呈空间网状结构，孔壁、孔径均匀。材料微观结构的均匀有利于化学性能的稳定和耐冲击、耐应力、防开裂等。

5. 可移动刚性支撑体

"四神云气图"壁画面积近 $17m^2$，纵向高度 3.24m，对支撑体的刚性要求更高。考察中国航空用全铝蜂窝板性能，表面抗拉弹性模量 50～20GPa、芯子剪切强度带向 $2.2N/m^2$ 横向 $1.5N/m^2$，抗拉强度 3MPa，其力学指标满足本研究的技术要求。实际应用中对蜂窝铝板的厚度提出了加工要求，以进一步提高其抗弯曲和抗变形能力。

6. 胶黏剂

本项目要求胶黏剂有足够的黏结强度，此外也必须满足 PE/环氧、PE/铝两种黏结面的黏结要求。由于3种材料性能存在差异，要消除黏结面的应力，胶黏剂必须具备足够的弹性和韧性。从操作过程来看，由于单幅壁画的面积较大（约 $3.5m^2$），胶黏操作时间至少 1h。由于壁画面积较大，3层被黏材料的定位困难，要求壁画的初黏力适中。胶黏剂也应有足够的固含量而具有一定的填充性，以避免空洞产生。PE材料的弹性一定程度上可减少高点接触的可能。依据上述要求重点试验筛选了聚氨酯胶黏剂的组成。为了了解判断其性能，采用氯丁和丙烯酸胶黏剂参与测试比较。

试验及测试表明，聚氨酯胶黏剂满足本系统材料的黏结要求，其抗拉强度为 0.5～0.7MPa。经对 PE 发泡材料的表面进行极性化处理，样品的抗拉强度测试达到预定标准。采用实际选用的材料黏结实验样品测试也达到预定标准。

7. 壁画及支撑系统静态力学设计

壁画（颜料层及灰泥层）厚度 4mm，环氧树脂层厚度 1mm，两部分质量面积分布为 $12kg/m^2$，通过计算，自重对下层材料产生的剪切力为 0.32kPa。壁画后背环氧层的残余应力不大于壁画的自重 $12kg/m^2$，即 0.118kPa（$1kg/cm^2$ = 98.0665kPa），从整个体系来看，当壁画在陈列状态垂直放置时，系统是静态的，无外力存在。系统所受到的是由各部分自重所产生的沿壁画平面方向作用的剪切力（0.32kPa）和环氧的残余应力（0.118kPa）。这两种情况产生的作用力之和，远远低于壁画后背采用的各种材料的力学允许荷载值。

8. 壁画组合后的力学分布

壁画组合后的情况如图9所示，a为颜料层，b为灰泥层、c为环氧树脂层。依据上述计算结果，3层总重对下层产生的剪切力为 0.32kPa，壁画后背环氧树脂层

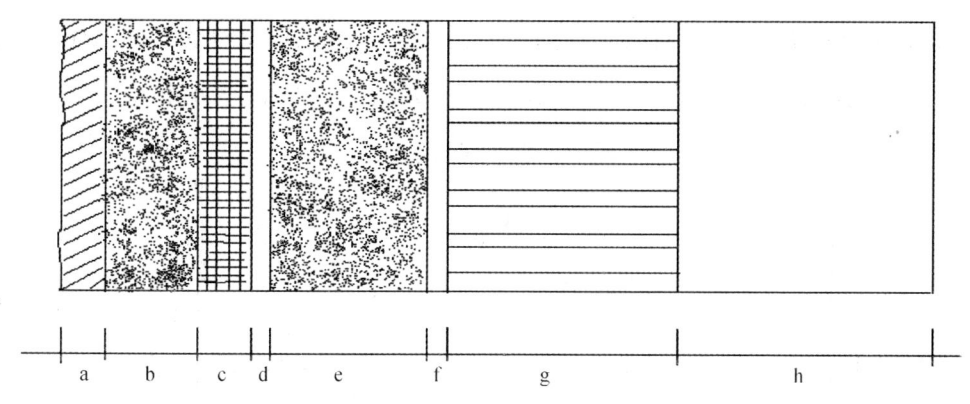

图9　壁画组合后的状况

a 颜料层；b 灰泥层；c 环氧树脂层；d 胶黏剂；e 过渡层；f 胶黏剂；g 铝蜂窝板；h 刚性支撑框架

（c层）的残余应力不大于0.118kPa。改性后的聚氨酯胶层（d、f层）抗剪强度为0.5MPa，抗拉强度在0.7MPa。QH－B6过渡层（e层）的抗拉强度达到1MPa，铝蜂窝板（g层）的抗拉强度3MPa，h层为刚性更强的方管状铝合金框架支撑。整个系统组合后的力学分布为：

受力荷载（0.5 kPa）＜胶黏剂（0.5MPa）＜过渡层（1MPa）＜铝蜂窝板（3MPa）＜铝框架

依据设计，对支撑体材料的筛选、测试以及对壁画最终组装后的系统静态力学分布的分析和计算表明，这些材料满足壁画支撑系统的要求。这个体系呈现了材料的逐级过渡，逐级增高，后级对前级进行约束，直到最后的铝合金刚性框架，从而实现壁画整个结构体系的力学稳定。

六、结　语

在对"四神云气图"壁画损坏原因和保护技术材料的前期研究的基础上，将研究成果应用于壁画的保护修复工程，包含壁画拆卸、实验室修复、支撑体制作、胶结、现场安装、陈列环境控制等，实现了对该壁画的保护研究和修复工程实施。此项研究于2003年3月通过国家文物局专家鉴定验收，2004年获得国家文物局科技创新二等奖。作者以该项目研究为基础完成的博士论文获得2006年中国百篇优秀博士论文提名。

参 考 文 献

[1] 陈进良. 柿园汉墓壁画揭取报告. 芒砀山西汉梁王墓地. 北京：文物出版社，2001.

[2] Schmid W. GraDoc-graphic documentation system in mural painting conservation. ICCROM, 2000: 30 – 42.

[3] Hedley G A. Some empirical determinations of the strain distribution in stretched canvases. ICOM Committee for Conservation Preprints, 1975, (4): 1 – 17.

[4] Berger G A. The new stress tests on canvas paintings and some of their implications on the preservation of paintings. ICOM Committee for Conservation Preprints, 1984, (2): 7 – 9.

[5] Colville J, KilPatrick W. A finite element analysis of multi-layered orthotropic membranes with application to oil paintings on fabric. Science and Technology in the Service of Conservation, 1982, (9): 165 – 170.

[6] Karpowicz A. In-plane deformation of films of size on paintings in the plass transition region. Studies in conservation, 1989, (34): 67 – 74.

[7] 杨世英. 工程塑料手册. 北京：航空航天大学出版社，1993.

The Conservation of the Wall Painting Transferred from Royal Mausoleum of Western Han Dynasty at Shiyuan, Henan, China

Tie Fude

(National Museum of China　Beijing　100006)

Abstract　More and more transferred wall paintings were damaged due to the defects of the transferring technique, or inadequacy of the conservation materials and the environment in the world. The structures and the types of the damages of the wall paintings are complicated, the thorough understanding of the causes of the damages and the experience of successful restoration are still lacking. All of these make the protection of the paintings an international problem. The current study focused on the damage causes and the conservation treatment of an early Western Han dynasty wall painting. The damages, the environment of conservation and the previous conservation treatments and causes for the damages, the proper protecting techniques and materials have been studied. The wall painting is the earliest and the highest nobility Chinese tomb wall painting, found in Shiyuan tomb in the mausoleum of the king of Liang, in early Western Han dynasty (2c BC) located at the Mangdang Mountain in Henan province. It was transferred to a support composed of a poly board strengthened with cotton fiber and a wood frame. In 1999, the distortion appeared, and types of damages warpage and cracks of the surface in the painting became serious. A project of the wall painting protecting was approved and supported by the State Administration of Culture Heritage.

Keywords Western Han Dynasty, Wall Paintings, Conservation

陕西墓葬壁画现场保护与搬迁技术的最新发展

杨军昌　王啸啸　宋俊荣　张勇剑　赵西晨

(陕西省考古研究院　西安　710054)

摘要　根据墓葬壁画的制作工艺、特点及其保存状况，在发掘现场会采取不同的保护工艺和方法，或与地仗层一同揭取，或连同支撑体一起搬运，或与墓葬局部一起搬迁，或整体搬迁，以最大限度保护保存原始壁画内容。本文结合近几年所开展墓葬壁画保护的几个实例，介绍陕西墓葬壁画保护的最新发展。

关键词　墓葬壁画，保护修复，整体搬迁

一、引　言

中国壁画艺术，是一种独特的绘画形式，是中华文化遗产中重要的组成部分，包括建筑壁画、石窟寺壁画和墓室壁画。墓室壁画具有的时代特征，反映了当时的社会风貌，涉及当时社会的政治、经济、艺术、科技、宗教等方面的内容，而且描绘的内容"无重复性"。所以，墓室壁画被认为块块是国宝，弥足珍贵，研究价值极高。

墓室壁画，大多绘制在麦草泥地仗层上，或者麦草泥上面的白灰层上，或直接绘制在开挖的墓室壁面上。壁画结构及材料本身的性质就决定了其极易受环境的影响，而遭到破坏，如受潮或遇水变得酥软、疏松，强度降低，导致壁画开裂、空臌、酥碱、脱落，颜料层起翘、粉化等。加之壁画长期埋葬在地下，古代白灰层和颜料层中加进的植物或动物胶由于水的作用，或长期处于高湿度环境下而分解，失去了黏结性，因而考古现场出土的壁画极为脆弱。所以，在考古发掘的所有绘制有壁画的墓室中，壁画都有不同程度的破坏，有的甚至完全脱落，损失无法弥补。

墓葬壁画的制作材料特性，就决定了这类文物材质极易受环境的影响，出现不同形式的病害。为保护这种形式的艺术珍品，陕西省考古研究院十几年来，尤其是近几年来，不断努力，在考古现场尝试各种方法保护新出土的墓葬壁画，使其相关的历史、艺术、科技等信息得以揭示、保存，使其材质的劣变得以抑制，形成现行的墓葬壁画规范化保护修复方法。从我们的经验来看，在技术和材料发展较快的今天，保护性揭取和复原已经不是一件极为困难的事情，而相关的一些技术环节中的具体处理倒显得比较重要，如揭取前的预处理、复原工作中支撑材料的选择和可处理原则的把握及相应材料的选择，还有展厅中壁画的陈列方式、壁画的保存环境等。

出于对中国古代历史文化资源负责任的态度，在伴随经济建设发展的文物考古发掘工作中，我们不仅抢救、保护了新出土的墓葬壁画，而且应用我们的研究成果，还帮助和正在帮助兄弟省市抢救、保护修复墓葬壁画这一特殊形式的古代艺术瑰宝。我们的心愿在于使更多不同时代的墓葬壁画得以抢救和保护，不仅只是为相关的学术研究得以开展提供极为珍贵的实物资料，为文物保护科学研究提供翔实的技术资料，

更重要的是墓葬壁画的保护把我们过去的历史、文化、艺术、科技等信息传承给了下一代，这是对历史的负责，也是历史赋予我们这一代文物保护工作者的使命。

二、壁画现场保护程序

在文物保护修复原则指导下，要对墓葬壁画进行科学的保护，必须制订科学的保护与修复方案。为确保文物保护方案的科学性和可操作性，针对不同时代不同地区墓葬壁画的实际情况，要对其结构和分布以及保存状况进行客观的调查和科学评估。在墓葬壁画现场保护中贯彻实施的保护程序如图1所示。

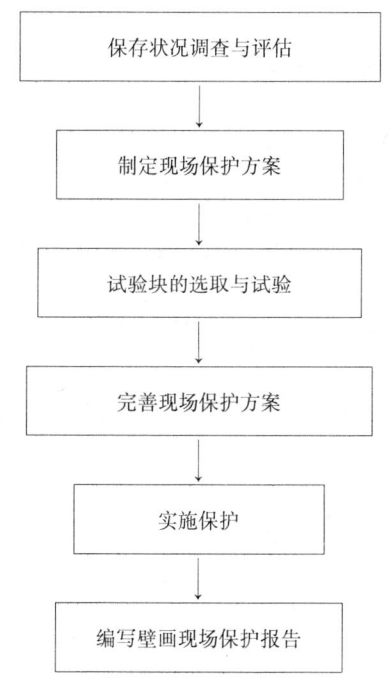

图1 墓葬壁画保护程序图

1. 墓葬壁画保存状况调查与评估

调查的主要内容包括：①墓葬时代、环境和结构；②壁画在墓葬中的分布、壁画的内容和艺术特征、壁画的制作材料和工艺；③壁画的病害类型等，并进行详细的文字、照相和绘图记录。通过对这些原始资料系统的综合分析，通过现场不同的实验，对壁画的保存状况进行科学的评估，这是制订保护方案的基础。

2. 制订现场保护方案

在对文物的历史信息、艺术特征及保存现状分析研究的基础上，针对壁画的病害特点，借鉴有关现代科学技术和材料科学的最新研究成果，以及过去的经验，按照文物保护修复的基本原则，制订"墓葬壁画现场保护方案"，其主要内容包括现场揭取或者整体搬迁方法及工艺、使用工具、保护材料等，并估算保护所需的时间和经费等。

3. 试验块的选取与试验

按照制订的现场保护方案，在现场揭取壁画或者实施整体搬迁之前，选择一个或多个具代表性的小区域作为"试验块"进行试验，以从技术层面对保护方案中所用的方法、材料和工具等进行核查，根据"试验中"所出现的问题，进一步完善所制订的现场保护方案。

4. 完善壁画现场保护方案

在试验和综合分析研究的基础上，对制订的现场保护方案进行修正或补充，使得保护方案科学而具操作性。

5. 实施保护

按照完善的保护方案对墓葬壁画进行保护性揭取或者保护性搬迁。所有步骤都应按部就班，确保文物的安全，并认真做好工作记录（文字、照相和绘图）。

6. 编写壁画现场保护报告

壁画的保护修复工作完成后，即开始对进行的工作及时总结，编写壁画现场保护报告，其内容主要包括壁画的病害类型及其特征和保存状况评估,工作中使用的保护方法、修复技术、修复工具和保护材料,以及可能存在的问题等。"现场保护报告"是"保护修复报告"的一部分,其报告不仅是现场保护工作的真实记录,更重要的是它作为文物修复档案,将永久保存,以供后人借鉴、研究,是以后修复的依据。

三、壁画的现场保护性揭取与保存

1. 与地仗层一起揭取

墓葬壁画的制作材料及工艺就决定了其极易受环境影响,受潮或遇水变软,强度降低,造成其不同程度、不同形式的破坏。加之壁画长期埋葬在地下,古代白灰层和颜料层中加进的植物或动物胶由于水的作用,或长期处于高湿度环境下而分解,失去了黏结性,因而考古现场出土的壁画极为脆弱。而壁画的保护修复,从揭取到修复,达到陈列之目的,中间有二十道之多的复杂修复工艺过程,在每一个环节上,如果采用不合理的工艺、不慎的操作,都可能造成新的损失或信息丢失。

保护壁画,不仅仅只保护画面或颜料层,应尽可能揭示、保存它所承载的所有考古信息。经过对过去墓葬壁画保护修复工艺的仔细研究,认为揭取过程中,在考古现场对壁画画面的细致清理和对画面的封护是极为重要的关键一步,而且后续的各道修复工艺环节必须相互协调,否则会造成隐患。为此,我们在过去墓葬壁画保护方法进行认真研究的基础上,细化和规范化了壁画保护修复工艺,以使在每一道工序都尽量把损失减小到最小,其壁画揭取的一般工艺流程如下:

考古现场原始记录→画面预处理→确定分割线、制壁画夹板→烘干→加固、封护→涂胶→贴纸→贴布→烘干→切割画面→揭取→包装运输→暂存。

(1) 考古现场原始记录。首先要对墓葬状况和壁画保存状况进行调查、评估,并在此基础上制订壁画揭取方案。墓葬情况主要包括墓葬结构、稳定性、内外部环境及温湿度变化等;壁画保存状况调查,包括其在墓葬中的分布、面积、结构、制作材料、病害形式及病害程度等;调查记录的方式包括壁画的临摹(图2)、照相、文字和绘草图。对墓葬环境温湿度进行及时检测,其目的在于控制墓葬环境的稳定,避免其温湿度的骤变。科学系统的环境调查及壁画保存状况的评估,是制订揭取保护方案的基础。

图2 现场原始记录方式之———壁画临摹

(2) 画面预处理。壁画是极脆弱材质的一类文物,出土时往往出现开裂、空臌、酥碱或脱落,颜料层起翘、粉化等,所以,揭取前对结构性病害形式的治理是减少考古信息损失的一个关键环节。其主要措施包括对空臌部位的临时固定,对脱落的残缺部位修补(图3),对酥碱、粉化部位的加固,其目的是避免揭取时断裂残块的错位或丢失等;对颜料层的起翘进行回贴(图4),对受污染的画面进行机械清理,以尽可能避免画面的损失及为后续的保护修复造成隐患。

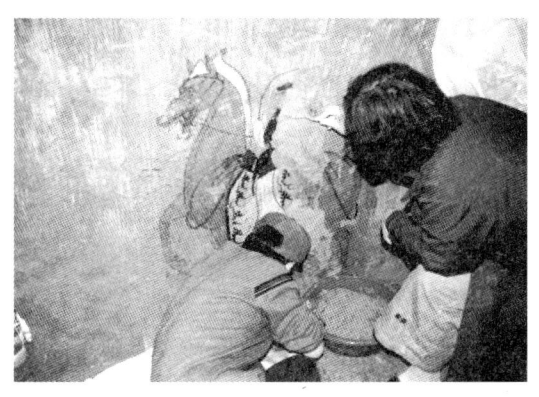
图3 画面预处理——画面补缺

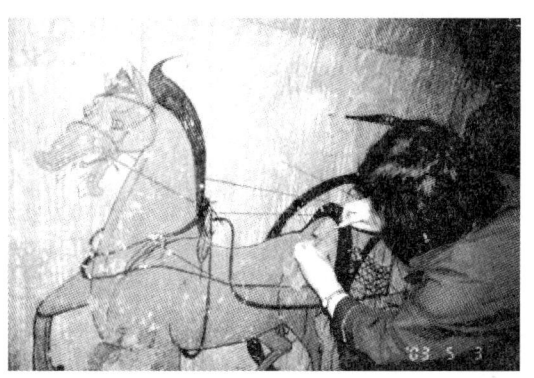
图4 画面预处理——回贴

（3）确定分割线、制壁画夹板。严格意义上讲，对墓葬结构和壁画保存状况进行调查、评估后，壁画揭取分割线已大致确定（图5和图6）。实际中，壁画分割线的确定，是在充分考虑墓葬结构、壁画分布、尺寸大小、存放空间、修复实验室空间等各种因素的前提下，首先考虑画面的完整性，其次还必须考虑修复时相邻壁画的对接问题等。在画面分割线确定之后，同时可制作壁画夹板。

这里需要说明的是，以下各工序是要根据分割线逐块进行，即一块壁画揭取完成后，再接着准备下一块壁画的揭取，而且尽可能按照顺序进行，除非有非常特殊的情况发生。

（4）烘干。由于在壁画保护工作中，选用国内外普遍认为综合性能较为优良的Paraloid B-72作为保护材料，所以，须先对其壁画进行烘干。工作中，根据实际情况，选择用暖风机或红外灯或炭火盆烘干壁画（图7）。

（5）加固、封护。实际工作中，根据画面的具体情况，随时加固壁画局部。待整幅烘干后，即行整体封护（图8）。整体封护的目的是增加画面颜料层与地仗层的强度，以避免或者减少揭取过程中造成壁画的再损失。

（6）涂胶。涂胶是在封护壁画后进行，贴纸、贴布所用胶相同。在实际工作中，胶黏剂可选用桃胶、明胶、皮胶或骨胶，但皮胶和骨胶的黏结力较强。涂胶时需均匀，但不能超过壁画分割线。

（7）贴纸。贴纸的目的主要是为避免贴布时在壁画表面留下布纹的缺陷，另外，贴纸本身也增加了壁画的强度，也便于后续修复壁画时的清除和清理。所贴纸选用韧性好平整柔软的皮纸，把皮纸裁成约20cm×25cm，便于操作。涂胶和贴纸基本同时进行，边涂胶，边贴纸，逐块进行，纸与纸之间要压边，要求平整、紧贴、无气泡（图9）。

（8）贴布。在贴纸完成后，可涂胶，准备贴布。贴布选用棉纱布，也可用化纤布；贴布的尺寸视具体情况而定，要稍大于切割画面的尺寸，以便揭取和后续修复时用于固定、手提，尤其在上部，贴布要留多一些，这样可将多出来的布，卷在长木条上，在揭取时起到固定作用（其作用参见工序(11)"揭取"部分）。如果贴布幅面不够，可以多幅拼接，但结合部必须压边。涂胶贴布时，要用棕刷反复刷，使胶液渗进布纹中，刷实棉布，不留有气泡和空缺（图10）。这样的布要贴二层，以使极脆弱的壁画有一定的强度。

（9）烘干。二层布贴好后，即对行烘干（图11）。根据实际情况，烘干可以用炭火盆或红外灯。

· 51 ·

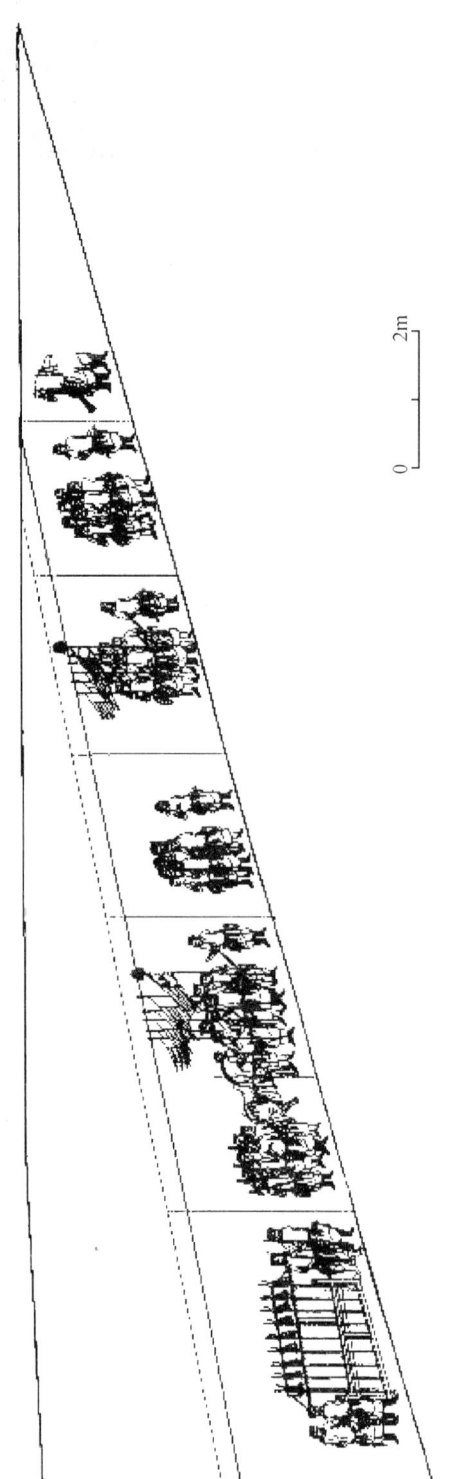

图 5 潼关县高桥乡税村隋代墓道东侧壁画及其确定的分割线示意图

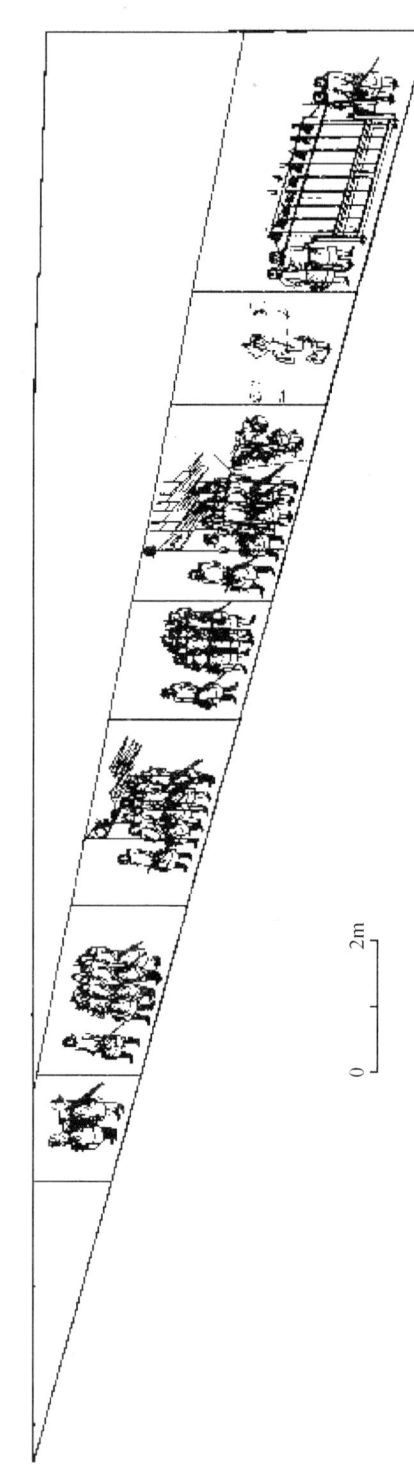

图 6 潼关县高桥乡税村隋代墓道西侧壁画及其确定的分割线示意图

(10) 切割画面。用刀具沿分割线切割，尽可能把地仗层沿剖面完全切断。

(11) 揭取。揭取壁画前，准备好一根长木条，其长度稍大于每幅画的宽度，然后用画上部多余出来的棉纱布把木条卷起来，再用钉子把木条两端固定在墓壁上。揭取壁画时，先用锋利的小刀，从分割线上使其与相邻壁画分离，用长柄刀从背部铲揭壁画，使壁画与墓壁分离。壁画揭取一般需要两、三人配合进行，从下往上，从左往右，或从右往左（图12）。在接近切割画幅上部时，需要小心（图13）。在确信壁画完全从墓壁分离后，拔除固定木条的钉子，把准备好的托板紧靠壁画，将壁画上端多余的棉布向夹板后面翻，并用打钉器打钉固定，以防壁画脱落，然后慢慢放下（图14）。

(12) 包装运输。揭取的壁画放在托板上，要固定好。运输时，根据实际情况，可选择单板平放运回，也可垫上海绵，用两块板夹紧壁画运回。如果是汽车长途运输，一定要控制车速，不能颠簸。

(13) 暂存。根据实际情况，制作壁画暂存架，把壁画平放在暂存架上（图15）。揭取的壁画决不能竖立存放，存放环境不能太潮湿，以防生霉，而且必须经常查看。

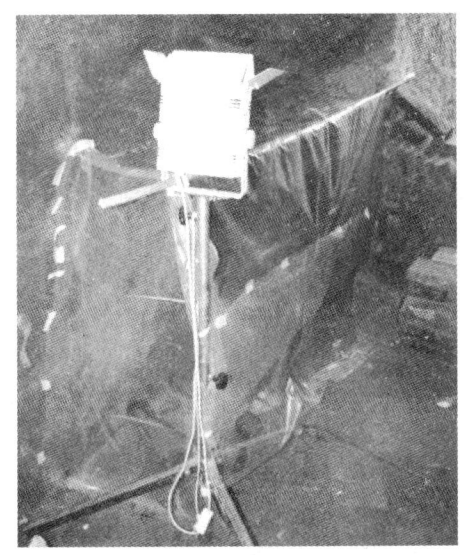

图7　烘干壁画

图8　喷涂保护材料

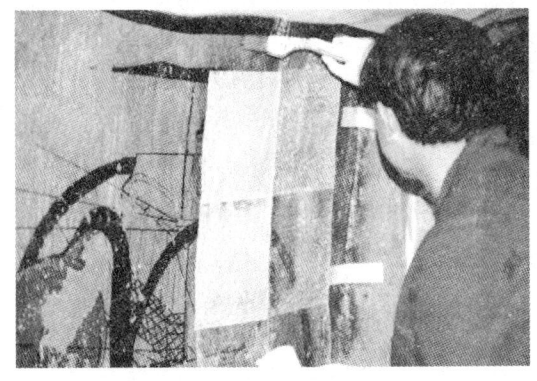

图9　在画面涂胶、贴纸，把贴纸刷平，且在分割线上贴皮纸条，使其骑在两块壁画之间，便于修复时两块壁画对接

图10　在贴纸表面涂胶、贴布

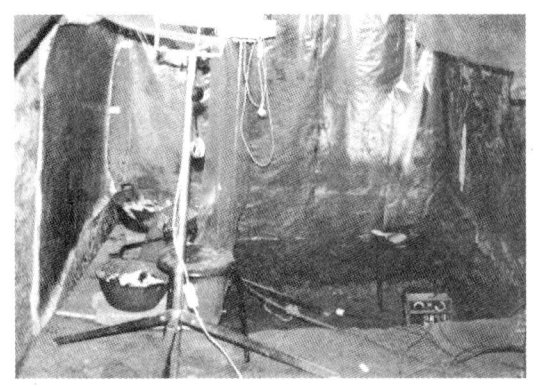

图 11　壁画表面贴布后的烘干

图 14　壁画安全放在托板上，即可运出墓葬

图 12　在壁画背部铲揭，使壁画与墓葬壁面分离

图 15　揭取的壁画平放在制作好的暂存架上暂存

2. 壁画与支撑体一起搬迁

如果画面材料或者地仗层比较疏松、保存状况极差，或者地仗层与支撑体结合比较牢固，任何从背部的铲切，都会造成壁画本体的损失。这种情况下，就要考虑用另外的方法对壁画进行保护性揭取。比如，拆除墓葬，对壁画支撑体进行分块切割，并用石膏包加固，把壁画本体连同支撑体一同搬迁。关于壁画与支撑体一起搬迁的方法，我们在对江西省德安县望夫山宋墓壁画和山西省繁峙县宋墓壁画（图16）的保护性搬迁中有过实践。

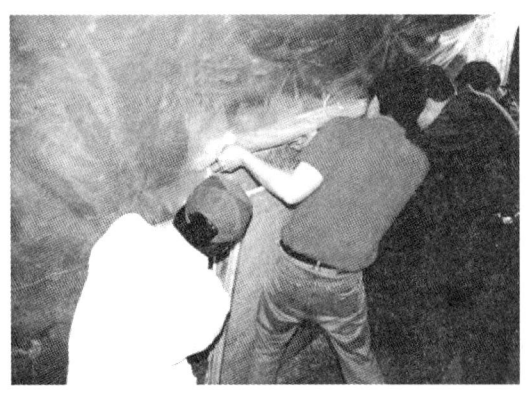

图 13　壁画与墓壁分离后，及时把准备好的托板靠住壁画、贴紧，使其托住壁画

墓葬的支撑体是砖体或者自然土层。支撑体的切割是逐块进行的，一块切割完成后，先用石膏加以固定保护（图17），然后再切割下一块墙砖。切割一个单元时，一定要支撑好并护好其他部位，避免倒塌或者壁画脱离。在操作切割机时，一定要谨慎，

图16　山西省繁峙县宋代壁画墓局部

图17　逐块用石膏包把壁画与砖体一起加固，进行搬迁

当然，拆除支撑体打石膏包的方法，不仅增加了壁画保护的难度，也增加了费用，但却使得画面得以完整保存，避免了画面有更多损失的风险。这里需要强调的是，无论在壁画揭取中选择哪种揭取方法，保护好画面和画层至关重要。壁画与支撑体一起搬迁的工艺流程如下：

现场原始记录→画面预处理→确定分割线→烘干→加固、封护→涂胶→贴纸→贴布→烘干→分割画面→切割支撑体→逐块石膏加固包装→包装运输→暂存。

（1）现场原始记录。同前。
（2）画面预处理。同前。
（3）确定分割线。同前。
（4）烘干。同前。
（5）加固、封护。同前。
（6）涂胶。同前。
（7）贴纸。同前。
（8）贴布。同前。
（9）烘干。同前。
（10）分割画面。同前。
（11）切割支撑体，并逐块进行石膏加固。从画面分割线处切割支撑体。大多

避免振动造成壁画局部的坍塌或壁画脱离，也一定要注意个人的人身安全。

（12）包装运输。运输时，根据实际情况选择缓冲材料，如海绵、泡沫板、棉被等，铺垫在车厢底部，以减少振动。如果是汽车长途运输，一定要控制车速，不能颠簸。

3. 墓室整体搬迁

2008年9月，在陕西渭南崇宁镇的靳尚村发现4座古墓葬，其中1座为金代壁画墓（图18）。这座金代壁画墓葬结构为穹隆顶砖室墓，墓室呈长方形，其长2.2m，宽1.6m，高1.7m，呈圆锥形穹隆顶最高约1.6m。墓葬虽然被盗，但壁画尚存。调查发现，墓葬墓室建成后，在砖体表面涂刷薄薄一层白灰，其厚度0.2~0.5mm，壁画就直接绘制在白灰层表面。0.2~0.5mm厚的白灰层既作地仗层，又作为绘画的底色。如果按照通常的方法来揭取这极薄的绘画层，势必造成壁画的大面积损失。壁画的保护，不仅仅只保护画面或颜料层，

应尽可能揭示、保存它所承载的所有考古信息。根据壁画的结构和保存状况，经过认真的调查、分析和研究，保护小组决定对这座墓葬的墓室进行整体搬迁，以使壁画得以最大限度的保护。其实施的保护工艺流程如下：

图18　陕西渭南金代壁画墓

　　现场原始记录→画面预处理→烘干→加固、封护→拆除墓室上部圆锥形穹窿顶→画面隔离保护→墓室内部支撑加固→墓室外部石膏槽钢加固→墓室与地面分离→吊装运输。

（1）～（4）步骤同前。

（5）拆除墓室上部圆锥形穹窿顶。由于墓室的顶部大都遭破坏，原有的完整性和稳定性已不存在，拆除墓室顶部从根本上就消除了墓室整体的不稳定性隐患，以确保墓室壁画的安全。在拆除拱顶前，对拆除的每块砖进行记录编号，以便于后期的复原。

（6）画面隔离保护。虽然画面进行了渗透加固保护，但依然极其脆弱，所以，要对画面进行隔离保护。画面的隔离保护是整个保护过程中最为重要的一个，否则，稍有不甚，将会造成无法弥补的损失。画面隔离主要是使画面与包装墓室的材料有效隔离，避免互相粘连、摩擦。其具体步骤如下：先在画面上贴一层塑料薄膜，起到隔离的作用；然后，以墓室画面的尺寸裁相应大小的泡沫板，靠在塑料薄膜壁画表面，以起到防护缓冲的作用。

（7）墓室内部支撑加固。墓室内部支撑选择的材料主要是木质五合板和木龙骨，木质材料比较轻便，且易裁切安装。其步骤如下：将五合板紧贴泡沫板，再用木龙骨进行支撑，使墓室内部支撑体和墓室墙壁成为一个稳固的整体。

（8）墓室外部石膏槽钢加固。观察发现，该墓室在建造时，墙壁砖与砖之间并没有使用黏结材料，而且四面墙相互之间很少做联结构筑，墓室实际上是一个松散的建筑物。为了确保墓室的稳定牢固，首先使用石膏麻布将墓室外墙进行包裹加固，然后用槽钢紧贴墓室四周外壁，并焊接成网格状。之后，再用石膏麻布将槽钢包裹加固，以使石膏包裹的钢结构与墓室成为一个整体（图19）。

图19　用木龙骨+槽钢+石膏包裹加固墓室

(9)墓室与地面分离。用槽钢+石膏麻布加固墓室四周之后,就在墓室底部开始逐根平行插入槽钢,其底部相邻的槽钢要进行焊接,以确保墓室底部成为一个稳定的整体。同时,把底部插入的槽钢与墓室四壁的槽钢相焊接,这样就实现了底部与墓室的连接,也使得一个不稳定结构的墓室成为一个比较稳固的整体单元。

(10)吊装运输。墓室与地面分离完成后,在墓室的底部纵向插入两根工字钢,并与墓室底部槽钢焊接,以承载整个壁画墓的重量。起吊时的吊挂点设置在工字钢的顶端,以保证壁画墓在起吊时的平衡稳定。运输时,注意车辆保持匀速行进,避免剧烈颠簸与振动,尤其是转弯处或者上下坡时,一定注意慢行。

4. 墓葬整体搬迁

2009年3月,在陕西韩城新城区东南部,对韩城矿务局沉陷区工程建设进行考古随工清理时,发现古墓葬47座,其中编号M218的宋代壁画墓在发掘清理中收获最大(图20),墓室未遭受淤土浸扰和人为盗掘,墓内壁画、木榻等遗物保存完好。M218为拱顶长方形墓室,其长约2.5m,宽1.5m,带拱顶最高2.1m。壁画是直接绘制在经过修整打磨的砖体表面,为无地仗壁画。壁画色彩艳丽、技法娴熟、题材广泛、内容丰富,为国内宋代考古的重大发现。考虑到这一壁画结构的特殊性,为使这组壁画得以完整保存,保护小组经过认真调研,并与渭南崇宁镇靳尚村金代壁画结构和保存状况进行比较研究后,决定对这一壁画墓葬进行整体搬迁、异地保护的方案,以利于长期开展多学科的综合研究。其实施的保护工艺流程如下:

现场原始记录→画面预处理→加固、封护→画面隔离保护→墓室内部支撑加固→墓室外部修整→石膏槽钢加固→墓室与地面分离→吊装运输。

图20 陕西韩城宋代壁画墓

韩城宋墓壁画与渭南金墓壁画在制作工艺上不同,渭南壁画在砖体表面涂刷有一薄白灰层,画是绘制在白灰层表面的,而韩城壁画是直接绘制在经打磨修整的砖体表面。韩城宋代壁画墓搬迁的思路和方法,源于渭南金代壁画墓。在搬迁韩城壁画墓之前,壁画保护小组对渭南壁画墓的搬迁进行了认真总结,完善了技术工艺细节,但其整体搬迁处理的工艺流程基本相同。其调整的主要技术环节如下:

(1)选用水溶性加固材料对壁画画面进行保护(图21),以减去必须对壁画进行烘干的步骤;

(2)因为韩城壁画墓是整体墓葬搬迁,所以,就需要制作拱形木框架,以使其能够支撑墓室的拱顶部位;

图21 在整体包裹加固墓葬前,对壁画进行保护处理

（3）韩城壁画墓的质量比渭南壁画墓大，这就需要调整钢材规格，并选择大吨位起吊机械等。

这里需要指出的是，本文介绍的第一种保护性揭取方法是我们长期墓葬壁画保护工作实践的总结，是墓葬壁画保护性揭取的主要方法。而且就目前的技术条件来看，应该是比较理想的一种方法，操作性比较强。在实际的工作中，可能会遇到一些特殊问题，其保护性揭取流程中的某一个工序也可能根据实际情况需要调整，即施工顺序会有变化，但主要的工序大体相同。墓葬壁画保护性揭取方法的选择取决于墓葬环境、墓葬结构、壁画的保存状况，以及所用的保护材料等。如果画面材料比较疏松、保存状况极差，或者壁画与支撑体结合非常牢固，可能就要用另外的方法进行揭取，比如拆除墓葬，对壁画支撑体进行分块切割，石膏加固连同支撑体一同搬迁的方法，这是我们介绍的第二种方法。

第三种和第四种方法，都是对壁画墓整体或壁画墓部分的整体搬迁，以使壁画得以完整保存。第三种方法是根据实际情况，拆除了处于不稳定状况下的穹隆顶部，对有壁画的墓室进行整体搬迁。而第四种方法是连同墓室拱顶一起整体搬迁。

当然，拆除墓葬，壁画与支撑体一起搬迁和墓葬整体搬迁的方法，不仅增加了壁画保护的难度，也增加了费用，但却使得画面得以完整保存，避免了画面有更多损失的风险，造成无法弥补的损失和遗憾。这里需要强调的是，无论在壁画的保护工作中选择哪种保护方法，就壁画本体来讲，保护好画面，并保持地仗层的稳定性，至关重要。

陕西渭南崇宁镇金代壁画墓和陕西韩城宋代壁画墓的发现是陕西近年来配合基本建设考古工作取得的重要成果，陕西省文物局投入巨资对这两座壁画墓进行整体搬迁、异地保护，是文物保护的一项重大举措，为田野考古发掘中的文物保护探索出了一条新的思路和方法，也为考古发掘现场保护提供了很好的借鉴。

致谢：本课题的研究与实施始终得到了陕西省文物局和陕西省考古研究院各级领导的大力支持，在此壁画保护课题组特致感谢。

The Latest Development of Conservation of Tomb Murals in Site at Shaanxi

Yang Junchang, Wang Xiaoxiao, Song Junrong, Zhang Yongjian, Zhao Xichen

(Shaanxi Archaeological Institute   Xi'an   710054)

Abstract   Different conservation methods were used in archaeological site, including detachment of mural with plaster layer, removal of mural with plaster and support layers together, or transferring partial tomb with mural, or transferring the entire tomb with mural, according to the making method and characteristics, and the state of conservation, in order to maximize the protection of the original mural contents with the greatest possible. This paper mainly presents the latest development of the conservation of tomb murals using several cases of conservation in the recent years at Shaanxi.

Keywords   Tomb Murals, Mural conservation, Entire transfer

古代丝织品血迹污染物的清洗研究

龚德才[1] 孙淑云[2]

(1. 中国科学技术大学 合肥 230026)
(2. 北京科技大学 北京 100083)

摘要 本文采用了古代实物与模拟样品相结合的方式，重点研究了血迹对丝织品的污染机理和清洗方法。采用碱性蛋白酶进行清洗实验，效果明显。利用扫描电镜、红外光谱、热分析等现代分析手段对清洗的效果进行综合评估的结果表明，上述清洗技术具有对丝织品损伤小、洗净度高的特点，符合文物保护要求。

关键词 古代丝织品，血迹污染物，碱性蛋白酶

一、引 言

据不完全统计，1961~2005年的考古发掘报告中，已发表的有关古代丝织品出土的考古发掘文献资料计201篇，出土地点共27个省、市195处。其中考古发掘出土的重要古代丝织品有：湖南马王堆（汉代）[1]、新疆吐鲁番（唐代）[2]、青海都兰（唐代）[3]、内蒙古兴安盟代钦塔拉辽墓（辽代）[4]、北京十三陵（明代）[5]、湖北江陵（战国）[6]、陕西法门寺（唐代）[7]、福建黄昇墓（宋代）[8]、江西德安（宋代）[9]、江西南昌（明代）[10]、江苏泰州和常州（明代）等出土的古代丝织品[11-13]。考古发掘出土年代最早的丝织品，是距今4700~5200年浙江湖州钱山漾新石器遗址出土的丝帛残片。

我国出土的古代丝织品有五大特点：区域分布广、年代系列比较完整、品种齐全、具有丰富的文化内涵、工艺技术精湛。珍贵的古代丝织品实物，彰显了我国各时代先进的丝绸工艺及发达的丝绸文化，是研究中华文明发展、演变的重要实物史料。例如，马王堆出土的汉代丝织品，种类多、数量大、工艺精湛，其高超的覆彩印花技术、精湛的素纱襌衣织造工艺等，足以证明我国汉代丝绸生产技术已达到十分高超的水平。

二、古代丝织品污染及清洗

1. 古代丝织品污染保存现状

丝织品的污染是指外来物质在古代丝织品表面的沉积、滞留和转化[14]，外来物质包括血迹、微生物霉斑、各种金属锈斑、脂肪、泥土、蜡状物和无机物的结晶盐等。这些污染物对古代丝织品会造成外观、材料性能等的负面影响[15]（图1~图8）。

2. 古代丝织品污染物的类型

古代丝织品污染物的类型有：蛋白质（包括血迹和食物蛋白）[16]、盐分[17]、霉斑[18]、大气中的降尘、硫和氮的酸性氧化物[19]及由清洗剂残留造成的二次污染[20,21]等。

一般情况下，古代丝织品上污染物的来源主要有5种途径，如表1所示。

表1 古代丝织品常见污染物来源

污染来源	生产过程污染	使用过程污染	埋藏过程污染	保管、陈列过程污染	保护过程污染
主要成分	淀粉、染料、油脂	油脂、色素、蛋白质	血迹、油脂、矿物质、锈斑、微生物	空气污染物、降尘、微生物	胶黏剂、表面活性剂

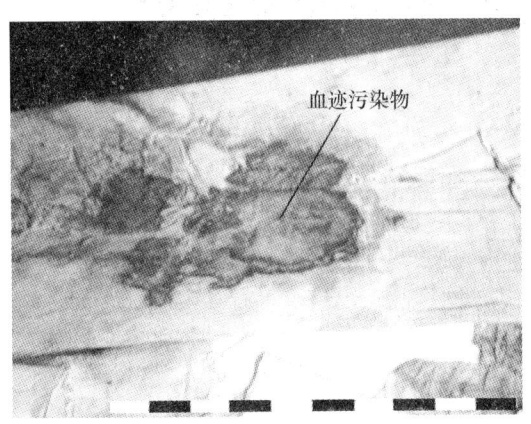

图1 新疆尼雅出土唐代丝织品上血迹

图2 新疆尼雅出土唐代丝织品上血迹

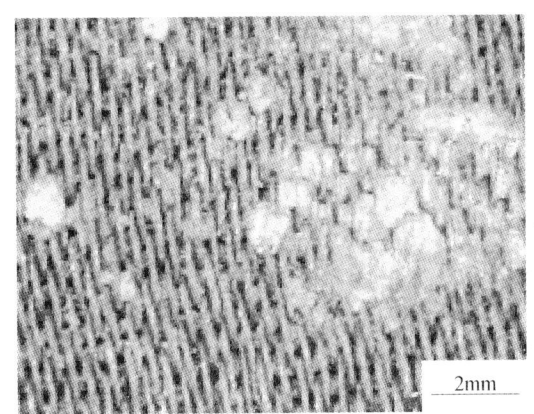

图3 江西南昌明墓丝织品霉斑

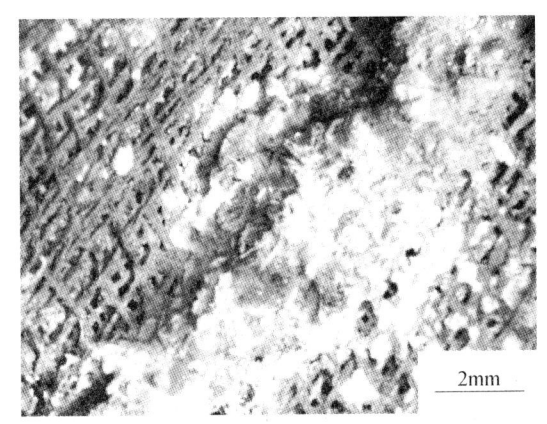

图4 湖南汉代丝织品金属锈斑污染

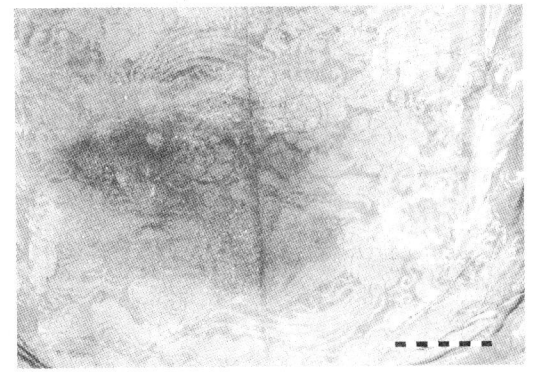

图5 常州明墓丝织品血迹和脂肪混合污染

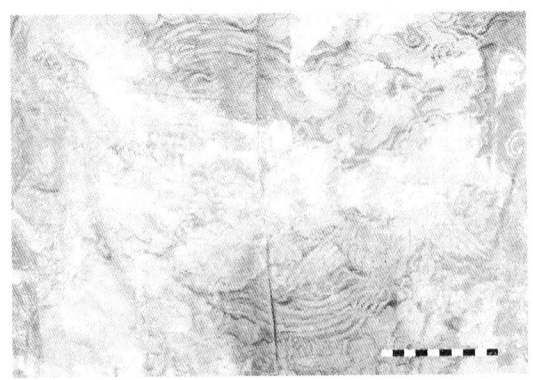

图6 常州明墓丝织品脂肪污染

图 7 湖南汉代丝织品上霉斑造成织物朽烂

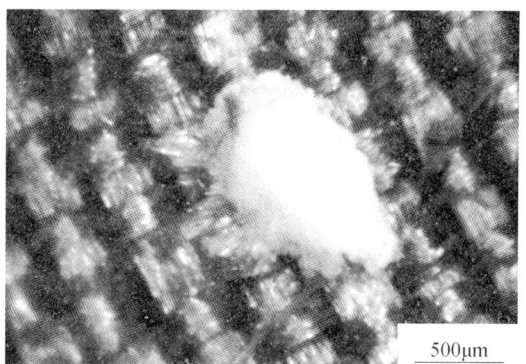

图 8 江西南昌明墓丝织品结晶盐污染

表 1 表明古代丝织品上的污染物,可能来源于丝绸的生产、使用、埋藏、陈列保管和保护修复过程。

图 1 和图 2 显示血迹污染造成丝织品朽烂情况,图 3 和图 7 是丝织品典型的霉烂特征。

三、青海都兰出土唐代丝织品污染物分析

样品由青海省考古所提供。为黄褐色残片(约为 8cm×3cm),已出现脆化现象,样品褶皱严重,不易恢复平展状态,表面有黑色块状和白色颗粒状污染物。

1. 污染物显微分析

在 QUESTAR KH3000 视频显微镜上,对青海都兰样品观察并照相。

图 9~图 12 显示的是同一样品在不同视频放大倍数下的观察结果。黑色硬结状污染物呈块状黏附在丝织品上,白色污染物在丝织品上呈点状分布。成块状的污染现象说明,污染物在污染织物之前,应具有液体的特征。成点状分布的污染,应是固体污染物。

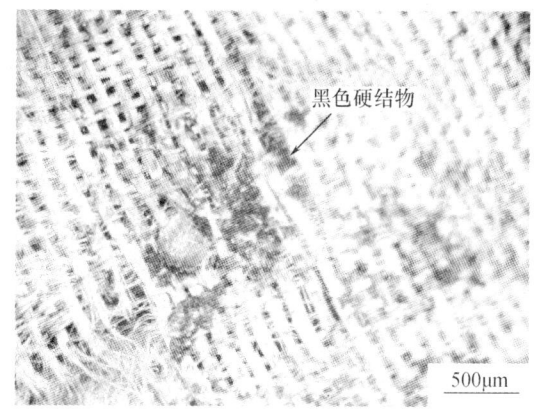

图 9 青海都兰丝织品上黑色硬结物

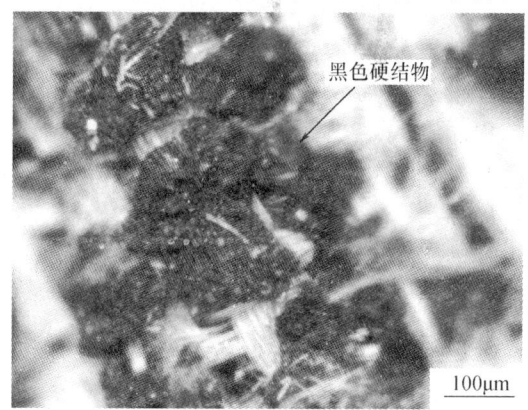

图 10 青海都兰丝织品上黑色硬结物

2. 污染物扫描电子显微镜表面观察

图 13~图 15 为青海都兰唐代丝织品上黑色硬结状物(图 10)在不同放大倍数下的扫描电镜二次电子像,使用的仪器为美国热电公司 NORAN VANTAGE Ⅳ,电子束尺寸 1μm、激发电压 1.5kV,样品表面喷金。

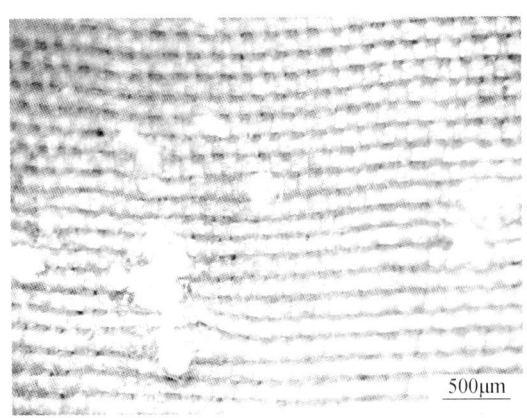

图 11 青海都兰丝织品上白色颗粒状物质

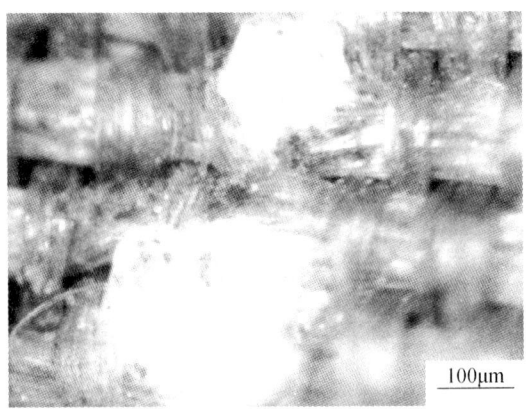

图 12 青海都兰丝织品上白色颗粒状物质

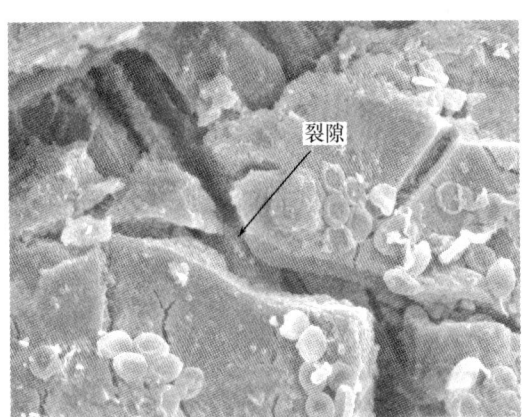

图 13 青海都兰唐代丝织品黑色硬结状物扫描
电镜二次电子像（SEM 15kV，×1500）

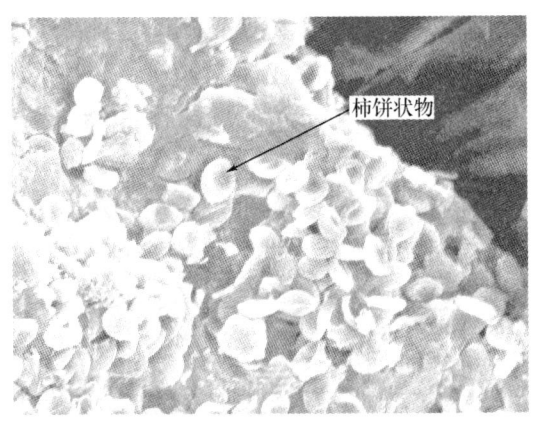

图 14 青海都兰唐代丝织品黑色硬结状物扫描
电镜二次电子像（SEM 15kV，×1500）

观察图 13 发现，黑色硬结状污染物硬结表面有裂痕，硬结出现了开裂现象，这是黏稠状液体形成较厚的膜干化之后易出现的现象。

图 15 和图 16 进行比较发现，古代样品中柿饼状物质与现代血球相似，黑色硬结状物质应是血迹污染物。

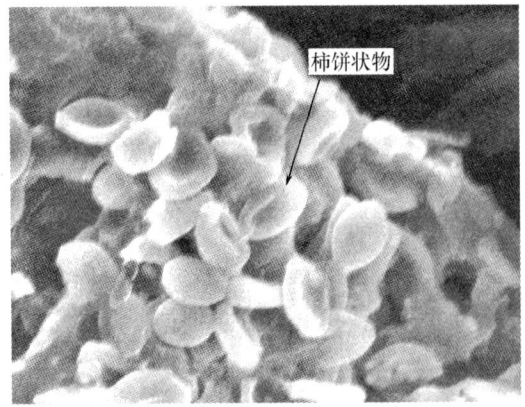

图 15 青海都兰唐代丝织品黑色硬结状物扫描
电镜二次电子像（SEM 15kV，×3000）

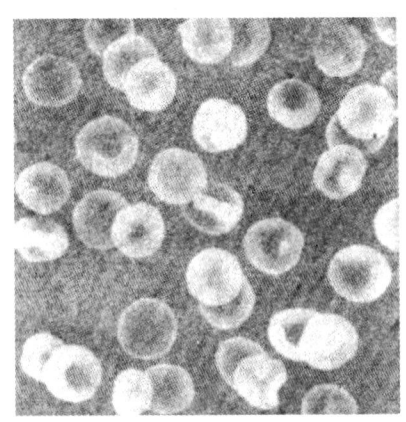

图 16 现代血液中血球的形态扫描电
镜二次电子像（×3000）

图17和图18为青海都兰唐代丝织品白色颗粒状污染物的扫描电子显微镜表面观察情况。

对视频照片图11显示的白色颗粒状污染物进行X射线能谱分析（EDS），结果如图19所示。

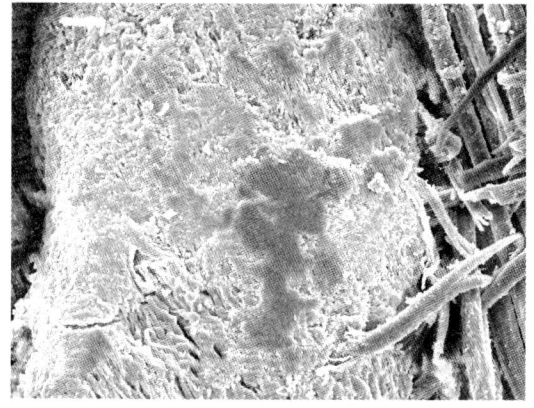

图17　青海都兰唐代丝织品白色颗粒状物质扫描电镜二次电子像（SEM 15kV，×500）

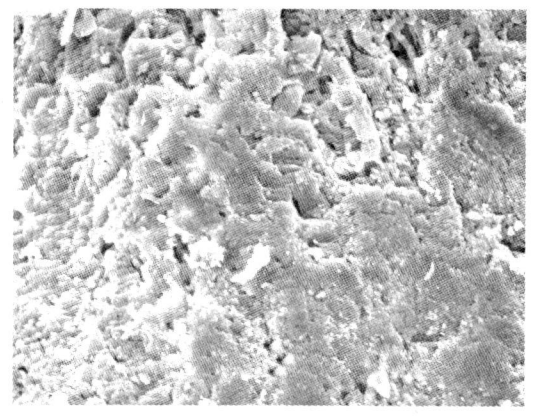

图18　青海都兰唐代丝织品白色颗粒状物质扫描电镜二次电子像（SEM 15kV，×1500）

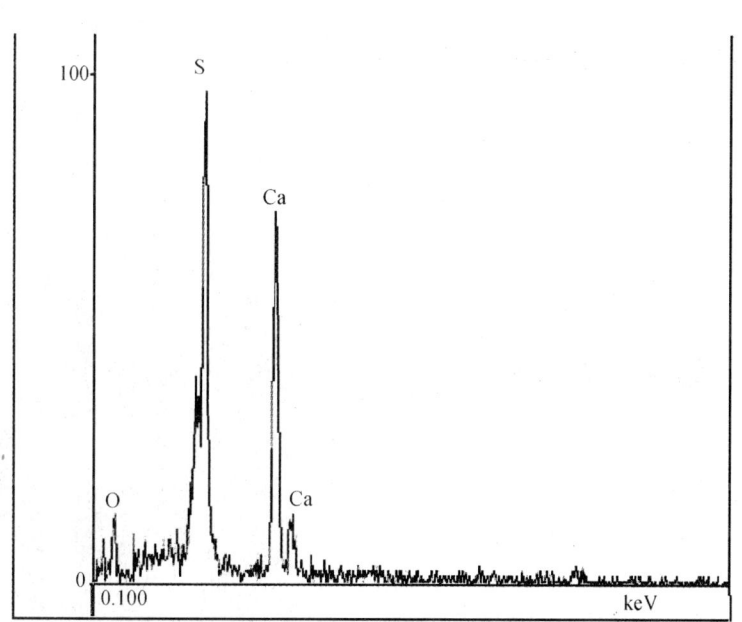

图19　青海都兰唐代丝织品上白色颗粒状状污染物EDS分析谱图

图17和图18显示白色颗粒状物质结构比较致密，表面呈绒状。图19的EDS分析结果表明：白色颗粒状状污染物所含元素主要为Ca和S，其中S含量很高。氧元素有可能来源于丝织品，硫元素则来源于白色颗粒状物质。

对图11显示的白色颗粒状污染物进行微区X射线衍射分析（XRD），结果如图20和图21所示。

仪器型号：多功能X射线粉末衍射仪X′Pert Pro MPD，荷兰Philips公司生产。

工作参数：管压40 kV，管流40mA，铜靶，入射光束斑直径0.2mm，超能探测器（不用狭缝），步进扫描方式4h的步长是0.0501°，扫描角度范围10°~70°。

实验方法：把丝织品残片放在玻璃片上，置于样品台，左侧是入射器，右侧是探测器。在与样品0°的时候对准样品表面，在与样品垂直的时候对准所选的点。定位好后换上探测器，开始测量。白色斑点扫描4h。

与硫酸钙标准XRD谱图对比（ICSD/ICDD），吸收峰基本符合，证明白色物质为硫酸钙。

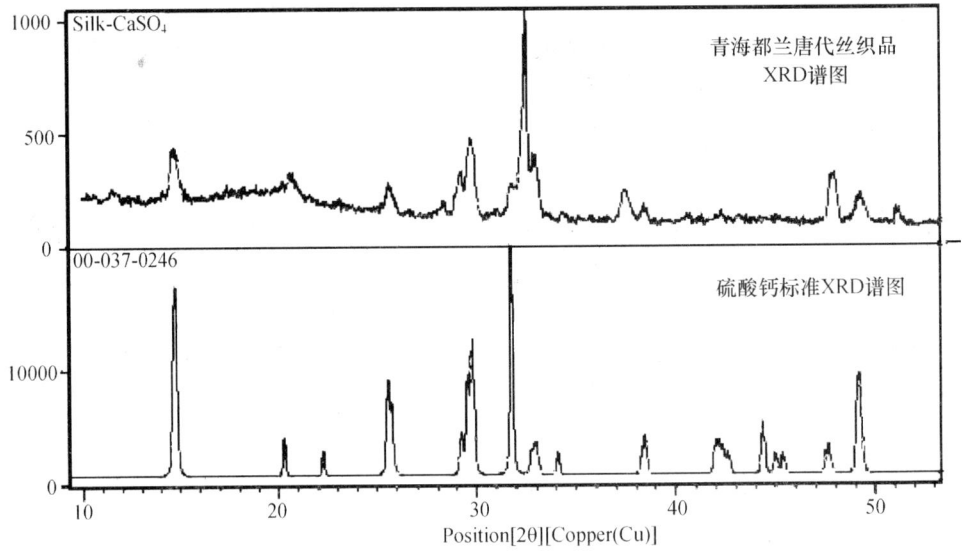

图20　青海都兰唐代丝织品白色颗粒状物质X射线衍射谱图（扫描4h）

四、古代丝织品血迹清洗实验

1. 青海都兰出土唐代丝织品上血迹的清洗

1）样品状况

污染状况：见三。
样品来源：由青海省文物考古研究所提供。
材质判断：采用扫描电子显微镜分析。
分析结果见图21。
图中纤维为圆柱状，表面有丝胶层。纤维表面附着的颗粒状物质是污染物。前文的分析结果表明，黑色污染物为血迹，白色污染物是硫酸钙。

2）清洗试验

按以下配方配制清洗液（质量百分浓度）：30%的无患子、10%的木糖醇、

图21　青海都兰出土唐代丝织品扫描电镜二次电子像

0.1%碱性蛋白酶和N-Tris（hydroxymethyl）aminomethane-HCl的pH缓冲液复合配方配制清洗液，将试样放入，置于35℃恒温箱中，24h后取出，重复清洗一遍。

3）清洗效果评估

（1）直接观察：污染物清洗效果见图22（图版16）。对比可见，大部分黑色污染物（血迹污染物）已被清洗去除，清洗取得了明显效果。但白色斑点硫酸钙未被去除。

（2）热重分析：清洗前后热稳定性变化见图23和图24。

 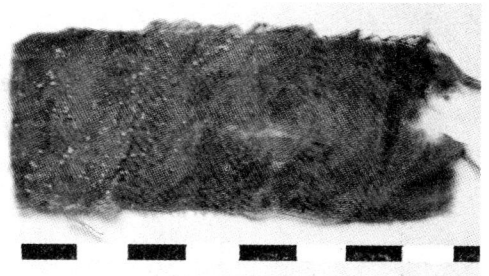

图22　青海都兰出土唐代丝织品清洗前（左）后（右）（标尺单位：cm）

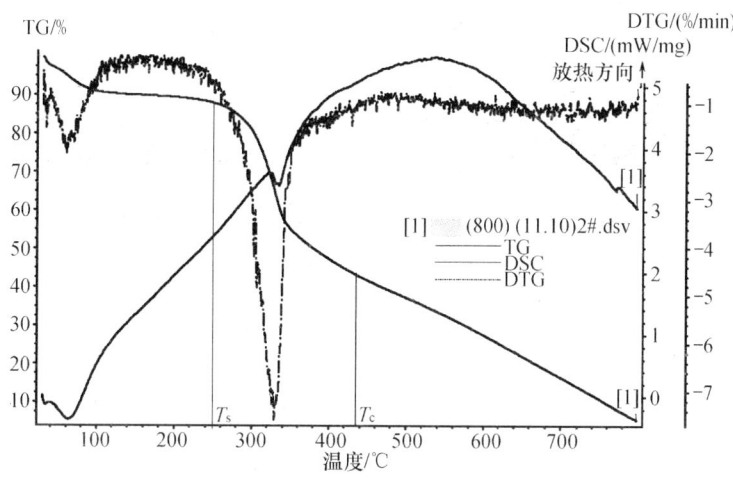

图23　青海都兰唐代丝织品清洗前热重分析谱图

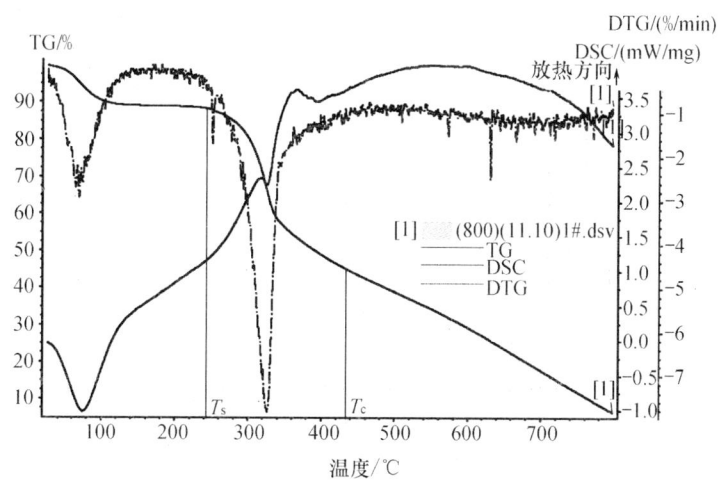

图24　青海都兰唐代丝织品清洗后热重分析谱图

从图 23 和图 24 可以发现，二者的曲线形态基本相同，说明内部结构未产生明显变化，清洗后（图 24）样品显示前期失重较清洗前（图 23）大，这有可能在清洗过程中，蚕丝纤维吸附了一部分水分，因而增加了样品的含水率所致。

（3）扫描电镜观察清洗前后纤维形态变化，见图 25 和图 26。通过比较，可见样品纤维表面的污染物大部分被去除。

图 25　清洗前的青海都兰出土唐代丝织品　　　图 26　清洗后的青海都兰出土唐代丝织品
　　　　扫描电镜二次电子像　　　　　　　　　　　　　扫描电镜二次电子像

（4）傅里叶红外光谱分析：清洗前后的傅里叶红外光谱分析结果见图 27 和图 28。通过对都兰唐代丝织品清洗前傅里叶红外光谱（图 27）和清洗后（图 28）的比较，蚕丝纤维各主要吸收峰，酰胺 I （1626.07cm^{-1}）、酰胺 II （1517.86cm^{-1}）、

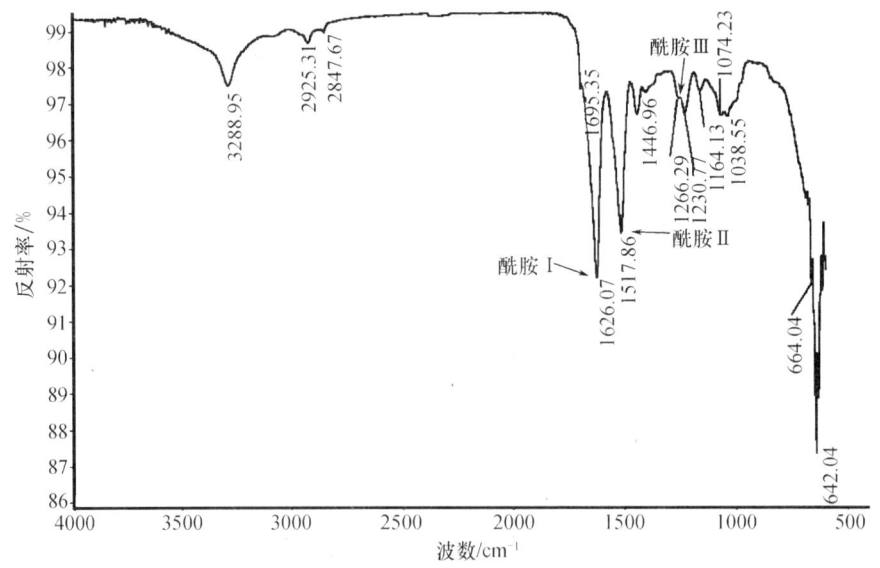

图 27　清洗前的都兰唐代丝织品傅里叶红外光谱图

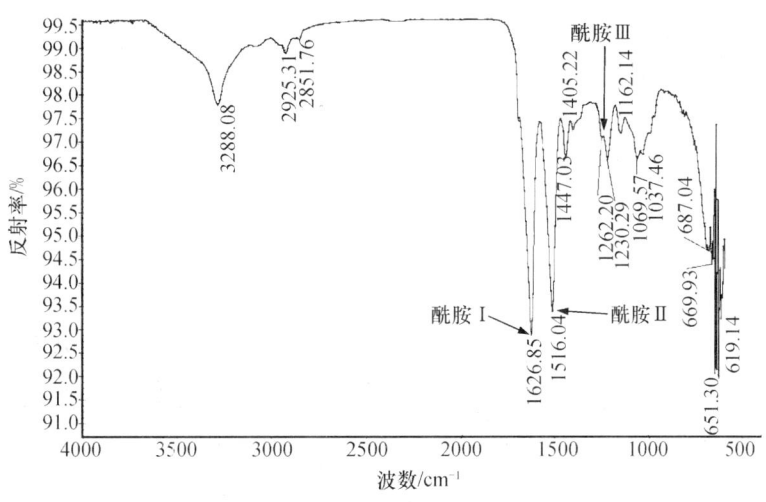

图 28 都兰唐代丝织品清洗后的傅里叶红外光谱图

酰胺Ⅲ（1266.29cm^{-1}）位置和形状都未出现明显改变，表明清洗没有破坏蚕丝纤维的化学结构。

2. 新疆尼雅遗址出土宋代丝棉帽上血迹的清洗

（1）样品状况：丝棉帽残片为织锦，20cm×20cm，有色织花纹。残片大部分被黑色和褐色血迹污染物污染，花纹污染物被掩盖，已不可见。

（2）清洗实验：按以下配方配制清洗液（质量百分浓度），30%的无患子、10%的木糖醇、0.1%碱性蛋白酶和 N-Tris（hydroxymethyl）aminomethane-HCl 的 pH 缓冲液复合配方配制清洗液，调节溶液温度35℃，浸泡24h后取出，重复清洗三遍，直至织物花纹清晰可见为止。

（3）清洗效果：清洗后样品褐色污染物大部分被清除，被污染物掩盖的织物花纹清晰显现，样品柔软度增加。清洗效果对比见图29（图版17）。

图 29 新疆尼雅出土宋代丝棉帽残片清洗前（左）后（右）（标尺单位：cm）

3. 内蒙古出土马面罩上血迹的清洗

（1）样品状况：马面罩残片为绢织物，黄褐色，15cm×8cm。有黑色和淡红色血迹污染物。

（2）清洗实验：按以下配方配制清洗

液（质量百分浓度），30% 的无患子、10% 的木糖醇、0.1% 碱性蛋白酶和 N-Tris（hydroxymethyl）aminomethane-HCl 的 pH 缓冲液复合配方配制清洗液，调节溶液温度 35℃，浸泡 24h 后取出，重复清洗二遍，直至织物表面红色和紫黑色污染物洗净为止。

（3）清洗效果：清洗后样品上红色块状污染物基本洗净，黑色污染物大部分被清除，清洗后样品柔软度增加。清洗效果对比见图 30（图版 18）。

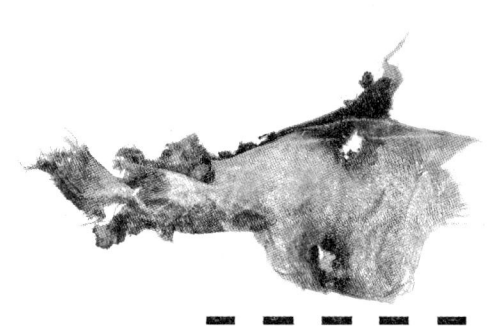

图 30　内蒙古出土汉代马面罩残片清洗前（左）后（右）（标尺单位：cm）

五、结　　论

丝织品上血迹污染物的清洗研究结果表明，采用碱性蛋白酶、无患子、木糖醇和 pH 缓冲液组成的复合清洗配方，清洗古代丝织品上血迹污染物，洗净度可达 80% 以上（目测），清洗取得了明显效果。评估分析结果表明，以碱性蛋白酶为主的复合配方，对清洗的丝织品材料性能，只产生轻微影响，没有造成结构上破坏。

参 考 文 献

[1] 湖南省博物馆. 长沙马王堆一号汉墓. 北京：文物出版社，1973：56.

[2] 吐鲁番地区文管所. 吐鲁番阿斯塔那 382 号墓清理简报. 文物，1983，(1)：19-25.

[3] 许新国. 都兰吐蕃墓出土含绶鸟织锦研究. 中国藏学，1996，(1)：3-24.

[4] 内蒙古博物馆，内蒙古兴安盟文物工作站，中国丝绸博物馆. 内蒙古兴安盟代钦塔拉辽墓出土丝绸服饰. 文物，2002，(4)：55-68.

[5] 长陵发掘委员会工作队. 定陵试掘简报. 考古通讯，1958，(7)：36-47.

[6] 荆州地区博物馆. 湖北江陵马山砖厂一号墓出土大批战国时期丝织品. 文物，1982，(10)：1-7.

[7] 陕西法门寺考古队. 陕西扶风法门寺塔唐代地宫发掘简报. 文物，1988，(10)：1-28.

[8] 福建省博物馆. 福州南宋黄升墓. 北京：文物出版社，1982：9, 85, 135.

[9] 江西省文物考古研究所，德安县博物馆. 江西德安南宋周氏墓清理简报. 文物，1990，(9)：1-13.

[10] 江西省文物考古研究所. 南昌明代宁靖王夫人吴氏墓发掘简报. 文物，2003，(2)：19-34.

[11] 泰州市博物馆. 江苏泰州明代刘湘夫妇合葬墓清理简报. 文物，1992，(8)：66-77.

[12] 泰州市博物馆. 江苏泰州市明代徐蕃夫妇墓清理简报. 文物，1986，(9)：1-15.

[13] 陈晶，陈丽华. 江苏武进村前南宋墓清理纪要. 考古，1999，(3)：247-268.

[14] 张承志. 保藏学原理. 北京：科学技术出版社，1999，16-20，23-24.

[15] 陈旭俊. 工业清洗剂及清洗技术. 北京：化学工业出版社，2002：76-79.

[16] 王萍. 西夏丝织品文物损坏机理的研究及其保护. 敦煌研究，2000，(1)：112-118.

[17] Glennda S M L, Samuel B A. Beneath the surface: salt movement in archaeological textile. Strengthening the Bond: Science & Textiles. Philadelphia: North American Textile Conservation Conference,

[18] 田金英,王春蕾,白志平. 古代文物丝织品霉斑清除的研究. 文物保护与考古科学, 2005, (4): 1-6.

[19] Fenella G F, Suzanne T K, et al. Analysis of soiling and trace contaminants of the star-spangled banner. Strengthening the Bond: Science & Textiles. Philadelphia: North American Textile Conservation Conference, 2003: 45, 46.

[20] Rhee H, Ballard M W. Surfactants and silk. In Harper's Ferry Regional Textile Group Symposium (11): Silk. Boston: Harper's Ferry Regional Textile Group, 1992: 45-48.

[21] Gneisinger W, Watkinson D. Innovative uses for aqueous foams in conservation practice. Contributions to the IIC Melbourne Congress. London: IIC, 2000: 77-81.

Biological Cleaning of the Blood Stain on Historic Silk

Gong Decai[1], Sun Shuyun[2]

(1. Department of Scientific and Technical History and Archaeology, University of Science and Technology of China Hefei 230026)

(2. Institute of Historical Metallurgy and Materials, Beijing University of Science and Technology Beijing 100083)

Abstract This research focuses on blood stain. Experiments were carried out both on historic silk and analogical samples. By using a mixture of alkaline protease, obvious and positive effects have been observed. The methods for assessing the effects include SEM, FTIR, TG, etc. The analysis results show that the above cleaning method could offer efficient cleaning with less damage to historic silks themselves and meets the conservation demands very well.

Keywords Historic silk, Blood stain, Basic protease

天衣有缝与天衣无缝

——兼谈文物修复中的可识别原则

赵 丰

(中国丝绸博物馆 杭州 310002)

摘要 本文讨论了东西方文物修复中传统与当代的不同修复理念,即传统的"天衣无缝"与当今的"天衣有缝"。"天衣有缝"即为布兰迪所提出的"可识别原则",强调在修复时所选材料或工艺在与原文物相一致的同时还要与文物有所区别,能够分辨出,不可修得与文物一模一样。对于开展文物修复工作来说,文章提出文物修复过程中的知识传播和规范化,原则之下的案例指导将是一个较好的模式。

关键词 天衣无缝,天衣有缝,可识别原则,文物修复

一、引 言

2009年9月,由国家文物局科技司主办、中国丝绸博物馆和中国文化遗产研究院承办的《天衣有缝——中国纺织品修复成果展》正式开幕,展览展出了近30件国内修复师修复的古代纺织品和服饰,其年代从战国到民国,其种类从织锦到刺绣,反映了中国纺织品修复的最新成绩。在比较了传统和当代纺织品修复技术之后我们发现,"天衣有缝"和"天衣无缝"其实正是传统和当代文物修复理念之间的差别。

中国的传统修复总是把修复做得尽善尽美,如补衣服时尽可能按原有的布料及结构将它补得新旧一体,如王㐨在修复黑龙江阿城金墓出土的刺绣罗鞋时用的就是这一理念,重做并作旧了鞋底,使其与鞋面连成一体。在裱旧画时也将破洞补了,再加以全色,以假乱真,这种理念和方法其实就是"天衣无缝"。当然,这种理念不仅是在东方,在西方的修复如绘画、地毯和壁挂修复中也是如此。

当今的修复理念主要来自国外,集中地体现在布兰迪的修复理论中。这一理念通常要求新的就是新的,旧的就是旧的,两者可以共存,但不能混淆。这种保持新旧差别标记的原则被称为"可识别原则"。同样,"天衣有缝"也不完全是西方的理念,中国纺织品修复师王㐨先生也曾提出类似的原则。

因此,"天衣无缝"并不完全是东方的理念,"天衣有缝"也不一定就是西方的理念。有缝无缝要看具体情况而定,不同的文物有着不同的情况,不同的方案有着不同的原因,不同的修复会产生不同的效果。指导将来修复工作的关键是案例,在原则之下的案例指导也许是文物保护和修复领域里一种较好的技术推广模式。

二、天衣无缝

天衣无缝,原是中国古代的一句成语,比喻事物周密完美,浑然无痕,看不出任何破绽。一般认为,这一成语语出《灵怪录·郭翰》:"稍闻香气渐浓,翰甚怪之,

仰视空中，见有人冉冉而下，直至翰前，乃一少女……徐视其衣并无缝。翰问之，谓翰曰：天衣本非针线为也。"[1]而在这里，我们把它用于代表一种修复理念，代表的是一种修复目标，即想使修复完成的文物看起来如同新的一样，特别是指在文物补缺之后如同完好无损一样。其实，以前所说的修旧如旧，多少也有些这样的意义在里面，即让别人看不出其中的不同来。

中国的修复历史和传统非常悠久。人类最早对器物进行修复的目的是延长器物的使用寿命，在英文中称为repair，与文物修复的restoration最大的区别是在于以恢复器物的使用功能为主要目的[2]。而在古代中国，最为常见的修复一是古建，二是书画。古建作为不可移动文物的代表，而书画作为可移动文物的代表。前者在修复时不仅进行结构的加固和替换，而且对其装饰部分进行重漆和重绘，使得修缮后的效果如同新成一般，修成之后还常常会立碑纪念。书画的修复在中国古代特别盛行，历代对于名人书画的修复一直不断。一幅古画每进入一个新的藏家，总是被添加了题跋，增盖了收藏章，还有些人更会对古画进行修补甚至是重新装裱。

古代书画修复中最为重要两个步骤是"补"和"全"，补是补残缺的材料，全是补残缺的色彩。这两个步骤在明代周嘉胄的《装潢志》中有着十分详细的说明："补缀，须得书画本身纸绢质料一同者。色不相当，尚可染配。绢之粗细、纸之厚薄，稍不相侔，视则两异。故虽有补天之神，必先炼五色之石。绢须丝缕相对，纸必补处莫分。"[3]全色包括接笔、补色两种功夫，即用今人之笔墨补全古画上的残损失色的地方。"古画有残缺处，用旧墨不妨以笔全之。须气高手施灵。友人郑千里全画入神，向为余全赵千里《芳林春晓图》，即天水复生，亦弗能自辨。"[4]这里周嘉胄讲得非常清楚，郑千里全色的水平，可以

达到让赵千里本人也无法辨认的程度。很显然，古代书画补缺全色的理念和目标就是以假乱真，就是天衣无缝，不降低它的观赏性，从而达到不降低这一文物的价值的目的。

从传世的古代书画来看，也经常可以找到其补缺全色之处。美国大都会艺术博物馆藏传董源《溪岸图》在前些年进行了极为细致的研究，据何慕文对其详细的描述，宽43.25英寸（1英寸 = 0.0254米），高87.25英寸，其中包括各宽23英寸和20.25英寸的两幅画绢画成的织物，而原画很有可能是由三幅基本等宽的画绢拼成。即使是在现有的画心里，可以看出曾有大量的面积残缺，乃由后人在不同时代逐次修补而成[5]。

中国古代纺织品有两个大类，一是被认为是艺术品的，如以绢为地的绘画，或是观赏性的缂丝和刺绣，一般采用装裱的形式保存和展示，其最大的特点是在后面衬以别的纸张作为支撑，所以在修复中亦与书画相似，天衣无缝是其修复原则。传说民国时期琉璃厂茹古斋的周杰臣一直做朱启钤的缂丝和刺绣生意，有一次周买来一幅油渍破裂、陈旧不堪的花鸟缂丝，而竹石斋的崔竹亭手艺高超，技术绝妙，将丝织物浸入水中，去其油污，晾干后修补残缺处，再用刀剔，粘补鸟羽绒毛。经他修复后，这幅缂丝画面完整无缺，色泽典雅古朴，看不出有修补之处[6]。

另一类纺织品当然就是实用品，由于其有着三维立体的结构，其目标又是修复之后的服用效果，因此，它很难采用在衣服后面再用支撑的方法，而只能是在局部以补丁形式来做，或是以织补的方法来进行，清代起就有专门的织补匠人做着纺织品修复的事。这里最好的例子就是《红楼梦》描写的晴雯补裘，补的是孔雀金线织的雀金裘。"晴雯先将里子拆开，用茶杯口大的一个竹弓钉牢在背面，再将破口四边

用金刀刮的散松松的，然后用针纫了两条，分出经纬，亦如界线之法，先界出地子后，依本衣之纹来回织补。补两针，又看看，织补两针，又端详端详。""刚刚补完，又用小牙刷慢慢的剔出绒毛来。"助手麝月的评论是："这就很好，若不留心，再看不出的。"而主人宝玉的评价更高，说道："真真一样了。"但晴雯自己还是很不满意，说了一声："补虽补了，到底不像！"[7]看来，这里修复的标准同样也是以假乱真，天衣无缝。当然，这种修复通常只用于局部，不可能用于较大范围。

其实，在西方艺术品的修复中，天衣无缝也曾是他们所追求的效果，特别是在其油画修复方法中应用得更为普遍。油画修复在欧洲已有几百年的历史，经历了很长一段摸索和缓慢发展的阶段。早期人们对修复方法和修复材料的认识有限，有些油画修复的技术和措施，在今天看起来非常原始和不可思议。譬如一直到20世纪初，很多博物馆仍然使用水和肥皂来擦洗油画，将油画浸入亚麻油中，或用黄油、猪油等作为调料涂抹画面，以图恢复失去的色彩。文艺复兴时期油画大师达·芬奇的名作《蒙娜丽莎》，据说已被修复了70多次。显然，每一位修复该画的人，都不满意他的前任所做的工作。这些修复中非常重要的一环就如同中国古代书画一样，就是补缺和全色。

油画修复的第一步往往也是清洗画面。如果作品的表层因为龟裂剥落或破损过于严重，产生许多凹陷的空白处，就要进行白浆填补，使其回复平整的表层。这种白浆涂在凹陷空白处后就要塑造与周围相应的笔触，然后等待补色，以前用于补色的也是与油画颜料相同的油彩。补色的工作曾经引起许多艺术家与学术界的争议，因为补色无疑是出自修复师之手，因此有人认为这样会破坏原画的美学价值。相反，也有人认为这样可以弥补作品受损的瑕疵。

但无论如何，这种理念基本也与天衣无缝是相同的。

除了油画，天衣无缝的修复理念也曾在西方的纺织品修复中存在，其最主要的种类就是大型壁挂或称挂毯，欧洲宫廷陈饰中通常都有大面积的壁挂，年长日久，总会破损，而其修复方法就是修补，补成基本完好能够继续悬挂为止。除此，大型地毯也不例外地用修补的方法延长其使用寿命。因此，这种天衣无缝的理念，不仅是东方传统修复的理念，在古代西方的修复实践中，也曾作为极为重要的方法经过实践。

三、天衣有缝

天衣有缝一词来自我们近期所作的一个纺织品修复展览的名称。2009年9月，由国家文物局科技司主办、中国丝绸博物馆和中国文化遗产研究院承办的《天衣有缝——中国纺织品修复成果展》正式开幕，展览展出了近30件国内修复师修复的古代纺织品和服饰，其年代从战国到民国，其种类从织锦到刺绣，反映了新中国纺织品修复的成果[8]。原先我们在取《天衣有缝》作为展览题目时是指当古代精美的服装破了的时候，我们的修复师就开始进行修复。但在同时举办的学术讨论会和修复师之间的交流过程中，我们突然发现，所谓的"天衣有缝"其实可作为当代文物修复理念中的"可识别原则"一词的同义词。这一理念通常要求新的就是新的，旧的就是旧的，两者可以共存，但是不能混淆。这种保持新旧差别标记的原则被称为"可识别原则"，哪是原始的织物？哪是前人修复的？哪是现在修的？都得标清了，而且将来还应该可以拆除部分修复，进行再处理。

当代修复理念主要来自国外。其中介绍文物修复理念最多的是意大利布兰迪

1963年出版的《文物修复理论》，布兰迪在这里提出了一些关于文物修复的理念和原则。由于原书写作的风格，这些原则被人不同地解释，即使是通过中国意大利合作培养的学员，也会有不同的理解。王旭认为有三条：①可辨识原则；②最小干预原则；③可逆性和可再处理性[9]。杨淼认为的虽然也是三条，但有所不同：①可识别性；②兼容性；③可逆性[10]。而京红归纳的布兰迪修复原则有四条：①原真性；②可识别性；③可逆性；④最小干预原则[11]。王淑娟则提到有五条原则：①历史价值与艺术价值相结合；②可识别性；③可再处理性；④最小干预；⑤材料兼容性[12]。

在对布兰迪文物修复理论的不同理解中，"可识别原则"为大家所共同提及。关于这一点，布兰迪在其理论中作了较为详细的说明："第一个原则是补全总是应当容易认出，但不能为此就应当破坏补全旨在重构的统一性。因此，补全应当在艺术品应被观赏的距离内看不到，但稍微靠近观看，不需要借助特殊工具就立即被略微认出。"[13]此外，他于1961年在纽约的第二十次艺术史大会上又提出了《处理缺失的理论旁注》："任何旨在用补全在缺失中感应或接近艺术形象的干预，都是超出我们必须遵守的艺术品考察范围的干预，因为我们不是具有创造性的艺术家，我们不能使时间进程逆转，也不能合法地置于艺术家创造那部分的时刻。我们对已进入人生世界的艺术品的唯一态度，是考察艺术品在我们意识中实现的现状。"虽然布兰迪也不完全排除适当限度的补全，但他还是建议"补全应控制在限度内，并且其形态应一眼认出"[14]。

不过，这一理念也并不完全是西方的修复理念。事实上，中国的文物保护工作者，特别是纺织品保护修复的前辈王㐨先生也曾提出过类似的原则。王㐨以中国的纺织品的保护修复为主要经历，并没有接触过相关的国外资料，在他对中国纺织品保护的思考中，曾提出过七条修复原则，其中第四条说："补配部分尽可能用同质材料，又要外观上略有区别。非特殊要求，不要修饰得不见痕迹，更不可扩大范围，要为后人研究留一片净土。"[15]这一原则所说的其实就是可识别原则，但王㐨说得更有中国传统，强调在一定的研究基础上的补配，强调补配部分和文物原体的协调性，强调这种可识别痕迹的限度和隐蔽性。其实，这是非常高明的地方。对于大量具有时代规律的、外观变化有序的纺织品文物（布兰迪面对的更多的是雕塑和绘画等艺术品）来说，王㐨先生提出的可识别性显得更为切合实际。

由此我们归纳：至少在纺织品文物修复上，可识别原则可以进一步地扩展到除被修复的文物本体之外，除一般人可视的修复材料种类和区域范围的可识别之外。这样的可识别原则体现在：

（1）用支撑法修复。把作底的新面料和作面的文物缝合在一起，只是起到支撑作用，并无真正的修复之嫌，所以，将作底的面料按研究后得出可能的文物原件形状裁制，符合可识别原则。

（2）规范记录。要规范地记录所有修复的细节，使之修复的材料、范围等在档案中得以记录，使记录可以帮助识别文物的原体以及修复的补配。不过，在1972年文物修复章程中的第六条规定："风格的补全，或类似操作，即便是采取简化的形式，即便有绘图或造型方面的资料可以提供艺术品的原貌，也不能进行这样的操作。"禁止"可能会删除艺术品历史痕迹的对艺术品的移动或拆除，除非涉及损害性病变或与保护艺术品历史价值发生矛盾的病变，或对艺术品产生了造假效果的风格的补全"。第七条之一："在添加起加固作用的辅助部分，或对有历史依据的部分进行补全时，要根据情况，或留出明显的补全的界线，或采用协调但不同于原来的材料，尤其是与原来部分的连接点，应可用肉眼清楚辨认，另外，在适当的地方签名并注明日期。"[16]

（3）工艺区别。可识别还可以体现在传统工艺上，所有的染料、纤维的捻向、组织结构等工艺细节都属于文物的特征，可以进行不同的体现，可以供人们进行识别。

四、原则之下的案例指导

作为一种理念和原则来指导修复，"可识别原则"是正确的，也是可行的。但实际情况却远远来得复杂，规范和标准在具体修复实践中并不能完全适用。王㐨先生生前就不很喜欢写文章，特别是写具体的指导性文章，他总是担心："因为每一件文物都有自己的特殊性，因而对待不同的文物就要有不同的方法，但是如果我今天写了这种方法，人家看了再遇到这种类似的文物时也许就要套用方法，最后的结果也许就因为一些微小的不同而毁于一旦或者没有产生最好的效果。"[17]

事实上，这种情况发生很多，在同样的原则下，修复的方案和结论都不一定相同，这不仅在东方如此，在西方也是如此。在此，我们以美国大都会博物馆进行的挂毯修复为例。

大都会博物馆在曼哈顿的北端有一处中世纪艺术分馆，建筑是法国中世纪（12世纪前）的一个修道院，馆内十分重要的一组展品就是挂毯。最为有名的是一组独角兽的挂毯，这组挂毯和其他大部分挂毯都修复得较早，用的基本就是"天衣无缝"的修复方法。其总体保存情况不错，但也有部分挂毯因为当时修复时用了不同染料染成的色彩，修复时看起来是好的，时间长了就开始褪色，最后在挂毯上出现点状的色斑。也有若干件因为缺失较大，采用了较多的补白，观众可以明显地看到底衬，这无疑属于"天衣有缝"的方法。

最为有趣的是大都会拉蒂纺织品保护修复中心花了三十年修复的另一件挂毯，这件挂毯一般被称为布尔戈斯（Burgos）挂毯，但其全名是《耶稣生为人类救主》（Christ Is Born as Man's Redeemer）。这件挂毯原来也是挂在修道院的，尺寸很大，但当大都会博物馆决定撤下来修复时发现，这件挂毯原来是由四块残片拼成的，而且其中有着很大的缺失。大都会的纺织品修复师Tina Kane首先拆除了旧的拼接（也就是不当修复），然后开始了深入的研究。她和她的同事们从同时代的绘画中找到了当时缺失部分可能方案，再从同一织物上的其他纤维确定染料和纤维种类，开始了长时间的修复。1997年我在大都会博物馆做客座研究时每天都看到她在那里专心致志地工作，没想到这件修复几乎耗费了她一生的年华，从花季少女一直修到白发老太。这是一件基本按照天衣无缝的理念来修复的作品，采用了基本一致的染料、一致的纤维，其中的可识别处主要保存在记录和档案中。大都会博物馆为这件挂毯的修复在2009年12月6日和8日召开了两天的学术讨论会，举办了一个展示，并且出版了一本著作。讨论会的主题就叫《救赎：挂毯修复的过去和现在》（Redemption：Tapestry Preservation Past and Present）[18]，这里的救赎，正与挂毯题目里的救主是同一个词源。

在国内，王㐨先生修复的黑龙江阿城金墓出土的绣鞋也是与此类似。1991年9月20日当王㐨收到此鞋时，就根据收藏单位的要求及工艺上的可能性制订了对该绣鞋的修复要求：①左鞋底做完整，同原工艺，贴到左鞋底面上，做旧随色如出土物；②右鞋底，原有存留底上者加固，残片回贴到位，不做新底，以保留原状；③金片，加固不落屑，不显加固痕迹；④制盒存储设计，展出时也可用，照相时也可用[19]。当时，王㐨在研究了两只鞋子的制作工艺之后，认同了其一致性，最后决定右鞋底在原有存留底上加固，以保留原状，而将左鞋底按原工艺做一只新的，但要做旧，做到其色彩如同出土物。对于金片，就直接加固，并要求不显加固痕迹。这样的思路，完全是在保证文物的原真性、遵循修复的可识别性、最小干预等原则之下作出的符合实际的方案和决定，但这里的可识别性，与布兰迪的主张还是有所区别。

所以，我们的规范只能规范其工作过程，而具体的工作则要看具体的情况，无法预测。当我询问 Tina Kane 时，她回答说，这样的方法只是在这种十分特殊的情况下才会使用，而且，每走一步都会花费很长的时间。其中有两年的时间就基本在等待绘画史和宗教史方面的研究结果了，直到他们找到了相应的宗教绘画之后，她们才决定。而王㐨先生也亲口对我说："怎么会是最好的，都是相对的，它在别的条件下是最坏的，在一定的条件下又可能是最好的。"[20]理念和原则相对不变，但具体情况时时刻刻都在变。

无疑，在文物保护领域内要有若干个原则，但要制订一套具体的规范和标准却要花费大量的时间。在法学界就有两大系统：一是大陆法系，是先制一种法律规范，再适用到实践中去；另一是英美法系，其特点是判例法，其基本思想是承认法律本身不可能完备的，立法者只可能注重于一部法律的原则性条款，法官在遇到具体案情时，应根据具体情况和法律条款的实质，作出具体的解释和判定。其基本原则是"遵循先例"，即法院审理案件时，必须将先前法院的判例作为审理和裁决的法律依据。因此，当我们在进行纺织品保护技术规范研究时，最后形成了一本《博物馆纺织品文物保护技术手册》，这一手册中包括一本手册和一组案例。先制定一本手册、同时提供一组案例多少有些类似于英美法系，不失为一个好方法。手册与规范的不同主要在于，手册告诉你可以做什么，规范告诉你不可以做什么，手册提供已经做的，规范告诉你将要做的，手册让你自己决定，规范替你作出决定。因此，对于很难找到完全一样状态的纺织品保护对象而言，把已经过实践的经验提供出来，把别人的经验总结后提供出来，把手册提供出来，是我们在纺织品文物保护方面的一个尝试。现在，这种手册的方式得到了国家文物局领导以及相关专家的基本肯定，我们也感到非常欣慰。由此，我们认为，文物修复过程中的知识传播和规范化，原则之下的案例指导是一个较好的模式。

参 考 文 献

[1] 李昉. 太平广记. 北京：中华书局, 2005.

[2] 潘路. 青铜器保护简史与现存问题. 北京：文物科技研究, 2004, (2): 1 - 8.

[3] 周嘉胄. 装潢志图说. 田君注释. 济南：山东画报出版社, 2003: 19.

[4] 周嘉胄. 装潢志图说. 田君注释. 济南：山东画报出版社, 2003: 22.

[5] Maxwell K, Riverbank H. The physical and documentary evidence, along the riverbank. The Metropolitan Museum of Art, 1999: 156 - 161.

[6] 陈重远. 文物话春秋. 北京：北京出版社, 1996.

[7] 曹雪芹. 红楼梦. 北京：中华书局, 2005.

[8] 中国文化遗产研究院. 天衣有缝——中国古代纺织保护修复论文集. 北京：文物出版社, 2009.

[9] 王旭. 对纺织品文物保护修复的认识. 文物保护与修复的问题. 北京：文物出版社, 2009, (3): 11 - 15.

[10] 杨淼. 对布兰迪文物修复理论和纺织品文物保护技术的思考. 文物保护与修复的问题. 北京：文物出版社, 2009, (3): 16 - 20.

[11] 京红. 对文物保护和修复方法论的思考. 文物保护与修复的问题. 北京：文物出版社, 2009, (3): 31 - 35.

[12] 王淑娟. 从文物价值角度浅谈文物修复原则. 文物保护与修复的问题. 北京：文物出版社, 2009, (3): 69 - 72.

[13] 布兰迪. 文物修复理论. 田时纲, 詹长法译. 罗马: 意大利非洲与东方研究院, 2006: 41.

[14] 布兰迪. 文物修复理论. 田时纲, 詹长法译. 罗马: 意大利非洲与东方研究院, 2006: 85.

[15] 王㐨. 中国丝绸文物出土与保护概况. 王㐨与纺织考古. 香港: 艺纱堂, 2001: 35.

[16] 布兰迪. 文物修复理论. 田时纲, 詹长法译. 罗马: 意大利非洲与东方研究院, 2006: 141.

[17] 陈杨. 浅谈王㐨先生对纺织品文物的保护修复思想: 采访实录. 文物保护与修复的问题. 北京: 文物出版社, 2009, (4): 7-9.

[18] 2009 年 10 月取自: http://www.metmuseum.org/Calendar/ca_program.asp.

[19] 国家文物局博物馆与社会文物司. 博物馆纺织品文物保护技术手册. 北京: 文物出版社, 2009.

[20] 王㐨. 保护之难在于杂. 王㐨与纺织考古. 香港: 艺纱堂, 2001: 165-172.

"Divine Garments with Seams" and "Divine Garments without Seams": Discussion of the Principle of Distinguishable Intervention in Textile Relics Restoration

Zhao Feng

(China National Silk Museum Hangzhou 310002)

Abstract In this paper, different theory of textile conservation are discussed. The restoration of cultural relics would been done seemlessly according to the traditional method not only in China but also in western countries. Today, the idea of restoration has changed with Brand's theory was put forward. The new theory emphasizes that the materials and technologies used to the ancient objects must not be very same as the original that cannot be distinguished. So distinguishable intervention to the cultural relics is one of the important principles in the conservation. But every object is different, the conservation method is different correspondingly. In the author's opinion, cases based on the conservation principles would be the good guidance to the restoration work, and study and specification of operation are also necessary during the process of conservation.

Keywords Principle of distinguishable intervention, Textile relics, Restoration

馆藏纸质文物保护技术的历史、现状与展望

张金萍

（南京博物院　南京　210016）

摘要　本文介绍了国内纸质文物保护的历史与现状，分析了纸质文物保护中存在的问题，并对其未来发展给予了思考与建议。同时，对南京博物院近五年来的纸质文物保护工作进行了介绍。

关键词　纸质文物，保护现状，加固，微生物，脱酸，清洗

一、引　言

历代遗存的书籍、绘画、文献、珍贵艺术品等记载着中华民族几千年文明史的内涵与精华，为我们研究时代的变迁、历史的演绎、民风、民俗提供了丰富的原始资料。直到今天，纸张在人们生活中依然有着十分重要而广泛的应用。

然而，纸质文物随着岁月的流逝，内在因素（酸的作用和材质的劣化）和外在因素（战争、火灾、水灾、温湿度的剧变、光的照射、有害气体的侵蚀、昆虫的蛀蚀、微生物的滋生、机械的磨损和撕裂）都会造成纸质文物的变质和损坏。为了保护这份珍贵的文化遗产，历代劳动人民付出了艰辛劳动，取得了许多行之有效的保护方法，使千年以前的东晋、隋、唐绘画经卷和古籍得以保存。与其他馆藏文物相比，纸质文物品种丰富、形式多样，因此，纸质文物在保存与利用过程中出现的问题也是复杂多变，对其保护是一项艰巨而任重道远的工作。

二、历 史 回 顾

纸质文献保护的历史很早就有了。早在汉魏时，人们就知道用黄檗汁染纸避蠹的方法，即从黄檗中熬取汁液，浸染纸张，有的先写后染，有的先染后写。浸染的纸叫染潢纸，呈天然黄色，所以又叫黄麻纸，黄纸有灭虫防蛀的功能；对书画进行装裱，用护封、护套保护古籍等也是我国古代保护纸质文物的方法，它不仅能够增加美观、牢固，也能起到防潮的作用；传统的保护方法不仅注重对文物本体的保护，对存放古旧书籍、字画的建筑、环境等也十分重视，当书画库房湿度过高时，采用干燥剂吸潮，或者在梅雨季节用石灰或木炭作为干燥剂吸潮。对保存古籍、绘画的库房进行通风，库房建设时增大围墙的结构厚度，选用导湿系数小的材料，如三合土建设围墙，提高室内地坪，这些都是我国古代劳动人民常用的保护文献古籍的方法[1]。即使在今天，仍然有很多的保护方法为我们所用。新中国成立后，国内纸质文物的保护得到了发展，20世纪50年代，上海博物馆开展了中草药防蠹纸在书画保存中的应用研究。1978年全国科技保护大会的召开，迎来了文物保护事业的春天，自此以后现代科学技术和材料的应用推动纸质文物保护工作迈上了新的台阶。南京博物院的"脆弱纸质文物的丝网加固技术"、"纸张气相脱酸技术"、"派拉纶成膜技术"、"TJ-1脱胶剂的研制"、"中草药防虫防霉

剂的研制"；上海博物馆的"古旧书画画心揭取技术的研究"、"明矾对宣纸耐久性影响的研究"、"宣纸稳定性研究"等；上海图书馆的"无线装订书籍散页修复加固技术工艺研究"、"期刊合订本防霉方法的研究"、"文献修复浆防腐的方法研究"等；浙江博物馆的"防霉防蛀装裱黏合剂SDK性能的研究"；故宫博物院的"书画装裱质量的影响因素及其影响机制的研究"；陕西档案馆档案技术保护研究所的"强力缓冲型纸张纤维素螯合与脱酸保护研究"、"环保型'防火、防虫、防霉、防酸'纸质文物耐久收藏装俱的研制"、"褪色蓝墨水字迹的恢复与保护"等；南京航空航天大学与南京博物院合作研究的"多功能纳米材料加固纸质文物保护技术的研究"；国家图书馆的"低温冷冻技术应用于图书档案杀虫的研究"、"应用低温干燥技术抢救水浸纸质图书的研究"、"应用充氮封存技术保护珍贵文献的可行性研究"。以上研究成果代表了国内纸质文献保护的研究现状与水平。

三、文物保存现状

纸质文物受光、温湿度、有害气体、虫蛀、鼠啮、霉菌的影响易产生一些破坏现象。例如，一些珍贵字画失去原有的色彩；印章、图像发生褪变，模糊不清；许多纸张破损严重，颜色变黄、酸化严重、霉斑、锈斑等污迹残留不易去除，强度等物理指标下降。这些问题严重威胁了纸张的使用寿命，极大影响了文物的科学、艺术、研究价值。根据"十五"期间，国家文物局开展的"全国馆藏文物腐蚀损失调查"中关于纸质文物各种病害统计表可以看出，纸质文物的生存状况令人堪忧，存在的问题多而复杂（图1、图2）。

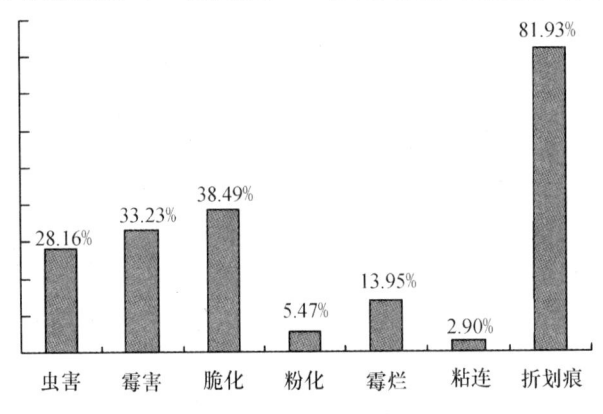

图1　全国纸质文物各种病害比例统计

四、存在的问题

相对于其他材性的文物来说，纸质文物保护工作整体研究水平不是很高，预防意识缺失、专业研究人员少、研究力量薄弱，虽然近年来纸质文物科技保护水平发展较快，但与大量亟待保护的文物相比，技术支撑仍显不足，重大技术难题还没得到很好的解决；保护修复人才缺乏；应用技术研究还不能很好地解决保护中存在的问题；从业人员的数量、水平、素质亟待提高。

1. 预防意识缺失

纸质文物保护贵在防，防做得好了，才是抓住了保护技术的根本，才能减少治的任务，只注意治不注意防，其结果必然

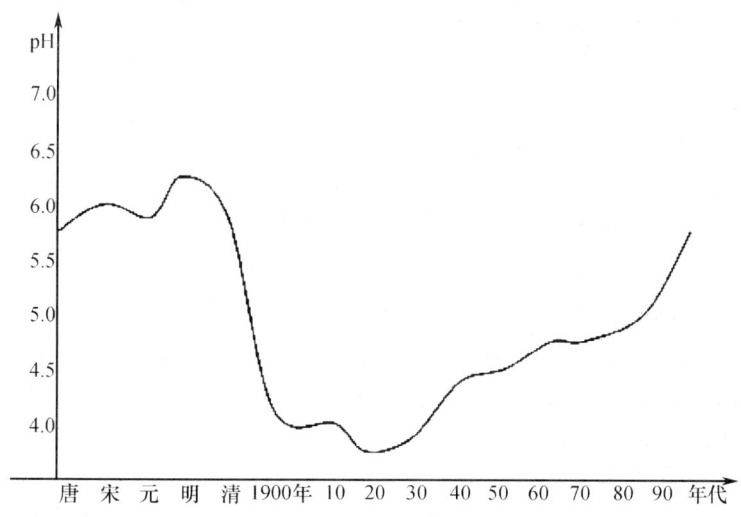

图2 馆藏各历史时期文献纸张酸性（pH）变化示意图

是治不胜治。现在很多博物馆的纸质文物除了特别珍贵的之外，大多数的纸质文物都是分类放在普通的纸袋或塑料袋中，小件或单页的先用棉纸进行包裹后放在袋子里，然后集中放在柜子里。条件好的，可能放在密闭的柜子里，有的博物馆则直接将文物放在敞开的架子上集中摆放，严重影响了文物的安全。目前，国内对文物保管用的包装袋或盒等还没有行业规范。国外一些博物馆、档案馆和图书馆在采购文物保管专用品时都会根据本国国家标准或者国际标准向生产商提出所用保管用品应该达到的技术标准。例如，美国规定对于保存文物所用的藏品箱、藏品柜等，必须选择那些不会散发出有害气体的材料，最好用非燃烧性，非腐蚀性材料制成。例如，用不锈钢，经过阳极化处理的铝或者覆有喷涂层的钢板制成，建议尽量不使用木质材料，因为木质材料中含有木质素、过氧化物和植物油，当这些成分分解时会散发出有害气体损害文物。还有很多其他的预防手段我们都做得不够理想，如温湿度、有害气体、灰尘等的控制，这些工作都有待加强。

2. 研究力量薄弱

目前国内开展过纸质文物保护技术研究的单位屈指可数，文博系统的只有南京博物院、上海博物馆、浙江省博物馆等几家单位；图书档案系统的主要有上海图书馆、国家图书馆、陕西档案保护研究所等。近年来，一些职业学校在人才培养方面做了许多工作，如南京金陵职业大学、南京莫愁女子中专等学校开展了古旧书籍修复等课程；一些高等院校、研究所等单位在传统造纸技术研究与价值挖掘方面开展了一些工作；荆州文物保护研究中心开展了生物技术在纸张保护中的应用研究。纸张发源于我国，纸质文物是人类文明传承的载体，在人类历史的发展进程中功不可没。面对大量亟待保护的纸质文物，加强队伍建设显得非常必要。

3. 科技支撑不足

我们作过这样的统计，1990～2008年，国家文物局共有473项科研课题立项，其中纸质文物的课题只有8项，占1.7%。上海博物馆主编的《文物保护与考古科学》1988~2008年，共发表文章592篇，其中关于纸质文物方面的有31篇。占5.2%。国家文物局"十五"、"十一五"科技攻关项目中，有机类文物木器、漆器、丝织品都有出现，但至今没有出现纸质文物保护的身影。在学术著作方面，档案、图书技术保护都有多本专著出版，如《档案保护技术学》、《最新档案文献保护技术与档案管理规章制度全集》、《图书档案技术手册》等，这些图书资料为本系统的从业人员提供专业技术指导和培训。但目前，我们文博系统还没有一本关于纸质文物保护技术专著或教材出版，去年开始，国家文物局组织编写了《纺织品保护技术手册》，其他几种材质的保护手册也在编写中，但不包括纸质文物保护技术手册。出现这种原因，与目前我国纸质文物保护缺少学术带头人、研究力量薄弱、研究人才青黄不接等诸多因素有关。我们认为，政府的作用就是要扶持薄弱力量走向强大。值得欣喜的是，前不久，国家文物局指南针计划中有两项传统造纸技术传承与价值挖掘课题立项，中国文化遗产研究院受国家文物局的委托，在近年来，也举办了两期纸质文物保护技术培训班，为多家保护机构输送了人才。

五、南京博物院近五年的工作

南京博物院纸质文物保护工作起步较早，20世纪八九十年代就有多项科研成果获得文化部、国家文物局的奖励。多年来，我们的保护工作惠及了多个省市的博物馆，最早的保护工作开始于1973年的苏州瑞光塔出土宋代经卷的保护。90年代开始，我们的科研成果得到较为普遍的推广，为全国多家省市的博物馆、档案馆、图书馆提供了很好的技术支撑，如常熟博物馆、宜兴出土宋代经卷、马鞍山博物馆、广东海丰博物馆、南通博物苑、青海循化县街子清真大寺《古兰经》、重庆红岩纪念馆、山西档案馆、上海档案馆、北京文物局图书资料中心、吴江博物馆书画库、苏州博物馆等单位的馆藏纸质文物进行了保护。2006年始，南京博物院在纸张保护工作方面进一步加大研究力度，成立了纸质文物保护研究室，积极培养年轻力量加入到纸质文物保护行列。为提高科研水平，单位自筹资金添置了一批纸张检测设备，包括CCD视频显微镜、纸张拉力仪、耐折度仪、透气率仪、柔软度仪、含水率仪、pH计、色度仪等，并与南京工业大学分析检测中心建立了长期的合作关系。在解决实际问题的同时，更开始加强在传统造纸技术、工艺、古纸性能的分析与检测方面开展研究。

2005年，南京博物院完成了省文化厅科研课题《现代纳米微粒改善传统装裱浆糊性能的研究》。该技术是在传统浆糊中加入纳米氧化锌微粒，使浆糊的抗菌性能、耐紫外光性能、pH得到明显改善。纳米防霉浆糊具有良好的可逆性，使书画裱托件具有与传统浆糊相当的稳定性，有效地保持防霉性能，是有望替代传统浆糊的一种长效防霉书画装裱黏合剂。

近年来，南京博物院对国内纸质文物的现状进了大量的调研工作，在调研工作的基础上，对具有普遍社会性问题、亟待解决的问题开展研究，如纸张酸化、古旧文献修复用纸的制作等。2007年、2008年南京博物院先后承担了江苏省科技厅课题《残损纸质文物保护用纸及修复工艺的研究》和《整本图书脱酸技术的研究》课题。为更好地完成《残损纸质文物保护用纸及修复工艺的研究》，课题组先后调研了江、浙、皖地区的有代表性的传统造纸工厂及作坊，对各地的造纸原料、工艺、制作流程等进行了实地考察与调研，在此基础上研制成功了可在实验室进行生产加工的古纸生产设备，该设备可满足纸质文物修复用纸的需要，该课题已申请专利三项。

《整本图书脱酸技术的研究》课题是根据国内外脱酸技术的发展趋势，以解决近现代文献酸化为目标，在已有技术研究积累的基础上，开展创新研究，研制具有集脱酸、加固、固色，多种功能于一体的脱酸系列材料及脱酸工艺，研制可用于规模化处理的脱酸成套系统的项目。目前该项目正在进行中，已取得阶段性研究成果，获国家专利一项。

在多年的保护工作中，我们积累了丰富的纸质文物保护的经验，同时，也对研究工作中存在的不足有了更深更直接的认识。比如，有些课题虽然通过鉴定并获得了奖项，但实际工作中不具备可操作性，推广应用受到限制；有的成果虽然对纸质文物能够起到很好的保护作用，但在保护的同时也存在一些问题，因此，近年来，我们在开展新技术研究的同时，也对以往的工作进行总结与梳理，针对存在的问题开展再研究，使科研成果在实践中得到不断的修正与完善。例如，我们的丝网加固技术是得到推广应用最好的一项成果，但我们的丝网机还是80年代研制的设备，设备老化严重，编织速度慢，有些结构设计已不具有先进性，不能满足实际的需要。为此，今年南京博物院里自筹资金与一家公司合作研制生产出丝网加工一体机。该一体机由准备台、织网机、推入式烘箱、配料台、水帘式喷台、成品台、周转车、材料八个部分组成，不仅造型美观大方，可看性强，而且水帘式喷台的使用解决了以往丝网喷涂中，酒精溶液易堵塞喷嘴及通风设备管道的问题。

作为地方性的综合博物馆，南京博物院在加强保护技术研究的同时，更加注重科研成果为地方馆藏文物保护工作的服务，尤其是中小型博物馆等文化机构。为了更好地保障各地文物的安全、省去文物必须长途跋涉运送到南京博物院进行保护的过程，2007年，南京博物院向省财政申请研制符合文物保护要求、集多功能于一体的流动专用车。该流动车可以为馆藏文物的保护、地面不可移动文物、考古现场出土文物的保护提供便利的工作条件。在国外将这种专用车称作"流动的文物医院"。这种"流动的文物医院"可以对文物实施现场保护，哪里有需要，车就开到哪里，可以提供上门服务，让技术不发达的地区、不便于运输的文物、得不到及时有效保护的文物也能享受到一流的技术服务。该流动医院配备的仪器设备，主要包括适合馆藏文物保护、考古现场、古建现场的测绘、勘察的仪器设备，主要有全站仪、水平校准仪、GPS系统，手持式测距仪、液氮钢瓶、超声波虫害检测仪、纸张水分仪、纸张尘埃度检测仪、纸张酸度计、色度计、土壤水分记录仪、照度计、红外测温仪、内窥镜、消毒帐篷、工业内窥镜、微波脱酸系统、恒温恒湿设备、冷冻系统等。

2009年，南京博物院还完成了国家文物局三项纸质文物的标准制定工作。

六、未来发展的思考及建议

多年来，我国纸质文物的保护形成了以技术研发为主导的局面，推动了纸质文物保护工作的进程，但这样做也存在一些问题：一方面是理论研究滞后，相关的管理体制、组织体系、规范、制度建设没有跟进；另一方面，虽然技术研究的触角不断深入，研究成果能够得到应用的越来越少，科研课题研究与应用两张皮的现象越来越严重。因此，未来要做好馆藏纸质文物的保护，我们认为需要从两个方面开展工作：一是技术层面；二是非技术层面。

1. 技术层面

主要针对馆藏纸质文物在保管与利用过程中存在的问题（预防手段落后），具有普遍性的,亟待解决的问题(酸化、字画,古籍修复等)及一些难点问题(脆弱纸张加固、污迹的清洗、书砖的揭取)展开攻关。

1)以防为主,防治结合

纸质文物的保护贵在防,防做得好了,才是抓住了保护技术的根本,才能减少治的任务。因此,未来纸质文物保护技术的开发应加强预防技术的研究和产品的开发。绿色环保防治套装应该成为一个发展趋势,如研究开发适合纸质文物保存的纸张封套、纸质文物专用保管袋、文物箱、柜、囊盒、包装用的衬垫材料等,清洁环境用的清洁巾和清洁剂等。此外,博物馆库房大环境的环境控制工作应该得到加强,如可以考虑在原有空调控制的基础上,采用库房墙面整体加贴调湿板达到控制湿度的目的,这样既经济又环保。

2)纸张加固方面

目前的树脂加固法、加膜法因其不同的优点将来还会得到继续的应用。派拉纶是非常好的成膜物质,它无与伦比的特性决定了它在纸质文物保护中无法取代的地位。目前,我们文博界,还没有充分认识到它的优点,我个人认为,派拉纶加固纸质文物是非常值得推广与期待的一项技术;用植物纤维加工丝网将来可能会取代动物丝网成为发展趋势。因植物纤维(如木素纤维)化学性质稳定、抗老化性好、安全环保,所用材料与纸张相似,用它来保护纸张不会给纸张带来新的腐蚀[2]。

3)微生物治理技术

在近年来,随着人们环保意识的不断提升,文物保护领域常用的熏蒸剂将逐步受到限制。以溴甲烷为例,由于我国是关于破坏臭氧层物质的蒙特利尔国际会议的缔约国,根据会议有关协定,至2010年,

溴甲烷在我国将被禁止使用。鉴于上述情况,在文物害虫防治工作中,寻求一些更安全、有效、环保的技术方法已成为文物保护技术人员无法回避的重要任务。大中型的博物馆应该配有熏蒸消毒室,应建立长期、定期的馆藏文物的消毒熏蒸制度。近年来,真空充氮、真空二氧化碳技术等受到青睐,未来值得进一步开展深入研究。除了加强对文物本体的治理外,也要加强对文物存储空间整体的防治处理,库房整体熏蒸的技术应该受到重视。

4)脱酸处理方面

今后的发展将侧重集成技术处理的研究,也就是古籍图书的酸化可以先考虑从环境控制角度进行研究,近现代图书的脱酸将根据纸张和写印色料的特点研究不同的脱酸方法,如有的字迹溶于水,有的溶于有机溶剂,因此,脱酸材料一定要兼顾纸张和写印色料的特点,集脱酸、固色、抗氧化、加固等多功能于一体的脱酸规模化处理技术将受到关注[3]。

5)污迹清洗

有的污斑已经渗透进纸张纤维中,清洗去除将非常难,清洗到什么程度、怎么清洗都是要研究的,对于一些陈年老斑,化学清洗法还是不可或缺的,但要掌握好清洗的度。运用生物技术对纸张进行清洗对传统技术的一个有益的补充,将来可以继续开展深入研究,也许将引出一个全新的发展方向。

6)现代技术与传统经验相结合

现代科学技术日新月异,文化遗产保护技术要直接或间接地吸收现代技术的成果,进而发生深刻的变化。但所有改变和引进必须与传统技术相结合、尊重传统。体现在纸质文物保护方面,如修补古旧书画和残损纸质文物的材料(纸、防霉糨糊、

工具、设备）等的研究。

2. 非技术层面

要做好馆藏纸质文物的保护工作，技术方法的运用不可缺少，与此同时，它还需要资金、制度、管理、教育、培训、研究等非技术层面的支持。首先，持续充足的资金是开展一切工作的保障。近年来，无论是中央政府还是地方政府都加大了对文化遗产保护的投入，研究环境得到改善，技术水平得到提升，今后希望在资金的分配和使用方面应该有所倾斜，建议优先考虑具有普遍的社会性问题及一些亟待解决的问题。

在加强技术研究的同时，也要做好保护技术推进的基础工作，避免技术成果开发与应用两张皮的现象。需要认真研究纸质文物保护技术应用的基础工作，包括纸质文物的分布、结构、保护的现实需求、解决问题的轻重缓急、保护技术成果的评价等。

文化遗产保护是一项长期艰巨的工作，必须有足够的研究和教育的支撑才能保证保护工作的可持续开展。多种教育形式并存是今后发展的必然。高等院校提供正规教育、专业技术协会和职业学校提供继续教育、博物馆举办岗位培训等[4]。不同层次、不同需求、不同背景的人士可以根据自己工作的性质和兴趣爱好，选择接受不同形式的教育和培训，这必将对文博队伍建设起到很好的推动作用。

我们认为应该尽早建立馆藏纸质文物保护国家科研基地。成立国家纸质文物保护基地，可以从全国纸质文物保护需要的高度，整合各方资源，开展合作研究，进一步拓展与高等院校和国内外科研机构的合作，根据纸质文物保护的实际需要，有效、系统、深入地开展研究，使基地成为聚集和培养优秀纸质文物保护科技人员和开展学术交流的重要基地，从而统一指导全国纸质文物的保护研究工作，推动全国纸质文物保护工作走向深入。

参 考 文 献

[1] 仇壮丽. 中国档案保护史论. 湘潭：湘潭大学出版社, 2007.
[2] 梁嘉放. 关于纸质文物保护新方法的设想. 文物保护与考古科学, 2005, 17（2）：63-64.
[3] 张金萍. 近现代文献酸化危机与防治思考. 文物保护与考古科学, 2008（20）：95-98.
[4] 傅晓燕. 中美档案保护的异同. 中国档案, 2002, 6：27-29.

The History, Present and Development of the Conservation Technology of Paper Collections

Zhang Jinping

(Nanjing Museum Nanjing 210016)

Abstract This paper introduced the history and current situation of paper heritage in china, analyzed the problem of paper conservation, and bring some thinking and suggestion to its development. Moreover, we make a introduction about the work achievements of paper conservation in Nanjing Museum during the past 5 years.

Keywords Paper heritage, Conservation situation, Reinforcement, Microorganism, Deacidification, Clean

饱水竹简脱色机理研究

方北松[1]　童　华[2]

(1. 荆州文物保护中心　荆州　434020)
(2. 武汉大学测试中心　武汉　430072)

摘要　走马楼三国吴简在井下埋藏数千年，出土后由原来的米黄色逐渐变为深褐色，对竹简文字研究造成了很大的困难。为此，需通过现代仪器分析手段，探讨发色基团对饱水竹简变色的作用机制，以便在此基础上寻找可靠的脱色方法，解决古文字资料研究的难题。

关键词　竹简，连二亚硫酸钠，发色基团

出土的竹简长期埋藏于地下，受到各种微生物，土壤中的酸、碱、盐和地下水等多种因素不同程度的侵蚀。饱水竹简在出土后的瞬间，受到光照和空气等影响，即由原来的米黄色变成了深褐色，使得上面的字迹难以辨认，极大地影响了文字研究工作的顺利进行。因此，如何显现出土竹简上的文字并长久保存，是摆在文物保护工作者面前亟待解决的课题。

多年来，在脱色机理和脱色材料方面，文物保护工作者已做了很多的探索研究。通过对饱水竹简变色原因的研究，张金萍、奚三彩、李玲、方北松等提出了竹简出土时变色原因的微观解释[1~3]。卢衡等选用PVPP吸附饱水木器浸泡溶液中的三价铁离子[4]，高峰等尝试将二氧化氯作为饱水木器的脱色试剂[5]。

研究过程中我们发现木素内各类发色基团在竹简的变色方面起着非常重要的作用，因此采用连二亚硫酸钠（$Na_2S_2O_4$）和过氧化氢（H_2O_2）作为脱色剂，在适当的温度、时间、浓度等条件下，改变木质素的发色团结构，力图恢复竹简本来的面貌。我们主要从有机基团的角度对竹简的变色和脱色机理进行研究，并辅以傅里叶变换红外光谱（Fourier transform infrared spectroscopy，FT-IR）从分子水平的角度研究了脱色前后竹简中有机发色基团的变化，然后采用扫描电子显微镜（scanning electron microscopy，SEM）方法对竹简的微观结构进行了研究，阐述了竹简的降解与其出土后颜色瞬间变化之间的相关性。在此基础上，从有机发色基团的角度系统地提出了竹简的变色机理，另外对饱水竹简颜色变化有重大影响的还有铁离子。

一、实验部分

1. 仪器与试剂

5700型红外光谱仪（NICOLET公司）；X-650型扫描电子显微镜（HITACHI公司）。

饱水竹简，湖南长沙走马楼出土，经鉴定为三国时期吴简。样品从浸泡液中取出后，用30%的乙醇浸泡过夜，然后用去离子水洗净，此过程反复三次，最后将竹简浸于二次蒸馏水中备用。

$Na_2S_2O_4$分析纯，国药集团化学试剂有限公司生产30% H_2O_2，分析纯，国药集团化学试剂有限公司生产。

2. 实验方法

配制 0.1%、0.25%、0.5%、1%、5%（质量分数）的 $Na_2S_2O_4$ 溶液各 20mL，将竹木分别浸入上述溶液中，于 50℃ 条件下，反应 75min。待反应完全后，将样品取出，洗净，真空干燥。

平行配制 3 份 5%（质量分数）$Na_2S_2O_4$ 溶液的各 20mL，将样品分别浸入上述溶液中，于 50℃ 条件下，分别反应 3h、6h、9h。待反应完全后，将样品取出，洗净，真空干燥。

配制 5 份 H_2O_2 溶液各 20mL，质量分数分别为 0.1%、0.25%、0.5%、1%、3%，加入适量的 $MgSO_4$ 作为稳定剂，同时采用 Na_2SiO_3 调节体系 pH 值，使溶液的 pH 值维持在 10~11。将竹简浸入上述溶液中，于 50℃ 条件下，反应 3h。待反应完全后，将样品取出，洗净，真空干燥。

按上述相同的方法平行配制 3 份 3%（质量分数）的 H_2O_2 溶液各 20mL，将样品分别浸入上述溶液中，于 50℃ 条件下，分别反应 3h、6h、9h。待反应完全后，将样品取出，洗净，真空干燥。

将天然竹与竹简洗净，冷冻干燥。然后用扫描电子显微镜对样品进行表征。

二、结果与讨论

1. 脱色效果的评价

实验中我们采用 $Na_2S_2O_4$ 溶液和 H_2O_2 分别作为还原型漂白剂和氧化型漂白剂对竹简进行脱色处理，并将两者的脱色效果进行比较。

图 1（a）、（b）、（c）分别为漂白前、经 $Na_2S_2O_4$ 溶液、H_2O_2 漂白后竹简的颜色变化图。从图中可以明显看出，漂白前竹简呈黑褐色，上面的墨迹模糊难以辨认。漂白后竹简呈现棕黄色，上面的细节清晰可见。这一结果表明，两种漂白剂均具有良好的脱色性，基本上能将竹简的颜色恢复为其本来的面貌。但比较而言，$Na_2S_2O_4$ 的脱色效果更为显著，且该法简便易行、对竹简的破坏性小，因此更适合将其推广应用到实际工作中。

(a)脱色前　　　(b)经$Na_2S_2O_4$溶液脱色后　　　(c)经H_2O_2溶液脱色后

图 1　竹简实物图

2. 有机官能团的表征

1）$Na_2S_2O_4$ 为脱色剂

$Na_2S_2O_4$ 具有很强的还原性，是一种优良的漂白剂。早在 20 世纪 30 年代初，国外就开始将 $Na_2S_2O_4$ 用于磨木木浆的漂白。由于其漂白效果好、不损伤纤维，目前已被欧美和日本等国家广泛采用。

$Na_2S_2O_4$ 漂白主要通过其对木素以下几个方面的作用：减少木质素侧链 α、β 碳位置上末端饱和羰基；还原醌型结构为无色的酚衍生物；还原松伯醛结构及黄酮型的有色成分；破坏异丁香酚和查尔酮的环共轭双键。

图 2 为经不同浓度的 $Na_2S_2O_4$ 处理后竹简的红外光谱图。其光谱吸收主要发生在 $1595\sim1034cm^{-1}$ 处，表 1 列出了竹简的主要红外吸收光谱峰的归属。随着 $Na_2S_2O_4$ 浓度的增加，位于芳香族骨架振动吸收带的吸收峰均逐渐增强（$1594.7cm^{-1}$、$1506.8cm^{-1}$、$1460.7cm^{-1}$ 和 $1420.7cm^{-1}$），表明被测物中苯环骨架结构的含量逐渐增多。此外波数为 $1328.4cm^{-1}$、$1222.8cm^{-1}$ 及 $1124.8cm^{-1}$ 处吸收峰随处理液浓度增大而逐渐增强的变化趋势也说明了被测物中酚羟基及酚类的 C—O 的含量均逐渐增加。以上三组振动吸收带的变化表明，经处理后的竹简中苯环结构、酚类的 O—H 和 C—O 的振动吸收均逐渐增强，这足以说明在处理过程中越来越多的醌类物质在被还原成酚类物质。上述结果表明，竹简经过 $Na_2S_2O_4$ 处理后，苯环结构日趋稳定，酚羟基的含量逐渐增大，而羰基的含量则逐渐减少。由此证实了木质素中的醌类被还原成为酚类。

表 1 竹简红外吸收谱峰的归属

吸收峰位/cm^{-1}	吸收峰归属
1594.7	苯环骨架伸缩振动
1506.8	苯环骨架伸缩振动
1460.7	苯环骨架振动
1420.7	苯环骨架振动
1328.4	C—H O—H 面内弯曲振动
1222.8	木素中酚类的 C—O 伸缩振动
1124.8	木素中酚类的 C—O 的伸缩振动
1034.4	纤维素中 C—O 的伸缩振动

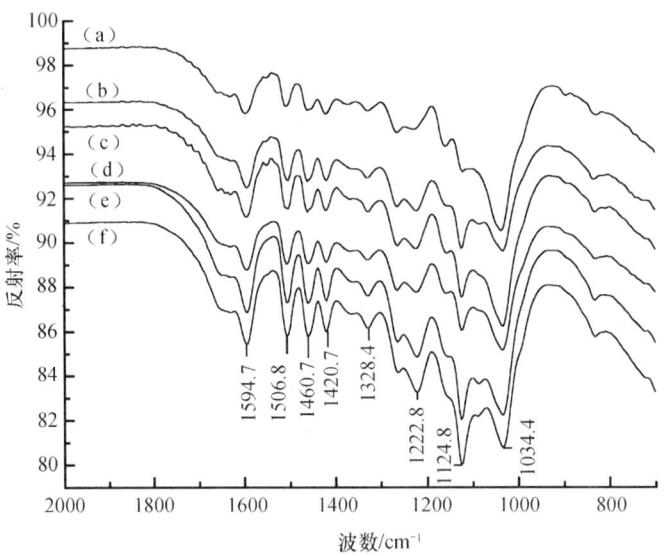

图 2 不同浓度 $Na_2S_2O_4$ 溶液处理竹简的 ATR-FTIR 谱图
(a) 0%；(b) 0.1%；(c) 0.25%；(d) 0.5%；(e) 1%；(f) 5%

图 3 为经质量分数为 5% 的 $Na_2S_2O_4$ 处理的不同时间的竹简的 ATR-FTIR 谱图。随着反应时间的增加，其红外吸收峰强度的变化呈现出与图 2 相似的规律，这进一步证实了随着反应的进行木素中越来越多的醌被还原成酚。

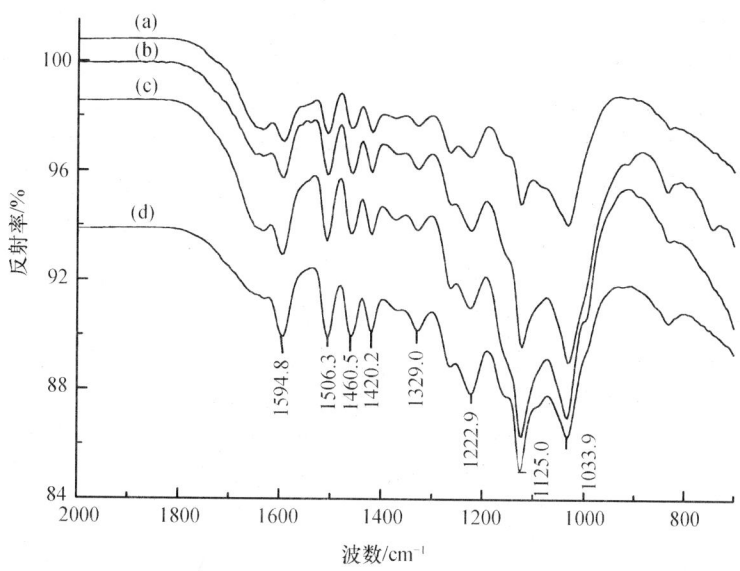

图3 竹简在质量分数为 5% 的 $Na_2S_2O_4$ 溶液中不同反应时间的 ATR-FTIR 谱图
(a) 未处理;(b) 3h;(c) 6h;(d) 9h

此外,我们将处理后的竹简磨成粉末,采用 KBr 压片法进行红外表征。图 4 为经过不同浓度 $Na_2S_2O_4$ 溶液处理后竹简的红外光谱图。与图 2 不同的是,随着反应浓度的增加,竹简的红外吸收峰强度基本不变。由此我们可以推断,在对竹简进行脱色处理时,$Na_2S_2O_4$ 溶液对竹简的破坏性小,保持了竹简的内部结构。因此 $Na_2S_2O_4$

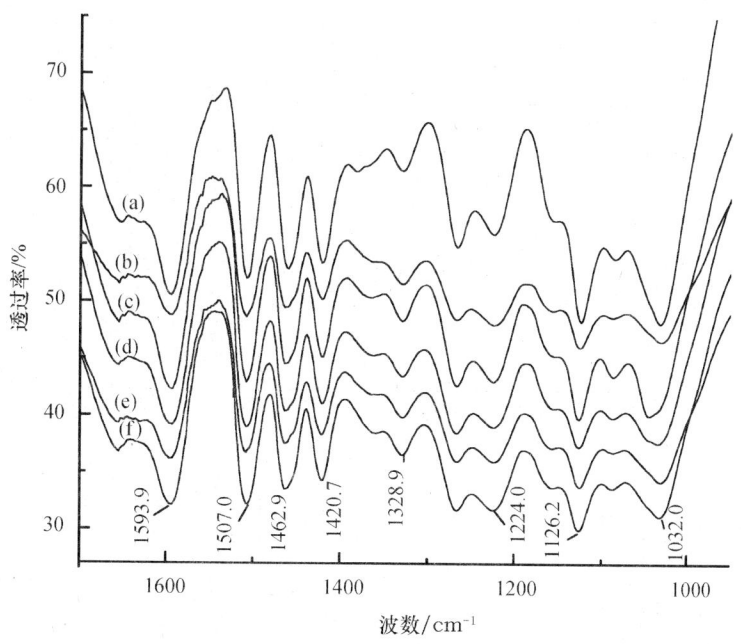

图4 不同浓度 $Na_2S_2O_4$ 溶液处理竹简的 KBr 压片法红外光谱图
(a) 0%;(b) 0.1%;(c) 0.25%;(d) 0.5%;(e) 1%;(f) 5%

的这种非破坏性使得它能更好地应用于饱水木质文物的脱色处理中。

图5为经不同浓度的$Na_2S_2O_4$处理后木简的红外光谱图。其光谱吸收主要发生在$1595\sim1034cm^{-1}$处,表2列出了木简的主要红外吸收光谱峰的归属。随着$Na_2S_2O_4$浓度的增加,位于芳香族骨架振动吸收带的吸收峰均逐渐增强（$1600.8cm^{-1}$、$1509.1cm^{-1}$、$1468.4cm^{-1}$和$1417.8cm^{-1}$）,表明被测物中苯环骨架结构的含量逐渐增多。此外波数为$1328.4cm^{-1}$及$1222.8cm^{-1}$处吸收峰随处理液浓度增大而逐渐增强的变化趋势也说明了被测物中酚羟基及酚类的C—O的含量均逐渐增加。图5中1034 cm^{-1}左右的峰变化不是很明显,在竹简中出现的$1124 cm^{-1}$的峰也未见,是因为木简在地下受硅酸盐的填充,木简中纤维素的C—O伸缩振动和木素中酚类的C—O的伸缩振动被硅酸盐Si—O键的峰覆盖了。以上三组振动吸收带的变化表明,经处理后的木简中苯环结构、酚类的O—H和C—O的振动吸收均逐渐增强,这足以说明在处理过程中越来越多的醌类物质在被还原成酚类物质。上述结果表明,木简经过$Na_2S_2O_4$处理后,苯环结构日趋稳定,酚羟基的含量逐渐增大,而羰基的含量则逐渐减少。由此证实了木质素中的醌类被还原成为酚类。图6为$Na_2S_2O_4$的脱色示意图。

表2 木简红外吸收谱峰的归属

吸收峰位/cm^{-1}	吸收峰归属
1600.8	苯环骨架伸缩振动
1509.1	苯环骨架伸缩振动
1468.4	苯环骨架振动
1417.6	苯环骨架振动
1374.2	C—H,O—H 面内弯曲振动
1267.4	木素中酚类的C—O伸缩振动

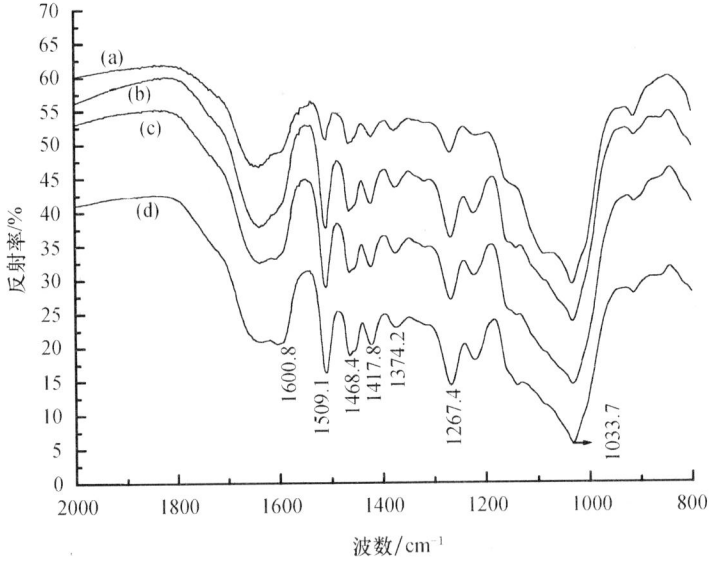

图5 不同浓度$Na_2S_2O_4$溶液处理木简的KBr压片法红外光谱图
（a）0%；（b）0.1%；（c）1%；（d）5%

2) H_2O_2 为脱色剂

实验中我们除采用还原型漂白剂外,还采用H_2O_2作为氧化型漂白剂,对竹简进行脱色处理。

在废纸浆漂白中,H_2O_2常作为氧化型漂白剂,在不脱除木素的条件下,破坏纸浆中的醌结构、羰基或碳碳双键等结构的

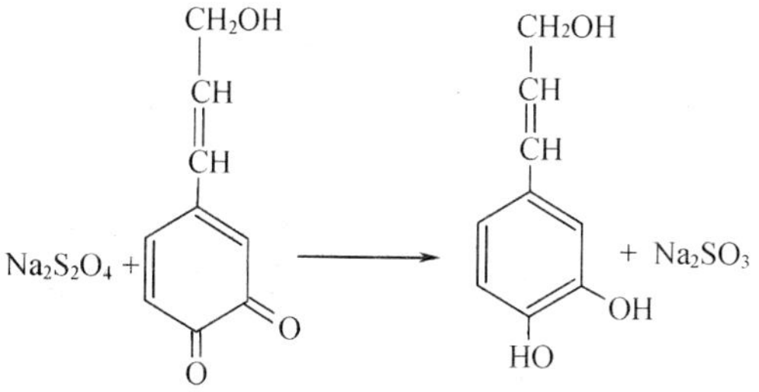

图 6 Na₂S₂O₄ 脱色示意图

发色基团,减少其吸光性。过氧化氢在溶液中呈弱酸性,可按下式电离:

$$H_2O_2 \rightleftharpoons H^+ + HOO^-$$

电离过程中生成的 HOO⁻ 离子能使发色基团脱色,从而达到漂白的效果。

图 7 为经不同浓度的 H_2O_2 溶液处理后竹筒的 ATR-FTIR 谱图。图中红外吸收的峰位与峰强度的变化与图 2 类似。由此可见,经过 H_2O_2 处理后,竹筒中酚类物质的含量较处理前有所增加。由于 H_2O_2 是一种氧化型漂白剂,在碱性介质中,既不能氧化酚型木质素结构,也不能氧化非酚型木质素结构,但能氧化侧链的羰基结构或醌形结构,从而破坏木素中的发色基团,因此 H_2O_2 通过对竹筒的苯醌结构及松柏醛结构的氧化作用,破坏其结构,使之成为可溶于水的浅色甚至无色物质而实现漂白的目的。这是由于 H_2O_2 对醌形结构的破坏导致木质素中醌类物质的含量大为减少,而酚类物质的含量则随之相对增加。图 8 为 H_2O_2 的脱色示意图。

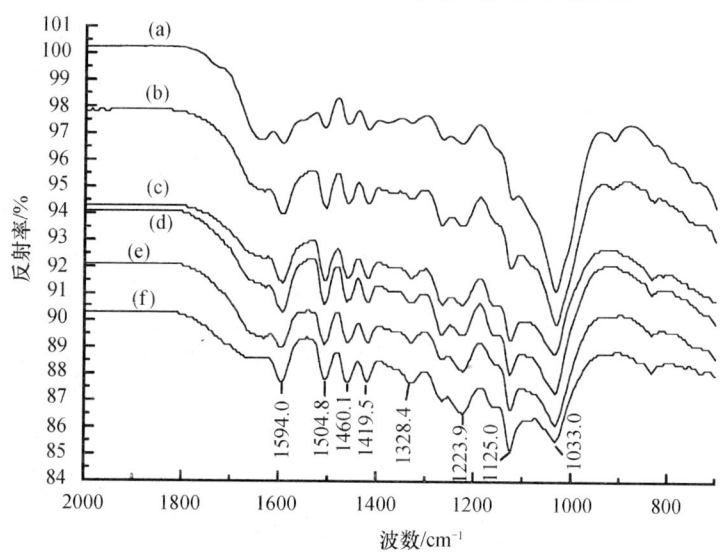

图 7 不同浓度 H_2O_2 溶液处理竹筒的 ATR-FTIR 谱图
(a) 0%;(b) 0.1%;(c) 0.25%;(d) 0.5%;(e) 1%;(f) 3%

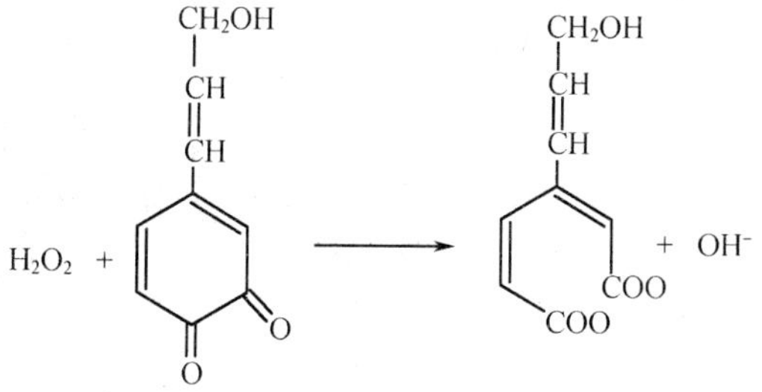

图 8 H_2O_2 溶液脱色示意图

图 9 为经 3% 的 H_2O_2 溶液处理不同时间后竹筒的 ATR-FTIR 谱图。随着反应时间的增加,其红外吸收峰强度的变化呈现出与图 7 相似的规律,这进一步证实了随着反应的进行木素中越来越多的醌被去除,而导致酚含量间接增加。

同样,我们将处理后的竹筒磨成粉末,采用 KBr 压片法进行红外表征。图 10 为经

不同浓度的 H_2O_2 溶液处理后竹筒的 KBr 压片法红外光谱图。由图中可见，当 H_2O_2 溶液浓度较低时，处理后竹筒中苯环的吸收峰强度与未处理竹筒中苯环的吸收峰强度基本相同，而当 H_2O_2 溶液浓度逐渐增加，竹筒中苯环吸收峰的振动也相应增强。由此可见，H_2O_2 对竹筒的本体有一定的影响。

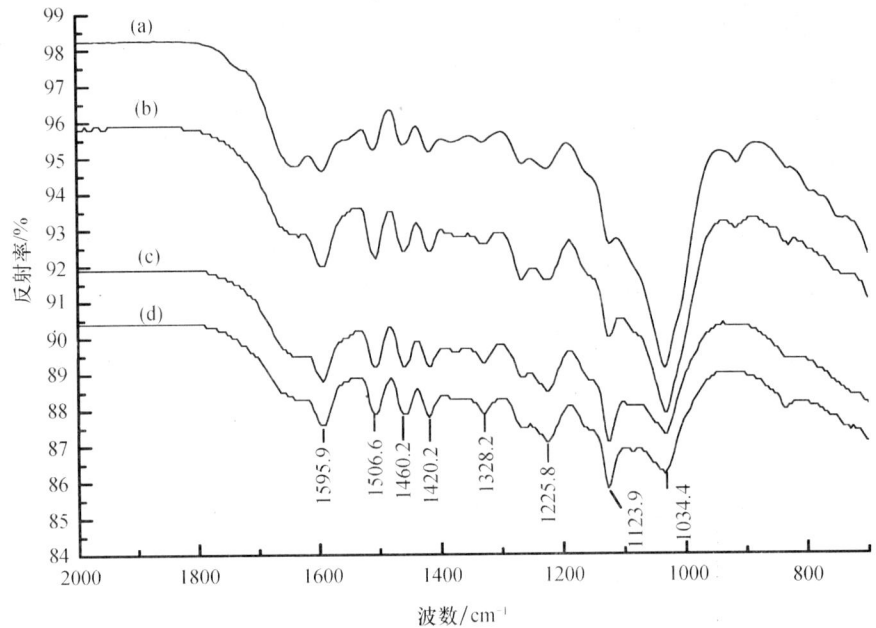

图 9 竹筒在质量分数为 3% 的 H_2O_2 溶液中不同反应时间的 ATR-FTIR 图
(a) 未处理；(b) 3h；(c) 6h；(d) 9h

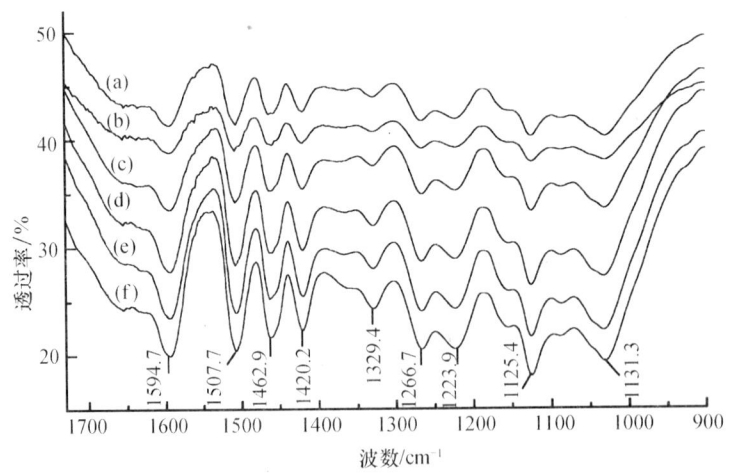

图 10 不同浓度 H_2O_2 溶液处理竹筒的 KBr 压片法红外光谱图
(a) 0%；(b) 0.1%；(c) 0.25%；(d) 0.5%；(e) 1%；(f) 3%

3) 微观形貌表征

图 11（a）、(b) 分别为天然竹与竹简的纵截面 SEM 图。经扫描电子显微镜观察，天然竹纤维纵向表面光滑、粗细均匀、结构紧密、排列平行，且纤维表面有多条微细凹槽和裂缝存在。由于受地下环境作用和微生物侵蚀，虽然出土时竹简外表颜色光鲜，但其表面粗糙、内部结构疏松、无纤维束状结构，已经发生明显的降解，见图 11 (b)。

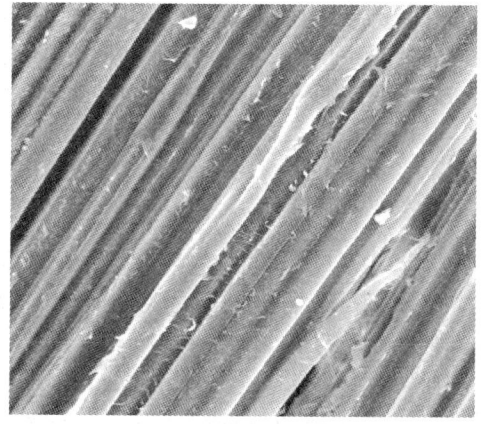

(a)天然竹的纵截面SEM图

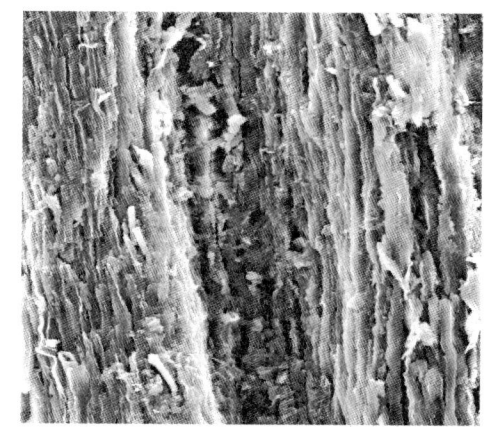

(b)竹简纵截面SEM图

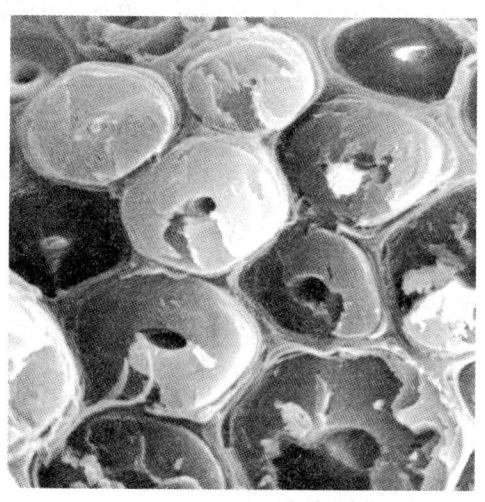

(c)天然竹的横截面SEM图

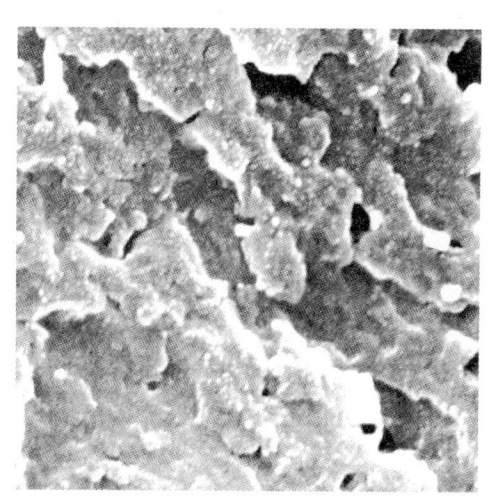

(d)竹简的横截面SEM图

图 11　天然竹和竹简的 SEM 图

图 11（c）、(d) 分别为天然竹与竹简的横截面 SEM 图。图 11 (c) 中，竹纤维内有空腔，横向为不规则的椭圆形，且截面上布满了大大小小的空隙。天然纤维素是由 D-吡喃葡萄酐通过 β-1,4 糖苷键连接而成的线形巨分子。在微生物的作用下，结晶纤维素首先通过解链、解聚生成无定型纤维素和可溶性低聚糖，然后在内、外切酶的共同作用下进一步水解成为纤维二糖和纤维三糖，最后被 β-葡萄糖酐酶降解得到葡萄糖。纤维素被微生物降解后，造成氢键解体并导致糖苷键断裂，强度大为下降，结晶区逐渐转变为非结晶区域。与天然竹相比，竹简的横截断面表面粗糙、

空腔分布不均，呈现不规则形状，且附着了大量白色颗粒即纤维素的降解产物——葡萄糖元。与天然竹相比，竹简经过多年的微生物降解，其中纤维素含量减少，木质素含量相对增加，因此显色基团含量也随之大大增加。竹简出土之后受到光照和空气氧化等影响，颜色急剧加深。

4）竹简发色基团诱导变色机理讨论

竹简在漫长的地下浸泡过程中，经历了以千年计的漫长降解过程，各化学成分的耐久性各不相同，降解产物也各异。首先降解的是半纤维素；其次是纤维素和木质素[6]。其中半纤维素和纤维素的终端降解产物为糖类物质，它们都是浅色物质。即使是降解过程中产生的各种形式的羰基和羧基，经紫外线和氧气的作用后也只会形成黄色物质。

木质素的结构相当复杂，存在着许多发色与助色基团，如芳香基、酚羟基、醇羟基、羰基、甲氧基、羧基、共轭双键等。实验中，我们采用连 $Na_2S_2O_4$ 和 H_2O_2 作为脱色剂，对竹简进行脱色处理，并研究了脱色前后竹简中有机基团变化。研究发现，随着处理强度的增大，竹简的颜色也逐渐变浅，其中所含的醌类物质减少，相应的酚类物质增多。当竹简中的醌类物质被逐渐还原，经历了一个由多到少的过程时，竹简的颜色也相应地经历了一个由深到浅的过程。这一结果表明，竹简中的醌类物质含量的多少与竹简颜色的深浅存在着密切的关系。因此，我们有理由认为降解了的木素分子是造成饱水竹简颜色变深的重要原因，它们中的无色发色基团是导致出土饱水竹简颜色由米黄色的外观转变为黑色的基本原因。竹简埋藏于地下，受到多年地下水及微生物的侵蚀，木质素发生严重降解，生成大量的发色基团。在与空气隔绝时，木质素及其降解产物均为浅黄色物质。而竹简出土后这些发色基团一经与氧气接触，受到光照和空气氧化等影响，内部无色的酚类物质被氧化成深色的醌类物质，而使竹简颜色急剧加深，由原来的米黄色转化为深色。图12为木素氧化显色示意图。由图中可以看出，木素大分子脱甲基后，与氧气发生反应产生醌类化合物[7]而显深色。

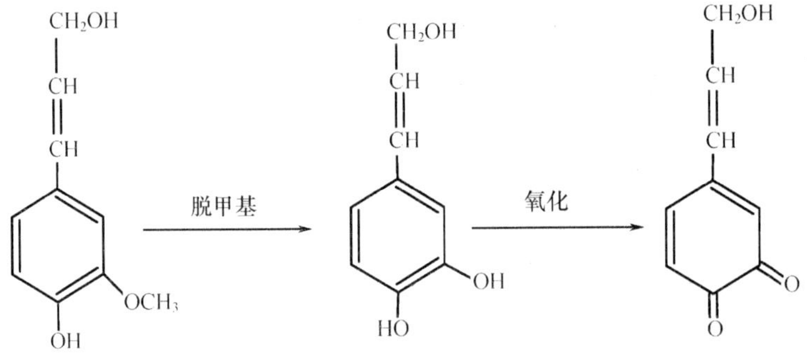

图 12 木素氧化显色示意图

实验中，我们还采用 SEM 与 XRD 对竹简的微观结构加以研究，发现竹简在经过多年降解后，纤维素含量明显减少，可知木质素及其降解产物的含量则会成倍增多。发色基团的大量增加，使得其对竹简的氧化致色作用比在新鲜竹中要明显得多。这是新鲜竹中虽然同样含有木质素等各类发色基团，且长期暴露于空气中，但其颜色并未发生如竹简那样显著改变的原因。

三、结 论

采用 $Na_2S_2O_4$ 和 H_2O_2 作为脱色剂,对竹简进行脱色处理,并将处理后的竹简进行了 FT-IR、SEM 表征,提出了竹简变色的机理是由于有机发色基团的氧化所造成的。此外,竹简中纤维素的降解、有机发色基团的随之增多也加速了这一反应的进行。实验结果表明,$Na_2S_2O_4$ 和 H_2O_2 均具有良好的脱色效果。脱色后的竹简,其颜色由棕褐色还原为本来的米黄色,上面的字迹清晰可认。但由于 $Na_2S_2O_4$ 的脱色效果更为显著,且该法简便易行,对竹简的破坏性小,因此更适合将其推广应用到实际工作中。

参 考 文 献

[1] 张金萍,奚三彩. 饱水竹简变色原因的研究. 文物保护与考古科学,2003,15(4):37-42.

[2] 李玲. 饱水木质文物脱色原理及方法研究. 文物保护与科技考古. 西安:三秦出版社,2006:203-206.

[3] 方北松,刘珊珊,童华,等. 饱水竹简变色机理的初步研究. 中国文物保护技术协会第四次学术年会论文集. 北京:科学出版社,2005:365-371.

[4] 卢衡,杨淼. PVPP 对出土古木浸渍液中 Fe^{3+} 显色物质吸附脱除的初步研究. 文物科技研究. 北京:科学出版社,2004,(1):166-170.

[5] 高峰,嵇益民,刘意鸥. 饱水木器的二氧化氯脱色实验. 文物科技研究. 北京:科学出版社,2004,(2):151-165.

[6] 胡东波,胡一红. 考古出土饱水木器的腐朽、收缩变形原理. 文物,2001,(12):80-85.

[7] 邢其毅,裴伟伟,徐瑞秋,等. 基础有机化学(下册). 北京:高等教育出版社,2005,768.

Preliminary Studies on the Mechanisms of the Color Change of the Waterlogged Bamboo Slips

Fang Beisong[1], Tong Hua[2]

(1. Jingzhou Conservation Center　Jingzhou　434020)
(2. Institute of Analytical and Biomedical Science　Wuhan　430072)

Abstract　The ancientry bamboo slips face great environmental changes and thus their colors change quickly to dark after being excavated. In this paper, sodium hyposulfite was employed to decolor bamboo slips due to its good decolorant and non-destructive properties, and bamboo slips which treated by this reducing agent changed from dark to yellowy. In order to find out the mechanism of color changes in bamboo strips, all the samples were analyzed and compared by Fourier transform infrared spectroscopy (FT-IR), and Scanning electron microscopy (SEM). It is concluded that both the oxidation of chromophore groups and the degradation of microorganisms resulted in color changes of the bamboo slips.

Keywords　Bamboo slips, Sodium hyposulfite, Chromophoric group

唐陵石刻内部裂隙发育的超声检测研究

马宏林 马涛 齐扬 阎敏 甄刚

(砖石质文物保护国家文物局重点科研基地,西安文物保护修复中心 西安 710075)

摘要 内部裂隙发育是威胁石质艺术珍品长远保存的最具破坏作用的病害类型,了解石刻的裂隙发育情况,尤其是其在石刻内部的发育情况,对研究制订石刻的保护措施有很大的指导意义和参考价值。本文通过实验室标准试块的检测研究,并利用数字化非金属超声检测仪通过超声网格法及超声CT的方法对唐陵石刻内部裂隙发育进行了超声检测,取得了令人满意的检测结果。

关键词 石刻,裂隙,超声,检测

1400多年来,饱受自然风化因素的影响,"唐十八陵"墓园的约553件珍贵石刻已遭到了不同程度的侵蚀和破坏。对这批唐陵石刻的病害调查表明:石刻的裂隙(裂缝,开裂)是危及这批石质艺术珍品长远保存的最具破坏作用的病害类型,见图1。

唐陵石刻的裂隙基本可以分为浅表性的风化裂隙和发育较深的结构性裂隙两大类。这两种不同的裂隙,其形成的原因、导致的破坏情况也不尽相同。

(1)浅表性裂隙(开裂)。基本位于石刻表层,这类裂隙开裂深度不大,很少

图1 唐陵石刻发育的裂隙

超过1.5 cm，且多呈上大下小的"V"字形分布。属于户外环境暴晒、雨激，周期性的热胀冷缩变化或冬季冰劈，地衣根劈类裂隙发育的初期，危害较小。裂隙发育情况基本可以由其宽度、长度、深度的测量来评估。

（2）石刻形成的较深裂隙。这类裂隙在没有开裂部分位移、缺失的情况下，一般裂缝开裂较小，在0.2～0.5 cm。但随着裂隙的发展，常常会导致石刻开裂、断裂、破裂，危害较大。属于外力扰动、岩石自身缺陷（岩脉、薄弱夹杂面的存在）及地基不均匀沉降产生的。裂隙内部的发育情况非常复杂，了解唐陵石刻的裂隙发育情况，尤其是其在石刻内部的发育情况，对研究、制订唐陵石刻的保护措施有很大的指导意义和参考价值。

一、唐陵石刻内部裂隙检测方法的研究思路

在石质文物保护的研究中，利用岩石与超声波波速及首波幅度之间的关系，可以非常方便地测量有关自然岩石晶间结合及其整体性能的有关情况，从而获得有关石质风化的信息。近年来超声波层析技术的不断发展和应用，为探查和评估石刻裂隙内部发育情况提供了手段。

裂隙会降低超声波在石刻内部的传播速度，会使接收波的首波幅度有一定的降低，同时也会使接收波的波形产生畸变、频谱发生离散。利用合理的观测系统，通过对超声波速、首波幅度及接收波频谱的分析，即可对石刻的风化程度、内部的裂隙走向和位置进行科学的评估。

根据超声波速判断整体风化程度，设新鲜岩石的超声波速为v_0，实测声速为v_i，根据v_i/v_0的下列对比关系可以判断风化程度[1,2]（表1）。

表1 超声波波速判断岩石风化程度表

风化程度	v_i/v_0
未风化	≥0.9
孔隙度增加	0.75～0.9
风化的下限	0.75
轻度风化	0.5～0.75
严重风化	0.25～0.5
完全风化	≤0.25

针对唐陵石刻裂隙内部发育情况，分别进行了超声波网格对测法和超声波CT法的研究，并开发了石质文物超声分析专用软件来实现信号的提取、频谱分析、断层扫描成像等功能；然后通过实验室对石质标准试块的检测分析，以及对唐陵石刻的实物检测分析，来验证、完善超声分析方法；并利用合理的检测方法对表层裂隙发育较为典型的7件石刻（包括乾陵无字碑、述圣纪碑、两件风化较严重的翁仲、东石狮、顺陵东天禄、西走狮）进行了其内部发育情况的探测和评估，为这些石刻的具体保护方案提供指导和依据。

二、超声波在石刻风化及裂隙探测中的应用方法研究

目前，国内外用于石刻内部风化状况、裂隙发育位置及伸展方向的超声波探测方法主要有网格对测法和超声波CT法两种，简要介绍如下。

1. 网格对测法

网格对测法一般应用于形状规则的大型石刻，其布点方式一般是网状，通过相应点对测的方式取得各点的超声波速、首波幅度及波形信息，并与其垂直侧面的数据进行对比，参照表面观察得出裂隙走向结果和风化程度评价。

2. 超声波CT法

弹性波CT（包括超声CT）是根据医

学CT原理而来。测试时要求尽可能全方位对被测剖面进行透射测量,才能提高成像精度。超声波CT的成像方法原理如图2所示,首先通过扇形测试获取大量的首波走时数据(t_i),然后通过求解大型矩阵方程来获取被测物体内部超声波速剖面图像,根据速度剖面图像可以直观准确地判定隐患大小分布,这是目前最为有效、最为精确的测试方法之一。$S_1 \sim S_n$为超声发射点,R_{11}、R_{12}、$\cdots$、R_{ni}、R_{nj}为各发射点对应的接收点[3,4]。

面分为M个单元(网格)(图2),以射线理论为基础的成像方法归结为求解如下方程:

$$\begin{bmatrix} l_{11} & l_{12} & \cdots & l_{1M} \\ l_{21} & l_{22} & \cdots & l_{2M} \\ \vdots & \vdots & & \vdots \\ l_{N1} & l_{N2} & \cdots & l_{NM} \end{bmatrix} \begin{bmatrix} S_1 \\ S_2 \\ \vdots \\ S_M \end{bmatrix} = \begin{bmatrix} t_1 \\ t_2 \\ \vdots \\ t_N \end{bmatrix}$$

式中,l_{ij}是第i条射线在第j个单元内的路径长度;$S_j = 1/v_j$是第j个单元的慢度值;t_i是第i条射线的走时值。

求解这个矩阵方程,即可得出内部每个点的慢度值,其倒数即为对应点的超声波速度。

几种常用的观测系统,如图3所示。

已知构件某一截面($ABCD$)内部存在有低速隐患如图4(a)所示,应用声波CT技术对其进行波速成像,根据如图4(d)所示成像结果中的速度变化规律,即可确定隐患在构件中形态位置,对其质量作出评价:显而易见在图像中部有一个圆形低速区,这与实际验证结果相一致,即在其中部有一个圆形空洞隐患。

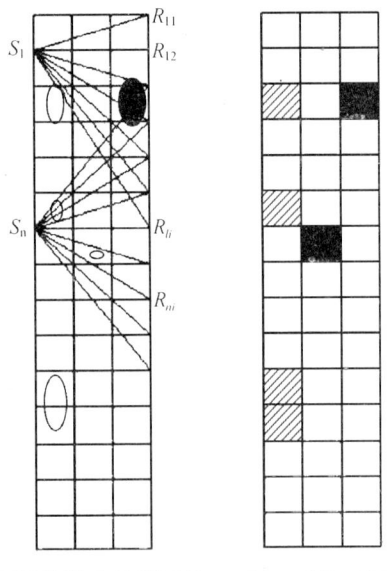

(a)桩体模型及测试方法　(b)CT成像示意图

图2　超声波CT成像原理图

在超声CT检测时,设在成像剖面内共测有N条射线,首先根据测试精度把剖

网格法、层析法都可以用来检测石刻内部的风化状况,但是比较而言网格法适用于剖面为长方形及正方形的石刻,层析法则对各种几何形状断面的石刻都适用;网格法准确度有一定局限,而层析法则通过各测点的连续对测,并对各结果进行收敛计算,精度较网格法高,结果更可靠,而需要投入的工作量和资金也更多。

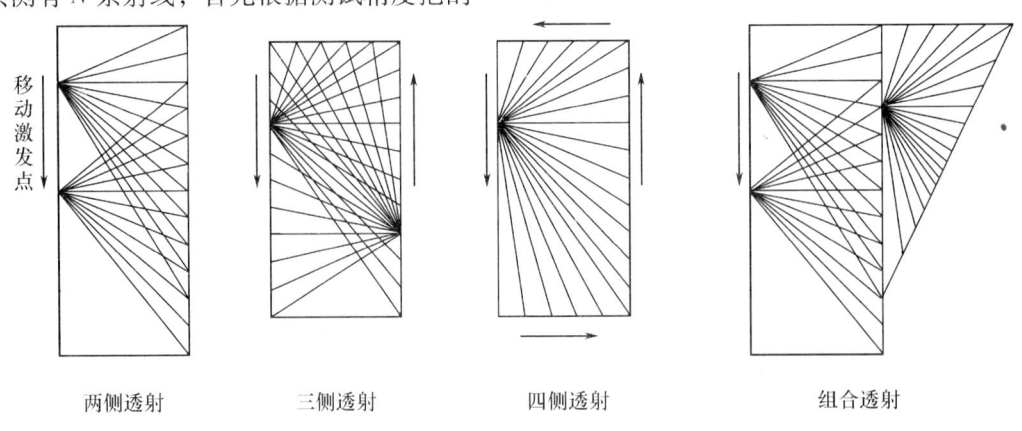

两侧透射　　　　三侧透射　　　　四侧透射　　　　组合透射

图3　超声CT常用观测系统

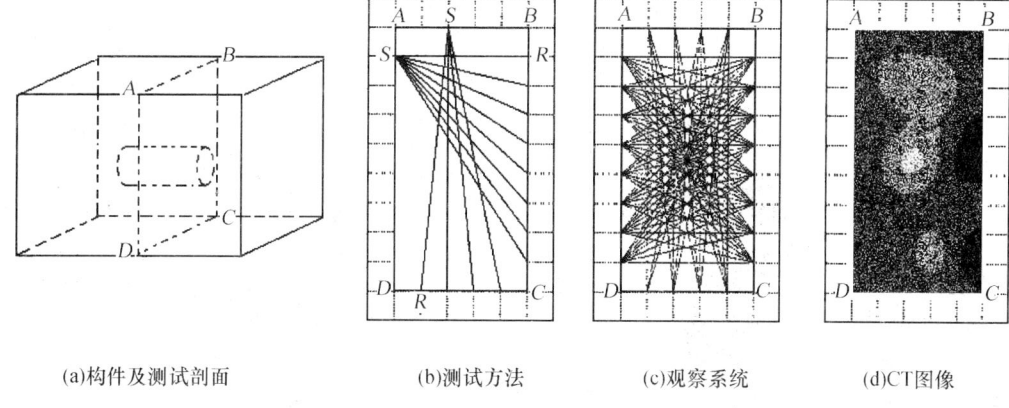

(a)构件及测试剖面　　　　(b)测试方法　　　　(c)观察系统　　　　(d)CT图像

图 4　超声 CT 检测方法

3. 实验室标准试块的探测实验

根据弹性波层析理论，研究编制了超声 CT 分析软件，并通过标准试块探测实验来验证 CT 软件的适用性和准确性。

根据检测需要，采用与唐陵石刻材质接近的青石（石灰岩）设计制作了四块实验样块，如图 5 所示。尺寸分别为：两块边长为 50cm 左右的正方形，两块直径 50cm 左右的圆形试块，并分别制作了直径 4.5cm 的圆孔和 4cm×15cm 的长方形孔，以检测软件及观测系统对不同缺陷的反映。由于 50kHz 纵波探头的直径为 5cm，探测中测点间距必须大于或等于 5cm。

对标准试块图 5（a）和图 5（b），分别进行了四侧透射式 CT 检测，圆形试块图 5（c）和图 5（d）按 45°角划分成 4 个区域，模拟方形试块进行了四侧透射式 CT 检测（图 6，图版 19）。

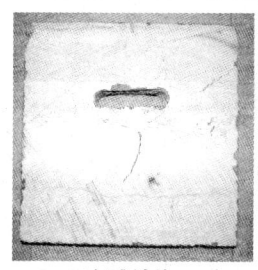 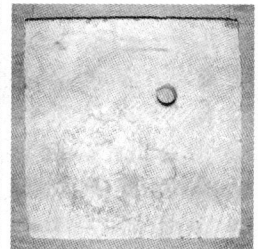 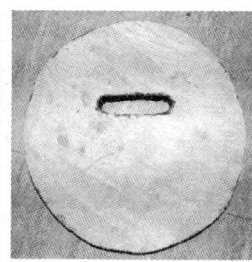 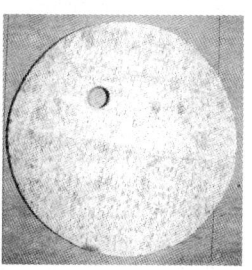

(a)标准试块1　　　　(b)标准试块2　　　　(c)标准试块3　　　　(d)标准试块4

图 5　标准试块

试块 1 成像分析：原始成像剖面可以直观反映缺陷位置及大小，见图 6（a），只是缺陷位置偏高约 5cm（图中绿色部分）。经过插值圆滑后，绿色部分与其上面蓝色部分合并，导致直观图表示部分上移。其他蓝绿色部分为试块层理及边缘不平滑部分的反映，见图 6（b）。

试块 2 成像分析：由原始成像剖面图和平滑后的成像剖面图都无法明确判定缺陷的位置见图 6（c）和（d），原因是 50kHz 纵波探头直径为 4cm，使得我们的探测点间距无法小于 4cm，并且对于 50kHz 的超声波，在其波速为 2000～5000m/s 时，波长为 4～10cm，而超声学检测的精度直接受到超声波波长的限制，不一定能够显示出小于探测点间距和超声

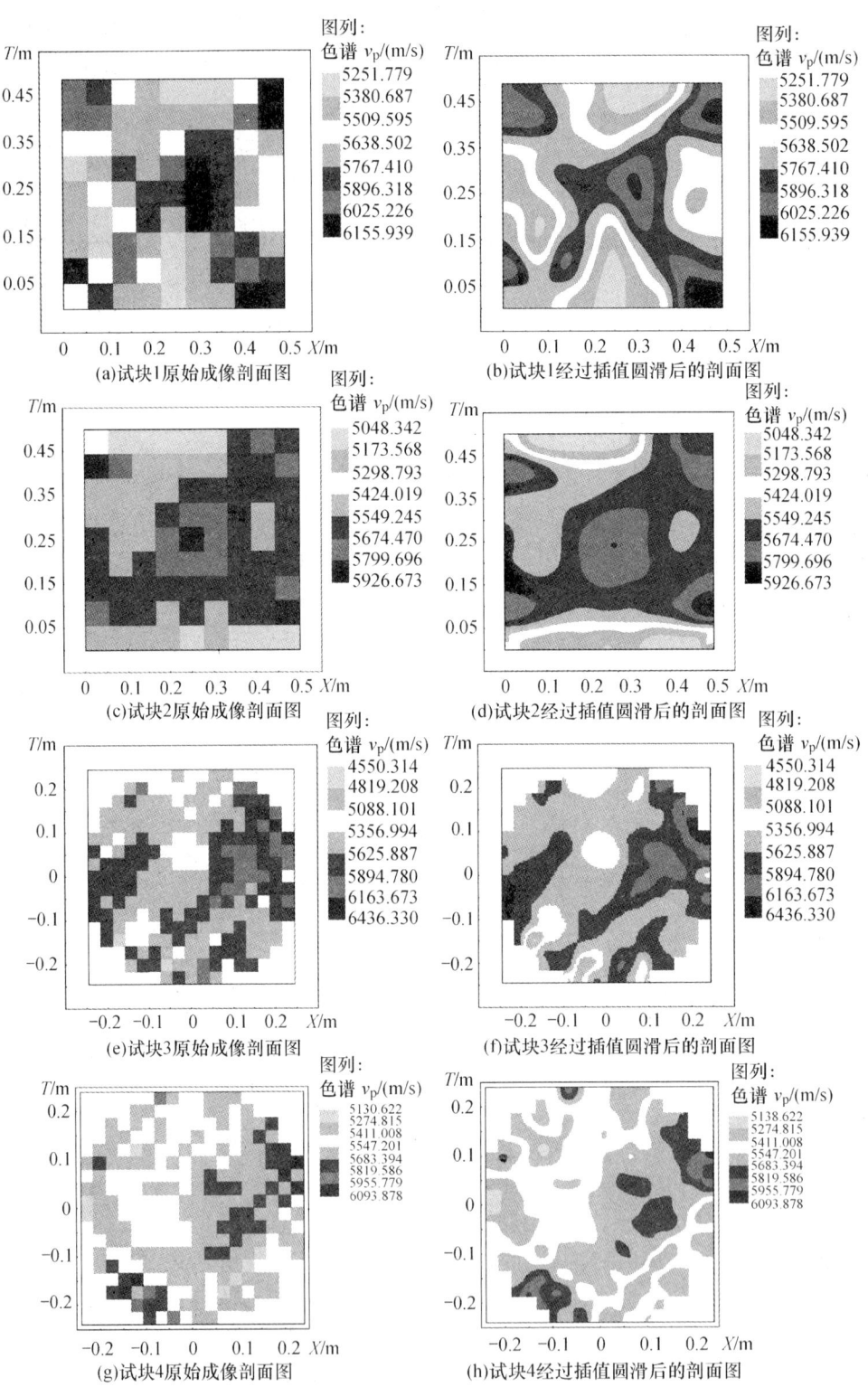

图 6 唐陵石刻标准样块成像剖面

波波长的缺陷。

试块3成像分析：通过试块3原始成像剖面，见图6（e），可以较准确观察到缺陷的大小和位置（图中黄色部分），位置和大小略有偏差，超声检测，尤其是超声CT受到检测点密度和超声波长的限制，5cm的检测误差应该在可以接受的范围内。

试块4成像分析：通过试块4原始成像剖面，可以较准确观察到缺陷的大小和位置，见图6（g）（图中蓝色部分），位置和大小略有偏差（偏左上角5cm），超声检测，尤其是超声CT受到检测点密度和超声波长的限制，5cm的检测误差应该在可以接受的范围内。其他蓝、绿色部分为样块本身的不均匀性造成的。

实验样块超声CT检测结果评估：超声CT图像与试块对比表明分析软件可以较准确地再现被测区域的缺陷特征。但对于小于探测点间距和超声波波长的缺陷，由于受到探头尺寸和超声波长的限制，小于4cm直径的缺陷不一定能够反映出来。同时，受到自然岩石质量均匀性的限制，超声图谱中出现了一定的不均匀性干扰。

超声CT现场检测中应该注意，在工作量允许的情况下尽可能地缩小超声布点间距，以增大检测的准确度。同时，缩小探头直径或耦合直径，为缩小布点间距提供可能性。

三、唐陵典型石刻裂隙内部发育情况的超声检测研究——以乾陵无字碑及西四翁仲为例

我们在乾陵挑选了形状规则的和表面裂隙最为严重的五件石刻进行了超声网格法和超声CT检测，包括无字碑、述圣纪碑、东侧石狮、东三翁仲及西四翁仲。其中对体型巨大并形态规则的无字碑和述圣纪碑进行了超声网格法检测，对东石狮、东三翁仲及西四翁仲各选择了几个层面进行了超声CT检测。使用的超声检测仪器为ZBL-U520非金属超声检测仪，耦合材料为黄土泥。

1. 乾陵无字碑超声网格法检测

无字碑，史称历代群碑之冠的大碑，碑高6.30m、宽2.1m、厚1.49m，碑座尺寸为3.3m×2.9m×0.75m，总质量大约为98.8t，如图7所示。从碑顶观察，无字碑顶部存在一条贯穿裂隙，已贯穿整个碑头，裂隙走向为东西向，且沿垂直方向向下发育。

在无字碑上部存在一条斜向裂隙，这条裂隙主要分布在南侧和西侧，这条裂隙进一步发育是非常危险的，有可能造成裂隙贯穿，使整块碑额沿裂隙塌落；在碑底部也存在一条斜向裂隙，分布在南侧和西侧，该裂隙的发育会造成碑棱的块状塌落。整个碑体中部东西向存在一条纵向自然节理，碑顶部裂隙就是由这条节理发育而成的。在碑底部东侧，这条节理也发育成了一条裂隙。

我们采用网格布点的方法，利用超声检测技术对乾陵无字碑的风化程度及可能的裂隙发育情况进行了检测。检测方法为同一位置的点进行东西向或南北向对测，通过相应点对测的方式取得各点的超声波速、首波幅度及波形信息，并与其垂直面的数据进行对比，参照表面观察得出裂隙走向和风化程度评价。超声检测布点如图8所示，布点间隔为20cm。碑额南北侧平整部位也进行了网状对测，布点间隔10cm，层间距20cm。

通过波速、首波幅度和频谱分析，可以得到以下结论：

（1）无字碑南北对测超声波速整体大于4.5km/s，其整体密度较好，没有明显的蜂窝状风化特征及裂隙密布的特征。仅在西侧下部裂隙处出现少数波速小于4.5 km/s的数据。说明超声数据的变化主要由裂隙引起。

（2）无字碑顶部东西向裂隙。从碑额

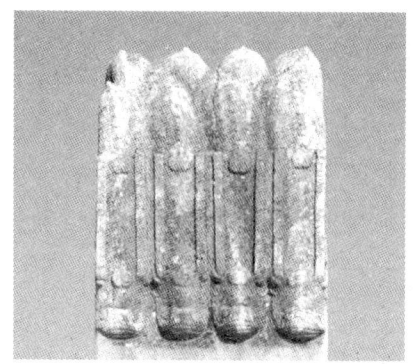

无字碑顶部裂隙（西侧）　　　无字碑上部裂隙（西南侧）

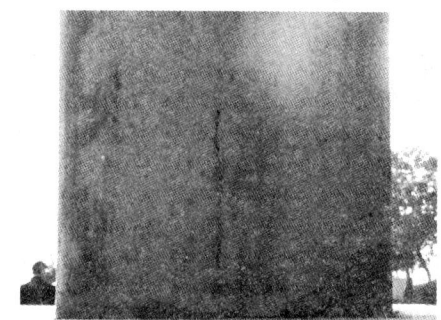

无字碑下部裂隙（西南侧）　　无字碑底部裂隙（东侧）

图 7　无字碑裂隙目测观察

中部超声波速图看到，裂隙在碑额中对波速没有明显影响。但从首波幅度看裂隙已经发育到碑额边缘，仅在距碑额中部 50cm 左右处有较密实连接；对于碑身上部裂隙，由首波幅度分布图看，此裂隙呈东南高西北低的形式斜向发育，东西向贯穿，南北向由南向北穿透三分之二以上。这条裂隙对波速影响较小，说明裂隙界面联系较为紧密；碑底部斜向裂隙对超声波速及首波幅度影响较大，说明底部裂隙已严重发育。裂隙南北向基本贯穿，斜向上发育，上部最高处 2.6～3.0m，深度约 50cm；碑身东侧底部裂隙高度 1.0～1.2m，深度约 1.0m。裂隙对超声波速有一定影响，对首波幅度影响较大。无字碑裂隙在南面及西面投影如图 8 所示。图 9 为无字碑裂隙分布 3D 示意图。

2. 乾陵西四翁仲的超声 CT 探测

乾陵司马道西侧第四翁仲（简称西四翁仲）高 394cm、宽 113cm、厚 80cm，翁仲全身遍布裂纹，头部及左肩部尤为严重。右腿部位斜向断裂，用铁箍加固，如图 10 所示。

成像结果分析（图 10）：

图 11（a）显示，翁仲腿部已严重风化，腿部大部分位置超声波速在 1000～2000 m/s。图 11（b）显示，翁仲腿中部存在东北—西南走向的中度风化带（裂隙）。本剖面整体已中度风化。图 11（c）和（d）显示翁仲腰部整体强度较好，但同样存在东北—西南走向的风化带。图 11（e）显示翁仲肩部已严重风化，整体波速在 2000m/s 左右，在肩北部存在 3000m/s 左右的中度风化区。图 11（f）～（h）显示，翁仲头部风化严重，绝大部分区域超声波速在 2000 m/s 以下，且存在东北—西南走向的风化裂隙区，裂隙已基本贯通。

图 8 无字碑裂隙在南面及西面投影图

图 9 无字碑裂隙 3D 图

图 10 西四翁仲剖面位置

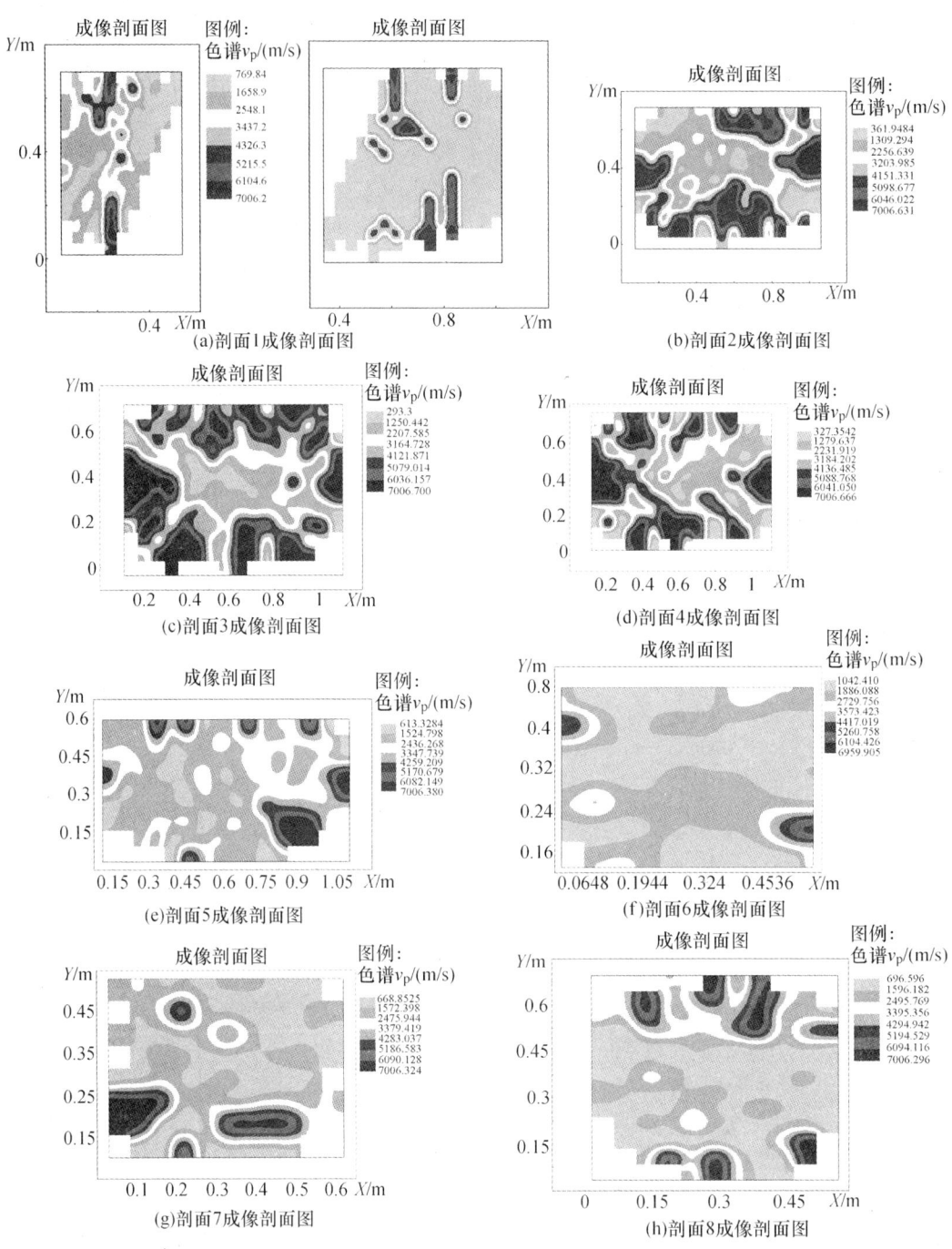

图 11 乾陵西四翁仲超声 CT 成像剖面图

四、结果与讨论

通过网格法和 CT 法，对乾陵和顺陵的 7 件石刻进行了内部裂隙发育情况的超声检测，综合波速、波形、频谱及首波幅度等数据，探测了其内部裂隙发育的程度和裂隙走向，取得了大量的超声检测基础数据，并形成了直观的石碑内部裂隙分布图和 3D 分布图（网格法）和超声 CT 成像剖面图（CT 法）。

超声 CT 检测结果，通过对乾陵东三和西四翁仲的钻孔和内窥镜探查，如图 12 所示，观察到有多条裂隙已发育到石刻内部，裂隙位置与超声 CT 反映的情况一致，验证了其内部裂隙发育的超声 CT 图谱的可靠性。说明利用超声方法探测石刻内部裂隙和风化情况的方法有较强的准确性、可靠性和实用性。

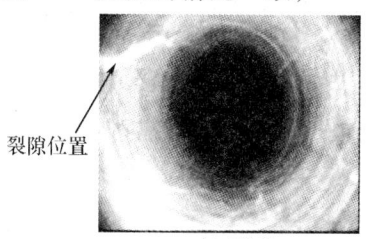 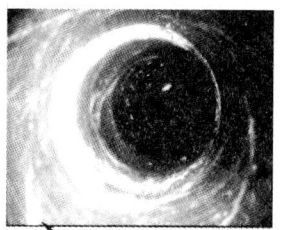

东三翁仲　　　　　　西四翁仲

图 12　乾陵翁仲内窥镜探测图

本研究的超声检测方法已大量用于唐陵石刻裂隙内部发育状况的检测，比较直观准确地揭示了一批石刻裂隙的内部风化情况，为唐陵石刻的保护修复提供了可靠的依据。

参考文献

［1］胡建凯，张谦琳. 超声检测原理和方法. 合肥：中国科技大学出版社，1993.

［2］马涛，孙渊，Simon S. 乾陵石刻内部裂隙的超声波探测研究. 文物保护与考古科学，2002，(2)：9-20.

［3］刘金光. 层析技术在工程检测中的应用. 工程勘察，1994，(5)：65-68.

［4］王运生. 最佳路径算法在计算波路中的应用. 物探化探计算技术，1992，(1)：32-36.

Studies on the Ultrasonic Detection of Inside Crannies of Stone Sculptures of Imperial Tombs, Tang Dynasty

Ma Honglin, Ma Tao, Qi Yang, Yan Min, Zhen Gang

(Key Scientific Research Base of Conservation on Stone and Brick Materials, State Administration Bureau of Cultural Heritage, Xi'an Centre for the Conservation & Restoration of Cultural Heritage　Xi'an　710075)

Abstract　Inside cranny is the most important factor that imperil the security of stone sculptures, it is very necessary to know the development of the cracks inside the stone sculptures to stipulate for the conservation scheme. This article gives a research on the detection of crannies and cracks of stone sculptures of Tang Dynasty Tombs through ultrasonic with the manners of gridding and ultrasonic CT.

Keywords　Stone Sculpture, Cranny, Ultrasonic, Detection

浙江省博物馆武林馆区文物环境控制和监测系统的构架设计

郑幼明

(浙江省博物馆　杭州　310007)

摘要　对文物环境进行适当控制和净化处理是对环境敏感文物进行预防性保护的有效措施之一，而针对性的系统构架设计是取得良好控制效果的基础，高灵敏度和低监测限的监测系统是检验系统有效性和进行策略控制的保证。本文以浙江省博物馆武林馆区文物陈列柜和文物库房的文物环境控制与监测系统为对象，进行全面的构架设计分析。

关键词　文物，博物馆环境，恒温恒湿，空气净化，控制，监测，构架

一、引　言

对环境敏感的馆藏文物提供相宜的保存和展示条件，可以大大延缓文物因环境因素引起的劣化过程。随着博物馆事业的发展，在陈列场所和文物库房的建设中，针对不同质地的文物，采取有效而合理的预防性保护方法和措施，有着特别重要的意义。[1]

浙江省博物馆武林馆区是浙江省博物馆扩展的新馆区，地处杭州市中心，是大型文化综合体——武林文化广场的一个组成部分。武林馆区在地下一层到地面三层分别设置了多处文物陈列厅和文物临时库房，建筑初始并非以博物馆用途进行设计，所以，必须从实际情况出发，完善文物保护的设施与功能。

为了有效利用有限的资金，文物保护设施的配置必须对文物质地、保护要求、资金投入、运行成本等多方面综合考虑，对不同的文物展示和储存场所进行相应的配备[2][3]。我们为一楼"越地长歌陈列厅"独立柜中陈列的对湿度非常敏感的珍贵文物，配备了德国生产的汉氏恒湿陈列柜，对湿度和有害气体进行控制，虽然投入较高，但是符合低运行成本的要求。

武林馆区的地下一层和地面三层分别建有临时展厅和书画、古琴展厅，展出的文物均采用大通柜形式陈列，如全部采用进口恒湿陈列柜，投资成本将非常昂贵，而国内制作的陈列柜的密封性常常难以保证，完全使用吸附-脱附型调湿材料难以保证湿度的长期稳定效果，所以必须采用其他形式。

书画、古琴展厅中大多数为对温度和湿度较为敏感的木纤维和纸张纤维，虽然在楼宇中已经配置了降温空调设施，但是，以观众适宜度为主要目的空调在控制要求上与文物保存环境的控制要求存在着一定差异，而且为了控制运行成本，空调无法做到全天候开启。因此，针对这些区域，必须增加独立的文物环境控制设施。

对于局部文物环境的温湿度控制，国内研究人员曾进行过探索，并且取得了一定的成效。[4]空调系统和恒温恒湿机是较为

普遍的文物环境控湿设备。但是,尚不能达到理想的控制效果。首先,一般的舒适性空调系统具有一定的调温和控湿的功能,但在高湿度的江南地区,尤其阴雨天和大雾天时,空气湿度很大,并且在冬季有低温高湿的现象,由于系统的设计原因,难以达到控湿要求。如配备单体恒温恒湿机,由于珍贵文物环境要求控制相对湿度日差在3%~5%以内,此类设备的湿度稳定效果显得不足。另外在设计时,由于南方的环境较为复杂,夏天高温高湿、高温低湿,冬季低温低湿、低温高湿的气候均会出现,现有集成系统只在有限的几个负荷点和有限的气候条件下将基础单元控制器参数调整为最佳,因此在全负荷范围内及对象动态特性发生变化时,控制效果差,无法进行紧密控制。而且,由于工作余量难以估计,为了保证效果,必须增加机械功率,容易带来不必要的能耗,增加了运行成本。同时,由于地处大城市的中心,空气的污染相对严重,一般的成品机无法解决空气净化问题。

基于这一问题,在综合考虑了各种因素后,通过对各地现有博物馆的恒温恒湿及空气净化方法进行调研与分析[5][6],设计了专用的展柜和文物库房恒温恒湿及空气净化系统,对地面三层的书画、古琴展柜和地下一层的临时展厅的陈列柜、临时文物库房进行温湿度及空气品质的控制和调节。

二、系统控制目标

1. 湿度控制要求及其范围

杭州市受东亚季风的影响,年平均气温为16.2℃,夏季平均气温为28.6℃,冬季平均气温为3.8℃,无霜期230天到260天,年平均降雨量为1435 mm,平均相对湿度在74%~85%。6月底至7月上旬结束,俗称梅汛期,多由极锋(梅雨锋)北移,雨带在江南和长江中下游停滞而产生。该时段内,雨量集中,平均降水量在350~550 mm,占年总量的25%~31%。同时出现高湿度气候,由于此时气温已经较高,文物极易发生霉变;而在冬季,干冷和湿冷的气候也时有出现,易使文物产生脆化现象。

针对杭州地区气候的特点和文物的具体需求,同时综合设备负荷等因素,确定了几个场所的控制指标。

地下一层的临时文物库房内温度和湿度分别控制在温度22℃以下,实现指定控制值后,温度任意时段日差必须小于2℃;相对湿度在50%~65%范围内实现指定控制值后,相对湿度任意时段日差必须小于5%。流场设计合理以保证大空间温湿度场的均匀性。地下一层的临时展柜内温度和湿度应分别温度22℃以下,实现指定控制值后,温度任意时段日差必须小于2℃。相对湿度在50%~65%范围内实现指定控制值后,相对湿度任意时段日差必须小于5%。地面三层的书画、古琴等展柜温度和湿度分别为控制温度22℃以下,实现指定控制值后,温度任意时段日差必须小于2℃;相对湿度50%~65%范围内实现指定控制值后,相对湿度任意时段日差必须小于3%。为防止展柜玻璃外表面结露,设备运行时展柜外部(展厅)温度应控制在16~25℃范围内。

2. 有害气体限量指标

武林馆区由于位于大城市的中心地区,空气污染问题也十分突出,杭州市中心城区空气污染物排放量比城市外围区域多,并且无法及时扩散,致使其浓度偏高,在15天的采样时间中,SO_2的浓度范围为28~83 mg/m³,NO的浓度范围为33~68 mg/m³,O_3的浓度范围为30~84 mg/m³(图1),大大超过了珍贵文物的环境要求[7]。所以,考虑采用以吸附为主的空气

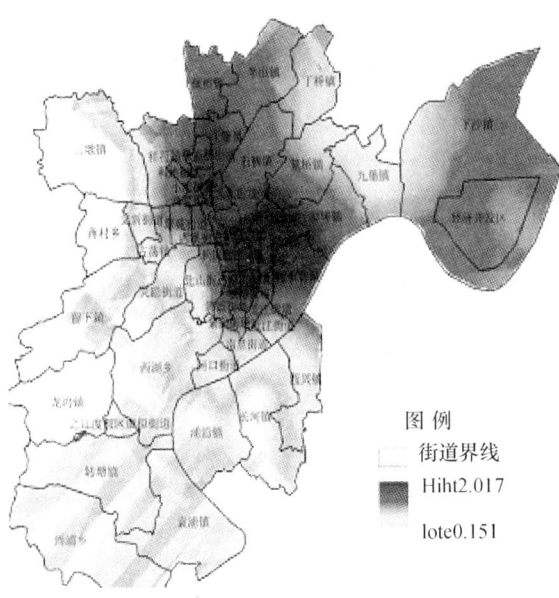

图1 杭州市 SO_2、NO、O_3 浓度归一化处理后的叠加图

过滤方式对陈列柜和库房的空气进行净化处理。

针对目前文物的有害气体控制标准尚不统一，为了有效地减少有害气体的影响，通过对净化效果、设备投资、更换周期等参数进行分析，确定以下技术指标（表1）。

表1 有害气体限量指标

处理气体	设计指标/（mg/m³）
二氧化硫（SO_2）	0.01
二氧化氮（NO_2）	0.01
臭氧（O_3）	0.002
硫化氢（H_2S）	0.014
一氧化氮（NO）	0.05
一氧化碳（CO）	4.00
灰尘（DUST）	0.15

在设计指标的确定上，基本上参考了《博物馆藏品保存环境试行规范（讨论稿）》、《博物馆建筑设计规范（JGJ66-91）》、《英国标准 British Standard（BS 5454 2000）》，以达到比较高的要求。

三、机组设计

控制场所分别位于地面三层和地下一层，且分为长期陈列、临时陈列和文物周转库房等，在设计考虑上，不但展区需要分区域控制、满足不同区域的温湿度要求，同时由于文物周转库房的使用时间的间断性，需要分别设置保证可以进行区域性的调节或者关闭，以达到节能和合理的要求。为此采用三台空气处理机组分别对临时展柜（两台）和中转库房（一台）进行分区域空气调节。对于地面三层，采用一台空气处理机组对书画、古琴等展柜进行分区域空气调节。上述系统共用一台冷水机组和一套控制系统。

冷水机组经改造或自行设计制造满足工艺性空调要求以保证送水温度稳定，多台压缩机联合工作，满足备用需求及能量调节需要。

空气处理机组含混合段、冷却段、加热段、加湿段、送/回风机段、中效、化学及亚高效过滤段。

四、空气净化系统

由于有一定的新风存在，所以空气净化系统在空气处理机组中新风段设有初效过滤器；过滤材料有无纺布、化纤、玻璃纤维等，过滤效率可达35%～95%（5μm，计重法）。主要用于捕集1～5μm的颗粒灰尘及各种上悬浮物。

同时在送风段分别设有中效过滤器，主要用于捕集0.5μm的颗粒灰尘及各种上悬浮物，为高效空气过滤器的前端过滤，以减少高效空气过滤器的负荷。

为了使有害气体的浓度得以抑制，在中效过滤后，设置化学过滤器，过滤材料（又称吸附剂）有多种，如活性炭、氧化铝、沸石、硅胶、离子交换树脂等。其中，活性炭具有巨大的表面积（一般在 700～1500m²/g），具有广普吸附性，吸附方式为物理吸附和化学吸附。物理吸附主要靠的是范德华力，常在较低的温度下进行，吸附量随气体温度下降而增加。化学过滤器根据博物馆展柜内外的空气品质数据选用。

五、控 制 系 统

控制系统将对整个系统进行智能控制。由于整体恒温恒湿系统十分庞大，参数多，如果设计不合理，容易使系统对于文物库房和陈列柜内的温湿度偏离状况反应速度较慢，滞后现象严重，给机组的精准调节和节能运行增加了很多困难[8]。传统的恒温恒湿机组控制方式，如单机比例调节和模块化机组开停机等，控制精度较差，运行的能效比较低，带来额外的能量浪费，增加了博物馆的运行成本[9]。为了提高系统运行的有效性和节能降耗，在此系统中，采用了 PID（比例积分微分调节器）反馈控制方式来对文物环境的恒温恒湿系统机组变负荷运行调节。采用 PID 调节技术后，PID 控制可以进行比例调节，在恒温恒湿系统一旦出现了参数偏离，PID 比例调节将根据系统参数减少偏差。而 PID 调节比例系数一般将加快系统的响应，有利于减小静差。同时 PID 积分调节和微分调节起作用，积分调节能使恒温恒湿系统消除稳态误差。当系统有误差时，积分调节就发生作用，直至误差消除，输出接近常数。PID 的微分调节作用还反映系统偏差信号的变化率，能预见偏差变化的趋势，因此能产生超前的控制作用，在系统偏差还没有形成之前，微分调节已经起作用[10]。因此，可以改善恒温恒湿系统的动态性能。在微分时间选择恰当的情况下，可以减少超调，缩短调节时间。采用 PID 调节后，可以对系统的除/加湿、升/降温、风量等参数进行综合分析，从而得到较好的调节，并且根据系统传感器的反馈参数，随时进行调整，达到精确、高效和节能的目的[11]。

整体采用单回路控制，使得每一回路能够独立操作，任一回路故障不应影响其他回路的正常工作；所有参数须由数据采集器采集，并由主机进行系统管理，主机故障或数据采集器故障均不影响其他设备的正常运行；可对整套系统运行进行能耗分析，须根据不同工况提出相应的运行方案，并按不同的运行模式进行调节、控制，目的在于实现节能。控制方案须按图2所示执行。

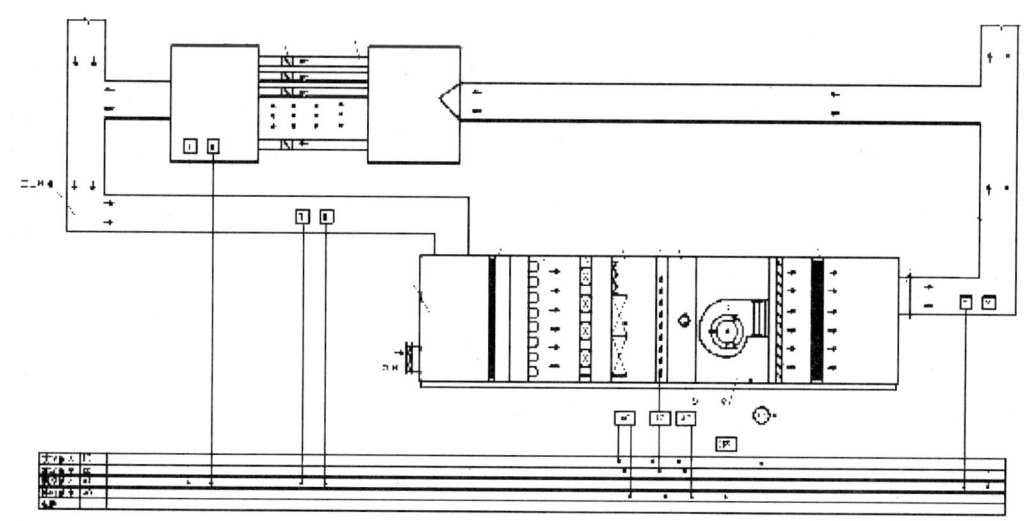

图 2　控制系统图

六、测试控制软件系统

武林馆区的恒温恒湿度系统控制精度高，每一库区、陈列柜、风管内都设置了传感器，系统必须将大量的数据采集后，经过分析，对系统的运行参数进行相应的调整。为了对各项系统参数进行全面高效的测控与分析，系统采用 NI LabVIEW 虚拟仪器平台进行测控软件开发，LabVIEW（Laboratory Virtual Instrument Engineering）是一种图形化的编程语言，日益被自动控制和研究实验室所应用[12]，是一个标准的数据采集和仪器控制软件，系统平台集成并满足了 GPIB、VXI、RS-232 和 RS-485 协议的硬件及数据采集卡通信的全部功能[13]。在工作时，数据采集仪对博物馆恒温恒湿系统的水系统、电系统、风系统和控制系统中温度、电压、电流等各种参数进行测量，LabVIEW 将各种设备参数在统一平台上进行集中统一控制，在参数需要更改时，使用 NI 的数据库连接，通过 LabVIEW 图形化设计的用户设计界面，使用 NI PID 工具包，对需要进行控制的部件进行 PID 控制。系统平台应用多线程编程技术，对各种快速及慢速仪表分别进行独立采样、控制，互不干扰，保证各个仪表数据的快速显示刷新，并且根据实际工况，可实现节能模式自动切换。

在控制的便利性上，系统平台采用多窗口显示界面，可对各个采集点进行汇总、平均等数学计算，并可根据操作员要求进行选定区间的数学计算，可显示和保存多种曲线，曲线坐标范围由操作员任意设置，每点曲线数据可根据鼠标位置提示显示。热电偶的辅助数据名称可由操作员设定输入及保存，提高了数据的可读性及方便了以后的查找。自动控制及数据处理，操作显示直观快速，在需要时也可切换至手动进行控制调节，并可以通过电脑窗口进行开关的人工干预操作。

恒温恒湿及空气净化系统为系统工程，除了上述主要因素外，还必须从送回风系统、区域空间的流场、正确合理的冷热负荷运算等进行全面考虑，但是系统整体的合理性设计无疑是整个系统取得良好成效的关键[14]。在系统建成后，将以文物环境精准调节和节能为目的，研究文物环境恒温恒湿系统的控制策略及节能措施，对恒温恒湿系统运行参数进行模拟计算，在分析系统动态负荷的基础上，确定合适的系统温度、湿度和新风控制策略。在满足保存文物的控制精度的前提下，在控制策略以及运行管理模式方面，制订博物馆文物环境优化控制方案，达到高效和节能的要求。

七、整区域环境温湿度监测系统

武林馆区的文物环境分别受到气候变化、观众区域空调和开放人流的综合影响，为了准确评价各系统的运行情况和系统效率，同时对系统的节能策略设计与检验提供帮助，对控制系统独立运作的整区域环境监测是非常必要的。

武林馆区的整区域环境温湿度监测系统，主要用于所需监测的陈列柜及房间环境的温度、湿度参数的远（近）程监测，并将数据传输到 PC 机上进行数据存储与分析，并输出打印曲线，在设备异常情况下还以多种形式的报警通知相应人员，使环境监控达到无人值守，为高效的管理、使用和安全运营提供有力的保证。

系统利用互联网，实现无人值守的环境温湿度测控。在环境出现异常的时候，进行声光报警，同时系统具有强大的分级管理功能，为用户管理提供了一个多级的

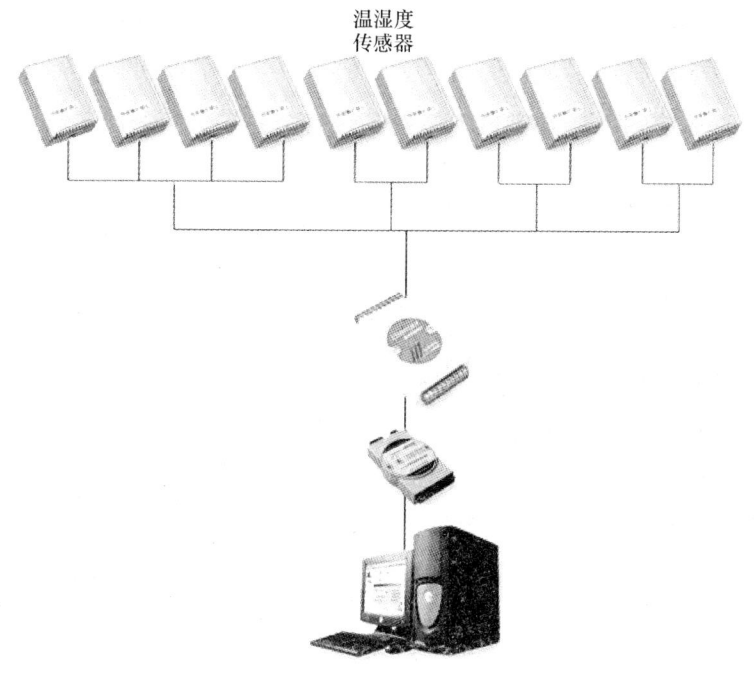

图 3 温湿度监控系统结构图

管理、监控平台。系统还具有良好的扩展性，为功能扩充提供了巨大的扩充空间。

系统结构如图 3 所示，系统安装在武林馆区的整区域提供 16 点位的环境温湿度监测，采用传感器的温度测量精度为 ±0.2℃、相对湿度测量精度为 ±1.7% 的传感器，对观众区、文物柜内、文物库房的环境进行有效的监测。

八、文物环境空气质量监测系统

武林馆区的恒温恒湿及空气净化系统对空气污染物的控制和调节，是通过空气净化系统内的分级过滤吸附系统进行的。对污染气体的吸附起主要作用的吸附滤板在吸附的过程中，逐渐趋于饱和，吸附效率慢慢降低，在使用一定的时间后必须进行更新。

正确评价吸附系统的功能有效性，减少不必要的更换，以免造成浪费。必须定期对文物环境空气质量进行测定和评价，同时，经常对外部环境进行测定对比，以确定最佳的运行模式，对新风、循环比、系统设置等进行优化，以降低能耗和开机成本。

为了较为全面地反映武林馆区空气污染物的实际状况，系统根据《博物馆藏品保存环境试行规范（讨论稿）》、《博物馆建筑设计规范》中的标准，对二氧化硫（SO_2）、氮氧化物（NO_x）、总挥发有机物（VOC）、臭氧（O_3）、甲醛（H_2CO）等影响文物和观众较大的指标进行测定。

系统进行长期监测，如果进行气体吸收取样，则需要大量的人力和仪器的投入。因此，设计了进行连续自动测量的方法。但是，目前二氧化硫（SO_2）、氮氧化物（NO_x）的传感器类测试设备由于方法和材料等因素，其准确性和监测性还难以达到较高的要求，所以分析方法仍然依据高精度的光度法和发光法进行,并且配置零气发生器、标准气体校准功能。

不同的文物陈列展示、文物库房、观众区等场所均需要分析,系统将各检测单元整合,并且具有可以方便移动使用的特点。配有移动系统的设备,可以使系统便捷地在平面移动,并在一定范围内调整系统工作高度。同时在基本密封的陈列柜上预留监测管,以备随时取样分析。

为了便于博物馆内多处展区的管理,系统数据输出具有多种模拟输出方式,提供双向数字通信接口。各项资料可自动传输,并具有 GPRS 无线通信功能。还具备远程自动和手动控制、故障诊断及报警等基本功能。保证数据的采集与传输是完整、准确和可靠的。

九、系统扩充与发展

在文物展区,对于纸张和纺织品等有机质文物,光环境的控制同样非常重要,在基本系统完成后,将进行光环境的保护研究,建立博物馆光环境的无线监控网络,发展高精度的全系列全数字光辐射传感器,用于光环境相关的全部参数检测;另外,结合近年来国际上的研究热点——无线传感器网络技术,构建面向博物馆光环境的全方位、分布式、实时的无线监控网络系统。

武林馆区的博物馆文物环境控制和监测系统的构建,是基于现有的文物保护实际需求和技术研究水平设计的。理想的博物馆预防性保护系统,需要在博物馆馆址选择、馆区功能性建筑设计、预防性保护系统的规划等环节进行综合的研究和评价,使博物馆在开放展览、文物保护、科学研究、低耗环保等方面得到统一兼顾。同样,根据实际问题,完善合理有效的保护措施,也将大大有利于文物的科学保存。

参 考 文 献

[1] 加瑞·汤姆森. 博物馆环境. 国家文物局博物馆司,甘肃省文物局译. 北京:科学出版社,2007:53 - 95,165 - 188.

[2] 王君龙. 环境对文物的影响与控制. 延安大学学报,自然科学版,1998,(2):54 - 57.

[3] 郭宏. 文物保存环境概论. 北京:科学出版社,2001.

[4] 杨谨. 环境对文物的影响及保护办法. 陕西历史博物馆馆刊,2002,(9):316 - 341.

[5] 陈元生,解玉林. 影响文物保存的环境因素. 文物保护与考古科学,1998,10(2):37 - 43.

[6] 喻李葵,侯华波,陈焕新. 博物馆文物保存温湿指标及其实现方式. 建筑热能通风空调,2007,(1):25 - 28.

[7] 王伟武,陈超. 杭州城市空气污染物空间分布及其影响因子的定量分析. 地理研究,2008,(3):241 - 249.

[8] 陈爱东,薛永飞. 文物柜去湿机设计. 河南纺织高等专科学校学报,2003,(4):34 - 36,39.

[9] 郑幼明,俞春尧,张学军. 博物馆恒温恒湿文物保存环境系统的建立与优化设计. 文物保护与考古科学,2008,20(增刊):32 - 40.

[10] Karasakal O, Yesil E, Guzelkaya M, et al. Implementation of a new self-tuning fuzzy PID controller on PLC. Turk J Elec Engin, 2005, 13 (2): 275 - 286.

[11] Li H X, Tso S K. A fuzzy PLC with gain-scheduling control resolution for a thermal process-a case study. Control Engineering Practice, 1999 (7): 523 - 529.

[12] 杨乐平,李海涛,杨磊. LabVIEW 程序设计与应用. 北京:电子工业出版社,2001:25 - 185.

[13] National Instruments Corporation. LabVIEW Function and VI Reference Manual. National Instruments Corporation, 1998.

[14] 郑怀秋. 档案库房技术改造与恒温恒湿空调机组的节能运行. 档案与建设,2005,(6):17 - 19.

[15] Hill J, Szewczyk R, Woo A, et al. ACM SIGPLAN Notices, 2000, Issue 11, 93 - 104.

The Framework Design of the Museum Environment Control and Monitoring System in Wulin Branch of the Zhejiang Museum

Zheng Youming

(Zhejiang Provincial Museum   Hangzhou   310007)

Abstract   Appropriate temperature and relative humidity levels and clean air in display cabinets and collection warehouse are important fundamental elements of preventive conservation, On studying of the manner and means of conservation facilities for a typical museum in urban centers – Wulin branch of the Zhejiang Museum, a detailed framework design of the constant temperature and humidity control and air clarification system as well as museum environment monitoring system has been carried out. The system was characterized by high efficiency, energy saving and consumption Reduction.

Keywords   Cultural relics, Museum environment, Constant temperature and humidity, Air purification, Control, Monitoring Framework

汶川地震中受损馆藏文物的保护与研究

韦 荃

(四川省文物考古研究院 成都 610041)

摘要 自然灾害难于避免,百年不遇的5.12汶川地震给四川省馆藏文物造成重大损失。震后对馆藏文物的灾情调查,分析了解受损文物的类型和原因,有利于促进馆藏文物预防性保护研究,同时反思目前陈列展示和馆藏文物库房存在的问题,对今后馆藏文物库房建设、陈列展示都有极高的借鉴和警示作用。

关键词 5.12汶川地震,馆藏文物,保护研究

一、引 言

地震从理论上讲是不可避免的,也是不可抗拒的。2008年5月12日14时28分,四川省阿坝州汶川县突发里氏8.0级大陆内部地震,破坏力度大,波及面广,百年不遇。导致成都、德阳、绵阳、广元、雅安、阿坝等6个市州的91家文物收藏单位的馆藏文物严重受创,受到地震强烈波及的自贡、泸州、遂宁、内江、乐山、南充、眉山、宜宾、广安、达州、巴中、资阳、甘孜、凉山等125家文物收藏单位的馆藏文物也不同程度地受到损坏(图1)。

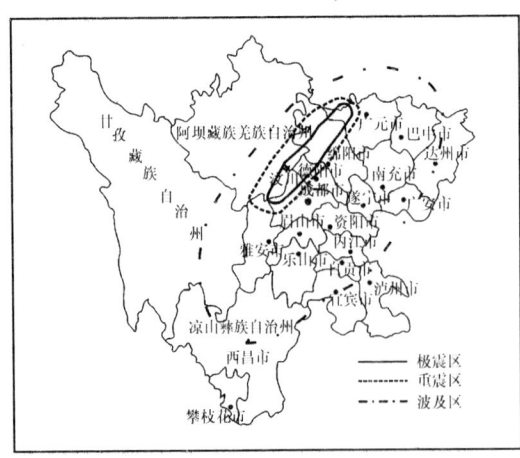

图1 汶川地震馆藏文物灾情示意图

5.12汶川地震共造成全省文博系统的文物收藏单位的3167件馆藏文物受损,其中珍贵文物220件[1]。

二、震后对馆藏文物采取的紧急性保护措施

5.12汶川地震后,四川省文物管理局第一时间采取紧急措施,在电信中断的情况下,采取一切措施,想尽一切办法,了解全省各灾区馆藏文物的受损情况,迅速组织全省文博系统干部紧急投入抢险自救。

在极灾区,文博干部在垮塌的博物馆、文管所建筑的废墟上,用自己的双手挖掘、清理出在册的每一件文物,对损坏的器物,竭尽全力找寻每一块碎片,并妥善保护安置。

在重灾区,由于建筑物受损严重,大多博物馆、文管所文物库房已成危房,随时有垮塌的危险,全部文物进行撤柜、撤架,包装进箱。

在波及区,博物馆、文管所采取的措施主要是应对余震以及次生灾害。首先将博物馆展示文物中,文物价值高,且易碎的文物进行临时性撤柜;第二降低文物本体的存放重心,增大文物的摆放接触面积,如将展柜内展台上的器物取下,平放于展柜底层,对底部面积小、重心高的器物,

如陶俑、高柄豆、画像砖、陶瓶、瓷瓶等放倒平放，对碗、盘、杯等器物翻转放置；第三对难以撤柜的大型器物，采用钢丝、鱼线等物件进行稳定性加固，如三星堆的青铜神树、摇钱树等。

2008年5月下旬，在全面掌握馆藏文物的灾情和面临的隐患后，四川省文物管理局作出极灾区、重灾区和其他存在安全隐患的馆藏文物向安全地点实施转移的决定，确保了馆藏文物的安全。

三、馆藏文物震损调查

四川在5.12汶川地震受损中的文物种类繁多，文物的年代跨度比较大，主要有陶器、瓷器、青铜器、金银器、字画、砖石质类文物等。在外力作用下最易受损的文物是陶瓷器，从地震后的灾情统计结果来看，陶瓷器文物受损比例占受损总数的82%以上，也证实了这一点。其次是砖石器、青铜器、银器、字画类以及其他文物。文物受损程度在不同区域存在很大差异：在极灾区馆藏文物受到震动最大，瞬间失稳受损，紧接着是建筑物的构件脱落甚至垮塌对器物进行二次伤害，器物的受损状况也是最严重的，陶瓷类器物往往成放射状碎裂、金属器文物破碎变形、砖石器文物呈块状断裂、字画类文物划破污损等；在重灾区馆藏文物因受到强烈震动而受损，

陶瓷类器物多为开放性损伤，部分金属类文物从柜架上坠落造成局部破损变形；在波及区馆藏文物受损主要是因震动造成器物倾倒，使器物脆弱部位断裂，如陶瓷器曾进行黏结的位置，瓷瓶、陶罐的沿口，陶俑的头、手、脚部位，也有部分放置于开放性柜架上的重心较高的器物，从柜架上摔倒至地面而受损。从馆藏文物受损数量分布来看，更多集中在地震的波及区域，这是因为该区域涉及面积广，拥有的馆藏文物数量巨大，但该区域器物个体受损情况都比较轻微。

下面以成都市为例介绍馆藏文物的受损状况和文物类别。在成都市范围内，既有灾情严重的彭州、都江堰等，也有受损较轻的蒲江、邛崃等，其馆藏文物的灾情具有代表性。根据现阶段统计全市共有48288件馆藏文物，在5.12汶川特大地震中受损的馆藏文物372件，其中珍贵文物78件，一般文物294件。从受损程度来看，完全破碎的文物为89件，占受损总数的24%；严重受损的文物为150件，占受损总数的40%；局部受损的文物为133件，占受损总数的36%（图2）。从受损文物类别来看，陶器221件，占59%；瓷器124件，占33%；金银器12件，占3.2%；青铜器6件，占1.6%；石刻9件，占2.4%（图3）。从受损文物级别来看，一级文物10件，占2.6%；二级文物5件，占1.3%；

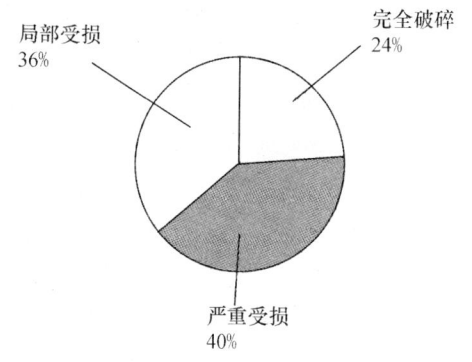

图2　馆藏文物受损程度分析

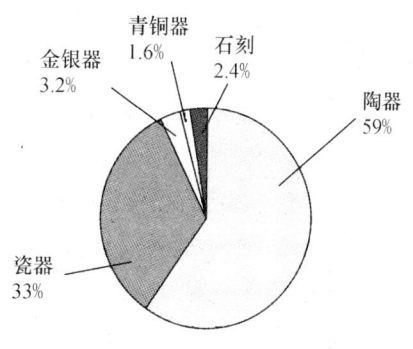

图3　各材质馆藏文物受损比例分析

三级文物63件，占17%；未定级文物294件，占79%[2]（图4）。

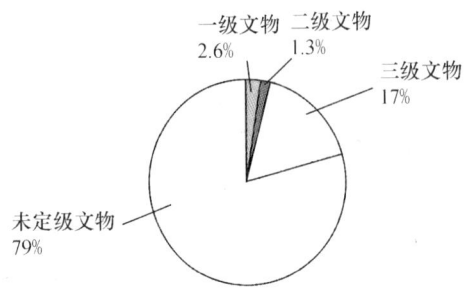

图4　各级别馆藏文物受损比例

四、馆藏文物震损原因初步分析

在极灾区地震通常能把建筑物完全毁坏；在重灾区即使没有把建筑物完全损毁，也会造成严重损伤，可直接导致建筑物内的馆藏文物受损。从5.12汶川地震后对四川省馆藏文物灾情调查结果来看，因各地、市、州、县博物馆和文物管理所的陈列展示方式、馆藏文物库存条件以及文物保护意识存在较大差异，馆藏文物震损原因呈多样化，经初步分析研究，主要包括以下几个方面：

（1）博物馆陈列室、馆藏文物库房等建筑物的设计抗裂度标准不够，地震使建筑物垮塌，建筑构件直接砸毁馆藏文物（图5）。

图5　垮塌的汉源文物管理所

（2）博物馆陈列柜、库房内的文物存放柜架缺乏必要的固定措施，地震造成柜架完全倾覆，导致文物损坏。

（3）开放性文物柜架，这类柜架均设计为多层，每层周边无遮挡，用材及高、宽尺寸各异，因经费所限和摆放文物快捷方便，在文博单位仍广泛使用，在地震时，架上文物受震动、滑动、摆动的作用，大量文物从柜架四周倾倒直接掉落地面，其损坏程度是最严重的，也是最普遍的（图6）。

图6　开放性柜架文物受损情况

（4）文物存放柜种类、材质繁多，有废旧的文件柜、保险柜、货柜等，有的柜门已缺失，有的门未关闭，有的门采用碰珠或磁铁的方式。当文物柜受到震动时，文物柜的门已形同虚设，造成文物坠落受损（图7）。

图7　文物柜门被震开

图8 文物从展台上坠落

图9 重心高的器物倾倒

(5)馆藏文物重心上移而失稳,多见于文物陈列室,为达到文物的展示效果,常在展柜内设计各种类型、规格的展台,文物摆放其上,又缺少必要的固定措施,导致文物的稳定性大大降低,地震时造成多重物体的滑动,文物极易从展台上坠落受损(图8)。

(6)自身重心高、稳定性差、材质脆弱器物,如陶俑、陶豆、瓷瓶、瓷杯等,因缺少合理的加固保护,在地震中倾倒破损(图9)。

(7)馆藏文物在地震时相互碰撞,也是器物受损的原因之一,藏于库房的馆藏文物一般都按材质分类摆放在文物柜中,当地震来临时,地震波会使器物不停地摆动,由于各器物在大小、重量、形态存在较大差异,其摆动频率也大相径庭,必定发生严重碰撞,导致器物损坏(图10)。

图10 器物相互碰撞受损

五、馆藏文物的保存现状

分布于四川省各地、市、州、县的博物馆、文物管理所等文博单位的馆藏文物96万余件,因全省各地经济发展状况和政府的重视程度不同,使部分地区文物库房建设出现滞后的现象,文物库房的藏品保存环境也存在较大的差异,特别是偏远地域的县级博物馆、文管所库房,多为政府指定用房,可用面积严重不足,一般在50m²以下,文物藏品柜架更是花样繁多,有收集的木质书柜、书架、铁皮文件柜、保险柜等,只能保证馆藏文物有个存放的地方,确保文物不被丢失,但无法保证在自然灾害来临时文物的安全性。

随着我国国民经济的不断增长,国家文物局、省文物局在文物库房建设方面的投入逐年增加,近几年新建或改造的文物库房硬件设施也相对完善,尤其是在安防设施建设上,如四川省博物院、成都市博物院、武侯祠博物馆文物库房等在对馆藏文物的保存保护上发挥了积极作用。特别是2007年4月绵阳市博物馆建成1810m²区域性保存环境达标文物中心库房,实现温湿度恒定和自动控制、大气质量检测、文物囊匣定制、密集文物柜存放的高标准库房,并对绵阳七个县(市)的近3000件珍贵馆藏文物进行了集中代管，从汶川地震后对绵阳博物馆库房的灾情调查结果看，文物安然无恙，证实绵阳中心库房在区域内降低了馆藏文物的安全隐患，增强了抗击自然灾害的能力，同时提高了馆藏文物的管理水平和保护技术水平，实现了文物保护变个体保护为群体保护、变被动保护为主动保护，是先进的文物管理理念和保护技术集中运用，目前，四川省各市、地、州正在逐步推广实施。

六、加强馆藏文物预防性保护研究

地震可能是自然灾害中最具破坏力的，没有任何可测量的规律性，来势非常突然，给馆藏文物造成的损害是不可估量的，面对地震灾害给文化遗产造成的损失，人类往往有种无助的感觉，无奈、彷徨、叹息！其原因主要还是对博物馆陈列展示和馆藏文物藏品管理的风险研究不够。在此次地震中，四川省各地、市、州、县的文博单位保存的文物由于库房简陋，文物摆放的随意性，造成许多文物损坏，其中不乏珍贵文物，这里存在许多管理和文物保护意识问题，现在并不想去探讨责任，而是我们痛了以后感悟出什么？必须客观地面对地震灾害，全面收集地震对馆藏文物破坏的数据和相关信息，如果把汶川地震作为对馆藏文物的一次灾难性保护"试验"，现在就是我们总结、研究的时候，即开展地震对馆藏文物破坏的预防性保护研究。

我们的邻国日本是开展地震对文化遗产的破坏研究较早的国家之一，由于日本是个地震比较活跃的国家，长期受到地震灾害的威胁，从一次又一次的地震中总结，不断研究馆藏文物在陈列展示和藏品保管时的抗震能力，大量的科研成果已用于馆藏文物的保护。当然，在全世界从事该领域研究的国家、地区和组织还有很多，有许多值得我们借鉴，如盖蒂博物馆针对小型馆藏文物在陈列展示时为提高抗震动能力，就使用了很简易的隔离器，能在一定程度上吸收地震对易碎的陶器、玻璃器物等有伤害力的震动[3]等。应该说学习和借鉴别人的经验是十分重要的，可以让我们在从事该领域的研究上，思维能力更开阔，但盲目地照搬会暗藏很多弊端，地震对馆藏文物破坏的预防性保护研究是一项系统工程，必须依照本国国情出发，充分考虑我国现阶段博物馆的陈列方式和文物类别属性以及文物库房的基础条件，特别是县一级的文物保护管理所的文物库房和博物馆的库房。

对馆藏文物的展示和藏品的保护工作上，我国文物保护工作者一直在不断研究和探索，也有一些切实可行的保护方法在使用，在汶川地震中得到证实，这里有一些适用的方法和建议介绍如下：

（1）在陈列布展时大量使用鱼线固定展品、对大型器物采取细钢丝牵拉固定、对异型器物采用有机玻璃支撑固定。

（2）陶瓷器底部锚固，对高大器物可采用支架固定。

（3）展柜、展台尽量选择固定方式，避免采用"积木"式的拼接展台。

（4）文物底部与展台形成嵌入连接或采用减震垫。

（5）重心较高的器物尽量放在平坦的地上或低平的展台上，容器类器物可放置一些沙袋，降低器物的重心。

（6）对库房内的文物藏品采用囊匣包装存放安全系数最高，如目前无经济能力，可采用发泡塑料根据文物柜、架的尺寸，自制各种模具成型存放文物，切忌密集型摆放。

（7）馆藏文物的存放要依稳定性为第一，不要考虑美观和朝向，如碗、盘、碟等翻转存放，其稳定将提高许多。

（8）做好文物柜架的固定，大多文物

柜架都是靠墙，可用锚固的方式与墙体连接，木质柜架可用玻璃胶与墙体黏结，放在房屋中间的柜架可用拉杆相互连接成为一个整体。

（9）对开放性文物架每层周边加栏板或加网，特别是在考古发掘工地和文物整理房尤其注意。

（10）建议大型博物馆、中心文物库房建设时使用的密集柜每层也应增加栏板，并注意密集柜应随时随地处于闭合状态。

七、结束语

5.12汶川地震已过去一年多，对地震中遭受损毁的馆藏文物的保护修复工作也正在进行当中。在全世界范围内，这样严重的自然灾害也许今后还会发生，为此，我们衷心希望全世界的文化遗产保护工作者携起手来，共同参与文化遗产防震减灾的预防性保护研究工作，全面、系统地解决或降低文化遗产在各种条件下存在的风险问题，使灾害来临时把文化遗产的损失降到最低。我们在今天为保护文化遗产所付出的一切努力，将会在未来得到回报。

参 考 文 献

[1] 四川省文物管理局. 四川汶川地震灾后文化遗产抢救保护年度工作报告. 成都：四川省文物管理局，2009.

[2] 西安文物保护中心. "5·12"汶川特大地震成都市受损可移动文物保护修复专项规划. 西安：西安文物保护中心，2008.

[3] Podany J. 地震灾害的防护与应变. 文物保存维护研讨会——文物预防性保护与急难处理专集. 台北：文化建设委员会，1996.

The Museum Collections Damaged in the Earthquake 5.12 in Wenchuan of Sichuan

Wei Quan

(Sichuan Academy of Relics and Archaeology Chengdu 610041)

Abstract Natural calamities happen often. The exceptional Earthquake 5.12 caused enormous losses on the museum collections of Sichuan. Investigating the situation of the museum collections caused by the earthquake and analyzing the types or causes of the museum collections damaged after the earthquake will promote us to do research on precaution conservation for the museum collections, At the same time, rethinking the questions or problems on the present exhibiting and conserving will also be very useful for reference and vigilance in the construction of storage rooms and exhibition for the museum collections hereafter.

Keywords The Earthquake 5.12 in Wenchuan, Museum collections, Research on conservation

中国冶铁技术起源与发展的新探索

陈建立

（北京大学中国考古学研究中心 北京 100871）

摘要 铸铁生产和铸铁脱碳成钢技术是我国东周时期发明的，比西方早千年，并对我国农业和军工发展，乃至国家的强盛影响巨大。本文针对中国冶铁起源、钢铁技术的交流与传播研究中存在的若干重点难题，对各地区早期铁器和冶铁遗址进行调查，利用 AMS-^{14}C 测年和金属学方法对古代铁器和冶铁遗物进行综合分析，观测早期铁器的成分、组织和制作工艺；研究铁制品的生产与流通；开展中国早期铁器和冶铁技术起源研究。初步提出中国早期冶铁技术较为完备和翔实的年代系列。

关键词 冶铁起源，早期铁器，金相实验研究，AMS-^{14}C 测年

铁的发现和使用是人类文明史上的重要里程碑。人类使用铁至少有五千余年的历史，而最早进入铁器时代则是公元前1千纪初的事。由于社会发展的历程不同，各文明区域进入铁器时代的时间也不同，钢铁冶金技术发展的历程及其社会作用也有显著的区别。中国古代以生铁冶炼和生铁制钢技术为特色的钢铁冶炼技术对中国的政治、经济、文化产生了多方面的重要影响，在世界钢铁技术史上具有重要的地位。自20世纪20年代以来，中国学者已就中国钢铁技术起源问题进行了讨论，50年代以后，随着大规模考古工作的进展和对出土铁器及冶铁遗址的科学研究，我们已经初步掌握了中国古代钢铁技术的起源、发展、技术特色和管理体制等一系列问题，从而对中国古代钢铁技术体系的问题亦有了比较明确的认识。

但是，对于这个体系中的一些问题的认识还不清楚，还有许多亟待解决的问题。例如，中国何时开始出现铁器？冶铁技术又起源于何时、何地？是独立发展起来的，还是从外传来的？秦汉时期钢铁技术大发展的社会、经济及技术原因是什么？铁器与冶铁技术的传播与交流问题是东北亚文化交流研究的重要课题之一，但是钢铁冶炼技术的交流与传播的方式、机制、模式、路线、范围和金属制品的产地是怎样的？冶金技术在不同考古学文化中的特点和作用是什么？金属和冶金技术是怎样促进中国古代社会发展的？这些问题需要利用考古学、冶金学等多学科的方法对出土考古资料进行系统梳理和科学检测，才能有所收获。

近几年来，在国家文物局重点专项"指南针计划"和国家自然科学基金的支持下，笔者与合作者系统开展了中国古代钢铁技术的研究，包括冶铁遗址的田野调查、铁器的制作技术及年代学研究等。本文主要根据这些研究成果，对中国冶铁技术起源与发展的一些问题进行简单论述，为回答上述问题提供新资料。

一、冶铁遗址的田野调查及样品采集

对冶铁遗址及出土铁器的历史和科学

价值的充分提取与揭示是研究工作的目标之一，而关于冶铁遗址的田野调查和冶铁遗物采集方法又是信息提取的基础。孙淑云先生概括出冶金史的研究方法主要有以下几点[1]：文献的收集整理方法，包括古代文献和近现代地质矿产文献资料；调查研究的方法，包括矿冶遗址考察和传统工艺调查；检测与实验的方法，包括样品的检测分析和实验模拟的方法；综合研究与社会发展史结合的方法；多学科结合的方法。按照这一要求，我们对涉及冶铁技术发展的采矿、冶炼、铸造和锻造等遗址和遗物进行了历史文献学、考古学、地质环境资料和传统工艺的调查研究，并结合现代分析技术对古代铁器制品和冶铁遗物进行年代学、金相学、冶金学等方面的研究，探索与古代钢铁技术有关的矿石开采、金属冶炼及器物制作等方面的规律，揭示其冶金学的特征，科学地作出结构、生产工艺的判断和复原，揭示其工艺特点和技术水平，认定其产品特征、数量，探索其产品的社会功能，在更加广泛的范围内讨论冶金技术发展及交流状况，初步建立起冶铁技术起源的发展的年代学框架，并在更深层次讨论钢铁技术在中国古代文明发展中的作用。

根据这一思路，系统开展冶铁遗址的田野调查与样品采集工作。课题组通过查阅地质及考古文献，并赴河南、山西、陕西和新疆等16个省、市、自治区对近百处冶炼遗址或墓葬进行田野考察或样品采集工作，共取得炉渣和铁器样品800余件，木炭、人骨等^{14}C样品100多个，及其他冶铁遗物样品，如炉壁、矿石等第一手资料，进一步明确和深化了研究对象，建立了一套冶铁遗址田野调查及取样新方法，为实验室研究提供了大量考古背景明确的实物资料。

二、有关中国冶铁技术起源和发展的AMS-^{14}C测年结果

为建立比较完善的关于中国古代冶铁技术起源和发展的年代学框架，我们对中原、湖南、湖北、甘青和新疆等关键地区发现和出土的铁器和冶铁遗物进行了AMS-^{14}C年代测定。针对铁器测年的难点问题，我们首先对已知年代的铁器，特别是有明确纪年的铁钱样品，进行AMS-^{14}C年代测定，并对铁锈中碳的提取工作也进行初步研究。由于部分遗址和墓葬已无法提取铁器中的碳进行测年，又选择与铁器共存关系最为密切的人骨、刀鞘等含碳物质进行AMS-^{14}C测年。

对已知年代器样品进行加速器质谱测年，是验证测年方法准确性的基础工作。由于铁钱上均铸有表示其制造年代的年号，如"崇宁通宝"、"嘉定元宝"、"元祐通宝"等，由此可以准确知道其制作年代，对这些铁器样品进行年代测定，一方面可以研究铁器测年的准确性，另一方面也可研究与炼铁燃料有关的问题。课题组从各地获得铁钱样品百余件，经金相组织观察和化学成分分析后，选择13枚铁钱样品进行年代测定，选择标准是样品年代要分布在文献记载的中国开始用煤炼铁年代附近。年代测定结果见表1。

表1 部分铁钱样品的AMS-^{14}C年代测定结果

实验室编号	样品名称	年代	出土地点	^{14}C年代/BP	校正年代（95.4%）
BA05681	崇宁通宝	1102~1106	陕西华阴	39130±220	死碳
BA05682	崇宁通宝	1102~1106	陕西华阴	38140±180	死碳
BA06513	大观通宝	1107~1110	山西运城	25720±95	死碳
BA06514	大观通宝	1107~1110	山西运城	15275±55	死碳

续表

实验室编号	样品名称	年代	出土地点	^{14}C 年代/BP	校正年代（95.4%）
BA06515	大观通宝	1107~1110	山西运城	37000±235	死碳
BA06523	崇宁通宝	1102~1106	陕西华阴	39985±235	死碳
BA06511	大观通宝	1107~1110	山西运城	1950±35	40BC（95.4%）130AD
BA06521	元祐通宝	1086~1094	陕西	4255±35	存在死碳污染
BA06522	元祐通宝	1086~1094	陕西	2260±55	410BC（95.4%）190BC
BA05680	六朝梁五铢	502~549	安徽芜湖	1800±40	120AD（95.4%）340AD
BA06516	大观通宝	1107~1110	山西运城	1060±35	890AD（95.4%）1030AD
BA05684	元祐通宝	1086~1094	陕西	1045±50	880AD（88.1%）1050AD 1060AD（7.3%）1160AD
BA06518	熙宁通宝	1068~1077	山西	1045±40	890AD（95.4%）1040AD

注：所用 ^{14}C 半衰期为 5568 年，BP 为距 1950 年的年代。树轮校正所用曲线为 IntCal 98，所用程序为 OxCal v3.10。

从表1可知，BA05680、BA05684、BA06516 和 BA06518 四枚铁钱的 ^{14}C 年代与铸造年代相差不远，再次说明利用铁器测年虽然有一定误差，但年代结果还是比较准确的，没有必要对生铁的 ^{14}C 年代测定方法是否可信进行过度的怀疑[2]。BA05681 等 6 枚铁钱经检测为死碳，结合金相组织和元素分析，可判定样品由煤做燃料冶炼而来。这一结果确定中国开始用煤炼铁的年代始于北宋的崇宁年间，即公元 1102~1106 年。BA06511、BA06521 和 BA06522 三枚铁钱的 ^{14}C 年代较铸造年代早许多，可能在熔炼生铁时使用了用煤冶炼的铁原料。

在此基础上，对湖北老河口杨营遗址、甘肃礼县和灵台[3]、湖北随州、福建武夷山汉城[4]等地出土 15 件铁器直接进行 AMS-^{14}C 年代测定，结果见表2。

表2 部分铁器样品的 AMS-^{14}C 年代测定结果

实验室编号	样品名称	年代	出土地点	^{14}C 年代/BP	校正年代（95.4%）
BA06507	铁板	西汉	武夷山	2150±45	360BC（95.4%）50BC
BA06508	铁板	西汉	武夷山	2240±35	400BC（27.1%）340BC 330BC（68.3%）200BC
BA06509	铁板	西汉	武夷山	2180±40	380BC（92.2%）150BC 140BC（3.2%）110BC
BA07542	铁鼎	春秋	甘肃礼县	2525±35	800BC（95.4%）530BC
BA07543	铁剑	战国	甘肃灵台	2380±50	760BC（12.7%）680BC 670BC（4.0%）630BC 600BC（78.7%）370BC
BA07544	铁鼎	战国	甘肃灵台	2240±40	400BC（95.4%）200BC
BA07545	铁犁	西汉早期	甘肃灵台	2105±35	350BC（2.7%）320BC 210BC（92.7%）40BC
BA07546	铁剑	东汉早期	甘肃灵台	2315±40	510BC（73.5%）340BC 300BC（21.9%）200BC
BA07548	铁刀	汉代	湖北随州	2220±35	390BC（95.4%）200BC

续表

实验室编号	样品名称	年代	出土地点	^{14}C 年代/BP	校正年代（95.4%）
BA07549	铁刀	汉代	湖北随州	2100±35	350BC（1.3%）320BC 210BC（94.1%）30BC
BA07550	铁刀	汉代	湖北随州	2100±40	350BC（3.2%）310BC 210BC（92.2%）AD
BA07335	铁锛	春秋战国	老河口	2320±45	518BC（73.3%）349BC 309BC（22.1%）208BC
BA07336	铁镰	春秋战国	老河口	2330±30	507BC（7.8%）437BC 420BC（85.9%）359BC 273BC（1.7%）259BC
BA07337	铁锛	春秋战国	老河口	2300±35	409BC（66.6%）351BC 296BC（28.8%）209BC
BA07338	残铁器	春秋战国	老河口	2310±35	415BC（74.2%）350BC 299BC（21.2%）209BC

从表2可以看出福建武夷山、甘肃礼县和灵台、湖北随州和老河口等地出土铁器的^{14}C年代除个别样品与考古学判定年代差别较大以外，其余样品二者均较吻合。

因部分遗址和墓葬已无法提取铁器中的碳进行测年，本文选择与铁器共存关系最为密切的人骨、刀鞘等含碳物质共计49个样品进行^{14}C测年，结果见表3。关于这些年代结果的详细讨论将另文发表。

表3 部分遗址和墓葬的AMS-^{14}C年代测定结果

实验室编号	测年物质	出土地点	^{14}C 年代/BP	校正年代（95.4%）
BA05905	木炭	辽中京遗址	185±40	未校正
BA061023	木炭	广西桂平	1440±35	551AD（95.4%）659AD
BA061025	木炭	广西平南	1465±45	442AD（1.1%）454AD 460AD（2.4%）484AD 532AD（91.9%）659AD
BA061026	木炭	广西平南	1610±40	348AD（2.6%）368AD 379AD（92.8%）547AD
BA061027	木炭	广西平南	1570±40	409AD（95.4%）575AD
BA06184	碳黑	老河口	2820±45	1120BC（91.4%）890BC 880BC（4.0%）840BC
BA06185	碳黑	湖北老河口	2865±40	1200BC（95.4%）910BC
BA06186	碳黑	湖北老河口	3230±35	1610BC（95.4%）1420BC
BA06187	箭杆	湖北老河口	2220±40	390BC（95.4%）190BC
BA07354	漆皮	韩城梁带村	2500±35	790BC（94.2%）500BC 440BC（1.2%）420BC
BA07355	木头	韩城梁带村	2575±35	820BC（66.1%）740BC 690BC（12.4%）660BC 650BC（17.0%）550BC

续表

实验室编号	测年物质	出土地点	^{14}C 年代/BP	校正年代（95.4%）
BA07356	木头	韩城梁带村	2570±35	810BC（61.4%）740BC 690BC（13.5%）660BC 650BC（20.5%）550BC
BA07357	箱扣木样	韩城梁带村	2455±40	760BC（23.6%）680BC 670BC（71.8%）400BC
BA07358	镞铤木头	韩城梁带村	2470±35	770BC（85.6%）480BC 470BC（9.8%）410BC
BA07539	木炭	青海湟中	2995±35	1380BC（95.4%）1120BC
BA07540	泥炭	湖北巴中	2760±35	1000BC（95.4%）820BC
BA07541	泥炭	湖北巴中	2440±35	760BC（21.9%）680BC 670BC（10.6%）610BC 600BC（62.9%）400BC
BA07090	人骨	新疆穷科克	2540±45	810BC（95.4%）520BC
BA06851	刀柄木炭	新疆穷科克	2450±30	760BC（24.9%）680BC 670BC（12.8%）610BC 600BC（57.8%）400BC
BA07091	人骨	新疆穷科克	2545±45	810BC（95.4%）520BC
BA07092	人骨	新疆穷科克	2550±50	820BC（95.4%）510BC
BA07089	人骨	新疆穷科克	2385±45	750BC（92.0%）350BC 300BC（3.4%）200BC
BA07093	人骨	新疆穷科克	2305±40	483BC（1.2%）464BC 415BC（62.1%）346BC 319BC（32.0%）206BC
BA07088	人骨	新疆穷科克	2355±50	390BC（23.0%）340BC 330BC（72.4%）200BC
BA06852	木炭	新疆吉仁托海	2230±30	390BC（23.0%）340BC 330BC（72.4%）200BC
BA06850	羊骨	新疆吉仁托海	1695±30	250AD（95.4%）420AD
BA06849	羊骨	新疆吉仁托海	2235±35	390BC（95.4%）200BC
BA061058	木炭	新疆巴里坤	2845±45	1191BC（1.1%）1176BC 1160BC（1.3%）1143BC 1131BC（93.0%）897BC
BA061060	木炭	新疆巴里坤	2885±50	1188BC（2.5%）1179BC 1256BC（2.3%）1236BC 1214BC（93.1%）923BC
BA061062	木炭	新疆巴里坤	2850±40	1129BC（95.4%）905BC
BA061090	人骨	新疆巴里坤	2325±55	729BC（3.1%）691BC 543BC（69.3%）345BC 322BC（23.1%）205BC

续表

实验室编号	测年物质	出土地点	¹⁴C 年代/BP	校正年代（95.4%）
BA061091	人骨	新疆巴里坤	2235±40	390BC（95.4%）202BC
BA061092	人骨	新疆巴里坤	2215±55	395BC（94.1%）160BC 132BC（1.3%）117BC
BA07124	木炭	新疆瓦石峡	880±40	1035AD（95.4%）1225AD
BA07125	木炭	新疆瓦石峡	880±45	1035AD（94.1%）1226AD 1233AD（1.3%）1240AD
BA07126	木炭	新疆米兰遗址	250±40	未校正
BA07127	木炭	新疆米兰遗址	230±60	未校正
BA07128	木炭	新疆米兰遗址	1620±40	343AD（95.4%）542AD

三、近年来出土铁器的制作技术与年代学研究

目前在黄河中游的陕西、山西、河南等地，长江中下游湖北和湖南等地，甘青地区和新疆地区出土春秋晚期以前铁器比较多见。本项目在田野考察和采集样品的基础上，开展出土铁器的制作技术和年代学研究，完成的主要工作如下：

新郑是春秋战国时期韩国的都城，近年来出土数量较多的春秋战国时期铁器。陈建立、李延祥等对取自新郑的两件春秋时期铁器进行检测，发现一件为脱碳铸铁制品，另一件球墨铸铁制品（图1），均为生铁经过退火处理，为研究中原地区早期铁器发展提供了新资料。

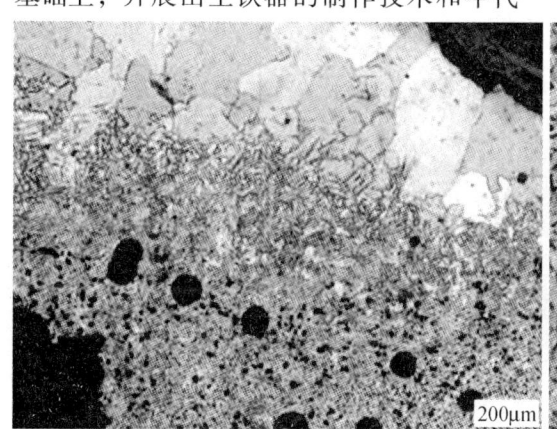 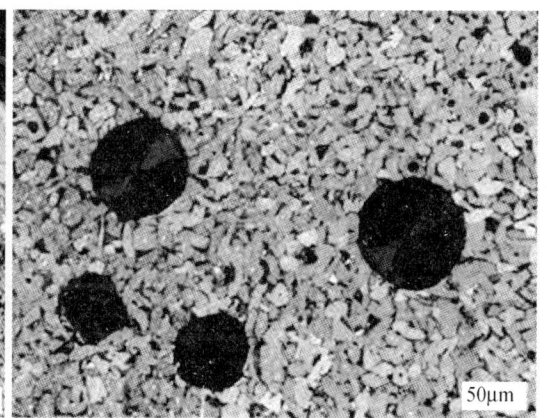

图1 新郑春秋时期铁铲的球墨铸铁组织

自2005年开始陕西省考古研究所勘探和发掘的韩城梁带村两周时期墓葬，出土大量精美玉器、铜器和金器等，其中M27出土铁刃铜戈和铁刃铜刀两件铁器，年代定为春秋早期偏晚，为研究中原地区冶铁技术起源提供了新资料。陈建立等对这两件样品进行了金相组织观察和电子探针分析，判定为人工冶铁制品，即两件器物的铁刃部位均采用块炼渗碳钢锻打而成（图2）。对墓葬中出土木炭和漆皮等进行AMS-¹⁴C测年研究，结果与考古学者推测的年代相符，为春秋早期。这两件铁器较河南三门峡虢国墓地出土铁器略晚，比天马-曲村出土铁器稍早，形成鼎立之势。在

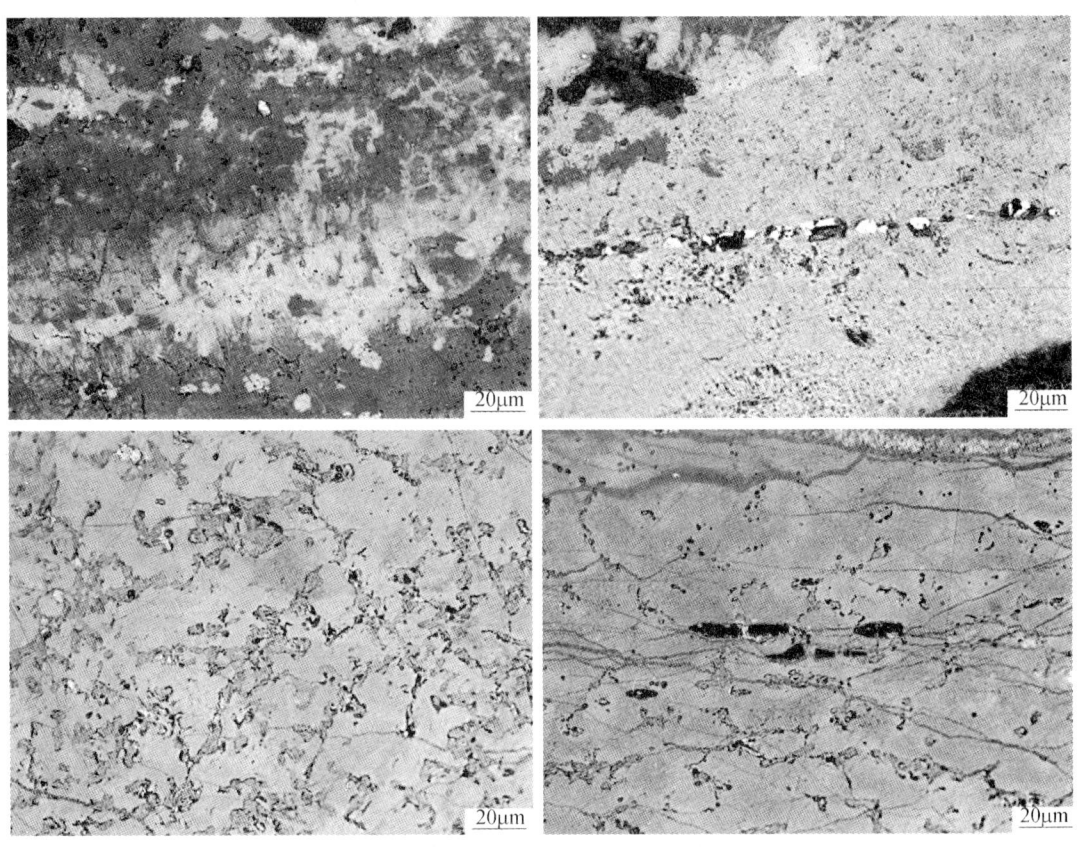

图 2 韩城梁带村铁刃铜器之铁刃部分的金相组织

晋、陕、豫交界地带出土数量较多的西周晚期-春秋早期中原地区最早铁器这一现象，说明该地区可能是中国冶铁技术起源地之一，应该还有更多铁器出土[5]。

晋南及邻近地区出土数量较多的早期铁器，经鉴定的有陨铁、块炼铁和生铁等多种材质。为更深入地研究该地区钢铁技术发展状况，韩汝玢、段红梅对晋南地区战国-汉代 10 处墓地和 3 个冶铁遗址（包括侯马的乔村和鹠祈、长治的屯留和分水岭等、榆次的猫儿岭等）进行再调研的基础上，选择 65 件样品进行金相组织分析，发现 97% 的铁器制品系采用生铁铸造而成，有的经过退火处理，表现出较高质量，本次工作系首次对晋南地区公元前 3 世纪以前钢铁技术进行系统研究，并创造性地指出春秋战国时期晋国可能为当时中国冶铁中心之一[6]。

春秋战国时期，临淄是齐国都城所在地，一直是齐国的政治、经济、文化中心，也是诸侯国中规模最大、最为繁华的城市。20 世纪 50 年代以来，考古工作者已在齐国故城及附近地区发掘了众多遗址、墓葬，出土了大量的文物资料，包括冶金遗物如铜器、铁器等。近年来在临淄故城中发现了冶铁遗址 6 处，其中最大的一处面积约有 40 万 m^2，说明当时冶铁业是十分发达的。陈建立选择 5 件战国中、晚期墓葬出土的铁器样品进行实验分析研究。根据金相鉴定结果可知，山东临淄出土的 5 件铁器中有除 1 件为块炼铁制品外，其余 4 件均为铸铁脱碳制品，采用了铸铁退火技术。表明春秋战国时期，铁制工具和农具普遍应用于手工业和农业生产，使生产力得到进一步的提高，表现为所有各诸侯国统治者对于冶铁业比较重视，设有专门的作坊和一定的管理制度,有时还发动战争以夺取冶铁之地。齐国的国都临淄是战国时期重要的冶铁地点之一,但是这些冶铁遗址还没有发掘,而这次仅检测了5件样品,所以要系统研究战国齐国的钢铁技术史,还需要结合考古工作的进展,进一步开展冶铁遗址的田野调查和冶铁遗物样品的检测工作[7]。

杨营遗址位于湖北省老河口市南郊杨寨村一组,1994年10~12月,湖北省文物考古研究所和老河口市博物馆联合对该遗址进行了发掘,获得了一批重要的遗迹和遗物。主要遗迹有灰坑、水井等,遗物有陶、铜、铁、石器等,其中所出的42件铁器,主要为生产工具锄、锸、镰、锛、凿、铲及杂用器削,铁器数量较多,品种较齐全,在湖北类似遗存中尚属少见,据发掘报告其年代定为春秋中晚期,为研究楚国铁器的出现和使用提供了较为重要的考古资料,陈建立、宝文博等选择部分样品进行金相组织分析和AMS-^{14}C测年。结果发现有白口铁、麻口铁、脱碳铸铁和铸铁脱碳钢(图3)等制品,表现出较高的制作技术水平,判定其年代为战国早中期,其中脱碳铸铁和铸铁脱碳钢制品的发现又为铸铁退火技术的发明提供了实物证据,为研究楚国地区乃至中国早期钢铁技术发展历程提供科学资料[8]。

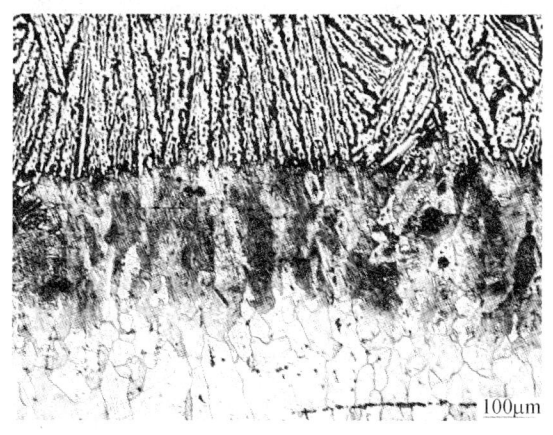

图3 老河口杨营遗址脱碳铸铁残块的金相组织

鄂东南地区自商周时期已出现大规模开采、冶炼活动,最近的调查工作显示,仅黄石市就有170余处古矿冶遗址,其中有不少冶铁遗址,是研究生铁技术起源的核心地区之一。李延祥、陈建立对取自黄石的近150件铜锭、炉渣样品经过检测,发现有数件铜锭样品铁含量高达50%左右,并有纯铁颗粒出现,原因可能在于炼铜炉中的高温和还原气氛可以将矿石中的铁还原出来,再次为研究生铁冶炼技术起源问题提供了新线索,对冶铁炉渣的研究也揭示出新迹象。

作为丝绸之路的重要通道,甘肃地区是中国古代东西方文化传播与交流的重要地带。近年来有关冶金考古研究发现,甘肃地区发现大量早期青铜冶铸遗址,有关早期铁器业已出土多件,引起学界重视。为深入了解甘肃地区早期铁器的发展状况,陈建立和马清林选择灵台、天水等地出土春秋-汉代11件铁器样品,包括刀、剑、鼎、犁铧等,进行金相组织鉴定和AMS-^{14}C年代测定,发现有生铁、铸铁脱碳钢制品等材质,并且测定的5件铁器样品的^{14}C年代与考古认定的年代基本相符,为研究甘肃地区早期铁器的制作技术提供了新资料[9]。

新疆地区早期是研究中国冶铁技术起源的关键。潜伟等利用金相分析方法对焉不拉克、黑沟梁、拜契尔、上庙儿沟、苏贝希、克孜尔、察吾乎、吉林台和克里雅河流域的圆沙古城等墓地和遗址出土部分铁器进行检测,指出块炼铁和块炼渗碳钢是新疆早期铁器制作的主要工艺,也发现有少量铸铁制品,如圆沙遗址发现的公元前2世纪铸铁锅,证明中原的铸铁技术在汉代传入了新疆地区[10]。

针对新疆铁器的年代学问题,陈建立、梅建军等对新疆伊犁地区尼勒克穷科克一号墓地、穷科克二号墓地、萨尔布拉克沟口墓地、吉仁托海墓地、别特巴斯陶墓地、乌图兰墓地、特克斯恰普其海墓地和哈密东黑沟遗址等几个遗址和墓葬出土42件铁器进行金相组织分析，同时对同出的16件木炭、羊骨或人骨样品进行^{14}C测年，以确定墓葬或器物的绝对年代。结合新疆地区早期铁器的制作技术和年代问题，得出如下结论：尼勒克穷科克一号墓地、穷科克二号墓地、萨尔布拉克沟口墓地、吉仁托海墓地、别特巴斯陶墓地和乌图兰墓地等年代较早的铁器为采用块炼铁或块炼渗碳钢锻打而成，特克斯恰甫其海墓地出土铁器有两种材质，其中早期铁器为块炼铁或块炼渗碳钢锻打而成（图4），唐代铁器为铸铁脱碳钢制品。根据^{14}C年代测定结果，穷科克墓地的年代约为公元前9世纪末～前2世纪末，所有^{14}C年代数据均较考古学研究得出的估计年代要偏晚；别特巴斯陶墓地^{14}C年代早于估计年代，但仍可定为汉代前后；利用羊骨样品测定的吉仁托海墓地两个^{14}C数据，有一个与估计年代差别较大，另一个与估计年代吻合。这些年代数据为研究新疆早期铁器的年代序列提供了较为可靠的资料[11]。

为研究东南沿海地区铁器和冶铁业的起源和发展状况，陈建立对福建武夷山城村汉城出土汉代铁器进行年代及制作技术的实验研究，结果发现汉代钢铁技术在城村汉城得到较多的体现，如生铁、韧性铸铁、铸铁脱碳钢和炒钢（图5）等钢铁制品普遍存在，淬火和铸铁退火等多种热处理工艺以及优越的锻造技术在城村汉城也得到广泛应用，表明人们对钢铁性质的认识达到了较高水平，特别是城村汉城炒钢制品的发现，再次为炒钢技术的发展和大规模使用提供了实物资料。本研究丰富了福建地区汉代铁器的研究成果，对于阐明东南沿海地区当时的钢铁技术发展状况提供了新资料[12]。

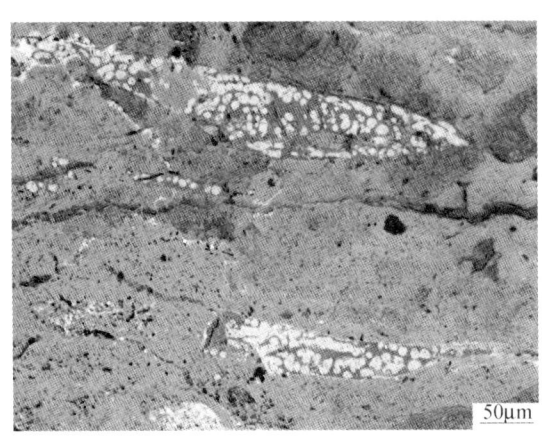

图4 新疆伊犁铁刀的金相组织

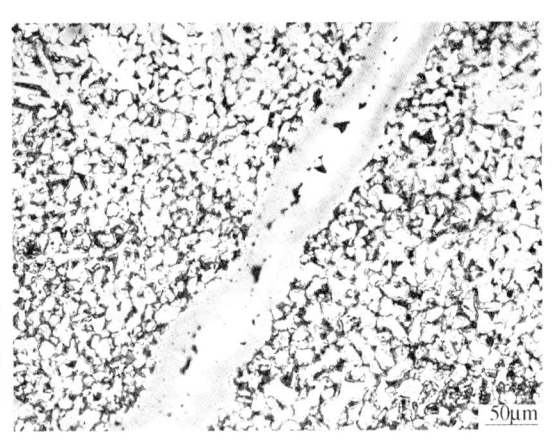

图5 城村汉城炒钢制品的金相组织

中原地区钢铁技术已在战国末至秦汉时期传播到岭南地区，但相关遗址调查和铁器检测工作尚未展开。黄全胜和李延祥赴广西进行矿冶遗址调查，发现冶炼炉、炒钢炉和炉渣等冶铁炼钢遗物，并对广西地区年代最早的一批铁器进行样品采集工作。结果表明，出土战国时期铁器系铸铁制品，系自中原地区输入的；通过炉形结构及炉渣分析判定了块炼铁冶炼炉和炒钢炉，但^{14}C测年结果与考古工作者判定年代有一定差异，需要进一步研究[13]。

本项目亦对西南地区古代钢铁技术发展状况进行研究。陈建立等对贵州赫章可乐遗址出土铁器进行的金相实验研究，系首次对贵州地区出土铁器进行类似工作。自20世纪50年代以来，贵州省考古工作者在赫章可乐遗址及威宁中水遗址进行了多次大规模的调查和发掘工作，获得了一批重要的遗迹和遗物，出土包括铜柄铁刀、铁剑、削刀、矛、镞、铲、镢、锸、釜、凿、锥、锤、剪、斧等一大批铁制兵器、生产工具和日常用具。为深入研究这些铁制品的制作技术，选择可乐遗址于2000年和中水遗址于2004年发掘出土14件铁器样品进行金相组织分析，其中农具3件、工具4件、兵器6件和其他日常用具1件。发现有脱碳铸铁、麻口铁、铸铁脱碳钢（图6）和炒钢等制品，具有较高的制作技术水平，中原地区钢铁技术在该地区得到较多体现和应用。特别是炒钢制品的发现，再次为炒钢技术的传播与交流提供了新资料。本项研究丰富了西南地区钢铁技术的研究成果，对于阐明西南地区当时的钢铁技术发展状况提供了科学资料[14]。

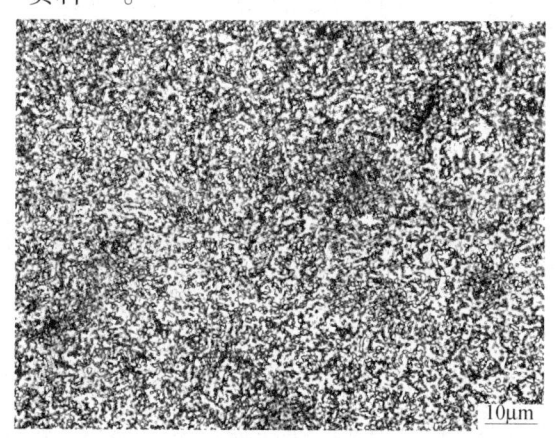

图6 赫章可乐遗址铸铁脱碳钢制品的金相组织

东北地区是中国先进的生铁冶炼和制钢技术向朝鲜半岛和日本列岛地区传播的通道之一，在中国钢铁技术的传播与交流问题上具有重要地位。陈建立、韩汝玢再次选择辽宁北票喇嘛洞墓地出土的8件铁器样品进行分析，并结合喇嘛洞墓地以前的分析结果，与河北易县燕下都、吉林榆树老和深等遗址和墓葬出土铁器的形制、数量、年代、微观组织和制作技术进行了比较，系统讨论中国中原及北方地区的铁器和冶铁业的发展问题。指出中国古代东北地区铁器的使用和发展是与居住其上的民族在与周边地区特别是中国中原地区的接触和交流中发展起来的，在这一过程中得到铁器或者铁器制造技术，接触并接受了中原地区先进的铁器文化，并创造出鲜明的民族特色文化，其铁器的制作工艺亦经历了从简单到复杂的过程，质量逐步得到提高，并发现了诸如中国最早的贴钢和夹钢制品、可能为灌钢的制品和第一件具有砷偏析组织样品等。铁制工、农具、兵器的使用，对东北各民族的经济、军事发展起到较大的促进作用。这个结果表明东北地区的古代钢铁技术在中国乃至整个东亚地区的冶金发展史上具有重要研究价值。由于目前尚未在本地区发现早期冶铁铸造遗址，所以进一步探索东北地区铁器和冶铁业的发展历程需要考古学家的支持与工作，也需要课题组自己进行田野考察[15]。

中国冶铁燃料经历了从木炭到煤、再到焦炭的变化，用煤作为冶铁燃料，在中国古代冶金甚至世界冶金史上都具有重要意义。从考古发掘和文献记载来看，用煤炼铁可能发生在唐宋之交，但这一问题缺乏系统的实证研究，针对这一情况，李延祥、黄维和陈建立选择年代比较确定的铁钱进行金相组织、元素组成和 AMS-^{14}C 年代测定的研究，找到宋代用煤炼铁的证据。表明宋代用煤炼铁至迟在元祐（1086~1094年）年间就已开始，但普及程度尚未到全国。

除对铁器的金相组织分析和 ^{14}C 测年之外，我们对各地各时期冶铁遗址进行了较多的调查。包括河南泌阳、舞阳、西平、鲁山、南召、焦作，安徽淮北，山东莱芜、章丘东平陵城等地数十处冶铁遗址，采集大量检测标本，详细的接触结果及讨论将另文发表。

四、中国冶铁技术起源与发展的年代学框架的建立

河南三门峡西周晚期虢国墓地出土 3 件陨铁制品和 3 件块炼铁制品，山西天马-曲村出土春秋早期不成器形的 2 件生铁残片及春秋中期的条形铁片，陕西韩城梁带村 M27 出土春秋早期铁刃铜戈和铁刃铜刀，经鉴定为块炼铁制品。说明以中条山为中心的河南、山西和陕西等传统上的中原地区的铁器出现年代可能不晚于新疆及甘青地区大规模出现铁器的年代。

目前，在黄河上游的甘肃、青海和宁夏等地出土早于公元前 5 世纪的早期铁器已有 50 多件，其中属于春秋时期的有青海湟源莫布拉出土铁刀 1 件，甘肃永昌三角城和蛤蟆墩出土铁器 4 件[16]、灵台景家庄出土铜柄铁剑 1 件[17]、礼县秦公墓地赵坪墓区 2 号贵族墓出土鎏金镂空铜柄铁剑 1 件及该墓南侧的 1 号车马坑中发现"锈蚀严重的铁制品"[18]、陇县边家庄出土的 1 件铜柄铁剑[19]和长武出土 1 件铁短剑[20]等共 10 件，其余 40 余件样品的年代为春秋战国之际，分别出土于甘肃宁县和庆阳，宁夏的固原、西吉、中卫[21]、彭阳和陕西宝鸡等地[22]，种类有剑、刀、矛、锛、戈、锥、马衔、马镳、带饰、镯、环等。而北京大学考古文博学院赵化成教授根据这一地区出土青铜器和其他遗物的研究，认为这批铁器的年代需重新讨论，可能铁器的年代要比原先认识的偏晚①。另外经过金相鉴定的仅有出土于宁夏的 4 件铜柄铁剑[23]和宝鸡益门村 2 号墓出土金柄铁剑 1 件[24]，材质为块炼渗碳钢。虽然潜伟对甘肃出土的部分铁器的金相分析表明，甘肃河西走廊的沙井文化有块炼铁和铸铁并存的现象，但关于沙井文化的年代尚有较多问题。

近二三十年来，新疆地区出土数量较多的汉代以前铁器制品，包括有刀、锥、钉、镰、斧、铧、剑、镞、簪、镯、戒指、带钩、牌、泡、马衔和马镳等多种小件制品。这批铁器的年代与中原地区相比也是比较早的，为研究中国冶铁技术起源问题提供了大量资料，所以关于新疆早期铁器出现的时间问题，引起众多学者的注意和讨论，尚有不同意见。陈戈先生指出新疆地区自公元前 1000 年左右进入早期铁器时代[25]。唐际根认为中国境内人工冶铁最初始于新疆地区，时间约在公元前 1000 年以前，即当中原的商末周初时期，约当公元前 8 世纪~前 6 世纪即中原的春秋时期，新疆地区铁器的使用已经较为普遍[26]。赵化成发现公元前 5 世纪中叶以前中国人工铁器出土于包括新疆在内的中原地区偏西的地区[27]。刘学堂认为新疆在公元前第 2 千纪与前第 1 千纪之交进入了早期铁器时代，并很快普及[28]。韩建业在对新疆青铜时代和早期铁器时代文化遗址进行分期和文化谱系研究的基础上，提出公元前第 2 千纪末期新疆进入早期铁器时代偏早阶段，公元前第 1 千纪中期进行早期铁器时代偏晚阶段[29]。郭物在分析新疆古代墓葬和随葬品共存的铁器之后，指出新疆出土最早的铁器的年代约为公元前 9 世纪，并认为这些早期铁器可能来自伊朗的西北部，其时间在公元前 10~前 9 世纪[30]。然而新疆地区出土铁器小件器物较多，且锈蚀严重，仅有很少一部分进行了金相学的研究。目前仅有潜伟等利用金相分析方法对焉不拉克墓地和克里雅河流域等地出土部分铁器进行检测，指出块炼铁和块炼渗碳钢是新疆早期铁器制作的主要工艺，也发现有少量铸铁制品，如在克里雅河流域的圆沙遗址发现的公元前 2 世纪铸铁锅，证明中原的铸铁技术传入了新疆[31]。目前尚未在新

---

① 笔者在写作本文时，与赵化成教授进行了深入讨论，他提出这一观点，并将有论文发表。

疆地区发现早期冶铁遗址，仅在民丰、库车和乐浦等地发现汉代冶铁遗址，但对其冶炼技术没有经过科学分析，所以与考古学文化的研究相比，冶金考古研究工作相对较少，因此尽早对新疆地区出土铁器的制作技术、年代序列、传播和交流等问题进行年代学和冶金学的系统性研究是必要的[32]。

但是从出土铁器的数量和器物种类上看，新疆地区汉代以前铁器没有经过大规模发展。焉不拉克文化墓地出土铁器，包括小铁刀、剑、镰刀、戒指和残铁块等。苏贝希文化、察吾乎沟口文化、伊犁河流域文化和新疆其他地区出土铁器同样主要为小铁刀、剑、镞、锥、针等小件工具和兵器，没有出土同时期中原地区所见的数量较多的铁农具，也未见到生铁铸造器物。这一方面反映了新疆地区经济形态情况，另外也反映出铁器的制作情况，即主要以小件锻造铁器为主。从出土铁器的墓葬情况看，总体而言这些墓葬的详细资料公布尚不充分。如有的墓葬出土铁器恰很少有陶器共存，表现出与墓葬群的分期对应不好；另外不少出土铁器墓葬可见多人二次葬现象，有一定数量铁器出自墓葬填土或晚期墓葬。所以关于新疆早期铁器的考古学研究需要更进一步。从 ^{14}C 年代测定结果上看，出土铁器的墓葬有 ^{14}C 测年的数据较少。到目前为止，不包括本文在内的直接对取自出土铁器墓葬样品进行的 ^{14}C 年代测定数据只有6个，并且年代误差较大。如部分墓地的 ^{14}C 数据由于测试样品不同或所取样品的代表性问题，限制了数据的正确使用。特别是这些 ^{14}C 测年结果大部分系采用棺木或棚木样品测定所得，由于研究所限，没有做树种及年轮研究，并且由于新疆特殊的气候条件，这些棺木的绝对年代数据能否代表早期铁器的年代值得怀疑。所以关于新疆早期铁器时代的 ^{14}C 年代框架的建立还需要建立在可靠数据的基础上。

为研究新疆 ^{14}C 年代数据的可靠性问题，我们选择年代比较确定的哈密巴里坤东黑沟遗址采集木炭和人骨样品进行 AMS-^{14}C 年代测定，结果见表3。从表中可以看出，3个木炭的年代测定结果分别为距今（2845±45）年、（2885±50）年和（2850±40）年，而3个人骨样品的年代分别为距今（2325±55）年、（2235±40）年和（2215±55）年，可见木炭结构要比人骨数据老500~600年，二者的差别是十分明显的。根据树种鉴定可知，东黑沟遗址出土木炭多为天山红松，由于其生长周期较长，可能导致木炭年代不能代表遗址或墓葬年代。由于以前新疆早期铁器时代 ^{14}C 数据大多由墓葬中的棚木或棺木测定而得，所以对其年代的代表性问题应引起充分重视。为准确判定墓葬或遗址年代，应选择人骨、植物种子、生长期较短的草本植物或动物骨骼样品进行年代测定。即使这样，也应对其埋藏情况进行充分调研，以判定所取样品是否能够代表墓葬或遗址的年代。

根据样品代表性原则，我们对于伊犁河流域出土铁器的墓葬进行 AMS-^{14}C 年代测定，样品主要为人骨和兽骨，仅1件样品为刀鞘上的木炭，具有较好的代表性。从测定结果看，穷科克墓地的年代为公元前9世纪末~前2世纪末，所有 ^{14}C 年代数据均较考古学研究得出的估计年代要偏晚；别特巴斯陶墓地 ^{14}C 年代早于估计年代，但仍可定为汉代前后；利用羊骨样品测定的吉仁托海墓地两个 ^{14}C 数据，有一个与估计年代差别较大，另一个与估计年代吻合。这些年代数据为研究新疆早期铁器的年代序列提供了较为可靠的资料。

所以关于中国冶铁技术起源和发展的年代问题，根据本文的研究结果，可得出如下结论：中原地区在公元前9~前8世纪开始出现铁器，但小件器物居多，在开始阶段为块炼铁或块炼渗碳钢锻打制成；

自公元前 8 世纪山西天马-曲村出土生铁片之后，生铁冶炼技术至迟在公元前 6 世纪得到大规模发展；几乎与此同时，出现脱碳铸铁、韧性铸铁和铸铁脱碳钢等铸铁退火处理制品；至迟在公元前 2 世纪上半叶发明炒钢技术，并向中国东北地区、东南沿海地区、岭南地区、西南地区和西北地区广泛传播；煤在汉代已在冶铁作坊用作燃料，但未直接用来炼铁，至迟在宋代元祐（1086~1094 年）年间就已开始用煤炼铁，但尚未普及。至于甘青地区和新疆地区早期铁器的使用以及冶铁技术的发展状况，需要根据最新的考古资料进行深入研究才能得到比较准确的认识。

所以，关于中国冶铁技术起源的问题，需要放在更加广阔的考古学背景中加以讨论。尽管中原地区出土铁器的时间要晚于西亚地区，但自己特色十分明显，具有独立起源的技术基础。从目前考古资料看，中原地区最早的铁器出土于晋陕豫交界地带的中原文化核心区域，其年代为西周晚期至春秋早期，其中原因是值得深思的。如果冶铁技术是独立起源的，那么起源时间当不晚于春秋早期，但是其冶铁技术起源的机制问题以及生铁技术起源的原因需要进一步研究。

附记：本文是陈建立承担的国家自然科学基金《中国冶铁技术起源的年代学研究》以及潜伟承担的国家文物局"指南针计划"研究试点——中国古代生铁发明创造挖掘与展示的研究成果之一。研究过程中北京大学陈铁梅教授和吴小红教授负责^{14}C 年代测定指导和协调工作，北京科技大学韩汝玢教授负责冶金史研究的指导和协调工作，并完成晋南地区公元前 3 世纪以前钢铁技术研究，梅建军教授负责协调并参加新疆早期铁器的制作技术与年代学研究，李延祥教授负责广西冶铁遗址的调查和铁钱的检测分析，北京大学潘岩工程师参加 AMS-^{14}C 测年样品的制备工作。

参 考 文 献

[1] 孙淑云, 柯俊. 冶金史研究方法的探索. 广西民族学院学报（自然科学版）, 2004 (2): 6-10.

[2] 陈建立, 王建平, 韩汝玢, 等. 山西永济蒲津渡铁器的 AMS-^{14}C 的年代测定. 全球化背景下考古学新前沿——解读中国古代传统, 2008: 247-262.

[3] 陈建立, 马清林. 甘肃出土早期铁器的金相组织及 AMS-^{14}C 年代测定. 文物科技研究. 北京：科学出版社, 2009: 1-13.

[4] 陈建立, 杨琮, 张焕新, 等. 福建武夷山城村汉城出土铁器的金相实验研究. 文物, 2008, (3): 96-99.

[5] 陈建立, 孙秉君, 杨军昌, 等. 韩城梁带村 M27 出土铜铁复合器的制作技术研究. 中国科学 E 辑, 2009, (9): 1074-1081.

[6] Han R B, Duan H M. An early iron-using centre in the ancient Jin state region (8th-3rd centure BC). Metallurgy and Civilisation: Eurasia and Beyond, Proceedings of the Sixth International Conference on the Beginnings of the Use of Metals and Alloys (BUMA VI), Archetype Publications, 2009: 99-106.

[7] 陈建立. 临淄出土战国铁器的金相实验研究. 见：山东省文物考古研究所. 临淄齐墓·第一集. 北京：文物出版社, 2007: 489-491, 图版 117, 118.

[8] 陈建立, 宝文博, 符德明. 湖北老河口杨营遗址出土铁器的金相实验研究. 待发表.

[9] 陈建立, 马清林. 甘肃出土早期铁器的金相组织及 AMS-^{14}C 年代测定. 文物科技研究, 北京：科学出版社, 2009: 1-13.

[10] Qian W, Chen G. The lron artifacts unearthed from yanbulake cemetery and the beginning use of lron in China. Proceedings of the Fifth International Conference on the Beginnings of the Use of Metals and Alloys, Gyeongju in Korea, 2002: 189-194.

[11] 陈建立, 梅建军, 刘学堂, 等. 新疆伊犁地区早期铁器的制作技术及年代问题. 待发表；陈建立, 梅建军, 王建新. 哈密巴里坤东黑沟遗址出土铁器的制作技术及年代测定. 待发表.

[12] 陈建立, 杨琮, 张焕新, 等. 福建武夷山城村汉城出土铁器的金相实验研究. 文物, 2008, (3): 96-99.

[13] 黄全胜. 岭南地区冶铁遗址. 北京科技大学博士学位论文, 2008.

[14] 陈建立, 黄全胜, 李延祥, 等. 赫章可乐遗址出

土铁器的金相实验研究. 赫章可乐 2000 年发掘报告. 北京: 文物出版社, 2008.

[15] 陈建立, 韩汝玢. 汉晋中原及北方地区钢铁技术研究. 北京: 北京大学出版社, 2007.

[16] 甘肃文物考古研究所. 永昌三角城与蛤蟆墩沙井文化遗存. 考古学报, 1990, (2): 205 – 237.

[17] 刘得祯. 甘肃灵台县景家庄春秋墓. 考古, 1981, (4): 298 – 301.

[18] 礼县博物馆. 秦西垂陵区. 北京: 文物出版社, 2004.

[19] 张天恩. 秦器三论. 文物, 1993, (10): 20 – 27.

[20] 袁仲一. 从考古资料看秦文化的发展和主要成就. 文博, 1990, (5): 7 – 18.

[21] 周兴华. 宁夏中卫县狼窝坑子的青铜短剑墓群. 考古, 1989, (11): 971 – 980.

[22] 宝鸡市考古工作队. 宝鸡市益门村二号春秋墓发掘简报. 文物, 1993, (10): 1 – 14.

[23] 韩汝玢. 中国早期铁器（公元前 5 世纪以前）的金相学研究. 文物, 1998 (2): 87 – 96.

[24] 白崇斌. 宝鸡市益门村 M2 出土春秋铁剑残块分析鉴定报告. 文物, 1994 (9): 82 – 85.

[25] 陈戈. 察吾乎沟口文化的类型划分和分期问题. 考古与文物, 2001, (5): 30 – 39.

[26] 唐际根. 中国冶铁术的起源. 考古, 1993, (6): 556 – 565.

[27] 赵化成. 公元前 5 世纪中叶以前中国人工铁器的发现及其相关问题. 见: 西北大学文博学院. 考古文物研究. 西安: 三秦出版社, 1996: 289 – 300.

[28] 刘学堂. 中国冶铁术的起源. 中国文物报, 2004 – 4 – 2.

[29] 韩建业. 新疆的青铜时代和早期铁器时代文化. 北京: 文物出版社, 2007: 122.

[30] Guo W. From western asia to the Tianshan mountains: on the early iron artefacts found in Xinjiang. Proceedings of the Sixth International Conference on the Beginnings of the Use of Metals and Alloys (BUMA VI), Archetype Publications, 2009: 107 – 115.

[31] Qian W, Chen G. The iron artifacts unearthed from yanbulake cemetery and the beginning use of iron in China. Proceedings of the Fifth International Conference on the Beginnings of the Use of Metals and Alloys, Gyeongju in Korea, 2002: 189 – 194.

[32] 韩汝玢. 中国早期铁器（公元前 5 世纪以前）的金相学研究. 文物, 1998, (2): 87 – 96; 白云翔. 先秦两汉铁器的考古学研究. 北京: 科学出版社, 2005.

Recent Research on Ancient Chinese Iron and Steel Technology

Chen Jianli

(Center for the Study of Chinese Archaeology, Peking University Beijing 100871)

Abstract This paper is a survey about the development of iron and steel technology of ancient China based on the new archaeological findings and laboratory research. The man – made iron, mainly small pieces of objects made by bloomery iron and steel, was first used around the 9th-8th century BC or earlier in the Central Plains, Xinjiang, Gansu-Qinghai regions. Chinese began to use cast iron since the 8th-7th century BC, and a complicated cast iron system was formed about 700 years later. The cast iron technologies were widely spread from the central China to the neighboring areas.

Keywords Early iron period, The origin of iron smelting, Metallographic structure of ancient iron object, AMS-^{14}C dating

海洋出水古代铁器表面凝结物的分析研究

刘 薇[1] 张治国[2] 李秀辉[1] 马清林[2]

(1. 北京科技大学冶金与材料史研究所 北京 100083)
(2. 中国文化遗产研究院 北京 100029)

摘要 海洋出水古代铁器表面一般附着一层钙质凝结物和铁的锈蚀物,需要分析并采取适宜技术和方法予以去除。本文利用多种现代分析技术对西沙群岛"华光礁Ⅰ号"沉船遗址出水部分古代铁器表面凝结物的成分、物相、矿物组成等分析研究,为凝结物去除研究提供了理论基础和科学依据。

关键词 文物保护,海洋出水古代铁器,凝结物,分析

一、引 言

海洋出水古代铁器在出水时大多包裹在钙质凝结物和铁的锈蚀物中,需要采取适宜技术和方法予以去除。目前,国外文物保护学者在海洋出水铁器表面凝结物性质、组成及其形成机理、分析方法等方面开展研究较多,国内相关研究尚不多见。本文概述了国内外在海洋出水铁器表面凝结物分析方面的研究现状,运用X射线透视、X射线衍射(XRD)、X射线荧光(XRF)、拉曼光谱(Raman)、金相显微镜和扫描电镜与能谱仪等多种分析方法,分析了西沙群岛"华光礁Ⅰ号"沉船遗址出水的部分古代铁器凝结物。

二、海洋出水铁器表面凝结物的分析研究现状

1. 海洋出水铁器表面凝结物的形成

1976年,North[1]分析了西澳大利亚博物馆打捞出水的Batavia沉船遗骸中铁器表面凝结物性质、组成及其形成方式。他认为,在沉船后的两三年内,铁器表面会覆盖一层珊瑚藻,这为海藻、珊瑚和软体动物等的二次生长提供了适宜的培养基,从而逐渐形成坚硬的外壳。之后,经海浪作用卷入海底的沙粒、珊瑚及残骸碎片等也会沉积在此层外壳表面。随着珊瑚藻不断生长,将覆盖二次生长物和残骸碎片,共同形成凝结物。由于形成的凝结物孔隙率较低,阻碍了金属铁与海水之间的物质交换,因此铁器周围及内部的溶解氧迅速减少。在珊瑚藻和海水界面处发生阴极反应,消耗了溶解氧(图1)。主要反应如下:

$$O_2 + 2H_2O + 4e^- \longrightarrow 4OH^-$$

金属铁表面发生阳极反应:

$$Fe \longrightarrow Fe^{2+} + 2e^-$$
$$Fe^{2+} \longrightarrow Fe^{3+} + e^-$$

Fe^{2+}、Fe^{3+}迅速水解,反应如下:

$$Fe^{3+} + nH_2O \longrightarrow Fe(OH)_n^{(3-n)+} + nH^+ \quad (n \leq 3)$$

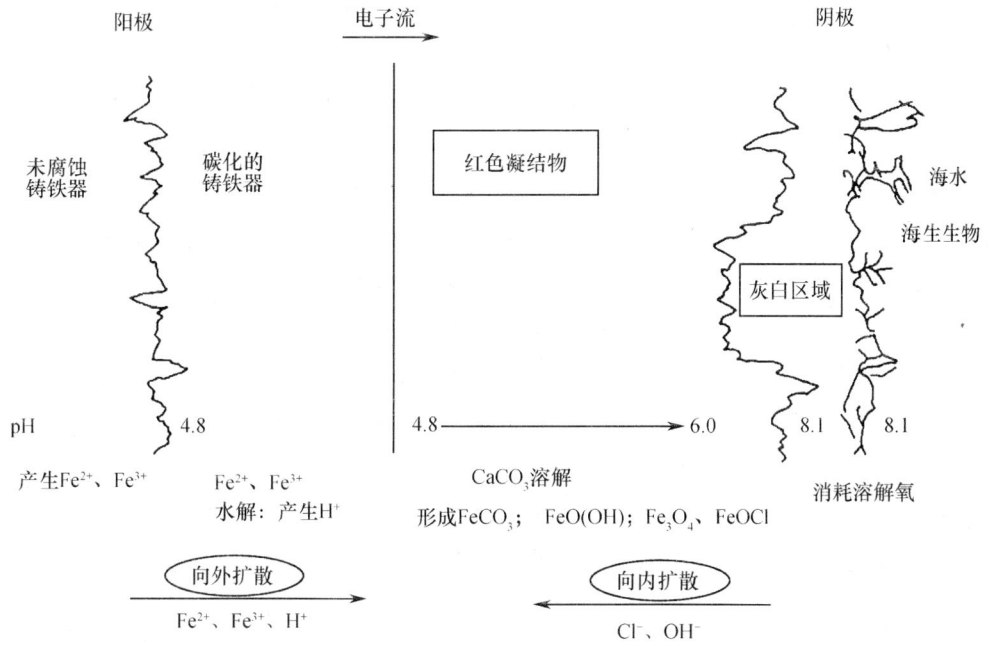

图 1 Batavia 沉船遗骸中铸铁器表面凝结物的横截面图[1]

Cl^- 从海水向铁器表面扩散，Fe^{2+}、Fe^{3+} 和 H^+ 则从铁器表面向海水中扩散。在扩散过程中，一些 Fe^{2+} 与凝结物中的 Ca^{2+} 发生交换作用产生 $FeCO_3$。一些黏性方解石溶解，引起扩散溶液 pH 增加，Fe^{2+}、Fe^{3+} 沉淀出氧化物、水合氧化物及氯氧化物，铁离子取代了原来的钙离子。当向外扩散溶液（富含铁离子）接触到向内扩散溶液（富含 Cl^-）时，溶液 pH 迅速增至海水 pH，余下的铁离子也完全沉淀出来。由于凝结物中 Cl^- 含量较高，OH^- 浓度较低，并在临近海水中有溶解氧存在，因此主要沉淀产物是 $FeO(OH)$ 和 $FeOCl$。凝结物中还发现有 FeS 和硫元素存在，这可能由硫酸还原菌产生的 S^{2-} 与 Fe^{2+}、Fe^{3+} 反应生成。

上述这些反应的最终结果是凝结物内层被海洋腐殖质和沉淀物代替，而海洋生物中的 $CaCO_3$ 最终全部被铁的腐蚀产物取代。

North 强调，虽然他只研究了亚热带区域遗址中凝结物的形成机理，但这种形成机理应该能用于解释其他遗址中凝结物的形成，不同的只是形成凝结物的有机材料会发生相应变化。

David A. Scott 和 Gerhard Eggert[2] 解释了海洋出水铁器表面凝结物的形成原因，认为铁器不像黄铜或青铜器物，其本身对生物无毒性，因此其表面会迅速被各种海洋有机物覆盖。这些有机物分泌出的骨料（主要是 $CaCO_3$）和铁的锈蚀产物共同形成一层凝结物。他们指出凝结物可为铁器营造一个 pH 和 Eh（氧化还原电位）有别于外部环境的微环境，从而对铁器的腐蚀起到了一定抑制作用。

2. 海洋出水铁器表面凝结物组成及分析方法概述

用于分析出水铁器表面凝结物组成的方法主要有 X 射线衍射、X 射线透视、红外光谱、显微观察等。

20 世纪六七十年代，有学者对海洋出

水铁炮表面锈蚀物的浸出液进行了化学分析和光谱分析，结果表明浸出液中含有$FeCl_2$和$FeCl_3$，而不含$NaCl$[3]。Eriksen[4]肯定了这一观点，认为Na^+以$NaOH$的形式存在于铁器当中，反应如下：

$$Fe + 2NaCl + 2H_2O \longrightarrow FeCl_2 + 2NaOH + H_2$$

Mark R. Gilberg 和 Nigel J. Seeley[5]也认为锈蚀产物中很难检测出$NaCl$。在α-FeO(OH)、γ-FeO(OH)等更常见的锈蚀产物形成之前，Cl^-就存在于β-FeO(OH)的晶格结构中，当有多余的自由Cl^-存在时，β-FeO(OH)成为主要的锈蚀产物。同时，他们较全面地概述了海洋出水铁器中可能存在的锈蚀产物，North[6]对海洋出水铁器锈蚀产物作了进一步的补充。总结二者论文，海洋出水铁器主要腐蚀产物的种类及存在特性归纳为表1。

表1 海洋出水铁器主要锈蚀产物[5,6]

含氯锈蚀产物	分子式	存在特性	转化产物
氯化钠	NaCl	含量很少	
氯化铁	$FeCl_3$	含量较少，常常存在于刚出水后迅速置于空气中干燥的铁器中，或保存在相对湿度波动较大的铁器中。以黄色"液滴"形式存在	易水解，转化为β-FeOOH
氯化亚铁	$FeCl_2$	铁器开始腐蚀时形成的产物，存在于酸性条件下发生孔蚀的铁器中。进一步发生腐蚀时，检测不到$FeCl_2$	
碱式氯化亚铁（包括三种）	α-Fe(OH)$_2$·$FeCl_2$ [Cl含量33%（质量分数）] β-Fe(OH)$_2$·$FeCl_2$ [Cl含量23%（质量分数）] γ-Fe(OH)$_2$·$FeCl_2$ [Cl含量18%（质量分数）]	发现很少，在还原条件下稳定	在空气中易氧化，生成绿锈，进一步氧化生成α-FeOOH，γ-FeOOH和Fe_3O_4
绿锈 I	$Fe^{II}_{3-x}Fe^{III}_{1+x}(OH)_8Cl_{1+x}\cdot nH_2O$	研究表明当铁器在$NaOH$溶液中保存时易生成该锈蚀物	易形成γ-FeOOH，最终转化为Fe_3O_4
纤铁矿	γ-FeOOH	含量较少	与Fe^{2+}反应，生成Fe_3O_4
四方纤铁矿	β-FeOOH	常见锈蚀产物。为铁器出水后暴露于空气中发生氧化反应的腐蚀产物，Cl^-存在于β-FeOOH晶格结构中	不稳定，易转化为α-FeOOH；在潮湿环境下易转化为Fe_3O_4
针铁矿	α-FeOOH	常见的最稳定锈蚀产物，是所有不稳定锈蚀产物的最终形成形式	
无定形的氢氧化铁	FeOOH		
氯化氧铁	FeOCl	存有争议	易转化为β-FeOOH，最终转化产物为α-FeOOH

North[1]运用X射线衍射仪和光学显微镜分析了Batavia沉船遗骸中铁器表面凝结物的物相和形貌。他将凝结物分为外部灰白色区域和内部红棕色区域（包含90%以上的凝结物）两部分（图1）。外层区域与海水中的礁石材料成分基本相同，主要不同是凝结物中Fe含量高达2%（质量分数）。内部区域Fe含量高达50%（质量分数），而Ca、Mg含量大幅度下降，有时几乎难以测出。红色凝结物一般由直径为0.0001～0.0003μm大小的微粒组成，这些微粒主要由珊瑚、残骸碎片、软体动物、有孔虫等物质组成，主要成分是FeO(OH)（褐铁矿）、Fe_3O_4（磁铁矿）、$FeCO_3$（菱铁矿）和FeOCl，次要成分是$CaCO_3$（方解石）、SiO_2（石英）、FeS和S元素，偶尔发现有微量的NaCl、$CaSO_4·2H_2O$（石膏）。

Colin Pearson[7]运用250kV的X射线透视仪检测了来自澳大利亚东海Endeavour沉船遗骸中31件铁器，用Co^{60}发出的γ射线对其中两件锈层很厚的器物进行透射。图2、图3为一件炮架上的锻铁装置及其X射线照片，可看到锻铁装置的内部结构。Donny L.和Hamilton[8]认为在分析海洋出水大型铁器表面凝结物时，需用大型工业X射线透视仪，如260kVp水冷式Picker工业X射线透视仪。

North[6]还对来自澳大利亚Day Dawn沉船遗址的铁器凝结物和腐蚀产物作了分析，分析结果为：凝结物中含46.1%（质量分数）Fe，0.34%（质量分数）Na，7.9%（质量分数）Ca，0.33%（质量分数）Mg，2.2%（质量分数）SiO_2，<0.05%（质量分数）Cl；腐蚀产物中含60.8%（质量分数）Fe，0.06%（质量分数）Na，0.11%（质量分数）Ca，0.03%（质量分数）Mg，6.1%（质量分数）Cl。

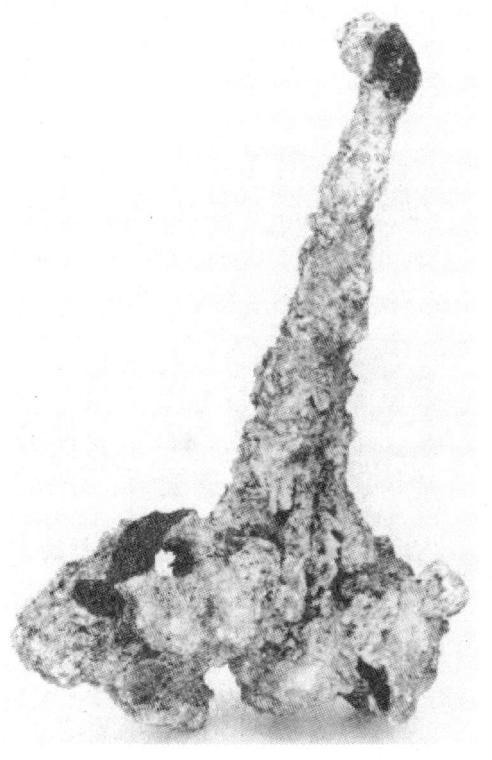

图2 表面附着珊瑚凝结物的锻铁装置[7]

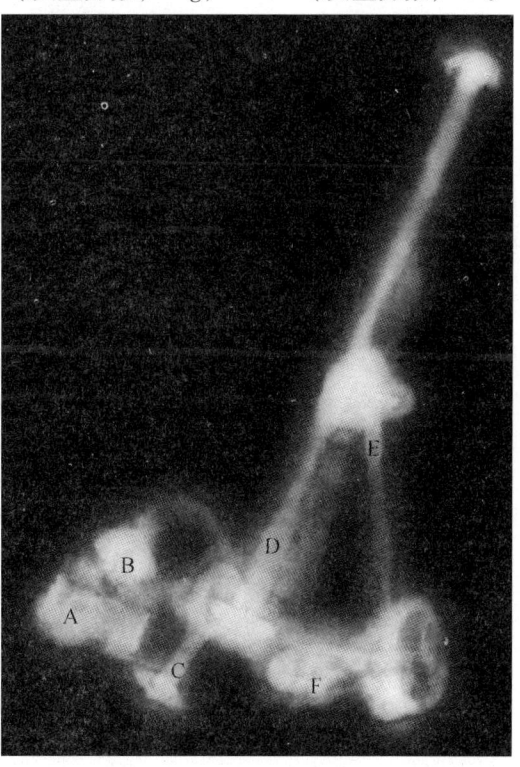

图3 锻铁装置的X射线照片
A. 铁环；B. 环首螺栓；C. 铆接板环；D. 螺栓底座；E. 接头螺栓；F. 铁环铆接板[7]

S. Turgoose[9] 运用 XRD 和红外光谱分析得出海洋出水铁器表面红褐色粉末为 β-FeOOH，他认为 β-FeOOH 不是铁器最初的腐蚀产物，而是器物从海里打捞出水后经干燥、氧化后形成的，这与 Mark R. Gilberg 和 Nigel J. Seeley 的观点相同。他还指出 β-FeOOH 的存在表明铁器持续发生着腐蚀。

North[10] 分析了海洋出水铁器的横截面组成（图4）。未完全锈蚀的器物芯部为纯金属，然后是部分锈蚀的铁本体及锈蚀产物，最外层为凝结物。金属表面氯含量为 1.5mol/L，而海水平均氯含量为 0.5mol/L；同样，金属表面的 pH 较高，达 4.8，而海水的 pH 为 8.2。

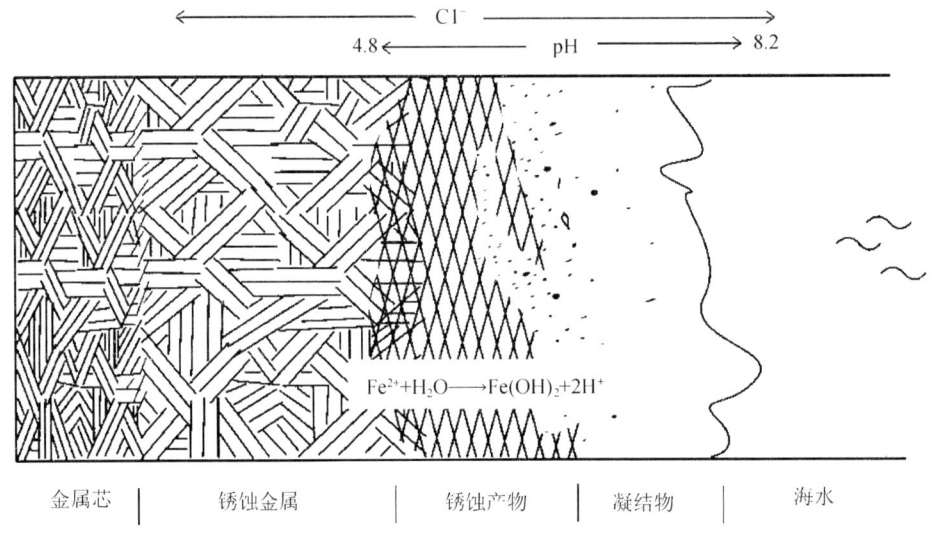

图4 海洋出水铁器横截面示意图[2]

Robinson 等[11] 对凝结物所作的成分分析结果与 North 的基本相同，他还提到在氧气相对稀少的环境下，凝结物中纤铁矿（γ-FeOOH）、磁铁矿（Fe_3O_4）和磁黄铁矿的含量较高。

Donald L. Johnson 等[12] 对 USS Arizona 沉船船体上的凝结物作了 XRD 物相分析，凝结物包括文石（$CaCO_3$）、菱铁矿（$FeCO_3$）和磁铁矿（Fe_3O_4）。船体内侧凝结物主要是 $FeCO_3$，Fe_3O_4 含量普遍较低；外侧凝结物主要是 $CaCO_3$，Fe_3O_4 含量较内侧高。这与 North 的研究结果一致。凝结物主要元素有 Fe、Ca、O、Cl、C 和 S。在凝结物和船体金属之间有一薄层含氧矿物（厚 2~5mm），主要成分包括四方纤铁矿 [$Fe_8(O,OH)_{16}Cl_{1.3}$]、水合氯化铁（$2FeCl_{3.7}H_2O$）、针铁矿（α-FeOOH）、纤铁矿（γ-FeOOH）和磁铁矿（Fe_3O_4）。

张威、吴春明[13] 认为海洋出水铁器表面凝结物由氧化镁（MgO）、碳酸钙（$CaCO_3$）、金属锈蚀物、泥沙、贝壳、珊瑚、藤壶虫壳等混杂而成。

三、"华光礁Ⅰ号"沉船出水铁器凝结物的分析研究

1. "华光礁Ⅰ号"沉船出水铁器样品

西沙群岛"华光礁Ⅰ号"是一艘南宋时期的古代远洋贸易商船，是中国目前在远海海域发现的第一艘古代船体。沉船遗址位于西沙群岛永乐群岛南部的华光礁环礁内侧，于 1996 年发现。"华光礁Ⅰ号"沉船反映了古代中国与周边国家友好往来以及促进世界文明发展的历史[14]。

提取"华光礁Ⅰ号"沉船遗址出水的19件铁器（包括单件和复合件）作为研究对象（图5；图版20）。5件为单件（图5中HTQ-5～HTQ-9），均有不同程度的缺损，表面覆盖有一层薄薄的白色凝结物，质地十分坚硬，且与本体黏合十分紧密；14件包含有多个内容物，表面凝结物有钙质凝结物和铁锈蚀物两类，钙质凝结物呈白色，铁锈蚀物呈黄褐色、红色、红褐色和黑色等。

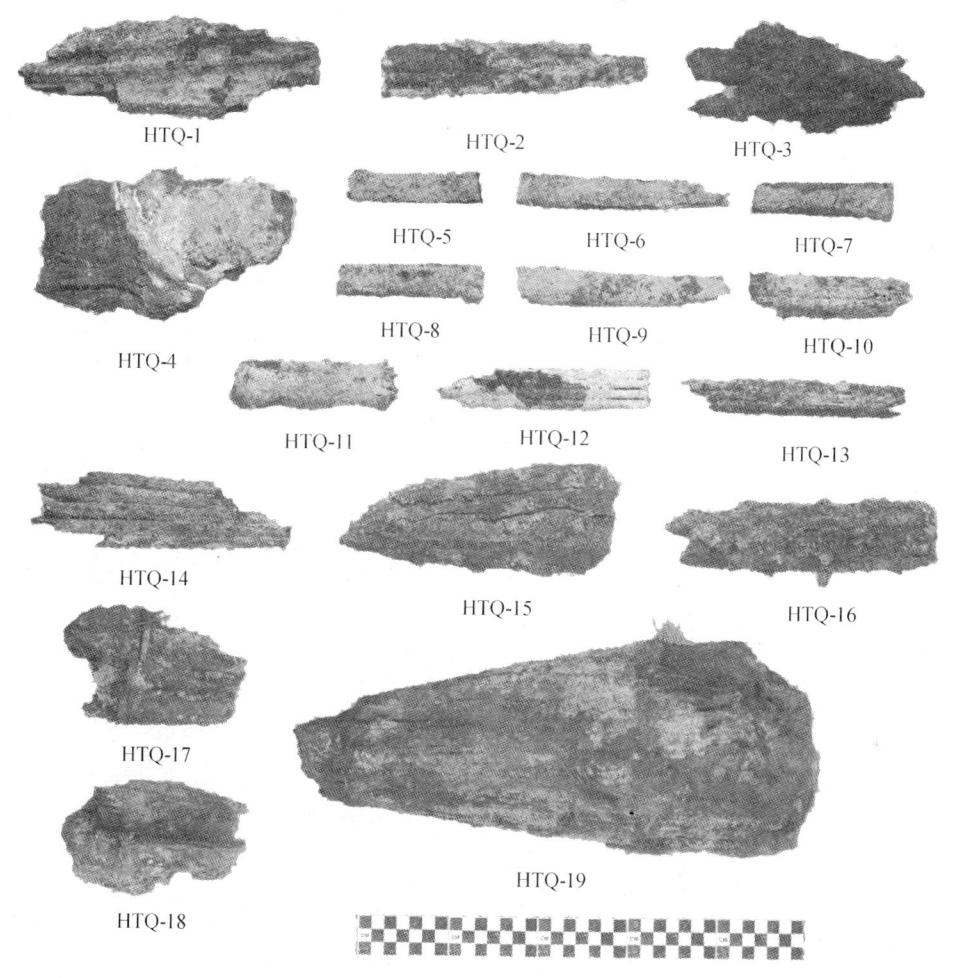

图5 "华光礁Ⅰ号"沉船出水铁器样品

2. 样品制备与分析仪器

1）样品制备

将铁刀表面的部分钙质凝结物或铁锈蚀物刮除下来，研磨制成粉末样品，进行XRF和XRD分析。

用金刚砂切片机从铁刀残件上切割小块试样，在垂直于表面的方向上用电木粉（酚醛树脂）包埋制成金相样品，并经打磨抛光，用于扫描电镜观察和能谱分析。用金相样品进行矿相观察和拉曼光谱分析。

2）分析仪器

工业CT：扫描电压440kV，电流9mA，

SOD（射线源扫描样品的距离）为730mm，ODD（扫描样品到探测器的距离）为230mm。

X射线荧光仪：日本岛津EDX-800HS X射线荧光仪，铑靶（Rh），电压Ti-U 50kV；Na-Sc 15kV，测试环境为真空，测试时间200s。

扫描电镜和能谱仪：日立公司S-3600N型扫描电镜（SEM）；EDAX公司Genesis 2000XMS型X射线能谱仪。

X射线衍射仪：日本理学RINT2000 X射线衍射仪，铜靶，狭缝DS = SS = 1°，RS = 0.15mm；电压40kV，电流40mA。

拉曼光谱仪：美国Thermo Nicolet公司Almega型共焦显微拉曼光谱仪，配有Olympus共焦显微镜，光学镜头×50，狭缝宽度25μm，激光器532nm、780nm。

金相显微镜：日本Olympus。

3. 凝结物分析研究

1）X射线透视

使用软X射线仪对部分包含物复杂的铁器样品拍照，并使用工业CT对HTQ-4样品扫描获取断层图像（图6、图7，图版21）。

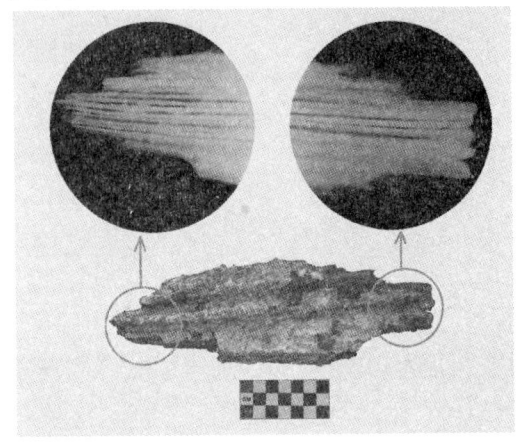

图6 "华光礁Ⅰ号"出水铁器样品软X射线照片(HTQ-1)

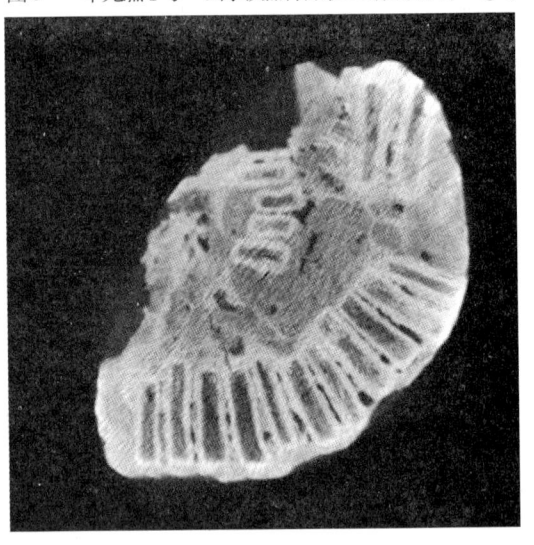

图7 "华光礁Ⅰ号"出水铁器样品及CT扫描图（HTQ-4）

通过X射线拍照大致确定了凝结物所包含器物的数量、位置、形貌和保存状况及凝结物的厚度等。器物形似刀，内有中空夹层，堆放整齐有序。由图6可知HTQ-1样品中包含七八件器物，由图7结合其他CT扫描三维截图可知HTQ-4样品中包含二十一二件大小不等的器物。

2）X射线荧光分析

用X射线荧光仪分析了取自8件铁器上的15个锈蚀样品，分析结果见表2。

表2 铁器锈蚀 X 射线荧光分析结果（单位:%（质量分数））

成分 样品	Fe	Ca	Cl	S	Si	Mn	取样位置
HTQ-8-C	96.28	3.21	—	—	0.51	—	表面端部
HTQ-12-B	98.54	0.45	—	1.01	—	—	表面中部
HTQ-12-C	98.28	0.61	—	0.70	0.41	—	表面端部
HTQ-14-A	96.84	1.86	—	0.85	0.46	—	表面端部
HTQ-15-A	84.39	0.23	8.49	6.47	0.42	—	表面端部
HTQ-15-Z	89.18	—	8.83	1.60	0.39	—	器物之间
HTQ-16-A	81.63	0.44	10.53	6.91	0.49	—	表面端部
HTQ-16-C	88.94	0.95	10.12	—	—	—	表面中部
HTQ-16-Z	90.80	—	8.21	0.53	0.29	0.17	器物之间
HTQ-17-B	91.72	3.75	—	3.66	0.72	0.15	表面中部
HTQ-17-Z	82.99	0.32	8.96	6.14	0.59	—	器物之间
HTQ-18-B	76.93	3.91	14.22	4.72	—	0.21	表面中部
HTQ-18-C	68.96	2.11	17.98	10.72	0.23	—	表面端部
HTQ-18-Z	84.83	0.74	8.13	5.59	0.71	—	器物之间
HTQ-19-A	75.62	0.85	12.77	10.23	0.39	0.14	表面中部

注：表中"—"代表未检出。

由铁器表面锈蚀 XRF 分析可知："华光礁Ⅰ号"沉船出水铁器表面铁锈包含 Fe、Ca、Cl、S、Si、Mn 等元素，锈蚀样品中普遍含 Ca。HTQ-15、HTQ-16、HTQ-17、HTQ-18、HTQ-19 中均检测出较高含量的 Cl，S 的相对含量不等，Si 的相对含量较少，部分样品中含微量的 Mn。对比 HTQ-15、HTQ-16、HTQ-17、HTQ-18 铁器表面和器物之间的锈蚀成分，发现两个部位的铁锈成分种类基本相同，含量相差不大。

3）扫描电镜分析

用扫描电镜与能谱仪对 6 件铁器上的 7 块样品锈层进行形貌观察及能谱分析，分析结果见表3和图8、图9。

表3 扫描电镜能谱分析结果

样品	描述	分析结果（质量分数）/%							图号
		Fe	Ca	Si	S	Al	Cl	K	
HTQ-9	EDX 1	100.00	—						图9（a）
	EDX 2	—	100.00						
	EDX 3	32.62	67.38						
HTQ-11-A	EDX 1	67.53	0.27	0.55	0.54				
HTQ-14	EDX 1	97.65	—	0.68		1.00	0.68		
HTQ-16-A	EDX 1	82.53		1.20			15.93	0.34	
	EDX 2	90.79		1.67			7.54		
	EDX 3	75.43		0.43			24.14		
HTQ-16-B	EDX 1	71.73		1.16		1.43	25.68		
	EDX 2	59.52		0.69		11.32	28.47		
HTQ-17	EDX 1	100.00							图9（b）
	EDX 2	86.91	10.14	—			2.95		

注：表中"—"代表未检出。

(a) HTQ-11锈蚀样品微观形貌。呈粒状或块状,根据其微观形貌特征和XRD分析判断为磁铁矿[15,16]

(b) HTQ-10锈蚀样品微观形貌。呈细小针状结晶,根据其微观形貌特征和XRD分析判断为针铁矿[15,16]

图8 "华光礁Ⅰ号"铁器锈蚀微观形貌

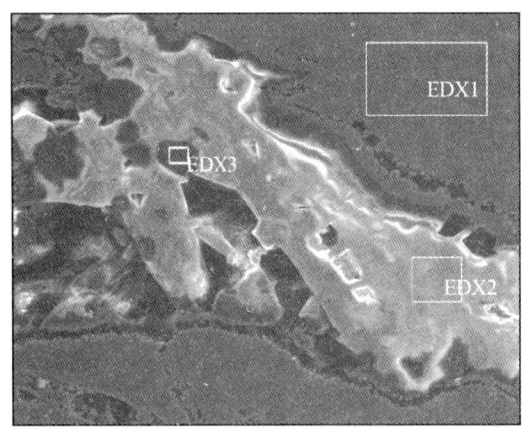 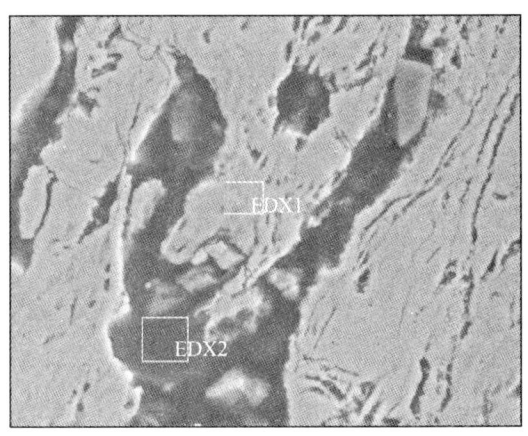

(a) HTQ-9 EDX1,铁锈蚀;EDX2,钙质凝结物;EDX3,Ca含量(质量分数)67.38%,Fe含量(质量分数)32.62%

(b) HTQ-17 EDX1,铁锈蚀;EDX2,凝结物,Ca含量(质量分数)10.14%,Cl含量(质量分数)2.95%,Fe含量(质量分数)86.91%

图9 "华光礁Ⅰ号"铁器样品扫描电镜图

通过扫描电镜观察锈蚀样品的矿物形貌,图8(a)为HTQ-11样品中观察到的磁铁矿微观形貌,图8(b)为HTQ-10样品中观察到的针铁矿微观形貌。由能谱分析可知,锈蚀物中含有较高含量的Cl,不同样品中Cl含量差别较大,这与XRF分析结果一致;含有少量Si、Al及微量S和K。图9(a)的能谱分析在一定程度上说明样品表面钙质凝结物和铁锈蚀物之间发生了扩散作用。

4) X射线衍射分析

用X射线衍射仪分析了取自14件铁器上28个样品,分析结果见图10、图11,表4、表5。

"华光礁Ⅰ号"沉船遗址出水铁器表面钙质凝结物一般呈白色或浅黄色,厚0.5~3mm,质地坚硬,有时夹杂贝壳、虫壳等海洋生物遗骸。X射线衍射分析结果表明,钙质凝结物主要含文石($CaCO_3$)、

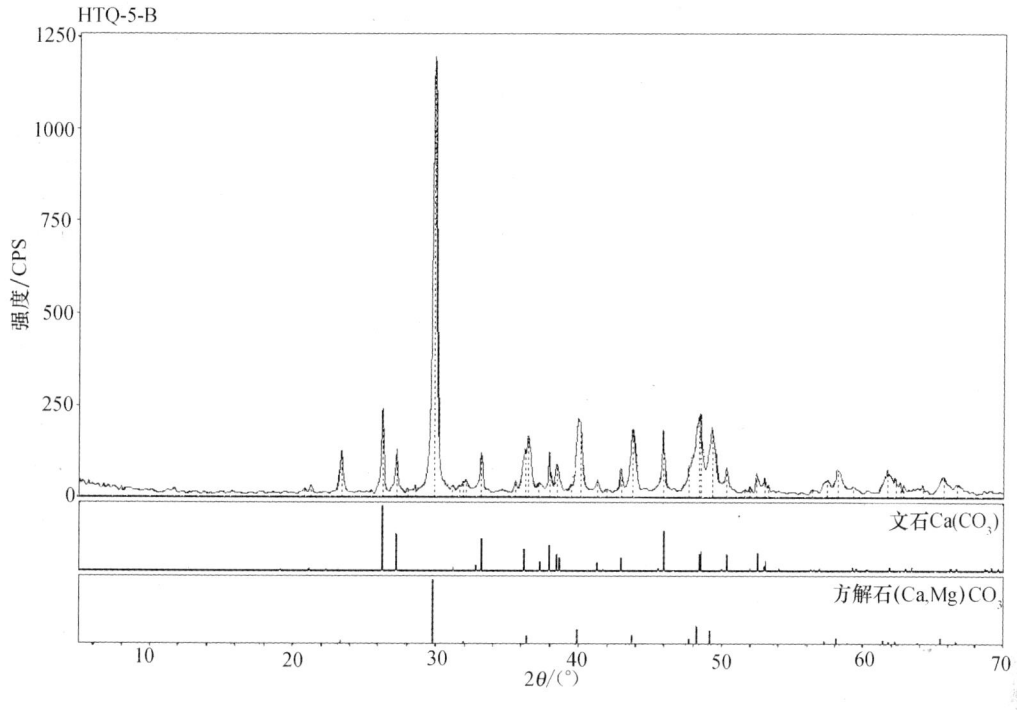

图10 "华光礁Ⅰ号"铁样 X 射线衍射谱图（HTQ-5-B）

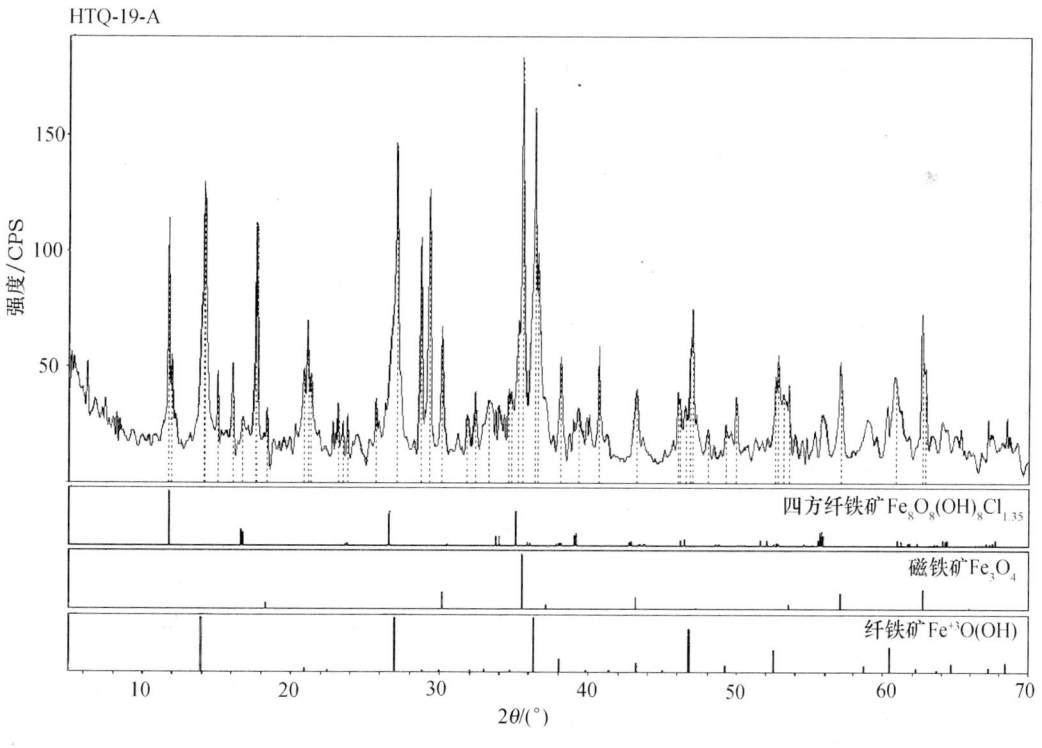

图11 "华光礁Ⅰ号"铁样 X 射线衍射谱图（HTQ-19-A）

表 4　钙质凝结物 X 射线衍射分析

样品编号	取样位置	样品描述	主要物相（含量由高到低）
HTQ-5-A	表面中部	白色薄层凝结物（≤2mm），质地坚硬	$(Ca, Mg)CO_3$、$CaCO_3$
HTQ-5-B	表面端部	白色薄层凝结物（≤2mm），质地坚硬	$(Ca, Mg)CO_3$、$CaCO_3$
HTQ-6	表面	白色薄层凝结物（≤1mm），质地坚硬	$CaCO_3$、$(Ca, Mg)CO_3$
HTQ-8-A	表面中部	白色薄层凝结物（≤1mm），质地坚硬，靠近铁本体部位尤其坚硬	$Ca(Mn, Ca)(CO_3)_2$
HTQ-9-A	表面中部	白色薄层凝结物（≤3mm），质地坚硬，靠近铁本体部位尤其坚硬	$Ca(Mn, Ca)(CO_3)_2$、$CaCO_3$
HTQ-9-B	表面端部	白色薄层凝结物（≤3mm），质地坚硬	$(Ca, Mg)CO_3$、$CaCO_3$
HTQ-10-A	器物之间	白色凝结物，质地坚硬，内部夹杂贝壳、虫体遗骸等	$CaCO_3$
HTQ-10-B	表面端部	白色凝结物（≤3mm），质地松软	$CaCO_3$
HTQ-11-B	表面端部	浅黄色薄层凝结物（≤3mm），质地十分坚硬	$CaCO_3$、$(Ca, Mg)CO_3$
HTQ-11-C	表面端部	浅黄色薄层凝结物（≤3mm），质地十分坚硬	$CaCO_3$
HTQ-12-A	表面中部	白色薄层凝结物（≤2mm），质地坚硬	$CaCO_3$
HTQ-13	器物之间	白色薄层凝结物，质地坚硬	$CaCO_3$、$(Ca, Mg)CO_3$
HTQ-14-B	表面	白色薄层凝结物（≤1mm），质地坚硬	$CaCO_3$、$(Ca, Mg)CO_3$

表 5　铁锈 X 射线衍射分析

样品编号	取样位置	样品描述	主要物相（含量由高到低）
HTQ-8-C	表面端部	红褐色铁锈	$\alpha\text{-FeOOH}$、Fe_2O_3
HTQ-12-B	表面中部	黑色铁锈	Fe_3O_4
HTQ-12-C	表面端部	黄褐色铁锈	$\alpha\text{-FeOOH}$
HTQ-14-A	表面端部	黑色铁锈	Fe_3O_4
HTQ-15-A	表面端部	红褐色、黑色铁锈	Fe_3O_4、$Fe_8(O, OH)_{16}Cl_{1.3}$、$\gamma\text{-FeOOH}$、$\alpha\text{-FeOOH}$
HTQ-15-Z	器物之间	黄褐色铁锈	$Fe_8(O, OH)_{16}Cl_{1.3}$、$\alpha\text{-FeOOH}$
HTQ-16-A	表面端部	红褐色、黑色铁锈	Fe_3O_4、$Fe_8(O, OH)_{16}Cl_{1.3}$、$\alpha\text{-FeOOH}$、$\gamma\text{-FeOOH}$
HTQ-16-C	表面中部	红褐色、黑色铁锈	Fe_3O_4、$\gamma\text{-FeOOH}$、$Fe_8(O, OH)_{16}Cl_{1.3}$、$\alpha\text{-FeOOH}$
HTQ-16-Z	器物之间	黄褐色、黑色铁锈	$Fe_8(O, OH)_{16}Cl_{1.3}$、$\alpha\text{-FeOOH}$、Fe_3O_4
HTQ-17-B	表面中部	红褐色、黑色铁锈	$\gamma\text{-FeOOH}$、Fe_3O_4、$Ca(Mn, Ca)(CO_3)_2$、$Fe_8(O, OH)_{16}Cl_{1.3}$、$\alpha\text{-FeOOH}$
HTQ-17-Z	器物之间	红褐色铁锈	$Fe_8(O, OH)_{16}Cl_{1.3}$、$\alpha\text{-FeOOH}$
HTQ-18-B	表面中部	红褐色铁锈	$\gamma\text{-FeOOH}$、$Fe_8(O, OH)_{16}Cl_{1.3}$、$\alpha\text{-FeOOH}$
HTQ-18-C	表面端部	黑色铁锈	$Fe_8(O, OH)_{16}Cl_{1.3}$
HTQ-18-Z	器物之间	红褐色铁锈	$Fe_8(O, OH)_{16}Cl_{1.3}$、$\alpha\text{-FeOOH}$
HTQ-19-A	表面中部	红褐色铁锈	$Fe_8(O, OH)_{16}Cl_{1.3}$、$\gamma\text{-FeOOH}$、Fe_3O_4、$\alpha\text{-FeOOH}$

方解石［$(Ca, Mg)CO_3$］，部分样品中含有锰白云石［$Ca(Mn, Ca)(CO_3)_2$］。由表4中HTQ-8-A、HTQ-9-A可知含锰白云石的凝结物质地尤为坚硬；铁的锈蚀物主要包括磁铁矿（Fe_3O_4）、针铁矿（$\alpha\text{-FeOOH}$）、四方纤铁矿［$Fe_8(O, OH)_{16}Cl_{1.3}$］、纤铁矿（$\gamma\text{-FeOOH}$）和赤铁矿（Fe_2O_3）等。对比HTQ-15、HTQ-16、HTQ-17、HTQ-18铁器表面和器物之间锈蚀物可知，两个部位铁锈所含矿物类型基本相同。

5）拉曼光谱分析与矿相观察

对5个样品（17个点）的断面进行显微拉曼分析，在金相显微镜暗场下观察其锈层矿相，根据矿相照片用拉曼光谱仪对锈蚀进行逐层分析。分析结果见图12、图13，表6。

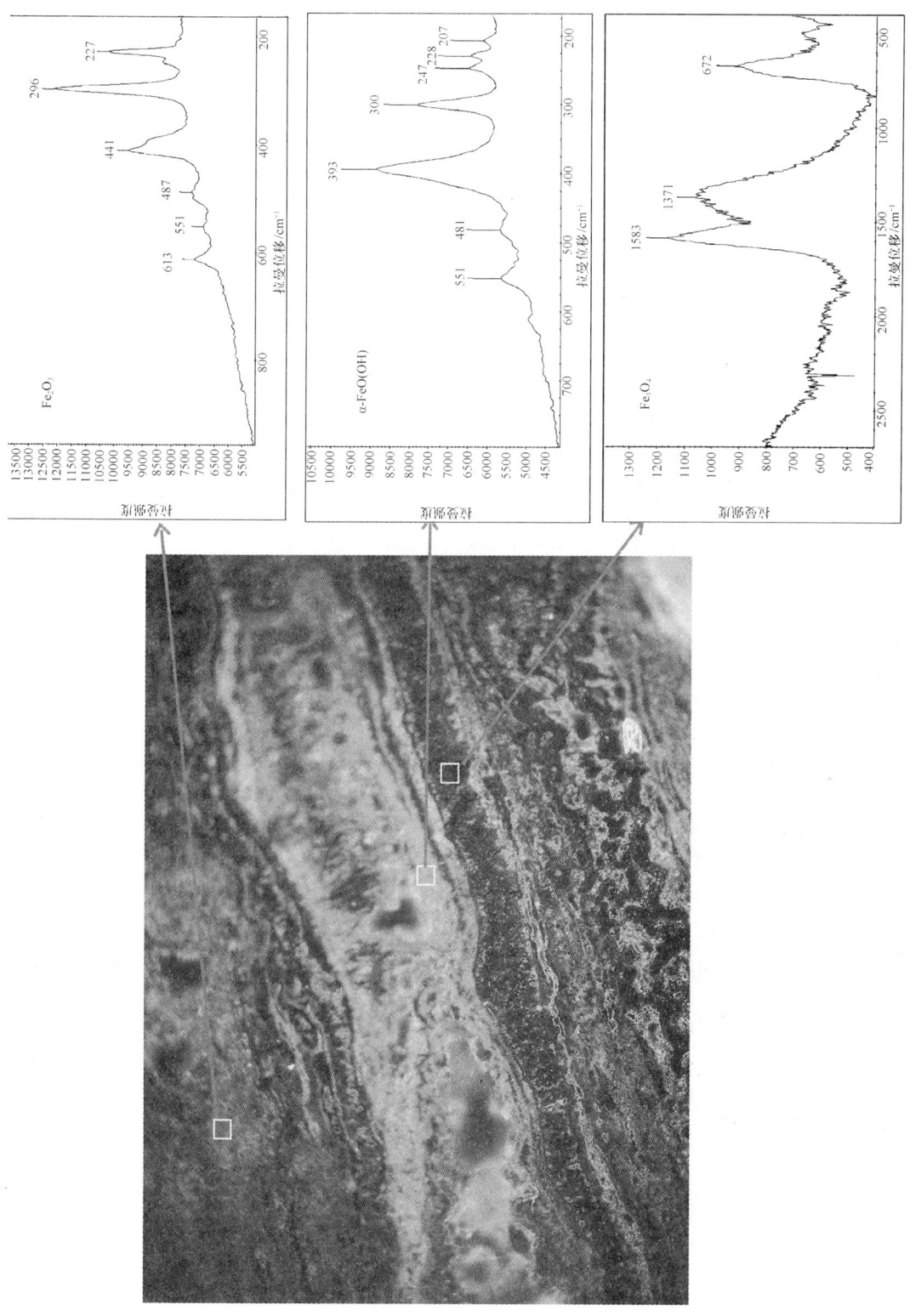

图 12 HTQ-9 铁器样品锈层截面矿相照片及拉曼谱图

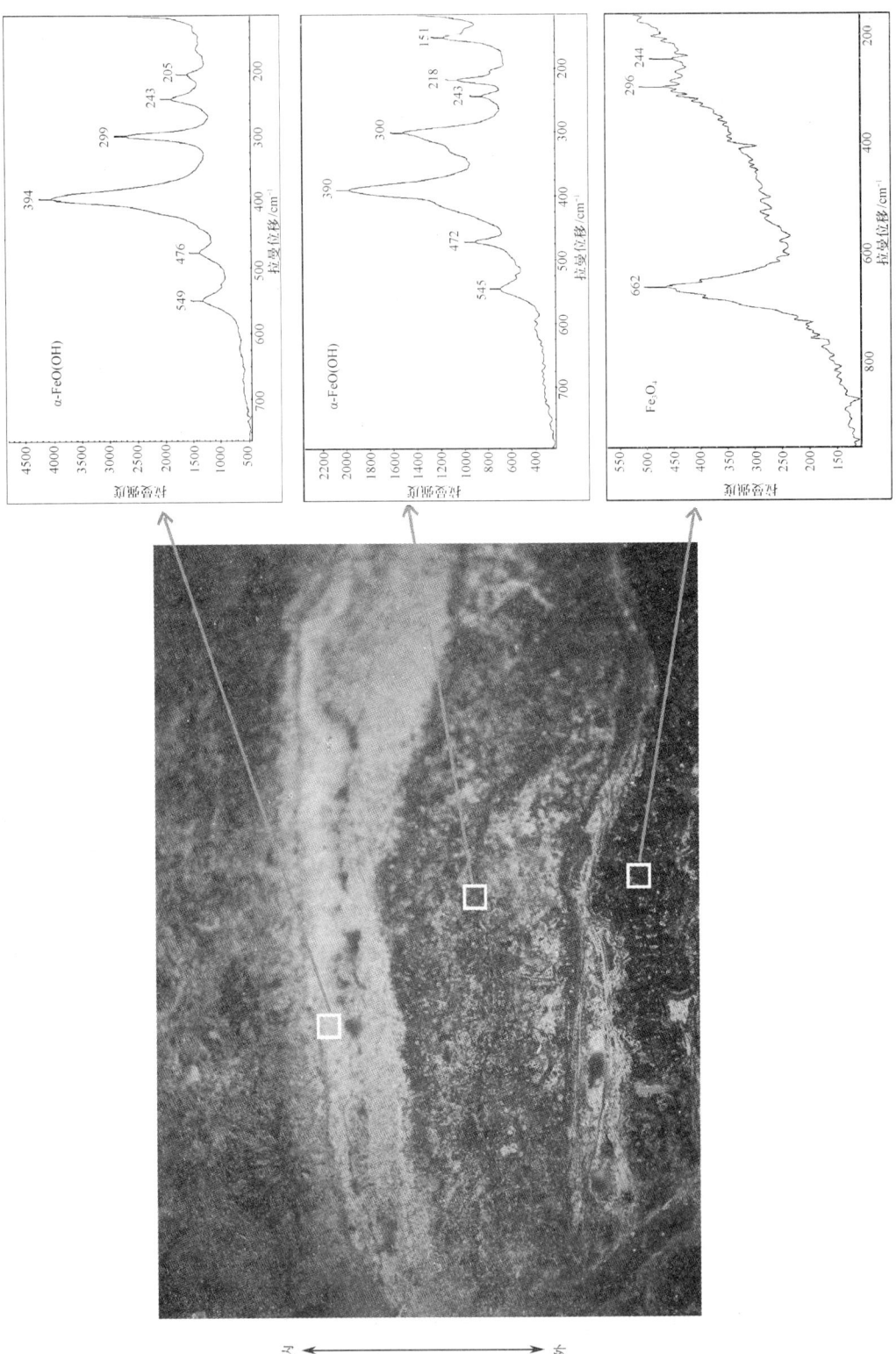

图 13　HTQ-16 铁器样品锈层截面矿相照片及拉曼谱图

表6 铁锈拉曼光谱分析

样品编号	分析区域	样品描述	拉曼吸收峰/cm^{-1}	分析结果
HTQ-9	断面	黑色锈蚀	367 (m), 503 (w), 692 (s), 1377 (m), 1587 (w)	Fe_3O_4
	断面	黑色锈蚀	301 (w), 672 (m), 1371 (m), 1583 (s)	Fe_3O_4
	断面	黄褐色锈蚀	205 (w), 247 (w), 300 (m), 393 (vs), 481 (w), 545 (w)	α-FeO(OH)
	断面	黄褐色锈蚀	207 (w), 228 (w), 247 (w), 300 (s), 393 (vs), 481 (w), 551 (w)	α-FeO(OH)
	断面	红色锈蚀	227 (s), 296 (vs), 411 (s), 487 (w), 551 (w), 613 (w)	Fe_2O_3
HTQ-15	断面	黑色锈蚀	210 (w), 668 (m)	Fe_3O_4
	断面	红褐色锈蚀	142 (w), 311 (s), 391 (s), 497 (w), 536 (w), 605 (w)	α-FeO(OH)
	断面	黄褐色锈蚀	152 (w), 210 (w), 222 (w), 245 (w), 300 (m), 390 (s), 476 (w), 547 (w)	α-FeO(OH)
HTQ-16	断面	黑色锈蚀	296 (w), 662 (s)	Fe_3O_4
	断面	黄褐色锈蚀	205 (w), 243 (w), 299 (m), 394 (s), 476 (w), 549 (w)	α-FeO(OH)
	断面	红褐色锈蚀	151 (w), 218 (w), 243 (w), 300 (m), 390 (s), 472 (w), 545 (w)	α-FeO(OH)
HTQ-17	表面	黄褐色锈蚀	136 (w), 217 (w), 310 (m), 391 (m), 409 (w), 470 (w), 537 (w)	α-FeO(OH)
	断面	黄褐色锈蚀	153 (w), 221 (w), 243 (w), 300 (m), 390 (m), 435 (w), 473 (w), 542 (w)	α-FeO(OH)
	断面	红褐色锈蚀	153 (w), 221 (w), 242 (w), 298 (w), 390 (w), 474 (w), 539 (w)	α-FeO(OH)
HTQ-19	表面	黑色锈蚀	301 (w), 662 (s)	Fe_3O_4
	表面	黄褐色锈蚀	217 (w), 249 (s), 309 (w), 347 (w), 376 (m), 526 (w)	γ-FeO(OH)
	表面	红色锈蚀	217 (w), 249 (s), 310 (w), 346 (w), 378 (m), 525 (w)	γ-FeO(OH)

注:vs,很强;s,强;m,中;w,弱。

根据文献[17,18]分析拉曼谱图,结合矿相观察结果表明,黄褐色、红色至红褐色的锈蚀主要是α-FeO(OH)和Fe_2O_3,有少量的γ-FeO(OH),黑色锈蚀主要是Fe_3O_4。这与XRD分析结果基本一致,如XRD分析检出HTQ-15、HTQ-16均含有Fe_3O_4、β-FeO(OH)、γ-FeO(OH)、α-FeO(OH),拉曼分析检出HTQ-15、HTQ-16含有Fe_3O_4、α-FeO(OH);XRD分析检出HTQ-19含有β-FeO(OH)、γ-FeO(OH)、Fe_3O_4、α-FeO(OH),拉曼分析检出HTQ-19含有γ-FeO(OH)、Fe_3O_4。拉曼分析法未检出β-FeO(OH)。

4. 讨论

根据XRF和扫描电镜能谱分析可知:"华光礁Ⅰ号"沉船出水铁器表面锈蚀物成分包括Fe、Ca、Cl、S、Si、Al、K、Mn,其中Cl的相对含量较高,S的相对含量各样品差别较大,Ca、Si、Al相对含量较少,部分样品中含微量的Mn和K。

根据XRD和拉曼光谱分析可知:出水铁器表面钙质凝结物主要为文石($CaCO_3$)和方解石[(Ca,Mg)CO_3],部分样品中含锰白云石[Ca(Mn,Ca)(CO_3)$_2$],其中含锰白云石的凝结物质地较为坚硬;铁的锈蚀物主要为磁铁矿(Fe_3O_4)、针铁矿(α-FeOOH)、四方纤铁矿[Fe_8(O,OH)$_{16}Cl_{1.3}$]、纤铁矿(γ-FeOOH)和赤铁矿(Fe_2O_3),结合矿相观察可知黄褐色、红色至红褐色的锈蚀主要是α-FeO(OH)、Fe_2O_3和β-FeO(OH),有少量的γ-

$FeO(OH)$，黑色锈蚀主要是 Fe_3O_4。对比铁器表面和器物之间的锈蚀成分和物相可知：两个部位的铁锈包含元素及矿物类型基本相同，这有利于凝结物去除方法的选择。

根据 XRF 和 XRD 分析结果（表 2、表 5）可知：凡是含 Cl 元素的样品中均存在 β-$FeO(OH)$，但 XRF 测得样品中 Cl 的相对含量较高，而 XRD 测得 β-$FeO(OH)$ 的相对含量较低，推测 Cl 元素可能以两种形式存在，一种存在于 β-$FeO(OH)$ 的晶格结构中，相对含量较低，另一种以自由 Cl^- 的形式存在，相对含量较高。

通过分析结果与文献的对比，可以看出，"华光礁Ⅰ号"沉船出水铁器样品的成分和物相与文献报道相似，相对含量与微量元素有所差异。未检测出文献中所提到的 $FeCO_3$ 和除四方纤铁矿外的其他含氯锈蚀物，如 $FeCl_3$、绿锈等。分析原因可能是由于这些含氯锈蚀物较不稳定，易转化成其他锈蚀产物。$FeCO_3$ 在潮湿空气中易水解生成 $Fe(OH)_2$，随后被氧化成 $Fe(OH)_3$，$Fe(OH)_3$ 在干燥环境下脱水分解生成 Fe_2O_3；同时，$FeOCl$、$FeCl_2$、$FeCl_3$、绿锈等多见于刚出水的器物中，易转化成 β-$FeOOH$、γ-$FeOOH$、Fe_3O_4 等锈蚀产物，而本文研究样品为出水一段时间后的铁器，因此未检出这些锈蚀物。除此之外，也可能与铁器所处海洋环境的特殊性有关。

四、结　　论

本文综述了目前国内外海洋出水古代铁器表面凝结物的性质、组成及其形成机理、分析方法等，运用多种分析方法对"华光礁Ⅰ号"沉船遗址出水部分铁器表面凝结物进行了物相分析和成分分析，分析结果表明，"华光礁Ⅰ号"沉船出水铁器表面锈蚀物成分包括 Fe、Ca、Cl、S、Si、Al、K、Mn，其中 Cl 的相对含量较高。出水铁器表面钙质凝结物主要为文石和方解石，部分样品中含锰白云石，其中含锰白云石的凝结物质地较为坚硬。铁的锈蚀物主要为磁铁矿、针铁矿、四方纤铁矿、纤铁矿和赤铁矿。铁器表面和器物之间锈蚀中包含的元素及矿物类型基本相同。

通过凝结物的分析以及与文献分析结果的对比研究，为凝结物的去除研究提供了理论基础和科学依据。

致谢：海南省博物馆邱刚馆长和高文杰主任提供了"华光礁Ⅰ号"沉船出水铁器样品，中国文化遗产研究院保护科学技术研究所高峰副研究员和北京科技大学冶金与材料史研究所程瑜同学给予帮助，在此一并表示感谢！

参 考 文 献

[1] North N A. Formation of coral concretions on marine iron. Int. J. Nautical Archeology and Underwater Exploration, 1976, (5): 253 – 258.

[2] David A. Scott and Gerhard Eggert. Iron and Steel in Art: Corrosion, Colourants, Conservation. London: Archetype Publications, 2009: 123 – 125, 136, 137.

[3] VandenHazel B J. The conservation of iron from shipwrecks. CIM Bulletin, 1989: 81 – 86.

[4] Eriksen H, Thegel S. Conservation of iron recovered from the sea. Tojhusmuseets Skrifter 8, Copenhagen, 1966, (8): 7 – 135

[5] Gilberg M R, Seeley N J. The identity of compounds containing chloride ions in marine iron corrosion products: a critical review. Studies in Conservation, 1981, (26): 50 – 56.

[6] North N A. Corrosion products on marine iron. Studies in Conservation, 1982, 27 (2): 75 – 83.

[7] Pearson C. The preservation of iron cannon after 200 years under the sea. Studies in Conservation, 1972, (17): 102.

[8] Hamilton D L. Methods of conserving archaeological material from underwater sites. Nautical archaeology program department of anthropology. Texas A & M University College Station. Texas, 1999: 54, 55.

[9] Turgoose S. Post-excavation changes in iron antiquities. Studies in Conservation, 1982, (27): 97 – 101.

[10] North N A. Conservation of metals. In: Pearson C. Ed. Conservation of Marine Archaeological Objects. London: Butterworths, 1987: 209 – 211, 223 – 227, 214 – 219, 248 – 252, 68 – 98.

[11] Cronyn J M, Robinson W S. The Elements of Archaeological Conservation. London, New York: Routledge, 1990: 181.

[12] Johnson D L, Wilson B M, Carr J D, et al. Corrosion of steel shipwrecks in the marine environment. Materials Selection&Design, 2006: 54 – 57.

[13] 张威, 吴春明. 海洋考古学. 北京: 科学出版社, 2007: 196, 197.

[14] 中国国家博物馆水下考古研究中心, 海南省文物保护管理办公室. 西沙水下考古. 北京: 科学出版社, 2005: 231, 232.

[15] 周乐光. 矿石学基础. 北京: 冶金工业出版社, 2002: 138, 139, 154.

[16] 克里斯·佩兰特. 岩石与矿物. 谷祖纲, 李桂兰 译. 北京: 中国友谊出版公司, 2007: 79, 94.

[17] Bouchard M, Smith D C. Catalogue of 45 reference raman spectra of minerals concerning research in art history or archaeology especially on corroded metals and coloured glass. Spectrochimica Acta Part A, 2003, (59): 2247 – 2266.

[18] de Faria D L A, Venancio Silva S, de Oliveira M T. Raman microspectroscopy of some iron oxides and oxyhydroxides. Journal of Raman Spectroscopy, 1997, (28): 873 – 878.

Research on the Composition of the Concretion Encrusting on Ancient Marine Iron

Liu Wei[1], Zhang Zhiguo[2], Li Xiuhui[1], Ma Qinglin[2]

(1. Institute of Historical Metallurgy and Materials, USTB Beijing 100083)
(2. Chinese Academy of Cultural Heritage Beijing 100029)

Abstract The concretions encrusting on the marine iron recovered from HuaguangJiao Ⅰ wreck of Southern Song Dynasty (12-13c A.D.), excavated from South China Sea, were analyzed using X-ray flaw detection, X-ray diffraction (XRD), X-ray fluorescence (XRF), Raman microscopy, metallographic microscopy and scanning electron microscopy and energy-dispersive X-ray spectrometry (SEM-EDX) to study the composition and structure of the concretion, which provide basic information for the removal methods of concretion in further research.

Keywords Conservation, Marine iron, Concretion, Analysis

北京市延庆县出土兵器的初步研究*

程 瑜[1] 李秀辉[1] 范学新[2]

（1. 北京科技大学冶金与材料史研究所 北京 100083）
（2. 北京市延庆县文化委员会 北京 102100）

摘要 为探讨北京延庆县出土元明时期各种兵器的材质和制作工艺等问题，采用金相显微镜和扫描电子显微镜（SEM）等方法分析了器物的显微组织及结构，结合实物表面观察结果，表明铁炮、三眼铁铳铳身、手雷为铸造制品，但炮箍、铳箍、铁镞及马镫是锻打而成。此地区出土兵器种类多样，表明在元明时期，延庆一带的军事布防对京师的安全有至关重要的作用。

关键词 北京，元明时期，兵器，冶金与材料史

本文研究对象包括北京市延庆县四海镇营盘遗址、大庄科、柳沟城、西屯农场等地出土的元明时期的各类兵器共31件，其中包括铁炮、三眼铁铳、手雷、铁箭头及铁马镫等，从中共取样品44个，各兵器出土地点见图1，取样情况见表1。

图1 延庆县四遗址地理位置示意图（五角星标示处）

---

* 基金项目：国家科技支撑计划项目（2006BAK20B03）。

表1 兵器出土地点及取样统计

铁器编号	年代	出土地点	器物总数	取样数
炮	明	四海镇营盘遗址、柳沟城	5	10
三眼铁铳	明	四海镇营盘遗址	1	5
手雷	明	四海镇营盘遗址	7	7
铁箭头	元	大庄科	14	14
铁马镫	汉？	西屯出土	4	8

本文拟通过采用金相显微镜（Neophot21）和扫描电子显微镜（Cambridge S-250MK3）和能谱仪（Link AN10000）等分析测试技术，对北京延庆县四海镇营盘遗址等地出土的元明时期的铁炮、三眼铁铳、手雷、铁箭头及铁马镫，进行分析研究，进而探讨其形制、金相特征及制作工艺特点等。

一、四海镇营盘、柳沟城遗址

四海镇火焰山营盘遗址位于四海镇石窑村东南3km的火焰山上，为明代遗址。遗址东西分别与外长城相连，北望黑坨山，东接九眼楼，南北为陡坡，西为断崖[1]。

该遗址出土兵器主要有石弹丸、铁弹丸、手雷和火铳等。其中铁质兵器主要有手雷、铁蒺藜、铁弹丸和三眼铁铳，共出土手雷22件，三眼铁铳2件。

井庄镇柳沟村遗址，始建于嘉靖三十年（1551年），设四门。万历二十四年（1596年）复增南关，为明代南山路边垣沿线重要的军事城堡。城墙大部分塌毁，其中北城门及部分北城墙保存较好，残存约270m。铁炮于2007年秋出土于距柳沟城北城墙100余米的9号农家院，系村民挖菜窖时偶然发现，其埋藏于约1m深的地下。

1. 兵器形制

1）铁炮

本文研究的5门铁炮，按其形制来看，铁炮1和2为三箍凸腹式，铁炮3和4为三箍厚尾式，炮5为其他类（图2、表2）。

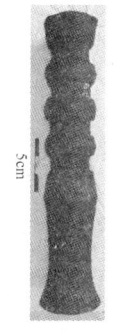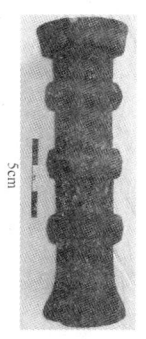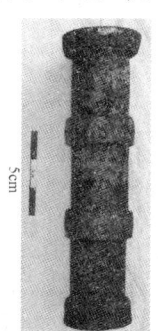

图2 炮2、炮3、炮5

表2 5尊铁炮尺寸统计

编号	高/cm	炮尾口径/cm	炮口内径/cm	炮口外径/cm
炮1	78.0	20.0	6.9	14.8
炮2	71.0	18.5	6.3	14.0
炮3	51.0	14.5	6.3	16.5
炮4	49.5	13.6	6.0	14.8
炮5	47.0	11.8	5.7	13.7

此次出土的5门铁炮应属轻型炮，尺寸较小，质量相对较轻。从行制上看，应早于以往研究较多的红夷炮等重型炮。

2）三眼铁铳

三眼铁铳表面锈蚀，由三支单铳绕柄平行箍合而成，成品字形，各有突起外缘，共用一个尾部。铳身有三道箍，药门为一圆孔，孔径3.5cm。柄端扁平，弯曲，上残留一圈铁环，一铁钉从柄端穿过，铁钉两端有垫片[1]。铁铳总长40.5cm，柄长15.5cm，铳身长25.5cm，主体被其上的3个箍分成了四部分，从左往右依次编号（图3），铁铳各部分详细数据如表3。单铳3上的主体3处有铭文，但已无法辨识。

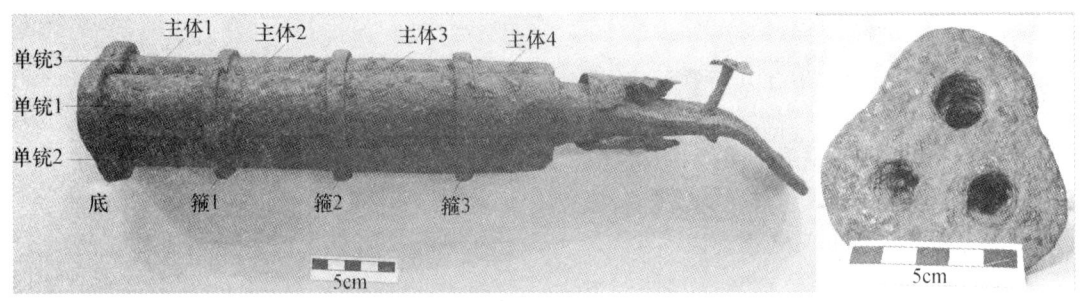

图3 LS-01 三眼铁铳主视图和侧视图

表3 三眼铁铳尺寸

编号	主体1长/cm	主体2长/cm	主体3长/cm	主体4长/cm	底厚/cm	箍1厚/cm	箍2厚/cm	箍3厚/cm	主体总长/cm
1-1	5.6	5.9	5.9	4.5	1.0	0.8	0.9	0.9	25.5
1-2	5.7	6.0	5.9	4.5	1.2	0.8	1.0	0.9	26.0
2-1	5.5	5.9	6.0	4.0	1.1	0.8	0.8	0.8	24.9
2-2	5.4	6.0	6.0	4.5	1.1	0.9	0.8	0.8	25.5
3-1	5.5	5.6	5.8	4.6	1.0	0.8	0.9	0.9	25.1
3-2	5.2	5.7	6.0	4.5	1.1	0.8	0.8	0.8	24.9

3）手雷

7个手雷表面锈蚀，一端作球形，有短柄，其口沿有引信孔，依据柄的长短可以分为A、B两型，A型柄较短，B型柄较长[1]。

SL-01号手雷身体部分有一破损；SL-02号手雷顶部有一个明显的浇口，通体有裂纹；SL-03号手雷有两个浇口，口沿处有缺损，底部范缝处有一小洞，且底部有一处呈长方形，推测为浇注时的垫片形状；SL-04号手雷有两个明显的浇口；SL-06号手雷口部缺损，有两个浇口，底部有浇注缺陷留下的气泡孔，底部范缝上有长条状洞；SL-07号手雷两个浇口凸起，且似在同一块范上（图4）。

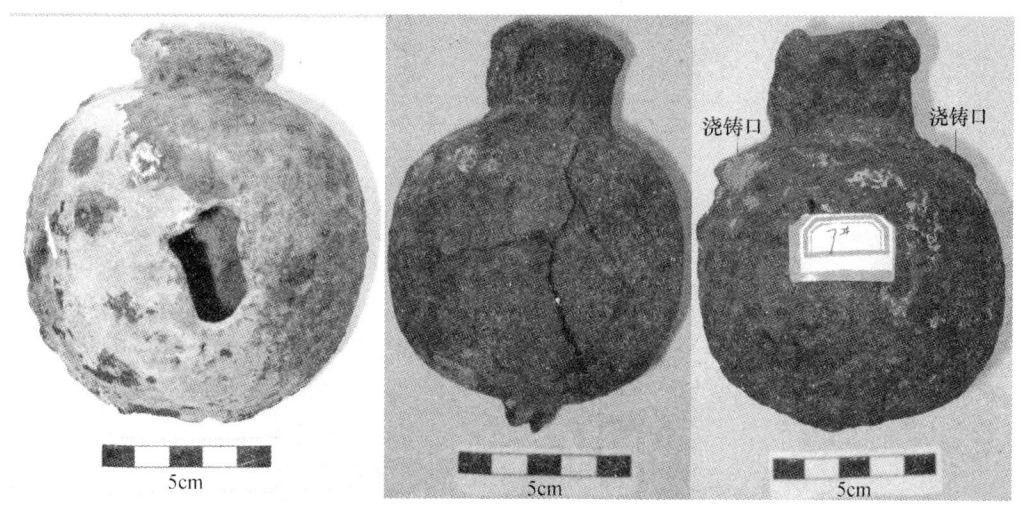

图 4 SL-01（左）、SL-02（中）、SL-07（右）号手雷

2. 兵器样品实验研究

1）铁炮

5 门火炮的金相组织都为铁素体基体，并有少量石墨析出，铁素体基体晶粒大小差别较大，晶粒度最大为 1 级，最小 4 级（表 4）。

表 4 铁炮样品金相组织观察结果

样品编号	取样位置	金相组织
P1-1	炮身第三箍上，与准星位置相对	铁素体基体，夹杂物较多较大
P1-2	炮身	粒状珠光体 + 铁素体 + 极少量石墨
P2-1	炮尾弧形处	珠光体基体 + 星点状石墨
P2-2	炮口外沿	部分珠光体 + 部分针状铁素体
P3-1	炮尾缺口	铁素体基体
P3-2	炮口外沿	铁素体 + 少量珠光体
P4-1	炮口外沿	铁素体 + 少量珠光体，晶粒边界处有极少量石墨
P4-2	炮尾外沿	铁素体基体 + 少量石墨。夹杂物数量很多，为小块颗粒状
P5-1	炮身下方，正对小洞处	铁素体 + 珠光体基体上有少量石墨
P5-2	炮口下边缘	铁素体基体，晶粒度较小

火炮的金相组织表明，火炮的炮身为铁素体或者铁素体加珠光体基体，且有少量石墨存在，为灰口铸铁；炮箍上则为熟铁组织，锻打而成；在炮的口沿处发现有退火组织，推测是由于铁炮在使用过程中的高温造成的。

2）三眼铁铳

三眼铁铳铳身完好，因此未在其上取样，样品多取自其箍及把等处（图5、图6）。

铁铳铳箍及把上垫片样品组织均为铁素体，含碳量（质量分数）低于0.1%，晶粒度大小有所差别（图5），锻打而成。铳身为以铁素体为基体的灰口铁，当中夹杂有少量石墨条（图6），铸造而成。

3) 手雷

所检测分析的7个手雷金相组织都是白口铸铁，为亚共晶白口铁，含碳量低于4.3%（图7、图8）。

白口铁性脆，硬度高，易于炸裂，满足手雷炸裂后利用碎片产生杀伤力的性能要求。

3. 炮铳及手雷相关问题讨论

明人茅元仪在天启年间所著《武备志》中，详录了所见的明代中期各种火器，并绘有器物图，但未见录有明代初期的火器。此次出土的几件火炮，造型简单，个体较小，制作较为原始，由此推测其可能为明初制品。

三眼铁铳则是传统火器改进后的产物，一门点燃，三铳齐发，使其威力大大增加，而且士兵携带方便，可大量用于装备步兵。对于骑兵来说，火器的作用相对有限，但三眼铁铳重量较轻却威力甚巨，也非常适合骑兵配备。因此明代时三眼铁铳已广泛用于各边防部队，用以加强防卫。

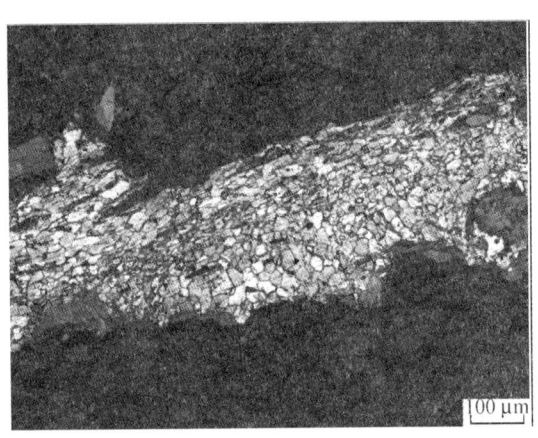

图5　三眼铁铳铳箍处的铁素体组织

图6　三眼铁铳顶部把的弯曲处，以铁素体为基体的灰口铁

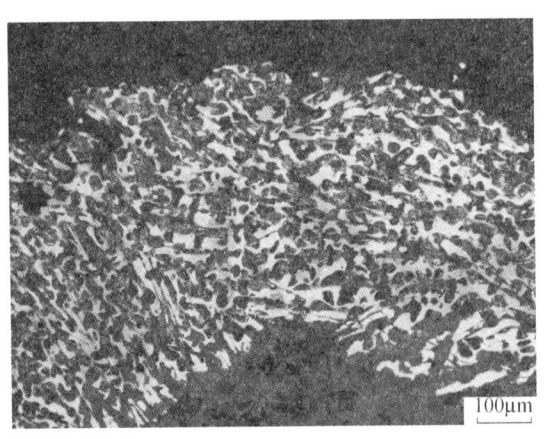

图7　手雷SL-01范缝与顶相交处的亚共晶白口铁组织

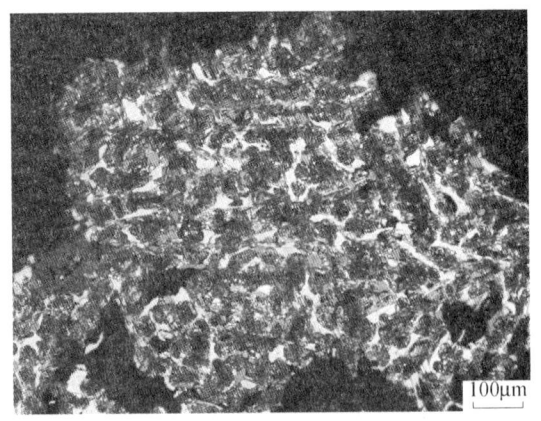

图8　手雷SL-07肩部的亚共晶白口铁组织

明代后期所记载的传统火药配方有很多种，其中《火龙神书》记载："火攻之药，硝、磺为君，木炭为之臣。""硝性主直，磺性主横，灰性主火。性直者，主远击，硝九而磺一。性横者，主爆击，硝七而硫三。"《火攻挈要》中关于火罐药方的记载："硝7两、硫3两、灰2两。"古代文献中对"灰"和"炭"没有严格的区分，因此可将"灰"视为"炭"。

根据《火攻挈要》中火罐药方的记载，换算后得到火药的一般配方为：硝（质量分数）58%，硫（质量分数）25%，炭（质量分数）17%。此即为明时手雷等爆炸性火器的配方。杨利等对黑火药的烟火效应和配方选择进行研究后表明，当硝含量（质量分数）为55%~80%，碳含量（质量分数）为10%~35%时，火药燃时短、燃速快，产生了较大热量与较高的火焰温度[2]，这一结果佐证了明时手雷火药配方的合理性。

手雷外径约8cm，壁厚0.5cm，则其内径为7cm，体积为135cm³，火药的密度为2.0g/cm³[3]，则手雷可装药量约270g，火药爆炸产生的爆热（假定爆炸在定容绝热压缩条件下进行，其爆热通常指定容爆热）为692kcal/kg；①爆炸产生的爆容（指1kg炸药爆炸所产生的气体折合为标准状态下的体积）249L/kg[4]。由此计算手雷中所装炸药爆炸后所产生的爆热为187kcal，爆容为67m³，爆压为107447N/cm²。由于手雷主要依靠爆炸后产生的碎片产生杀伤力，而火药爆炸时，将手雷壁炸裂所消耗的能量相较而言较少，可忽略不计，其绝大部分能量都转化成了手雷碎片的动能及热能。

由分析可知，该手雷能够在较短时间内点燃并快速燃烧，而且爆炸后产生巨大热量，瞬间爆炸后体积能迅速增加到67m³，并产生很大的压力，表明手雷具有较大的杀伤力。

延庆县出土的手雷顶部有明显的浇注口，且SL-03手雷底部有一处明显的长方形痕迹，推测为浇注时的垫片。根据对手雷外形的观察及材质的分析，推测其铸造时即可采用泥范铸造也可采用翻砂造型。泥范造型时，应先选择好分型面，因为手雷造型比较简单，因此分型面的选择也较为容易，即为手雷的纵剖面，之后制范和范芯（图9），将其制好后，进行合范（图10），这样铸造前的准备工作就已完成。将铁水从浇口注入，待其完全冷凝后，拆除范和芯，手雷就可铸成。

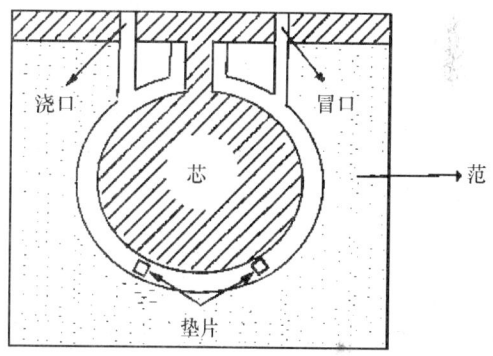

图9　手雷铸造—分型面示意图

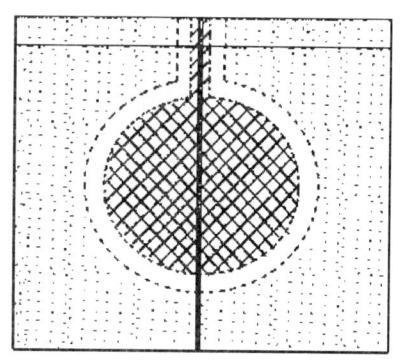

图10　手雷铸造合范后示意图

---

① 1cal=4.1900J。下同。

二、大庄科

北京延庆县大庄科乡出土的42件元代铁镞为圆锥镞20件和尖圆头双刃圆铤镞22件两种形制。铁镞残长在4~8cm，质量在6~10g。

1. 铁镞形制

圆锥镞根据其有无后关可将其分为带关圆锥镞和无关圆锥镞。尖圆头双刃圆铤镞根据其有无后关可将其分为带关尖圆头双刃圆铤镞和无关尖圆头双刃圆铤镞。

目前为止，尚未有关于北京地区所出土元代铁镞形制的研究文章发表，因此可供参考的资料甚少。可以肯定的是铁镞是否带关对铁镞的射程、穿透力及杀伤力等性能有一定的影响，但具体影响程度尚需进一步研究，才能得出结论。

2. 铁镞样品实验研究

从出土的42件铁镞中选取了14件进行了取样，占出土铁镞的1/3以上，其中11件为局部取样，6件取自镞刃部，5件取自铤尾部，3件为铁镞纵剖面，即从铁镞中部纵向剖开，取其一半作为样品。

根据对铁镞样品的金相观察和铁镞中夹杂物的研究结果表明，14件铁镞中D62、D64为块炼铁制品；D74为铸铁脱碳钢；其余铁镞为炒钢制品。其中D69和D81为夹钢制品；D70中不同部位的铁素体晶粒大小有很大差别，而不同部位夹杂物的含Mn量有很大差异，应为两块不同原料锻打在一起；D78中根据其含碳量不同分有十几层之多，总体铁镞中部含碳量较高，而两侧较低，刃的一侧夹杂物数量很多，而另一侧夹杂物则基本没有，推测其为不同原料的脱碳板材锻打而成。

3. 铁镞原材料及工艺讨论

元代自成吉思汗崛起漠北称雄之后，便重视兵器制造，至忽必烈即蒙古汗位后，便开始建立军事手工业机构。在各路、府、州、县，视原材料供应情况和战争的需求，设立了各种专业的司局等军器制造机构，并配置相应级别的官员进行管理[5]。由此可见，元朝时已形成了一个从大都到地方的军器制造与管理系统，从而对兵器的制造进行统一的生产和管理。

而铁镞作为一种在战争中消耗量极大的耗散型兵器，对其本身的回收再利用基本不可实现，出于对经济因素中制作成本等的考虑，对原材料的选择上应更加趋向于利用质量参差不齐的边角料，或者对其他废旧铁器进行回收后再用来制作铁镞。

目前尚未在出土铁镞上发现有夹钢工艺的应用。夹钢是在器物的刃口处锻焊上硬度较高的钢，使刃口在韧性较好的本体低碳钢保护下锋利耐久。我国至迟在3世纪，已开始应用夹钢工艺[6]。北宋沈括在《梦溪笔谈》中比较明确地记载了夹钢工艺的应用："古人以剂钢为刃，柔铁为茎干，不尔则多断折。剑之钢者，刃多毁缺，巨阙是也，固不可纯用剂钢。"明代宋应星《天工开物》中记载了更多用夹钢工艺制成的器物品种，大多用于制作农具。此种工艺应用在消耗量极大的铁镞上，说明夹钢工艺在元代已有了很大的发展，应用较为普遍。但此批铁镞中夹钢和本体钢锻接情况不好，表面出现有氧化皮，所以此处为极易锈蚀的地方。

三、西屯农场遗址

西屯农场遗址位于延庆农场范围内，在西屯村西。1985年延庆县公路局推鱼池时发现古墓葬8座，清理5座，多为方形砖室墓，券顶，出土铜镜、陶罐等文物14件。1997年8月在农场牛场引水渠施工中，又发现长方形砖室墓1座，南北向，出土陶猪、陶灶、陶罐等文物8件。

从墓葬形制和出土文物初步推断为汉、唐墓。结合近几年的考古发掘，可以断定在延庆农场辖区内应遗有大量的汉、唐墓葬。

1. 马镫形制

延庆西屯出土的铁马镫4件。D135马镫（图11）通体锈蚀，但整体完好。马镫通高17cm，环高12cm，环宽6cm，柄中部有一长方形拴革带的孔，孔长2cm，高1cm。足踏处最宽处12cm，最窄处2cm。D136（图12）马镫锈蚀较为严重，镫环足踏处已断裂。马镫通高16cm，环高12cm，环上窄下宽，柄中部有一不规则长方或正方形（也许因锈蚀所致）拴革带的孔，孔长2cm，高1.7cm。足踏处残留宽5cm。

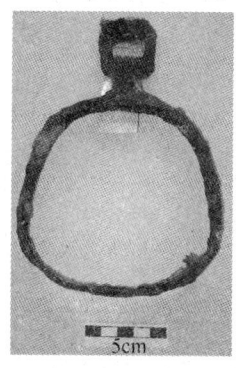 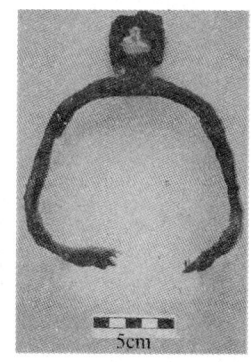

图11　D135马镫　　图12　D136马镫

D135和D136的镫环为由A型发展而来的椭圆形，镫环由"心"形变为横椭圆形，是因为受B型古式镫的影响，作为实用镫，足踏部分的内侧突出不利于足踩踏，从而使A型镫改良成为椭圆形镫环[7]。此镫与我国之前发现镫的明显不同之处在于，镫柄很短，只有3~4cm，柄上部为直角，与之前镫柄上圆下方不同；拴革带的孔形状规则，基本在柄的中部；在柄与环之间出现了相对于柄窄1cm左右的连接处，这些特征表明，在此时期镫的形制有了进一步发展。

D137（图13）和D138（图14）形制相同，为特异型。两马镫完全锈蚀，且脚踏处已锈蚀的所剩无几，基本已无法辨识。但该镫环与D135和D136的镫环相比较宽，且没有柄，而是在其镫环的中部有孔，用来拴革带。这样的悬系方式，可以使马镫更加易于控制，使骑乘在马上的人，活动更加灵活自如，因此该型马镫相较于D135和D136镫更加进步，应是其更进一步发展的结果。

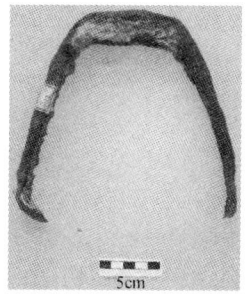 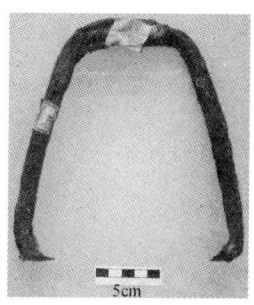

图13　D137马镫　　图14　D138马镫

2. 马镫样品实验研究

马镫D135和D136样品中，大部分已锈蚀，残留金属很少，可以从这少量金属中看出其结构。

由于马镫D137和D138已完全锈蚀，没能取到带基体的样品，因此只能对马镫D135和D136的金相组织进行观察，两马镫的镫环都为铁素体基体，没有珠光体存在，含碳量（质量分数）低于0.1%，组织的晶粒度从2级到5级不等（图15、图16、图18），为熟铁；但D136拴革带的孔的组织中出现了魏氏组织，含碳量不均匀，最低处含碳量（质量分数）约0.3%，最高处含碳量（质量分数）约0.8%（图17），为钢。

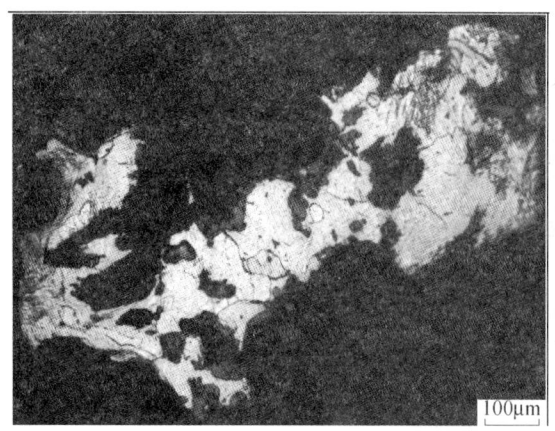
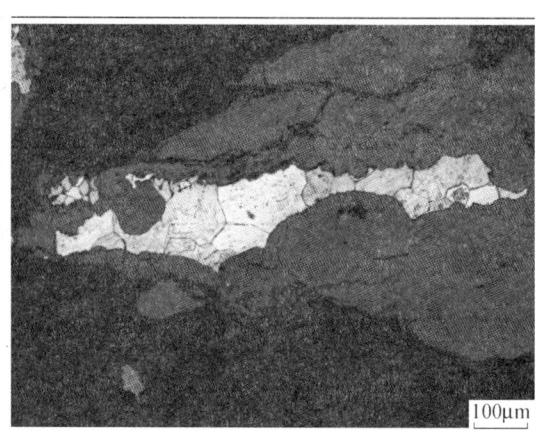

图 15　马镫 D135 底部的铁素体组织　　　　图 16　马镫 D135 底部的铁素体组织

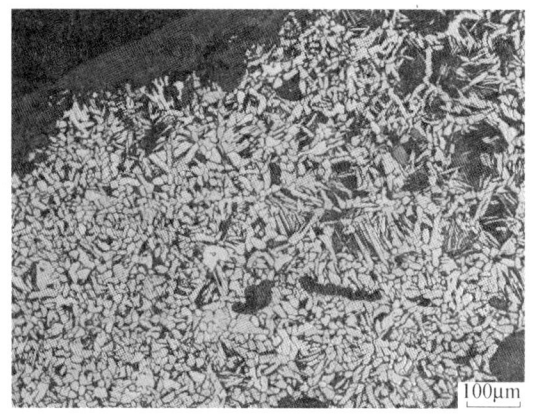
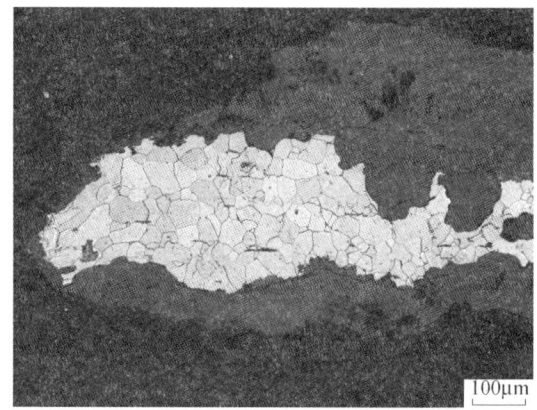

图 17　马镫 D136 拴革带孔左侧的魏氏组织　　图 18　马镫 D136 底部的铁素体组织

两个马镫中夹杂物都相对较少，但马镫 D136 中能明显观察到沿加工方向变形的长条状夹杂物，说明马镫经过了热加工，锻打而成。

3. 马镫年代及制作技术讨论

马镫在中国的出现，应分为两个阶段：公元 4 世纪初先出现了单马镫，公元 5 世纪初才出现了双马镫（图 19），双马镫是真正的马镫[8]。因为供上下马所踏足的单马镫，并未将骑兵的双手解放出来，因此骑兵的作用并未完全发挥，作战时的规模和效率都受到限制，骑兵并未有效地发挥出他的作用。

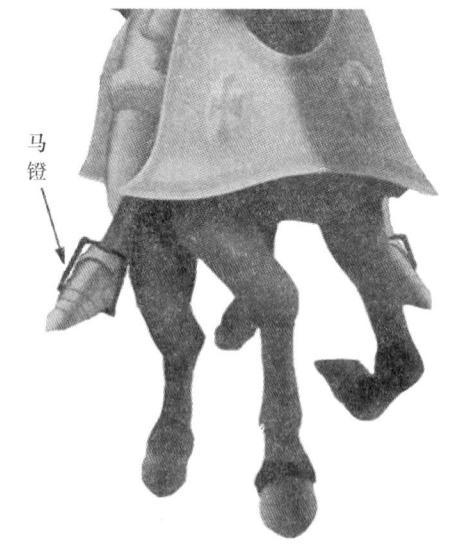

图 19　西方中世纪马镫[9]

双马镫出现后,将骑兵的双手完全解放了出来,使骑兵在手中挥舞武器的同时仍可以控制马。马镫将骑兵和马连接在一起,并给骑兵的脚部提供强大的力量,同时还将这种动力转化成骑兵手中武器的力量[10]。在短兵相接中,骑兵就可以发挥整匹马的力量。马上的骑兵甚至不再需要用很大的气力,而只需指引攻击方向,而马带领他冲向敌人时,马和战士的体重所产生的惯性也变成了杀伤力的一部分,极大地增强了作战能力。从而使骑兵的作用得以完全发挥,作战时的规模和效率都不再受到限制[11]。之后士兵们可以披上愈来愈重的盔甲,冲锋陷阵,运用自如,马镫的作用就更为明显。所以双马镫的出现,具有里程碑的作用。

西屯农场墓出土的马镫年代有待商榷,延庆县文物管理所提供的资料表明其为汉代,但根据文献及出土实物表明,中国真正出现双马镫应在晋代。由于可供参考的关于西屯农场墓的考古发掘资料很少,仅凭对已完全锈蚀,不能确定其原貌的马镫外形及其材质的研究,很难对其年代作出准确的判断。但从图20、图21来看,西屯农场墓D135、136铁马镫与北京丰台唐代史思明墓出土的包金铁马镫形制较为相似,只是D135、136铁马镫的镫柄更短,应为马镫更进一步发展的结果,因此推测西屯农场墓D135、136铁马镫的年代应在唐之后。从图22、图23来看,西屯农场墓D137、138铁马镫与北京金代皇陵出土的铁马镫形制较为相近,因D137、138铁马镫已完全锈蚀,其镫柄上拴革带的孔已不明显,但可以明显观察到拴革带孔处的锈蚀与马镫本体锈蚀颜色上差异较大,说明此处应有拴革带的孔,只是被锈蚀遮盖。推测西屯农场墓D137、138铁马镫的年代应为金代。

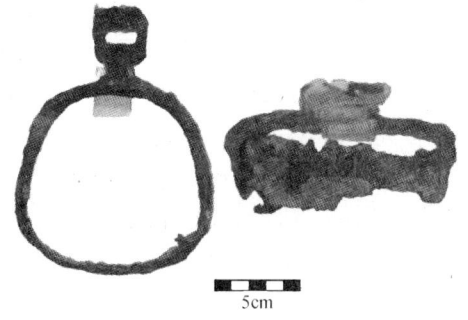

图20 北京延庆西屯农场D135马镫

图21 北京丰台唐史思明墓包金铁马镫[12]

图22 北京延庆西屯D137马镫

图23 北京金代皇陵出土铁马镫[13]

· 157 ·

西屯农场墓出土马镫可供踩踏的镫环与拴革带的孔材质有很大差别，镫环处为铁素体组织，含碳量极低，韧性很好，在镫环非常频繁地被踩踏，当马上的士兵在作战时，镫环还需经常承受很大力量的冲击时，良好的韧性组织有利于延长镫环的寿命。而拴革带的孔中则有魏氏组织，含碳量相对较高，魏氏组织的出现，降低了钢的塑性及冲击韧性。魏氏组织的出现，应是在锻打或进行其他加工工艺的过程中偶尔出现的组织，它的出现，使钢的使用性能下降了。

四、讨　　论

延庆县位于北京西北部，军都山之北，是个南、北、东三面环山，西南临水的狭长盆地，南扼居庸要塞，西通宣化、大同孔道，北连独石口，东北接古北口，自古就为京师之屏障，兵家必争之地。如果说北京是腹心，延庆就乃其肩背[14]。元代，延庆位于大都与上都之间，是皇帝每年四时纳钵的必由之路。明代则是重要的军事防御前线，尤其是明后期。

四海镇营盘、柳沟城、大庄科和西屯遗址分布在延庆县东南到西南沿线，靠近延庆县南山长城沿线及八达岭长城，八达岭长城是明朝京城的北大门和军事要地，而八达岭往南10余千米是居庸关，明代在此构筑关城并设水、陆两道关门派重兵把守。

据《明太祖实录》（卷19）记载，早在明太祖洪武时期，明王朝已对军队火器配备问题进行了明确规定："凡军一百户，铳十，刀牌二十，弓箭三十，枪四十。"按照这一规定，明初军队火器配备比例已达百分之十。永乐时期，火器制造技术有了改进，正统时期，开始频频向各边发送火器，《明英宗实录》（卷146）记载："给沿边火器，大同、甘肃手把铜铳五百、碗口铜礮四百，宣府铳五百、礮二百，密云铳三百、礮一百，辽东礮四百，宁夏礮一百，独石礮四百。"可以看出，明朝对边防的配备达到了一定的程度。

四海地区明代以四海冶堡为中心，其西南有海子口、叉石口，北有北口子等城堡，在四海地区形成了一个比较缜密的防御体系。另外，九眼楼及其营盘遗址位于明代的宣镇、昌镇、蓟镇三镇交结点上，其军事地位是不容置疑的。根据对四海镇营盘遗址的建筑群及出土的兵器判断，该遗址供将领和各级士兵居住，而该遗址内的守将很有可能统帅附近长城上防守的战士。根据遗存还可推断营盘遗址城墙之上曾经存在四处敌楼，一处门楼，建筑壮观，防守严密[1]。

由此可见，元、明时期，统治者对在延庆靠近八达岭长城一带的边防线非常重视，在火器的配备上也较为完备，有用于装备部队利于远射的铁炮，用于装备单兵的三眼铁铳，利于攻击、杀伤力强的手雷，利于中短距离作战的铁镞。而马镫的出土，表明在此地区曾有骑兵存在。由于马镫年代尚未考证，需在今后做进一步的探讨。但可以肯定的是，延庆一带的军事布防对京师的安全有至关重要的作用。

五、结　　论

（1）铁炮、三眼铁铳铳身、手雷为铸造制品，但炮箍、铳箍、铁镞和马镫是锻打而成，另外对手雷的杀伤力、铸造工艺等问题进行了初步的分析。

（2）铁镞的制作采用了夹钢工艺，夹钢工艺的应用，为明代宋应星在《天工开物》中的相关记载提供了佐证，而对铁镞材质的研究表明其是由废料制成。

（3）延庆一带出土的各类火器及马镫表明，延庆作为京师的屏障，在元明时期的军事防卫中，发挥了重要的作用。且这批实物的出现，对阐明当时北京周边的边防及军队装备情况，提供了新的资料。

致谢：本论文研究的所有样品都由李延祥教授协助提供，韩汝玢教授对研究工作进行了悉心的指导，刘建华老师在实验过程中提供了莫大的帮助。在此一并表示衷心的感谢。

参 考 文 献

[1] 北京市文物研究所，延庆县文化委员会. 北京市延庆县四海镇火焰山营盘遗址发掘简报. 北京文博，2007，(3)：20-25.

[2] 杨利，许又文，曹晓宏. 黑火药的烟火效应和配方选择. 北京理工大学学报，1999，(S1)：98.

[3] 景银兰，陈志敏. 黑火药真密度测定方法的比较分析. 山西化工，2004，(4)：56.

[4] 周浩然. 火药爆炸反应方程及其爆炸热化学指标. 武汉钢铁学院学报，1981，(2)：51-57.

[5] 王兆春. 中国古代军事工程技术史（宋元明清）. 太原：山西教育出版社，2007：13，233.

[6] 韩汝玢，柯俊. 中国科学技术史矿冶卷. 北京：科学出版社，2007：414，796.

[7] 申敬澈. 姚义田译. 马镫考. 辽海文物学刊，1996，(1)：141.

[8] 罗宗真. 马镫与炼丹术——纪念李约瑟博士援华50周年. 东南文化，1994，(4)：10.

[9] Guttman J. Stirrup and lance. Military History, 2007, (6): 23.

[10] John C. How the stirrup won the west. Regional Review, 1995, (2): 5.

[11] 罗宗真. 马镫与炼丹术——纪念李约瑟博士援华50周年. 东南文化，1994，(4)：10.

[12] 北京市文物研究所. 北京丰台唐史思明墓. 文物，1991，(9)：35.

[13] 北京市文物研究所. 北京金代皇陵. 北京：文物出版社，2006：图版五十四，6.

[14] 韩天雨. 中国地方经济文化节. 北京：中国经济出版社，1991：16，17.

Study on Weapons Unearthed from Yanqing County, Beijing

Cheng Yu[1], Li Xiuhui[1], Fan Xuexin[2]

(1. Institute for the History of Metallurgy and Materials in University of Science and Technique Beijing 100083)
(2. Culture and Heritage Commission of Beijing Yanqing County Beijing 102100)

Abstract Using optical, SEM and EDS microscopes to study the microstructure and structure of objects, which unearthed of Yanqing County, Beijing. The results shown that the weapons are casting and forging made. The importance of various types of weapons unearthed in this region on the safety of the capital has been discussed.
Keywords Beijing, Yuan and Ming Dynasty, Weapons, History of Metallurgy and Material

沧州铁狮子保护技术研究概述*

永昕群[1]　王晓东[2]　金晓飞[2]　王林安[1]　王　伟[2]　范　峰[2]
陈　重[3]　李秀辉[4]　梅建军[4]　任亚珊[5]　马清林[1]

(1. 中国文化遗产研究院　北京　100029)
(2. 哈尔滨工业大学　哈尔滨　150090)
(3. 北京戴世达数码技术有限公司　北京　100086)
(4. 北京科技大学　北京　100083)
(5. 河北省文物保护中心　石家庄　050031)

摘要　本文介绍了"十一五"国家科技支撑计划重点项目"文化遗产保护关键技术研究""铁质文物综合保护技术研究"课题中"室外大型铁质文物保护技术研究——以沧州铁狮子为例"的研究工作,主要包括沧州铁狮子三维数值模型、病害及铸造缺陷三维表达;铁狮子模型在静力(自重、自重加风载荷)与动力情况下的有限元分析;铁狮子结构安全性评定;沧州铁狮子结构拟加固方案;内支架节点概念设计及内支架建模,内支架施工安装程序的计算机模拟,同时完成了沧州铁狮子结构健康监测系统的研发、安装、监测与分析成套技术,为开展沧州铁狮子保护方案的具体设计工作奠定了基础。
关键词　沧州铁狮子,三维激光扫描,有限元分析,加固方案,结构健康监测

一、引　　言

沧州铁狮子是中国最负盛名的大型铁质文物[1],无论在年代、规模、铸造工艺与造型艺术上,都是古代室外大型铸铁器物的代表,具有极高的价值及世界性声誉。沧州铁狮子铸于后周广顺三年(公元953年),身长6.20m,体宽2.80m,通高5.31m[2],体内为空腔,重约31.5t,1961年被国务院公布为第一批全国重点文物保护单位。由于一千余年的自然力作用和近年来不当保护造成的破坏,目前已处于危险状态(图1、图2,图版22),仅凭借狮

图1　沧州铁狮子原貌[1]

身内外钢管支撑维持其稳定,亟须进行科学保护。为此,"十一五"国家科技支撑计划重点项目"文化遗产保护关键技术研

---

* 本文得到国家科技支撑计划课题"铁质文物综合保护技术研究"(编号2006BAK20B03,负责人马清林)资助。
① 沧州铁狮子是河北省最负盛名的文化遗产,民谣河北四宝或三宝之首:"沧州狮子景州(或定州)塔、正定菩萨赵州桥"、"沧州狮子景州(或定州)塔、东光县的铁菩萨"。
② 本课题三维激光扫描测绘成果,由中国文化遗产研究院、戴世达数码技术有限公司联合测绘。

图 2 沧州铁狮子现状

戴世达数码技术有限公司等机构的协作下,进行了铁狮子材质分析试验,获得三维激光扫描点云数据并构建高精度几何模型,完成有限元模型的搭建、现状稳定性分析与加固方案设计,同时完成了结构健康监测系统的研发,为优化沧州铁狮子结构加固措施创造了条件。

究""铁质文物综合保护技术研究"课题中专门设立了"室外大型铁质文物保护技术研究——以沧州铁狮子为例"的子课题,由中国文化遗产研究院、哈尔滨工业大学与河北省文物保护中心联合完成,在国家博物馆、北京科技大学、沧州市文物局、

二、研究框架

沧州铁狮子保护技术研究集中于结构稳定性分析与加固技术研究,在现状勘查、材质分析和材料力学性能研究的基础上,进行稳定性分析与安全性评定,进而开展加固技术研究;同时利用数值分析成果,设计结构健康监测系统,现场布置并调试系统。研究框架见图3。

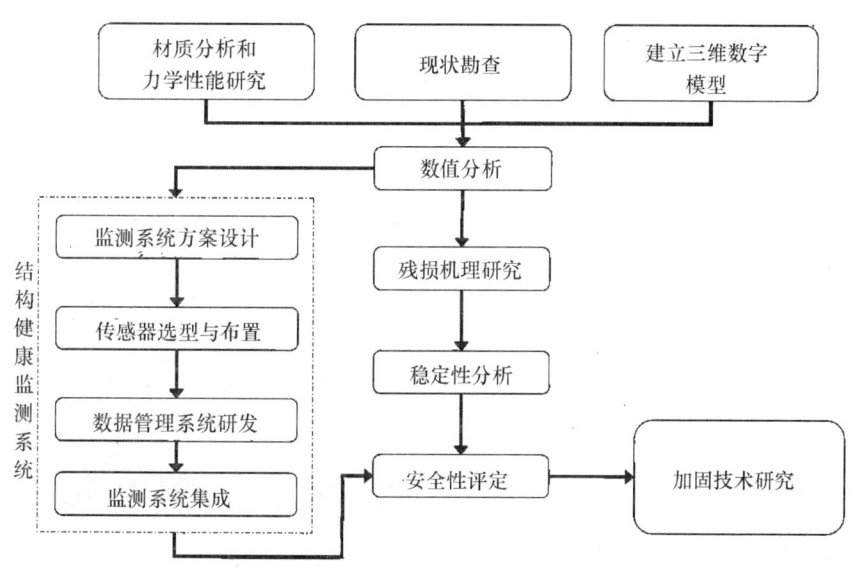

图 3 研究框架

三、保护干预史

文献记载,沧州铁狮子于明、清时期即遭受人为及自然破坏,且有过维修[2]。至迟于1910年铁狮头部莲盆已与躯体分离,下颚散落地下[3]。20世纪50年代以来,多次采取保护措施,1957年在狮腿处浇筑混凝土墩,修建保护亭,1975年拆除保护亭。1984年成功完成移位吊装(图4,图5),但狮腿内部灌注的硫黄合剂移位后一直未清除,致使铁狮子腿部腐蚀严重,导致裂缝发展迅速。1994年,清除了腿内硫黄合剂,安装了狮体内部支架减轻狮身

对狮腿的压力,但又不恰当地将铁狮子腿内用混凝土灌实。1995年以来,铁狮子腿部裂缝再次快速恶性发展,并急速加宽。2000年以来,使用锤凿人工剔除铁狮子腿内用混凝土并安装外部支架[4]。2000~2003年,铁狮子保护受到各界关注,保护办公室共收到各种方案文本三十多个,思路开阔,手段多样,其中部分方案不乏合理的分析与设计,具有一定的参考价值。但多数方案较为粗略,保护理念不清,且限于条件,均未开展量化的结构分析,说服力不足①。北京科技大学于2001年左右对铁狮子进行过力学仿真研究,完成了较为详尽的力学分析,但当时采用的三维激光扫描技术还达不到较为精确的建模要求,同时也未开展保护方案的设计研究[5]。

图4 铁狮子吊装前

图5 铁狮子吊装过程照片

四、形态记录与建模

通过三维激光扫描获取铁狮子模型,可以真实反映铁狮子内、外全貌,包括狮壁厚度、头部破损、腿部裂缝以及臀部孔洞等细节,是铁狮子此类雕塑类文物目前最为精确的一种建模方法。首先采用三维激光扫描得到点云数据,然后通过三角剖分得到几何模型,之后将模型两个独立的内外表面封闭形成实体,最后对整个实体划分,得到有限元模型。操作过程中,在铁狮子周边建立坐标系,三维激光扫描仪(FAROLS880)数据采集后用FARO SCENE软件拼接点云,拼接要求:靶标拼接误差均值不大于3mm,与独立坐标系统拼接误差均值不大于10mm(图6~图9,图版23)。

图6 搭架对铁狮子扫描

图7 点云拼接结果

---

① 其中,北京化工大学和石家庄老科学家协会方案较为突出。

 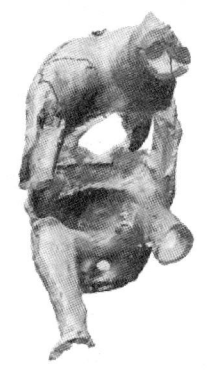

图 8　铁狮子几何模型

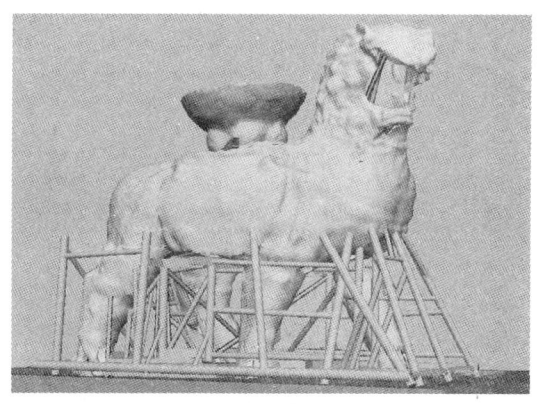

图 9　铁狮子几何模型（带支撑）

有限元模型搭建流程为：对 FARO 激光点云降噪；激光点云重复数据的清除；对小面积的缺失表面按照弧度进行推测；对不同部分识别标记，并使数据分离开来；生成完整的模型；对铁狮子点云数据中的洞、缝数据采样，映射到实体模型；剥离洞、缝数据；优化数据，删除孤立结构、修正拓扑错误、进行不透水测试；提交数据，根据有限元计算要求调整模型。[6]

五、材质分析

在铁狮子不同的残断部位取样，进行了金相组织、化学成分和机械性能的实验，发现铁狮材质分布很不均匀，即使在很小的区域，组织也会有较大差异，材质有灰口铁、麻口铁及白口铁，有的样品部分是脱碳钢，加固用铁条是低碳钢。铁狮壁较厚的左前、右后及幛泥区以灰口铁和麻口铁为主。铸造缺陷、缩孔、砂眼、裂纹较明显。根据铁狮子测量的硬度 HB 值，结合硬度和抗拉强度关系及石墨大小与抗拉强度的关系，铁狮子抗拉强度取值为 120MPa，抗压强度为 390MPa。考虑到铁狮子铸铁组织及石墨数量与形状的不均匀性，在铁狮子力学性能计算时，选择弹性模量为 6×10^4 MPa。

六、现场勘查

根据现场勘查，除狮头、莲花座与狮身分别浇铸外，四肢已有多个碎块与主体剥离。铁狮子现共分裂为 24 块，其中身子与四肢部分为主体，1 块；莲花座 1 块；头部 4 块（其中现存主要部分 1 块，原碎块 2 块，后加颈部 1 块）；左前腿碎块 2 块；左后腿碎为 3 块（其中 1 块为新配）；右后腿碎块 6 块（其中 1 块为后配）；右前腿碎块 7 块（其中 2 块为后配）。铁狮狮身主要裂缝有 25 条，其中 3 条分布在头颈部，腿部有 22 条，莲花盆未见明显裂缝。最宽裂缝发生在右后腿，缝宽 54.4mm，长 2960mm；最长裂缝发生在左后腿，缝长 3390mm，宽 5.86mm。四足中只有左前足尚存，也已断裂（图 10、图 11）。

图 10　铁狮子后腿现状

图11　铁狮子前腿现状

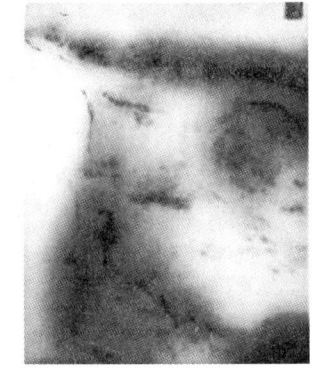

图13　1号位X射线片

研究结果显示铁狮子采用泥范法制作铁狮模、范、芯，采用顶注法浇注；狮头、狮身、腿、莲花盆分别浇注。铁狮子全身全面腐蚀，内部锈蚀较为严重。虽然表面大部分锈层稳定性较好，但在左后腿中部鳞片状锈蚀中发现有害锈 $\beta\text{-FeOOH}$。通过对铁狮整体观察，除铁狮两条后腿外，在左侧后腹内等部位也存在鳞片状锈蚀，说明随着周围环境的劣化，铁器表面酥松锈层处对周围环境的隔绝能力逐渐下降，而致密锈层仍对铁器起到一定的保护作用[7]。

为察看评估铁狮子狮身内部情况，邀请北京大学考古文博学院胡东波博士和国家博物馆科技部马燕如副研究员，使用XXQ-2005型携带式变频充气X射线探伤机对铁狮子进行X射线探伤分析检测，发现存在肉眼观察不到的内部裂隙，显示金属存在较多铸造缩孔，缩孔周边腐蚀相对较严重（图12、图13）。

图12　铁狮子内壁锈蚀情况

七、病害与铸造缺陷的三维表达

在已建立的铁狮子精确三维数值模型基础上，充分利用数值仿真技术深入探索铁质文物病害与铸造缺陷的三维表达。以课题组成员国家博物馆提出的行业标准《馆藏铁质文物病害与图示》为依据①，在三维数值模型上，利用贴图技术完成此项研究。其步骤为：现场调查与定位，铁狮子表面素材收集，在模型上映射病害的位置，贴图，标识病害类型及区域。研究人员可通过软件察看铁狮子内外任意部位的病害与铸造缺陷（模型可任意剖切）（图14～图17，图版24）。

八、稳定性分析与安全性评定

1. 有限元模型

针对铁狮子未破损时受力情况和目前带支架情况，分别建立了3个三维有限元模型：①无支架无裂缝模型；②包含支架和裂缝模型；③包含支架、裂缝和混凝土台座模型。铁狮子为铸铁，采用三维4面体8节点SOLID185单元，支架部分为钢管，采用三维4节点SHELL181单元模拟。

---

① 国家博物馆杨小林、马燕如、马立治等负责现场病害调查与分类。

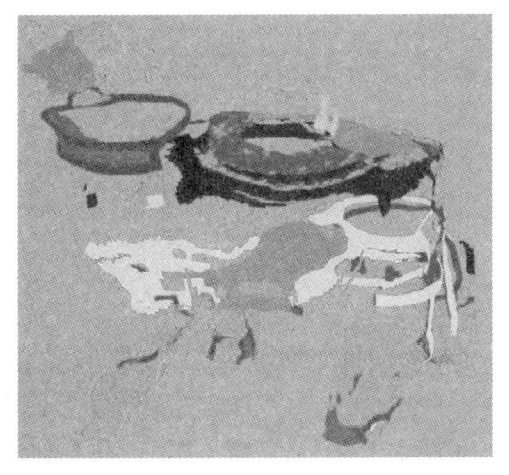

图14 在模型上映射病害的区域

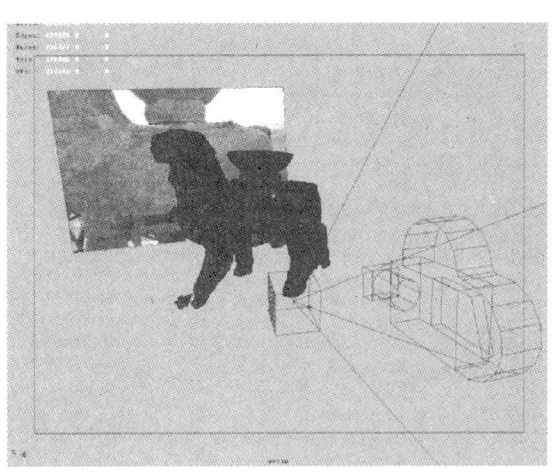

图15 材质贴图示意

图16 病害与铸造缺陷三维表达示例一

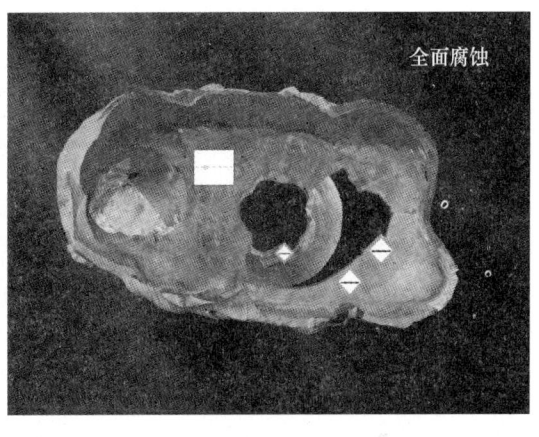

图17 病害与铸造缺陷三维表达示例二

裂缝一侧定义为接触面,相应另一侧定义为目标面,分别采用三维4节点面—面接触单元CONTA173和三维目标单元TARGE170模拟。台座采用三维8节点SOLID45单元模拟(图18、图19,图版25)。

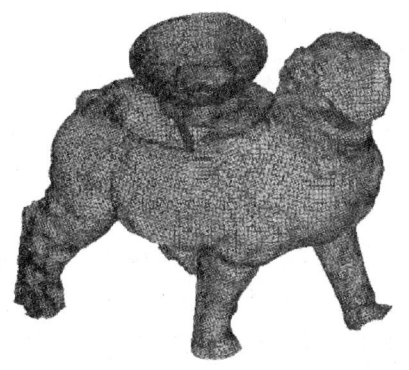

图18 无支架无裂缝的模型①

图19 包含支架和裂缝的模型②

2. 静力分析

对铁狮子目前状态下的受力情况进行分析以评定其安全性,分静力和动力两方面计算。静力分析部分主要考虑重力和风荷载两种情况,即仅有自重情况和自重+风荷载共同作用下的应力及位移分析。自重情况下的分析包含应力、应变、位移及主要支架内力等四部分内容,其中前三者又分为狮身、内部支架以及外部支架分别描述。

静力条件下,狮身、内、外部支架应力最大应力均远小于抗拉强度。自重下狮身最大应变为 0.58×10^{-4},内部支架最大压应变为 0.434×10^{-4},外部支架最大拉应变和压应变位置都出现在铁狮子左后腿附近的支架上,分别为 0.600×10^{-4} 和 0.103×10^{-3}。自重下狮身最大位移位置在莲花盆上靠近铁狮子右后腿方向,为 $0.217mm$。内部支架最大位移位置在支撑铁狮子背部的上层支架上,为 $0.190mm$。外部支架最大位移位置在支撑铁狮子左侧前后腿之间的槽钢支架上,为 $0.109mm$(图20~图23,图版26)。

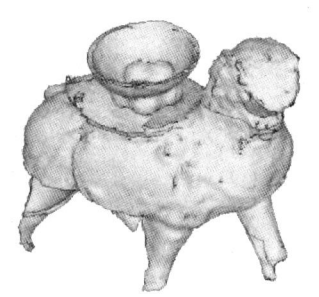

图20 狮身第一主应力云图

图21 内部支架应力云图

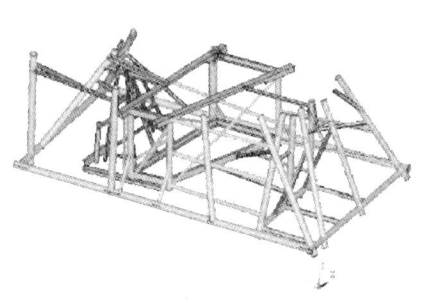

图22 外部支架应变云图

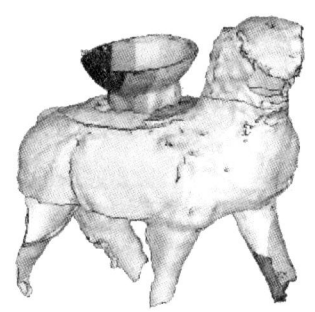

图23 铁狮子位移云图

自重+风荷载共同作用下,分析内容与仅考虑自重时相同,结论也与之近似。风荷载取值参照《建筑结构荷载规范》(GB50009—2001),基本风压重现期按100年一遇,风荷载标准值取 $0.36kN/m^2$。

3. 动力分析

动力分析部分主要通过施加一定时间间隔的加速度,求出铁狮子在整个时间历程中的反应情况,包括内力和位移。

通过模态分析,计算铁狮子结构的动力特性(振型)与阻尼矩阵(图24)。根据抗震规范"2+1"选波原则和分析要求,选用 El centro 波地震动加速度时程曲线(图25)。沧州地区属于7度区,考虑

图 24 第一阶振型图

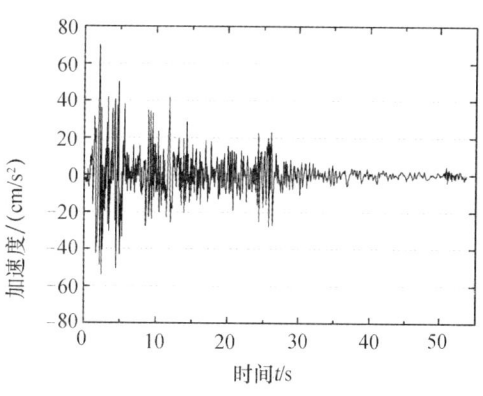

图 25 峰值为 70cm/s² 的加速度时程曲线图

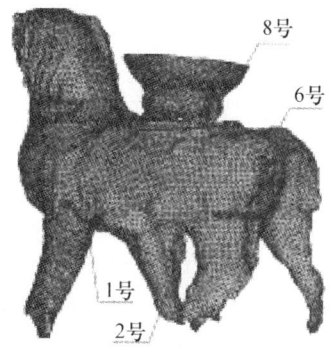

图 26 狮身特征点图

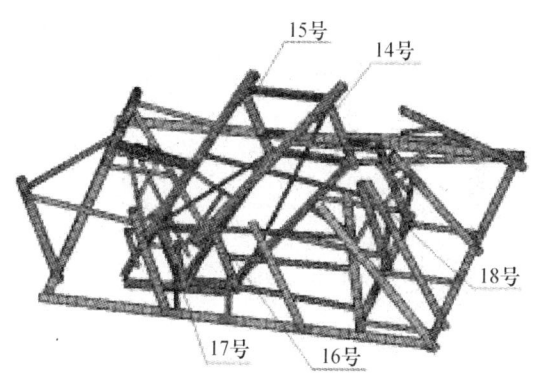

图 27 外支架特征点图

到铁狮子重要性,采用提高 1 度即 8 度标准计算。然后调整,使其满足 8 度抗震设防多遇地震要求的 70cm/s² 和罕遇地震要求的 400cm/s²。

在铁狮子、内部支架、外部支架上选取若干具有代表性的特征点(图 26、图 27),分析各特征点的应力和位移时程曲线,找出最不利时刻,然后对最不利时刻的铁狮子及支架状态分析。为了使特征点具有代表性,在特征点的选取过程中,考虑了内外支架杆件以及裂缝分布情况等因素,分别按照狮身、内部支架以及外部支架三个大的方面划分,具体情况为狮身(8 个特征点),内部支架(5 个特征点)和外部支架(5 个特征点),共计 18 个特征点。

对狮身、内部支架及外部支架分别进行峰值加速度为 70cm/s² 的 El centro 波作用下应力及位移分析。通过对狮身及支架特征点应力和位移时程曲线的统计与分析,得出狮身及支架应力和位移的最不利时刻不一定是同一个时刻,但大部分集中在一个较近的时间区域内的几个时间点上,综合分析选择两个时间点 2.14s 和 2.62s 进一步分析。结果表明,最不利时刻狮身及支架的应力远小于抗拉强度限值(图 28)。最不利时刻狮身最大位移出现在莲花盆上方,位移值为 -0.0584mm 和 0.0616mm(图 29);内部支架最大位移出现在支架上方,位移值为 -0.0545mm 和 0.0574mm;外部支架最大位移出现在支架上方,位移值为 -0.0471mm 和 0.0496mm。

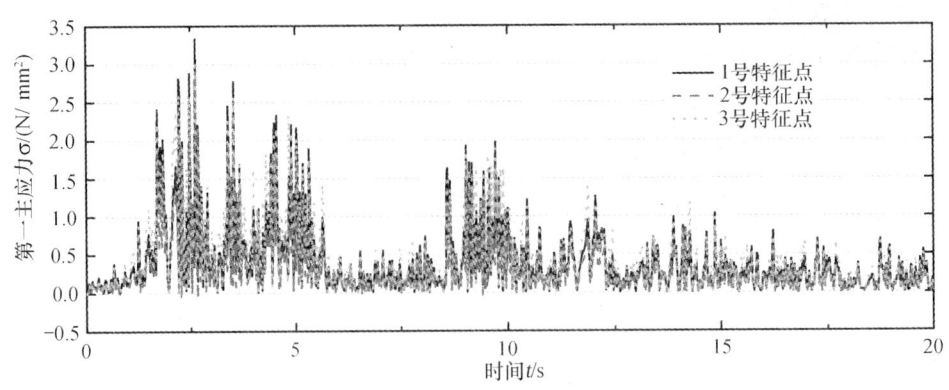

图 28 狮身 1～3 号特征点第一主应力时程曲线图

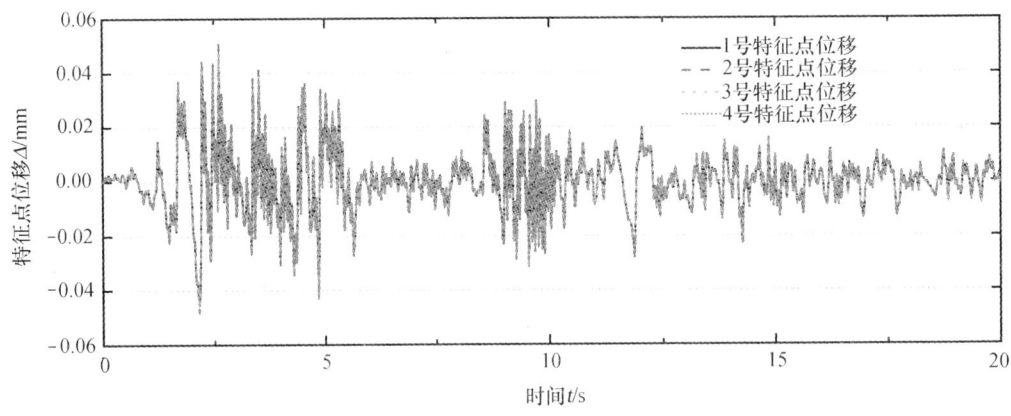

图 29 狮身 1～4 号特征点位移时程曲线图

4. 结构安全性评定

根据上述应力和位移计算结果远小于允许的限值,可以得出铁狮子在现有支架情况下以及在多遇地震作用下结构安全是稳定的。但是,需要指出,目前内、外支架的设置是造成铁狮开裂的重要诱因之一。由于内、外支架的不当设置,在自重影响下,造成狮身局部拉应力超限,导致开裂。同时,现状的结构安全性是建立在已经开裂破坏、应力释放的基础之上。不排除在支座下沉等某些突发情况下,发生新开裂的可能性。

5. 支撑杆件拆除对铁狮子及支撑受力影响分析

通过对支撑杆件内力分析可得出以下结论:

内部支架对铁狮子支撑作用很小,可以先拆除掉;外部支架中 1～10 号杆件在铁狮子的支撑中起着主要作用;去掉前胸部 6 个支架（5～10 号）后铁狮子本身及 1～4 支架应力均超过材料的容许强度;铁狮子前后腿之间的 4 根支架（1～4 号）能够支撑起铁狮子自身的重量,其中左后腿前方的支架（2 号）应力最大。支撑杆件拆除顺序可以先拆除内部支架,然后再将 1～10 号以外受力较小或者不受力的杆件拆除,之后再拆除 5～10 号杆件,最后拆除 1～4 号杆件。其中 5～10 号杆件的拆除可采用对称顺序进行,即先拆除 5 号、7 号,之后 8 号、10 号,最后拆 6 号、9 号杆件（图 30、图 31）。

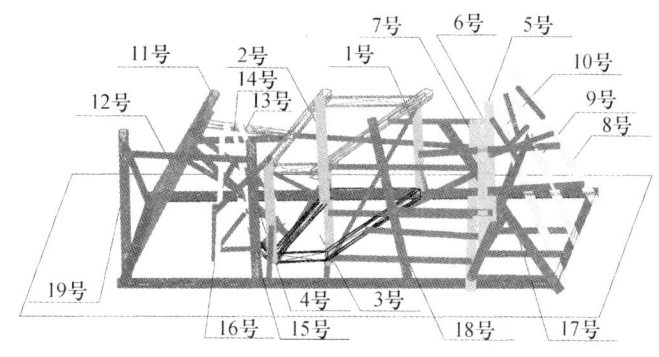

图30 外部支架编号图

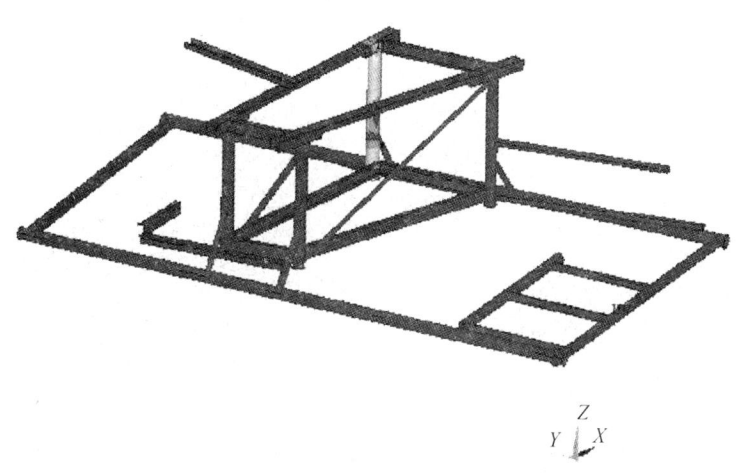

图31 去除5、6、7、8、9、10号支架后应力云图

九、加固方案研究

1. 原则与策略

遵循《中国文物古迹保护准则》，按照真实性原则，保证文物历史信息的真实性；完整性原则，保证文物本体的完整性；安全性原则，保证文物安全；可再操作性原则，保证保护措施不对文物造成不可逆的破坏，可在保护科技手段进步情况下采取进一步的保护措施。

根据铁质文物自身的特性以及铁狮子的珍贵价值，保护基本思路是：采用结构工程和机械工程手段改善铁狮子的受力状况，同时改善保存环境。

技术路线：确保结构稳定为主，创造良好保存环境，全面实施科技保护，多学科协作研究。

保护策略：重新设计安装内支架，去除外支架，确保铁狮子的稳定性。铁狮子狮身、四肢、狮头和莲花座均呈分离状态，这几部分分别独立地由内支架承担，直接传力于内支架；腿部碎块及裂缝采用螺栓、金属镉等措施连接并挂在内支架上；狮身等主要部分不产生拉应力或将拉应力控制在极小范围内。内支架与基座固接，整个铁狮子悬空。基座考虑隔震措施。

在综合考虑室外、室内保护的优缺点基础上，提出改善铁狮子保存环境的建议。实施结构健康监测系统，实时监控结构安全。长期监测材质情况及环境参数，及时对本体采取成熟的防锈、缓蚀、封护措施。

2. 加固方案结构分析

在尽量不影响外观的前提下,将支撑体系隐藏于铁狮子内部及腿部(图32)。全部支架内置于狮身之中,采用无缝钢管构成框架,腿内及下层支架采用 $\Phi133\times10$,上层采用 $\Phi127\times8$,支撑头部及上层支架之间的连杆采用 $\Phi90\times5$。此框架整体结构比较轻巧,采用钢管连接,通过前后腿之间四个吊点加上前胸部的吊点总计五个吊点将铁狮子重量传递到支架上,莲花盆重量通过横梁将荷载传给上层钢管然后再传给下层直至腿内部钢管(图33)。其优点是支撑狮子重量的吊点均在狮身下部,因而在狮身上不会出现拉应力;同时此结构简单,较易制作与施工(图32~图35)。经过对加固方案的静、动力结构分析,可以得出以下结论:

在自重以及自重加风荷载作用下,狮身和支架应力均未超过材料的容许强度,结构在静力方面安全有保证;在多遇地震作用下,铁狮子本身及支架应力均未超过材料的容许强度,结构在动力方面安全有保证;力学分析结果表明加固方案能满足受力方面的要求,可以应用于铁狮子加固中(图34、图35)。

3. 加固方案模型

加固方案中基础部分采用混凝土与隔震橡胶垫组成,支架下部固定在预埋于混凝土中的埋件上,上部钢管分段在工厂中用铸钢加工,在安装过程中采用法兰连接,避免了现场施工中因焊接而引起的残余应力。支架钢管应考虑防锈,线膨胀系数与

图32 有限元模型外观

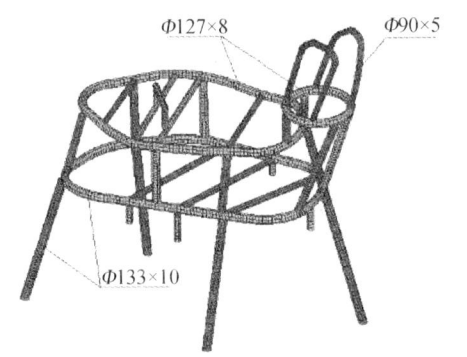

图33 内支架有限元模型

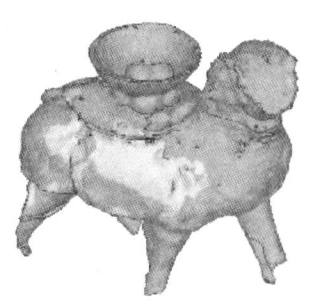

图34 加固方案,狮身第一主应力云图

图35 加固方案,支架应力云图

铸铁接近，不与铁狮子铸铁材料发生电化学腐蚀（图36，图版27）。

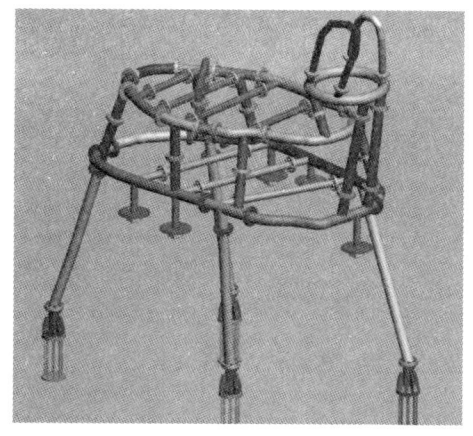

图36 铁狮子内支架加固方案模型

4. 加固方案施工程序

处理好地基基础，然后平整场地，浇筑200mm素混凝土；确定基座尺寸4m×8m，按照图37（a）所示安放好橡胶隔震支座；根据支架位置图安放好预埋件［图37（a）］；支模板，浇筑混凝土500mm［图37（b）］；混凝土养护一周安装支架下端连接件后［图37（c）］，浇筑混凝土265mm［图37（d）］；混凝土养护一个月后安装支架最下端部分钢管［图37（e）］；将铁狮子身体部分（不含头和莲花盆）吊装就位［图37(f)］。安装结构监测系统，开始实时监控。维持吊车拉力不变，用高强螺栓分段安装下层支架，然后安装上层支架［图37(g)］，再安装支撑头部的支架［图37(h)］，最后安装支撑莲花盆部分的支架。按照先后顺序给5个吊点加力，同时通过健康监测系统严格控制施工。缓慢释放吊钩拉力，将狮身自重荷载释放于支架，同时通过健康监测系统控制使其达到合适的承托能力。吊装铁狮子头部使其就位；将莲花盆吊装就位［图37(i)］。

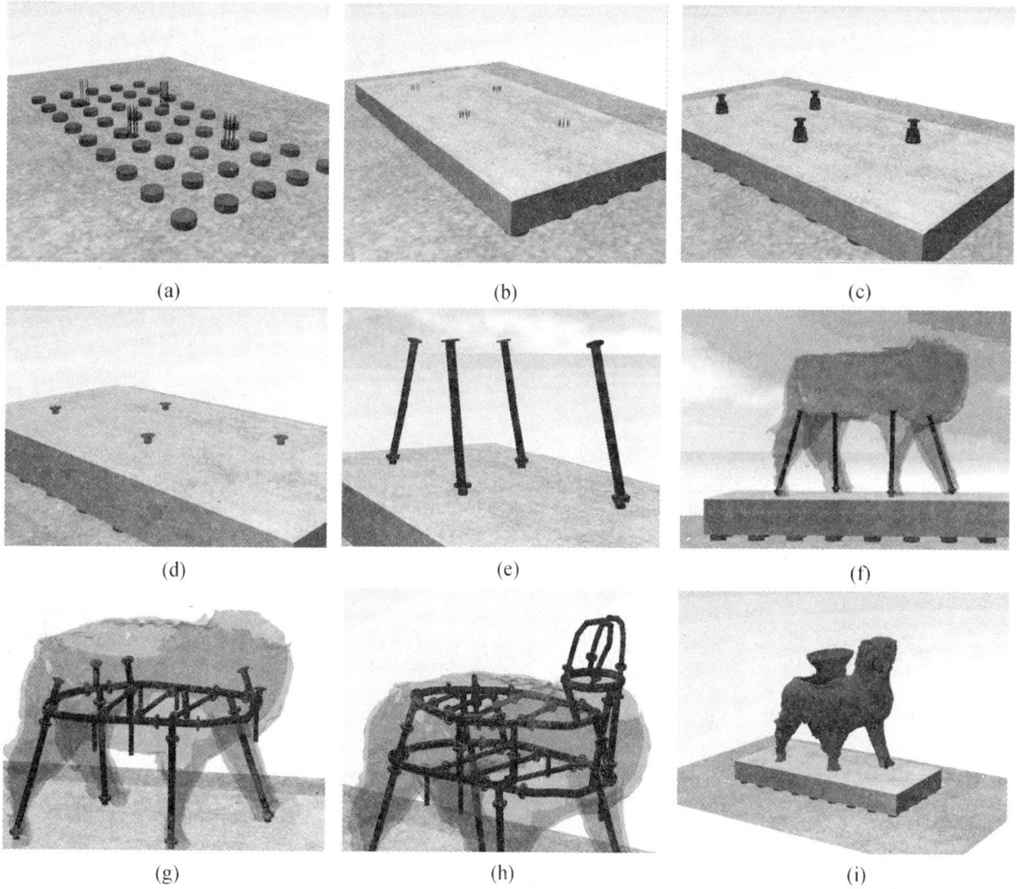

图37 加固方案施工程序

5. 保护措施建议

沧州市气象台提供的铁狮子所在地二氧化硫和二氧化氮含量虽然均符合环境空气质量的二级标准，根据电化学反应在电解质溶液形成的条件下即可进行，不一定需要高浓度的有害物含量。对于沧州铁狮子这样古老的铁质文物，自然雨、雪造成的降水直接倾泻在文物本体之上，将促进电化学反应，加重腐蚀进程。另外，铁狮子常年在露天放置，温差的急剧变化将导致材质进一步劣化。根据我们监测结果，夏季暴晒过后的降雨，铁狮子表面在短时间内温差变化达25℃，其反复作用产生的疲劳应力，将影响铁狮子材质的强度，并诱发开裂。

因此，建议改变目前露天放置的现状，将铁狮子放入室内保存。这也是历次铁狮子考察过程中绝大多数中、外专家的意见。为稳妥起见，可先在铁狮子现址建一保护棚（图38），吸取20世纪50年代保护亭的教训，保护棚一定要建得高敞，防雨雪，通风好，同时用玻璃屋面，不妨碍阳光照射，以便驱除潮气。此保护棚的另一个优点是便于参观，近处拍照时基本不会影响铁狮子形象，依旧显示的是室外效果。另外，可根据今后的研究成果与共识，采取进一步的保护措施，达到在人工环境中保存铁狮子。

图38 沧州铁狮子保护棚示意图

十、结构健康监测系统

本课题完成了沧州铁狮子结构健康监测系统的研发与试安装，并开展了初步监测与分析。铁狮子结构健康监测系统监测内容包括（图39）：

环境荷载 风速、风向温度（铁狮子结构内外表面的温度场）；

结构响应 关键部位应力和位移；

结构振动（加速度监测）；

裂缝宽度变化；结构倾覆趋势（监测结构倾角的时程变化）等。

其中，裂缝和倾角是最关键、最重要

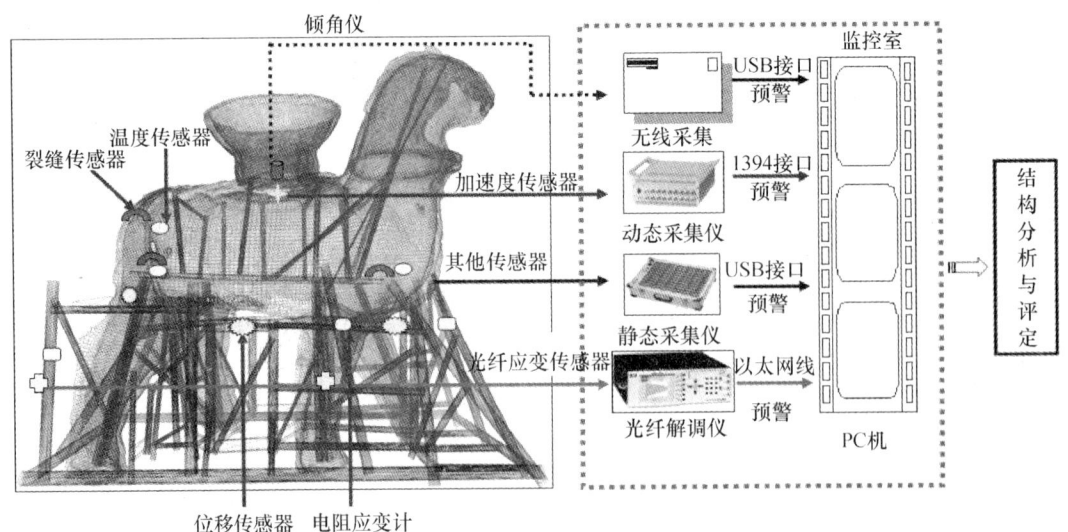

图39 铁狮子结构健康监测系统框图

的监测内容，直接反映了结构的整体性能，通过其变化值（趋势）的监测与预警，可及时作出维修和加固决策，避免铁狮子结构发生突然坍塌的恶劣事故。系统组成如下：①传感器子系统；②数据采集及传输子系统；③结构分析与预警子系统；④数据管理模块与系统集成平台。

按照完整性与最小干预的原则，对传感器的安装方式进行了试验研究，确定了磁铁连接这一最有效的方式。针对沧州铁狮子数据采集系统的特点及已经确定的硬件系统，专门开发一套合适的高效率的采集软件系统。在前述基础上，研发了结构分析与预警系统，基于 Ansys 和 Matlab 软件自主开发了铁狮子专用的结构分析程序和操作界面，相似程序已多次成功应用于工程实践（图40～图43）。

经现场调试，采集数据分析后表明符合

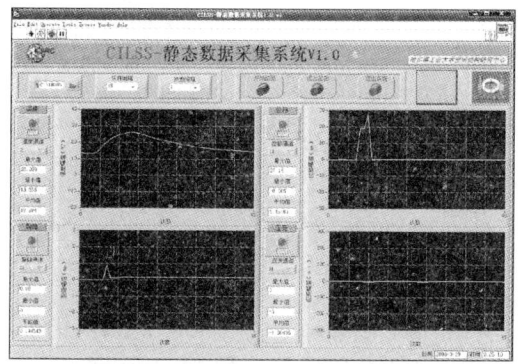

图40 静态采集软件系统界面图

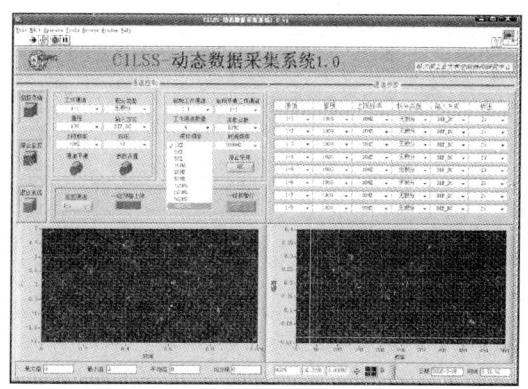

图41 动态采集软件系统界面

图42 现场采集仪器

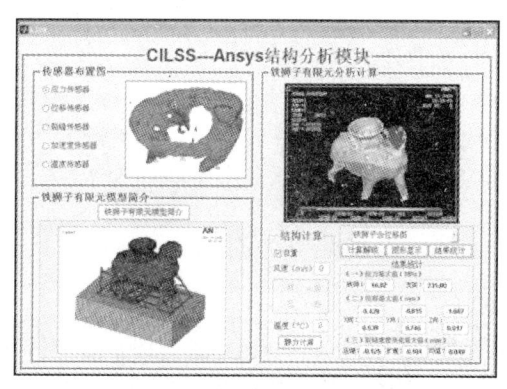

图43 铁狮子结构专用结构分析程序界面

经验规律。具体内容已刊专文[8~11]。

十一、小　　结

"铁质文物综合保护技术研究"课题"室外大型铁质文物保护技术研究——以沧州铁狮子为例"子课题，为解决沧州铁狮子多年来面临的保护难题创造了基础条件，主要完成以下工作：

（1）完成了沧州铁狮子病害三维数值模型，以及病害及铸造缺陷三维表达。

（2）进行了铁狮子模型静力（自重、自重加风载荷）与动力情况下有限元分析，评定了铁狮子的结构安全性。在力学分析的基础上，提出了铁狮子现有内部支架和外部支架的拆除顺序。

（3）提出沧州铁狮子结构加固方案，并进行静、动力力学分析，结果表明该加固方案能满足受力方面的要求，可以应用于铁狮子加固中。完成了节点概念设计及内支架建模，并完成支架施工安装程序的计算机模拟。

（4）完成并掌握沧州铁狮子结构健康监测系统的研发、安装、监测与分析成套技术。

目前，已接受沧州市文物局的委托，开展沧州铁狮子保护方案的具体设计工作。

致谢：本文研究工作得到课题顾问柯俊院士、柯伟院士、曹楚南院士、沈世钊院士、王丹华研究员、陆寿麟研究员、韩汝玢教授的悉心指导，沧州市文物局王玉芳局长、沧州铁狮子保管所负责人马春志先生等给予大力帮助；国家博物馆潘路研究员组织杨小林研究员、马燕如女士、马立治先生等进行了铁狮子病害三维表达的现场勘查与分类，北京大学胡东波先生进行了X射线探伤分析检测，均对本文作出贡献；澳汰尔工程软件（上海）有限公司、中国科学院深圳先进技术研究院也承担了部分工作。在此一并表示感谢！

参 考 文 献

[1] 沧州市文物局. 沧州铁狮子与旧城. 北京：科学出版社，2008.

[2] 沧州志. 转引自沧州市文物局. 沧州铁狮子与旧城. 见：万历三十三年沧州志及民国二十二年. 北京：科学出版社. 2008：7, 8.

[3] 华道安. 中国古代的大型铸铁器. 李园译. 北京：科学出版社. 2008.

[4] 沧州市文物局. 沧州铁狮子与旧城. 北京：科学出版社，2008：8 - 39.

[5] 吴迪平，衣红纲，史小路，等. 沧州铁狮子形态测试与三维建模. 计算机工程与应用，2006，(10)：230 - 232；河北省古建筑保护研究所，北京科技大学. 铁狮子沧州铁狮子力学仿真研究报告，2001.

[6] Yong X Q, Chen Z, Ma Q L. 3D laser scanning and digital recording of disease for China Cang Zhou iron lion. 22nd CIPA Symposium, Kyoto, Japan, 2009, 11 -15.

[7] 宋薇，李秀辉，韩汝玢. 沧州铁狮子制作技术和材质与腐蚀状况研究. 北京：科学出版社，2009：14 - 24.

[8] 范峰，金晓飞，王伟，等. 沧州铁狮子结构健康监测系统研究及测试试验. 文物保护与考古科学，2009，(4)：13 ~ 19.

[9] 范峰，金晓飞，王化杰，等. 沧州铁狮子结构健康监测试验研究. 第二届结构工程新进展国际论坛论文集. 北京：中国建筑工业出版社，2008. 990 - 1001

[10] 范峰，王化杰，金晓飞，等. 沧州铁狮子健康监测数据采集系统试验研究. 第二届结构工程新进展国际论坛论文集. 北京：中国建筑工业出版社，2008. 1002 - 1013

[11] 范峰，陈明，金晓飞，等. 沧州铁狮子结构健康监测数据管理及集成系统研究. 第二届结构工程新进展国际论坛论文集. 北京：中国建筑工业出版社，2008. 1014 - 1021

The Research of the Conservation Technology of the Cangzhou Iron Lion

Yong Xinqun[1], Wang Xiaodong[2], Jin Xiaofei[2], Wang Linan[1], Wang Wei[2], Fan Feng[2], Chen Zhong[3], Li Xiuhui[4], Mei Jianjun[4], Ren Yashan[5], Ma Qinglin[1]

(1. Chinese Academy of Cultural heritage　Beijing　100029)

(2. Harbin Institute of Technology　Haerbin　150090)

(3. BeiJing Dynasty Digital Technology, Ltd　Beijing　100086)

(4. University of Science & Technology Beijing　Beijing　100083)

(5. Research & Conservation Center of cultural relics Hebei Province　Shijiazhuang　050031)

Abstract　Cangzhou iron Lion, cast in 953 A. D, represents the highest level of iron - cast artifact in ancient China. It was damaged and cracked during the past time and in recently unadapted consolidation, now divided into more than 20 pieces, and stands up by the support of steel sticks.

A series of research have been developed to evaluate the stabilization of Cangzhou iron Lion in recent project, completed 3D laser scanning modeling of Cangzhou Iron Lion, set up a Three-Dimensional FEM Model and performed the Numerical Analysis to evaluate Iron Lion's structural safety, established the schemes of Cangzhou Iron Lion's structure reinforcement techniques, and developed a professional health monitoring system for real-time monitor, revealed the Iron Lion structure, include of stress distribution of Iron Lion body and steel frame supporting through Numerical Analysis, designed a inner frame to take place steel frame supporting in future conservation, etc. In addition, formed a Digital disease recording combined 3D digital model with mapping technique. The result has been made into CG animation to display.

The paper was supported by China National Science and Technology Support Project.

Keywords Cangzhou iron lion, 3D laser scanning, FEM model numerical analysis, Structure reinforcement, Health monitoring

出土干缩变形木质文物润胀复原的研究进展

陈家昌[1,2]　柴东朗[1]　周敬恩[1]　黄　霞[3]　陈胜龙[4]

(1. 西安交通大学　西安　710049)
(2. 河南省文物考古研究所　郑州　450000)
(3. 郑州大学　郑州　450002)
(4. 南京林业大学　南京　210052)

摘要　综述了近年来国内外干缩变形木质文物润胀复原的研究进展，基于润胀剂的不同，将其分为物理法、化学法和生物法，重点介绍了化学法中"活性碱"的润胀效果及影响因素，并对今后干缩变形木质文物润胀复原的发展方向作了简要展望。

关键词　干缩变形，木质文物，复原

木材作为一种各向异性材料，具有干缩湿胀的特性[1]。正常木材在绝干状态至纤维饱和点含水率区域内表现出的这种干缩湿胀，会随着木材组织中水分的变化而变化，具有一定的"可逆性"。同正常木材相比，出土饱水木质的干缩湿胀具有显著的不同，饱水木质文物对水分的敏感性要远远大于正常木材，在饱水程度较高的情况下，饱水木材中水分的任何减少，都会引起木材外形尺寸的收缩[2]，并且这种外形尺寸的减小具有"不可逆性"。通常情况下饱水程度越高，木质文物的干缩变形就越严重。饱水木质文物表现出的这种特异性，主要是由于木质文物在埋藏过程中，随着纤维素的降解、半纤维素的降解破坏，木材的密度变小，孔隙度增大，外部环境中的水分能够更容易地进入到木材组织中，并起着支撑木质文物保持原有形状的作用[3]；因此，当这些水分散失时就会引起饱水木材收缩现象的发生。同时伴随着水分的散失将引起纤维素的再聚合或重结晶，并随着纤维素的收缩进而导致细胞腔的塌陷，这种因细胞腔塌陷而引起的木质外形尺寸的收缩，不会因水分的再次浸润而恢复，这是造成干缩变形木质文物"不可逆"的主要原因。其中发生在出土前的收缩变形，主要是由木质文物饱水后其藏环境中水分的波动引起的；而出土后产生的收缩变形则主要是由于保护不当致使饱水器物中的水分减少造成的。

木质文物的干缩伴随着严重的外观形变，部分或全部地改变了器物的外观形貌，严重影响了其考古、艺术等价值的完整体现。如何使干缩变形木质文物恢复原有形态，国内外有关学者进行了一些探索。迄今已开展的复原研究主要包括三种方法：物理法、化学法和生物法。本文主要从复原效果方面对上述三种复原方法进行了探讨。

一、物　理　法

物理法主要包括两种方法：热处理和减压膨胀。利用木材组织遇热变软的性能，利用加热的方法对收缩变形木质文物进行矫形，能够使得变形木质文物的形态部分恢复。其原理是：在适当温度下，在木质

素由刚性状态向塑性状态转变的过程中，木材组织的韧性增加，此时可通过施加外力进行矫形工作，这种处理可以使得变形有限的木质文物得到矫正。Hoffman[4]等采用蒸煮的方法对欧洲中世纪出土的变形木质文物进行矫形取得了明显效果。加热处理的优点是技术简单，不改变木材组织成分，缺点是复原程度有限。Chaumat Gilles[5]等报道了采用CO_2超流体在加压情况下渗透入干缩木材中，然后通过减压使干缩变形木材发生膨胀来恢复原有形状的试验，这种方法在小型木材试块中取得了较好效果，其存在的弊端主要是：处理设备、过程较为复杂且复原可控制性差，不适用于较大体积木质文物的复原。

二、化 学 法

化学法主要是根据木材组织中的纤维素和某些试剂相互作用时能够发生膨胀现象，从而实现木质组织形态的复原。其工作原理是通过化学试剂对纤维素的润胀作用，增加了纤维素的弹性，减小了纤维素的收缩应力进而带动塌陷细胞腔的恢复，最终使得木材的外形尺寸得到复原。木材主要是由木材细胞组成的，细胞壁的成分主要是由纤维素组成的。研究认为[6~8]：纤维素是由许多β-D-吡喃式葡萄糖通过1→4苷键联接形成的线型高聚物，纤维素分子链沿着链长方向彼此近似平行地排列着，借分子间的醇羟基形成强有力的氢键聚集成微纤维，其中排列整齐紧密的部分为纤维素的结晶区；排列不整齐、较松散的部分为纤维素的无定形区；介于紧密和松散排列的部分为纤维素的半结晶区。图1为饱水木材失水干缩示意图。

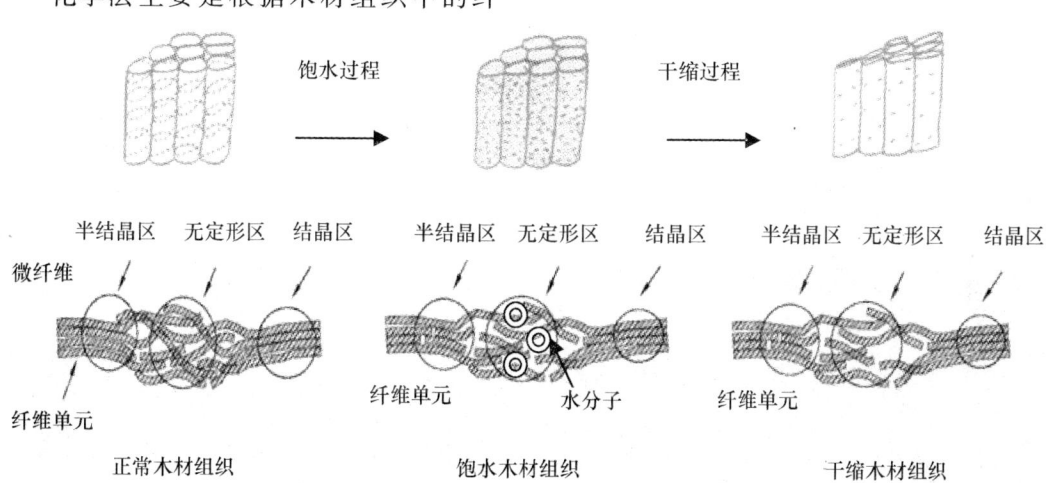

图1　饱水木材失水干缩示意图

从纤维素的化学组成上可以看出，纤维素具有和多种碱性物质发生反应的能力，并且纤维素和碱性物质反应后会使得纤维素的结构发生变化，并导致纤维素的润胀现象发生[9,10]。能使纤维素产生润胀现象的化学试剂主要包括一些碱性物质如氢氧化钠、"活性碱"等；此外，一些酸性物质如乙酸、次氯酸、杰弗里浸渍液和舒尔兹浸渍液等也能对小体积的干缩试样进行形态恢复，但对较大器物的复原作用尚未见报道，并且显而易见的是这些酸性物质对木材组织还具有一定的破坏作用。Hoffman[5]等采用质量分数为1%的氢氧化钠对欧洲中世纪出土的变形木质文物进行矫形取得一定效果；陈家昌[11,12]等采用"活性碱"对出土干缩变形木质文物进行复原研究。研究表明："活性碱"通过和木质素的作用，一方面减小了木质素对纤维素的束缚，同时也为纤维素的充分润胀提供了空间；另一方面通过对纤维素的润胀作用，使得纤维素的弹性得到恢复，从而使得塌陷的细胞腔得以恢复，由此实现了干缩变形木组织的形态的恢复。采用此项技术进行的试验研究表明：干缩变形木质文物的最大润胀度可达420%，体积复原度98%以上，基本恢复了木质文物的原有体积。图2为干缩木试块在不同碱液中的润胀。

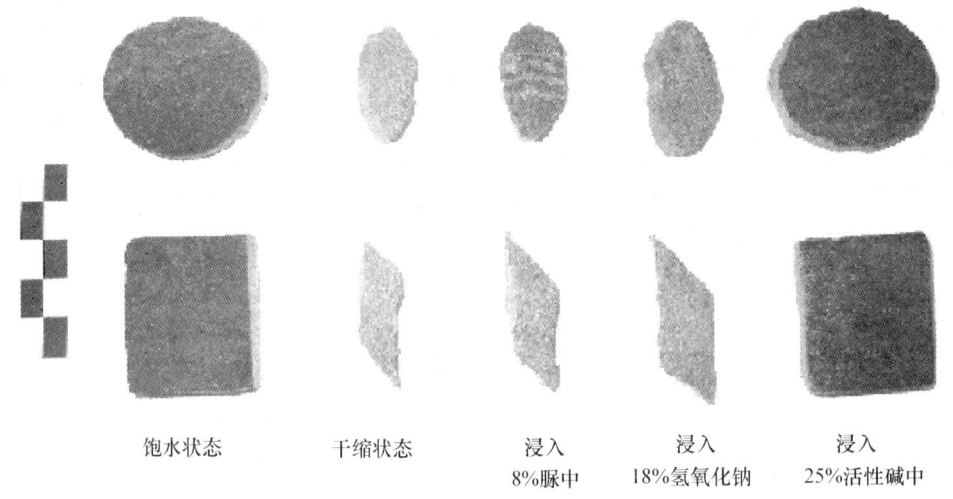

图2　干缩木试块在不同碱液中的润胀

从图3电镜照片中可以看出：经"活性碱"处理后的木材微观组织润胀更为明显，表现为和干缩状态相比较，在干缩状态时［图3（a）］已经完全塌陷的细胞腔结构经活性碱处理后又重新出现［图3（c）］，成为蜂窝状组织分布在大的孔道之间，其形态和饱水状态时［图3（b）］的细胞组织基本一样，所不同的仅是经"活性碱"处理后的木试块组织的细胞壁的中间层结构消失，细胞壁变得较薄。

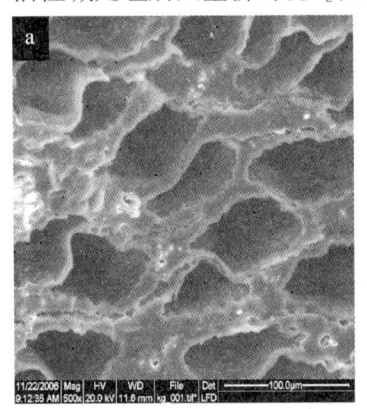 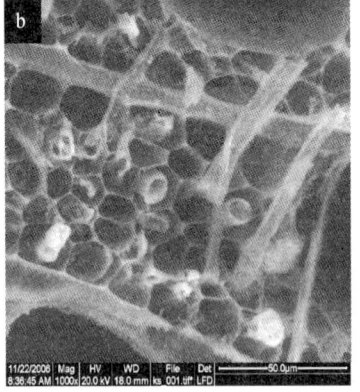 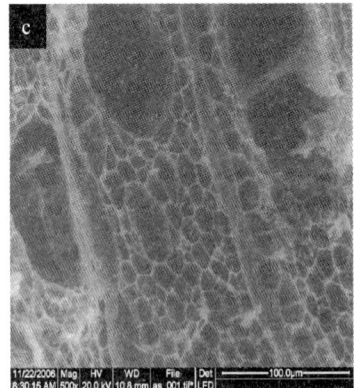

(a) 木材干缩状态　　　　　　(b) 饱水状态　　　　　　(c) "活性碱"润胀复原后

图3　不同状态下的木材组织电镜照片

两件分别出土于湖北九连墩、河南长台关的战国时期的木底座和漆木围栏被用来进行复原试验。木底座出土时已经部分收缩，出土后由于水分的进一步挥发，造成器物的严重收缩并伴有开裂现象。木底座经复原处理后其长度、最大宽度、最大厚度分别由干缩时的17.53cm、16.23cm、11.86cm变化为复原后的21.67cm、20.36cm、13.38cm，分别提高了23.62%、25.44%、12.81%，并且原有的裂缝基本消失；木围栏存在的病害主要是收缩后产生的弯曲变形，经复原处理后弯曲现象基本消失。图4为处理前后的木底座照片，图5为处理前后的漆木围栏照片。

(a)干缩状态　　　　　　　　　　　　(b)复原处理状态

图4　木底座复原前后比较图

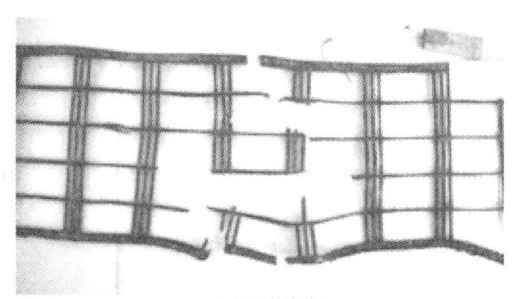

(a)干缩状态　　　　　　　　　　　　(b)复原处理状态

图5　木围栏复原前后效果图

三、生物法

利用生物技术对木质文物进行保护是近年来木质文物保护研究领域的新方向。湖北省博物馆陈中行、周松峦等报道了采用细菌纤维素对饱水木质文物进行脱水保护的研究实验，脱水试验表明细菌纤维素对降解纤维素具有一定的修复效果[13]；陈子繁报道了采用产碱微生物复合疏松剂进行复原干缩变形木质文物的研究实验,其原理是"利用产碱微生物对干缩变形木质文物进行疏松处理,在微生物菌群及其产物的作用下,干缩变形的纤维分子键得到重新链结,受损的化学基团得到修复,使得已经干缩变形木质文物纤维空隙能够顺利膨胀伸展",从而到达恢复干缩变形木质文物原有形状的目的[14]。

生物法应用于木质文物复原的难点在于:微生物菌群的选用、培养及生长条件的控制等方面。总之,从目前能够达到的技术条件看,生物法应用于木质文物复原还有待深入研究。

四、结　语

干缩变形木质文物的复原研究是木质文物保护领域的新进展,干缩变形木质文物的复原有着较为广阔的应用前景。采用"活性碱"作为润胀剂具有较好的复原效果,今后的研究重点主要是进一步加强干缩变形木质文物复原后的加固定型研究,并针对复原定型后木质感较差等问题进行改进。

致谢:此项研究得到了河南省文物局的经费支持,对湖北省博物馆陈中行研究员在此项研究中提供的大力支持表示由衷感谢。

参 考 文 献

[1] 杨淑惠. 植物纤维化学. 北京:中国轻工出版社, 2001: 78 - 86.

[2] 李国清. 出土饱水古木件干缩性探讨. 全国漆木器文物保护学术研讨会, 2005.

[3] Stanley Price N P. Conservation On Archaeological Excavations. Rome: ICCROM, 1995.

[4] Per H. ICOM Committee for Conservation 10th triennial meeting. Washington D C, August, 1993, 257 - 261

[5] Gilles C. The 7th ICOM-CC working group on wet organic archaeological materials conference. Grenoble France, Chaumat, Gilles, 1999.

[6] Fors Y, Sandström M. Sulfur and iron in shipwrecks cause conservation concerns. J. Chem. Soc. Rev. , 2006, 35: 399

[7] Schurz J. Trends in polymer science a bright future for cellulose. J. Prog. Polym. Sci. , 1999, 24: 481.

[8] Bikales N M. Cellulose and Cellulose Derivatives. New York: Wiley Interscience, 1971.

[9] Laszkiewicz B, Wcislo P. Sodium cellulose formation by activation process. J. Appl. Polym Sci. , 1990, 39: 415.

[10] Kamide K, Okajima K, Kowsaka K. Dissolution of nature cellulose into aqueous alkali solution: role of super-molecular structure of cellulose. Polym. J. , 1992, 24: 71 - 78.

[11] Chen J C, Chai D L, Zhou J G, et al. Shape recovering from collapsed archaeological waterlogged wood by active alkali-urea treatment. Journal of Archaeological Science, 2009, 36: 434 - 440.

[12] 陈家昌, 柴东朗, 周敬恩, 等. 干缩变形木质文物的复原. 2007 东亚文化遗产保护国际研讨会论文集, 2007: 11, 227, 228.

[13] 周松峦, 卫扬波, 李壶葳, 等. 细菌纤维素对木质文物修复的初步探索. 文物保护与考古科学, 2008, 20 (3): 55 - 57.

[14] 陈子繁. 生物复合疏松剂复原干缩变形木质文物. 出土饱水竹木漆器及简牍保护学术研讨会论文集, 2008, 12, 182 - 189.

Research progress in shape recovering from collapsed archaeological wood

Chen Jiachang[1,2], Chai Donglang[1], Zhou Jingen[1], Huang Xia[3], Chen Shenglong[4]

(1. Xi'an Jiaotong University, Xi'an 710049)
(2. Institute of Cultural Relics and Archaeology of Henan Province Zhengzhou 450000)
(3. Zhengzhou University Zhengzhou 450002)
(4. Nanjing Forestry University Nanjing 210052)

Abstract This paper summarizes the research progress in shape recovering from collapsed archaeological waterlogged wood in the recent years. According to the different swelling agent, the reswelling progress is classified as follows: physical technique; chemical technique and biological technique. The property and effect of "active-alkili" on reswelling was mainly discussed and the development trend of reswelling in the future is introduced simply.

Keywords Collapsed, Archaeological wood, Shape recovering

河北涞源阁院寺辽、明两代建筑砖瓦分析[*]

郭峥栋[1]　李乃胜[2]　杨益民[1]　郇　勇[3]　王昌燧[1]　张新香[4]

(1. 中国科学院研究生院科技史与科技考古系　北京　100049)
(2. 中国文化遗产研究院　北京　100029)
(3. 中国科学院力学研究所　北京　100080)
(4. 内蒙古自治区文物考古研究所　呼和浩特　010010)

摘要　河北涞源阁院寺是现存不多的辽代建筑之一。本文通过测试分析，探讨了该寺文殊殿辽代建筑材料的结构性能和制作工艺。经比较分析相同地点的明代建筑材料，发现辽代地砖和明代地砖的成分、结构和物理性能基本一致，由此推测其原料和烧制工艺较为相似；而房瓦与地砖有所不同，前者体现了更好的物理特性和力学性能。同时将测试所得数据与其他历史时期的相关样品数据作了比较，得出了定性和定量的结论，从而深化了对辽代建筑材料的认识。

关键词　辽代砖瓦，阁院寺，制作工艺，抗压强度

一、引　言

起源独立的中国古代建筑，从新石器时代开始到明清，经历了6000多年的发展和演变，形成了独具特色的建筑体系，在建筑材料、建筑结构和建筑美学等诸多方面皆自成一体，在世界建筑发展史上占据着十分重要的地位[1]。

黏土是砖瓦的制作原料，也是我国古代建筑的重要材料。有学者指出，早在新石器时代，我国已出现了"不定形的原始砖"或称雏砖[2,3]。而历史时期陶质建材的研究，前人也有一些报道[4~7]。不过，总体看来，科学数据的积累仍然较少，尤其是辽代陶质建筑材料的研究，几乎一片空白。本文选取河北省涞源县阁院寺的辽代和明代砖瓦样品，运用现代科技手段，测试分析了它们的化学组成、物相组成、烧成温度、吸水率和抗压强度等，在此基础上，将不同时代的样品进行了对比分析，更为客观地反映了辽代陶质建筑材料的工艺水平。

二、样品与实验

1. 样品介绍

河北省涞源县阁院寺文殊殿始建于辽应利十六年（公元966年），是我国现存最原始、最完整的千年以上土木结构建筑之一。该殿为单檐布瓦歇山顶，面阔进深各三间，呈正方形，面积484m^2，铺有两层地砖，下层为辽代，上层为明代。屋顶铺有明代房瓦。1996年11月被国务院公布为全国重点文物保护单位。

---
[*] 本工作由中国文化遗产研究院自主课题、中国科学院研究生院人才基金和中科院知识创新方向性项目 (KJCX3.SYW.N12) 资助。

分析样品选自阁院寺文殊殿，其中，辽代地砖3块，编号分别为LZ1、LZ2、LZ3；明代地砖6块，编号依次为MZ1～MZ6；明代房瓦3块，编号分别为W1、W2和W3。另外，从四川地区选取元代地砖2块，用作对比分析，编号分别为SC1和SC2。所有样品的外观均为砖灰色，图1为典型样品的照片。

(a) LZ1正面　　　　　　(b) MZ2正面

(c) W1正面

图1　样品照片

2. 样品检测

测试工作在中国文化遗产研究院进行，其X射线荧光光谱测定仪器为岛津SHIMADZU公司生产的EDX-800HS型EDXRF仪。

热膨胀分析在中国科学院研究生院进行。其测试仪器为德国Netzsch公司生产的402E型高温电子膨胀仪。具体测试时，先将样品切出一小块，经超声波清洗并晾干后，制成长方柱，长度约7mm，再置于仪器中测试，利用仪器配套软件作数据处理[8]。

样品吸水率、密度、孔隙度和抗压强度的测试步骤为，将每块样品切割出三份（2×2×3）cm³的长方柱形，采用煮沸法测试它们的吸水率、密度和孔隙度[9]。之后，再将上述样品放入烘箱中烘烤24h，移至空气中晾置，待恢复测试吸水率前的质量之后，在中国科学院力学研究所采用MTS 810.23型抗压机测试它们的抗压强度。

三、结果与讨论

1. 制作工艺分析

样品的成分数据列于表1。为更全面地分析阁院寺的样品,将该实验数据和前人发表的相关数据放在一起(汉砖来自安徽省涡阳县正殿乡扶阳侯宫殿遗址地面,明城墙砖来自安徽凤阳明皇宫,现代砖来自安徽省合肥市砖瓦厂)[10],使用 SPSS 软件进行主成分分析[11],分析结果如图2所示。

从图2可以看出,阁院寺辽、明地砖的化学成分相近,而房瓦的成分则明显不同,Al 的含量高于地砖,而 Ca 和 Mg 的含量则较低。两者可能选用了不同的黏土原料。至于四川的元代地砖、安徽的汉砖和明城墙砖以及现代砖样品的化学成分,与阁院寺的样品皆有显著不同,其中,取自安徽样品的差异尤甚,这或许与历史时期我国南北时期方砖瓦选用不同原料有关[12]。

表1 样品化学成分和烧成温度组成

样品	SiO_2	Al_2O_3	CaO	Fe_2O_3	MgO	K_2O	TiO_2	烧成温度/℃
LZ1	61.49	15.98	6.95	5.29	3.45	1.87	0.51	1113.8
LZ2	64.39	17.62	5.70	5.63	3.49	2.23	0.68	1102.2
LZ3	63.15	15.15	7.05	4.50	3.17	2.26	0.61	1070.5
MZ1	63.43	16.52	6.97	4.97	2.34	1.90	0.59	1132.8
MZ2	63.06	16.86	6.50	4.77	3.01	1.80	0.59	1135.2
MZ3	65.36	17.63	5.53	5.15	3.50	2.09	0.60	1120.2
MZ4	61.95	16.23	7.50	5.54	2.13	2.37	0.47	1120.7
MZ5	65.52	17.54	5.87	5.09	2.77	2.36	0.54	1121.4
MZ6	62.30	18.12	7.86	5.86	2.51	2.38	0.76	1096.2
W1	65.90	18.79	4.39	5.53	2.14	2.31	0.59	1012.9
W2	67.14	18.75	1.49	6.37	1.72	2.40	0.71	1112.6
W3	67.53	19.04	3.19	5.76	1.57	2.02	0.59	1055.6
SC1	72.53	17.24	0.32	5.14	1.60	2.10	0.53	880.8
SC2	72.23	18.27	0.56	5.91	0.00	2.06	0.65	999.2
汉砖*	65.27	13.23	1.04	5.77	1.69	2.08	0.74	1050
明城墙砖*	71.4	14.8	0.42	5.57	0.67	1.5	1.13	940
现代砖*	65.14	16.41	0.87	6.33	1.13	1.88	0.89	

*数据引自李乃胜,我国新石器时期建筑中的几个重要问题,中国科学技术大学博士学位论文,2006,85-92。

热膨胀测试分析结果在表1中。该数据显示,阁院寺辽、明两代砖瓦的烧成温度相近,均超过1000℃,反映了比较成熟的砖瓦烧制技术。

2. 物理性能分析

表2是样品吸水率、密度、空隙度和抗压强度统计表。由于所测样品,数量较多,所以结果采用了各项平均值进行比较。可以看出,三种建筑材料的物理特性和力学性能具有较为明显的一一对应关系。辽、明两代的地砖吸水率、密度和孔

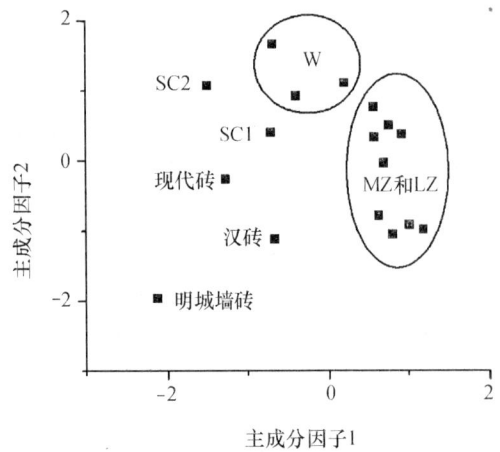

图2 样品化学构成的主成分分析

隙度基本接近，其抗压强度也基本一致。明代房瓦的吸水率和孔隙度均低于地砖，密度略高，与这些物理特性相对应的是房瓦的抗压强度也比地砖要高一些，力学性能较好。导致这一现象的原因可能有两点：

表2　样品的吸水率、密度、孔隙度和抗压强度平均值对比图

样品	吸水率平均值/%	密度平均值/(g/cm³)	孔隙度平均值/%	抗压强度平均值/MPa
LZ	25.4781	1.5888	39.48	7.3443
MZ	25.6732	1.6207	40.9308	9.349
W	16.7989	1.8047	32.2625	12.5268
SC	18.2256	1.6024	40.2568	8.5029
汉砖	11.5			44
明城墙砖	22.3			17
现代砖	18.0			31

首先，砖、瓦采用的前期加工方法略有不同，推测烧成前，房瓦的泥坯很可能经过夯打或夯打程度高于砖坯，故其密度大、孔隙度小，硬度也相对较高。其次，房瓦较薄，而地砖较厚，若烧成和保温的时间相近，则房瓦应烧得更透。

作为对比样品的汉砖、明城墙砖和现代砖，皆具有较低的吸水率和较高的抗压强度，其中，汉砖的抗压强度竟高达44MPa，无愧于"秦砖汉瓦"的美誉。

四、结　　论

综合以上分析，可得如下结论：

（1）河北涞源阁院寺文殊殿的辽、明两代地砖应为采用相同的原料，在相似的窑温下烧制而成，其物理特性和物理性能也相近，说明辽、明时期的建筑用砖技术基本相似，有很好的继承性。而明代房瓦物理性能则较地砖为好，应该是房瓦的特殊需要而采用了不同的原料和前期处理方法。

（2）我国历史时期的建筑用砖都有着较高的烧制工艺，其烧成温度普遍达到1000℃以上，然而，他们选用的原料有所不同，具有多样化的特点。

（3）本次所取的辽明两代砖瓦物理特性和力学性能指标与前人工作结果相符合，表明这些新方法可望有效地测定陶质建材的吸水率、密度和孔隙度。

总之，此次工作揭示，辽代的华北地区有着较为成熟的陶质建材烧制工艺，其产品具有较为稳定的物理特性和力学性能。

参 考 文 献

[1] 李乃胜. 我国新石器时期建筑中的几个重要问题. 中国科技大学博士学位论文, 2006: 1.

[2] 中国社会科学院考古研究所湖北队. 湖北枣市雕龙碑遗址15号房址. 考古, 2003: 3.

[3] 张敬国. 凌家滩发现我国最早红陶块铺装大型广场. 中国文物报, 2000-12-24.

[4] 张子正, 车玉荣, 李英福, 等. 中国古代建筑陶瓷的初步研究. 中国古陶瓷研究. 中国科学院硅酸盐研究所. 北京: 科学出版社, 1987: 117-122.

[5] 李家治. 中国科学技术史（陶瓷卷）. 北京: 科学出版社, 1998: 55-68.

[6] 李乃胜, 等. 河南安阳殷墟出土陶水管与陶器的对比研究. 分析测试学报, 2008, 9: 936-941.

[7] 刘敦桢. 中国古代建筑史. 北京: 中国建筑工业出版社, 1980: 65-82.

[8] 李迎华. 热膨胀测温方法的初步研究及在其在考古中的应用. 中国科学院研究生院博士学位论文, 2008: 3-11.

[9] 单洁. 古陶产地理论及相关研究. 中国科技大学博士学位论文, 2002: 61.

[10] 李乃胜. 我国新石器时期建筑中的几个重要问题. 中国科技大学博士学位论文, 2006: 56-78.

[11] 陈铁梅. 定量考古学. 北京: 北京大学出版社, 2005: 212-236.

[12] 李乃胜, 李清临. 文物产地与矿料来源研究的现状与展望. 东南文化, 2008, (1) 91-96.

The Analysis of Ceramic Building Materials In Geyuan Temple, Hebei Province

Guo Zhengdong[1], Li Naisheng[2], Yang Yimin[1], Huan Yong[3], Wang Changsui[1], Zhang Xinxiang[4]

(1. Department of Scientific History and Archaeometry,
Graduate University of Chinese Academy of Sciences   Beijing   100049)

(2. Chinese Academy of Cultural Heritage   Beijing   100029)

(3. Institute of Mechanics, Chinese Academy of Sciences   Beijing   100080)

(4. Institute of Cultural and Historical Relics and Archaeology inter Uonglia Autonomory Rogion   Huhhot   010010)

Abstract   Geyuan Temple was built during Liao Dynasty. This article is mainly focusing on productive process and performance of some ceramic building materials in this temple. As bricks made in different periods, the Liao bricks and Ming bricks shows similar composition, structure and performance, which means they were built by same clay and craft. However, Ming tile samples showed better performance than bricks. Meanwhile, some comparative tests of different historical period were also carried out, and more details of Liao Dynasty's ceramic building material are learned.

Keywords   Liao Dynasty's brick and tile, Geyuan temple, Productive process, Pressure resistance

中国古代文石结构碳酸钙颜料研究

周国信

(北方涂料工业研究设计院 兰州 730020)

摘要 文石属碳酸钙，与方解石成同质异象，其化学稳定性低于方解石。文石结构碳酸钙在地球上有两种来源：一是天然矿物，古称车渠石；二是蛤类外壳和珊瑚壳体。它们均可做颜料，天然矿物颜料称车渠白；蛤类外壳所做颜料称蛤粉（含红珊瑚粉、珍珠粉），属动物颜料。本文通过文献记载和现代实验分析的方法研究了古代使用蛤类外壳和珊瑚壳体制作颜料的方法。在中国古代颜料种类和制作方法的研究上进行了一定探讨。

关键词 颜料，文石结构，车渠石，蛤粉，壳白，方解石结构

文石（aragonite）又名"霰石"，与方解石成同质异象，同属碳酸钙，分子式为$CaCO_3$。天然文石主要形成于外生作用。因含杂质（显色金属离子）的不同而呈白色、灰色、褐色、浅红色以至黑色，玻璃光泽。是一种很好的装饰材料。

文石结构碳酸钙在地球上有两种来源：一是天然矿物文石，古称车渠石；二是蛤类外壳、珍珠和珊瑚壳体。这两类物质在我国历史上被广泛使用于装饰、颜料等领域。

一、中国历史上使用的文石结构颜料

中国历史上称天然文石为"车渠石"，简称"车渠"（古时写作"砗磲"）。《康熙字典》中解释说："《博雅》：砗磲石次玉，《玄中记》：车渠出天竺国"。可知车渠石属于次等玉石，印度有出产。《辞海》中也说："我国甘肃、新疆也有出产"。用它制作的颜料又称"车渠白"，纯正白色，属于天然矿物颜料。动物砗磲属砗磲科，

是大型蛤类，与车渠石名称相混，同属文石结构碳酸钙，且有相似纹理。

中国历史上称使用蛤贝、珊瑚、珍珠等软体动物外壳所做的颜料为"蛤粉"、"红珊瑚粉"、珍珠粉，经我们鉴定均为文石结构碳酸钙。

1. 车渠白

北京故宫博物院收藏有清乾隆汪节葊制"西湖十景锦色墨"、"御制月令七十二候诗集锦墨"、"清乾隆御制国宝五色墨"等多组清代皇帝使用的五色彩墨，被近代著名画家于非闇先生称为"乾隆五香"，其中白色墨中的白色名为"车渠"，或称"车渠白"，国画界直呼为"车渠白墨"[1]。清代五色彩墨中的白墨应是用车渠石制作的白色颜料制成。

2. 蛤粉

我国古代制作颜料时使用的包括蛤贝、珊瑚、珍珠均系文石结构碳酸钙。

唐宋时院体画中使用珍珠作为白色颜料。在民间，普通画家将蛤粉也叫成"珍

珠粉"，说明中国先民已知贝壳与珍珠属同一种物质。于非闇先生说：蛤粉"也是古代民族绘画重用的颜料，宋代绘画都用它代替白垩（白垩即方解石）"[2]。

经研究，古代漆器上的白色颜料，除了使用铅白之外，还用了蛤粉[3]。秦汉时期漆器色彩中白色"可能是研磨极细的蚌壳粉"[4]。许多文献中提及铅白。但是不一定全是指铅白，或者不是纯铅白。其中相当一部分是指蛤贝之粉，或者是铅白、蛤粉等混合物。《天工开物》在铅粉制法描述中有："每扫下（铅）霜一斤，入豆粉二两，蛤粉四两，缸内搅均"之记述，《周易参同契》也有相似记载。是人为制造铅白和蛤粉混合物的文献记载，但未见文物实物分析与报道。

除了用蛤贝制作白色颜料外，我国古代还用红珊瑚制成红色颜料用于绘画。珊瑚系珊瑚虫分泌物由石灰质聚集而成，红者应属动物色素，所以这里所指红珊瑚应属动物颜料。红珊瑚作为一种红色颜料，也出现在中国的绘画史上。唐宋时期，院体画中常用艳丽的红色珊瑚屑，并被称作"珊瑚红"。《本草纲目》中说："珊瑚生于南海……珊瑚有红油色者……有如铅丹色者"。"生于磐石质上白如菌，一岁而黄，二岁变赤"。《青在堂画学浅说》说："唐画中有一种红色，历久不变，鲜如朝日，此珊瑚屑也。"《芥子图画传》说"宣和内府印色亦多用红珊瑚"。

二、古代蛤粉的制作方法

古代中国和日本都使用贝壳制作白色颜料，制法却不同。Elisabeth West FitzHugh 在《亚洲古代颜料》中说："有一种仅见于日本的白色颜料是壳白，日语叫做Gofun，是粉碎贝壳制作的碳酸钙，通常是牡蛎壳。"并强调其制作方法是："置室外相当长时间（长达15年）进行熟化[5]"。"在中国一些早期资料提到通过研磨并且加热牡蛎和蚌壳制作壳白"。

中国画界使用研磨制蛤粉的传统，历史悠久，技法成熟。将贝壳去污洗净，直接研磨制成的白色颜料，色相好，也较昂贵。清人蒋骥在《传神秘要》中记载："然用蛤粉最妙，不变色兼有光彩（蛤粉制法，先将壳上一层黑皮去净，研极细用之）"[6]。

于非闇先生描述蛤粉的制作和使用方法是："蛤壳微带紫红色，微火煅成石灰质，研到极细至白，注水后成消石灰（注：消石灰，氢氧化钙的别名）兑胶使用"[7]。由此可见蛤粉使用也有生、熟两种方法（这是我国习惯称谓，如生石膏、熟石膏，生石灰、熟石灰等）。其中过火的蛤贝再注水就成了熟品，这个熟品应是熟石灰，或称石灰乳，与方解石制石灰乳在物质结构上已无区别。

于非闇先生关于"蛤壳微带紫红色，微火煅成石灰质，研到极细至白"的描述中所指的加热煅烧的火候值得研究。因为文石结构的稳定性不如方解石，加热后会因温度的不同产生以下几种可能：

（1）煅烧温度在100～300℃——微火煅烧，"蛤壳微带紫红色"，低温加热破坏了有机色素，使其"至白"，但绝不会破坏其文石结构，也就不会破坏绘画要求的典型的纹路外观；

（2）煅烧温度在文石转化成方解石温度（460℃）之上，这时它就转变成了方解石，但又不会"注水后成消石灰"，这也绝不是微火所能完成的；

（3）煅烧温度在760℃以上——高温煅烧，碳酸钙分解成氧化钙，方能"注水后成消石灰"。要制成消石灰是无需"研到极细"这一工序的，因为入水即成消石灰，这一化学过程已将块状变成细致的膏状，甚至部分溶于水中，故有"石灰乳"一称。

由此可以推断，后两种煅烧温度所制的颜料，在后来的画面上均为方解石物相。所以我们推测制作白色蛤粉颜料的煅烧温度应在460℃以下，才能保持它的优越的颜料品质。而这种方法与日本人将"贝壳放置室外达15年"而制成的"壳白"应有同等效果。

基于以上的分析，我们可以推断在考古发掘和研究中可能有一些真相被掩盖，即那些曾经用熟法制作的蛤粉（熟石灰），后来在空气中吸收二氧化碳而变成了方解石结构的碳酸钙，因而出土时已无法判断在煅烧之前是用方解石还是用蛤贝类物质制成的。

在我国历史上，软体动物外壳的应用历史源远流长，在早期人类的遗址中有大量使用蚌类作为装饰品的遗存，山顶洞人遗址[8]、陕西省宜川县龙王迪遗址[9]、河南省焦作赵张弓遗址和洛阳市洛龙区二里头文化遗址[10]均有蚌镞、蚌镰、蚌饰等出土。河南殷墟妇好墓[11]、河南荥阳市晚商贵族墓[12]、江苏邳县西周墓[13]等均出土贝饰。

古人在磨制用于镶嵌漆器、木器、青铜器各种形状的蛤蚌类镶嵌物时，产生大量"副产品"，即后来所谓的"蛤粉"。研磨和使用蛤粉的历史大概就从那时开始。

除此之外，蛤壳还曾用于练丝。古籍中还提及"蜃灰"一词，即蛤壳烧成的氧化钙，用做白色颜料及纺织用精炼剂，应属真正"煅制蛤粉"。在周代，每到春天，奴隶们在"染人"官吏监视下，将生丝和绸坯进行暴炼，对丝纤维进行脱胶处理。"昼暴诸日，夜宿诸井"，共计七天七夜方可[14]。战国时的《考工记》中也有"以涚水（灰水）沤其丝"，"以栏为灰，渥淳其帛，实诸泽器，淫之以蜃"。是蛤壳烧成蜃灰，用于涂浸，漂洗处理丝的技术说明。先秦史料中也有练丝、练帛用草木灰（碳酸钾）和蜃灰（氧化钙）作精炼剂记载。新制成的蜃灰和草木灰溶解后应属强碱性溶液。

文石结构的碳酸钙物质——车渠石、蛤贝、珍珠、珊瑚等，在古代曾被广泛应用于颜料、装饰品及炼丝等方面，历史悠久、工艺精湛，在中国古代文明发展史上发挥了独特的作用。本文着重从其应用于颜料这个角度进行了探讨，其中还有许多问题有待进一步研究。

参 考 文 献

[1] 于非闇. 中国画颜色的研究. 北京：人民美术出版社，1955：35.

[2] 于非闇. 中国画颜色的研究. 北京：人民美术出版社，1955：6，7.

[3] 马清林. 甘肃石器时代与青铜器时代制陶工艺、陶器颜料及陶的成分分析研究. 兰州大学学位论文集，2000.

[4] 马清林，胡之德，苏伯民，等. 中国文物分析鉴别与科学保护. 北京：科学出版社，2001.

[5] FitzHugh E W. 亚洲古代颜料——福布斯奖获奖讲演. 文物保护研究第三辑，2005.

[6] 蒋骥. 传神秘要. 画论丛刊. 北京：人民美术出版社，1960.

[7] 于非闇. 中国画颜色的研究. 北京：人民美术出版社，1955：6，7.

[8] 郭喜亭. 考古的故事. 北京：中国书籍出版社，2004.

[9] 尹申平，王小庆. 陕西宜川龙王迪遗址考古发掘取得重大收获. 中国文物报，2006-12-1.2版.

[10] 吴业恒. 洛阳发现龙山晚期至二里头早期环壕聚落遗址. 中国文物报，2007-3-16.2版.

[11] 殷玮璋. 百年考古之谜. 北京：中国经济出版社，2001.

[12] 贾连敏，等. 河南荥阳胡村发现晚商贵族墓地. 中国文物报，2007-1-5. 遗产周刊206期.

[13] 林留根，周润垦，原丰，等. 江苏邳州梁王城遗址第二次发掘获重要成果. 中国文物报，2007-9-14.5版.

[14] 吴淑生，田自秉. 中国染织史（中国文化史丛书）. 上海：上海人民出版社，1986.

Research on the Aragonite Structure Pigment in Ancient China

Zhou Guoxin

(Northern Paint & Coatings Industry Research Institute　Lanzhou　730020)

Abstract　Aragonite, a kind of calcium carbonate, has lower stability than its polymorph, Calcite. Aragonite comes from two sourses. One is natural minerals, called Chequshi in ancient times; the other is clam shells and coral shells. The pigment made of clam shells and red coral was named Gefen and Coral Red respectively. In ancient China, the use of shells can date back to the Upper Cave Man period. It acted as an ornament of bronzes, lacquer wares, wood wares and raw material for ceramic manufacture. It is a gemstone in itself such as red coral. Shenhui, a product of firing shells, was used for degumming of ancient silk. Gefen had another name Kofun in Japan.

Keywords　Pigment, Aragonite, Chequshi, Gefen, Kofun, Calcite

多孔建筑材料修复灰浆中盐分迁移和结晶现象分析

〔荷兰〕R. P. J. van Hee[1]　Barbara Lubelli[2] 著

李　博[3]　宋　燕[4] 译

(1. 荷兰应用科学研究组织（TNO）建筑环境与地球科学实验室　代尔伏特　2600A4)
(2. 荷兰代尔伏特工业大学土木工程系　代尔伏特　2600A4)
(3. 北京科技大学　北京　100083)
(4. 中国文化遗产研究院　北京　100029)

摘要　要了解盐分在多孔建筑材料中的结晶机理，首先要明确水分（湿气）的迁移过程，因为水的迁移会影响盐类的分布。干燥行为也非常重要，如在干燥过程中盐的迁移和分布状况。本文首先描述了一些严重病害的案例和病害类型。在这些案例中分析了盐分和水分分布，在其中一些案例中监测了病害的发展变化。过去几年中，在TNO的实验室内进行了同样的研究工作。最近，利用核磁共振（TNO与艾因霍芬科技大学的合作）进行的实验研究使我们能更好地理解了水分的迁移以及多孔材料的干燥过程。通过这些研究，提出了关于不同类型修复灰浆中盐分结晶机理的几种假设，这些都必须在欧盟的"COMPASS (compatiblity of plasters and renders with salt loaded substrates in historic building)"研究项目中加以证实。

关键词　修复灰浆，盐分迁移，结晶，孔隙，温度，干湿循环

一、引　　言

在现场和实验室中发现的由于盐分结晶导致的最常见病害[1]，包括：①粉化或者砂化；②剥落。

当表面层比较薄，且与周围其他物质的性质有所不同时，易出现剥落。一旦失去表面层，接下来通常会发生粉化。

除此之外，如果表面做了防水处理，将会出现一种非常明显的典型病害类型：

表层剥落的部位，通常是进行了防水处理的部分，但也不总是这样。

为了更好地定义水分和盐溶液的迁移以及盐分的破坏条件和作用机理，我们将通过现场以及实验室观测结果进行讨论。这些监测包括海盐侵蚀（现场）以及氯化钠和硫酸钠溶液侵蚀（实验室）。

为了测定多孔建筑材料中盐的分布情况，要先测定含盐材料的吸湿性。吸湿性是指材料从空气中吸收的水分；当相对湿度高于它们的平衡湿度时，盐可以从空气中吸收水分。对于多孔建筑材料中指定类型的盐，盐含量越高，吸水量越高。本文一般是指样品（粉末）在相对湿度96%条件下的水分吸收量。之所以选择这个相对湿度条件是考虑到氯化钠和硫酸钠的影响，在20℃时，NaCl的平衡相对湿度为75.6%，$Na_2SO_4 \cdot 10H_2O$的相对湿度是93%。

为了理解盐分的结晶机理，首先要明确水分（湿气）的迁移，因为水的迁移会影响盐分分布。同时，干燥及在干燥过程中水分的迁移以及水分和盐分的分布状况也是导致病害产生的重要原因。

二、湿气上升

1. 湿气上升条件下的一种典型盐腐蚀

由湿气上升导致的一种典型的盐腐蚀见图1。这种模式与 Arnold[2] 所描述的模型很相似。我们将一堵墙划分为以下区域：

（1）潮湿区域，在墙的下部没有病害发生；

（2）风化区域，在表面有盐分析出，只观察到微小病害（在相对湿度很高时期，由于盐分潮解，可能不会发生风化）；

（3）在风化区的上边缘，由于反复出现的干-湿循环而导致严重的剥蚀现象；

（4）没有病害发生的区域，在墙的上部。

一个重要发现是病害集中出现在干-湿频繁交替区域，如在湿气上升的边缘区域。

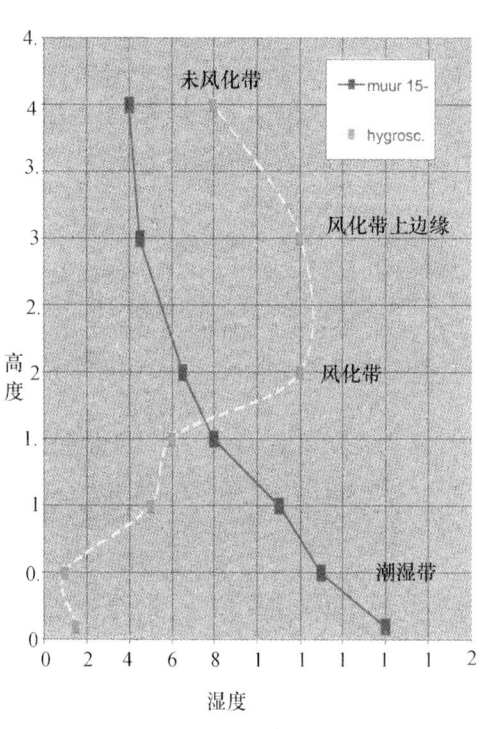

图1 处于潮气上升状态下墙体的典型病害以及湿气和盐分的分布状况

湿气上升程度取决于水的供给、墙体材料性质以及环境造成的干燥条件。盐分存在所起的重要作用，将会在下一段中谈及。

2. 湿气上升对砌体中盐分的影响

通常，在砌筑墙体中，灰浆和砖块的孔隙分布是不同的，与砖块相比，灰浆孔隙更小。由于大孔径材料不能从小孔径材料中吸收水分，因此，在灰浆与砖块交界处就形成了阻挡潮气上升的界面，正如图2（a）所示[3]。Tammes 和 Vos[4] 提出，在有盐分存在下可以克服这种障碍。为了估计盐分的影响，进行了一系列试验，在三面墙上分别对自来水、2.3% Na_2SO_4 溶液和 5% Na_2SO_4 溶液进行了比较。结果清晰表明，砖块与灰浆层之间的界面确实起到了限制性作用。然而在有盐溶液存在的条件下，砖和灰浆之间的这种障碍界面将不再发挥作用：在这种情况下，湿气上升到较高值，图2（b）、2（c）所示。盐的浓度越高，水分上升高度越高，我们认为这种作用是由盐渗透引起的[5,6]。

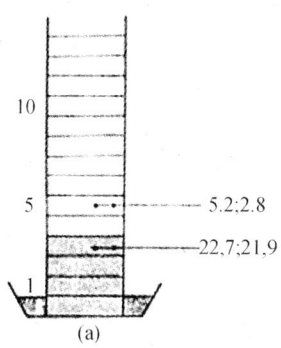
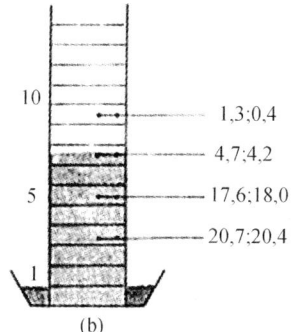
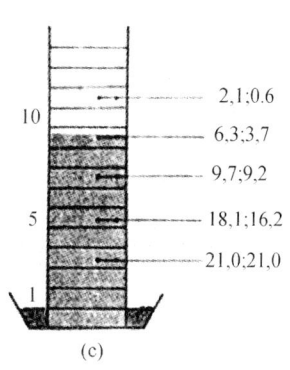

图2 在三面墙中水分上升的高度和湿气分布[3]
水中加盐或不加盐（墙体（a）作为参照，不含盐）

三、NaCl对砖块干燥过程的影响

在实验室中，利用NMR[7]对砖块干燥过程进行了检测。首先，用水进行试验，如图3所示，可观测到一个明显的逐渐减弱的干燥峰，说明达到了临界含水率。

当用NaCl溶液（1M①）进行相同试验时，得到了完全不同的结果：在相同环境条件下没出现逐渐减弱的干燥峰，如图4所示。

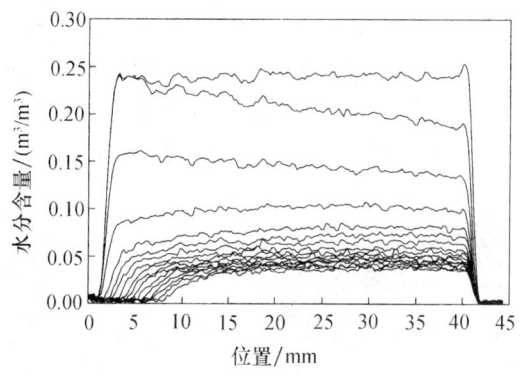

图3 含水砖块的干燥过程
水分在不同时间间隔下的分布（NMR测试）[8]

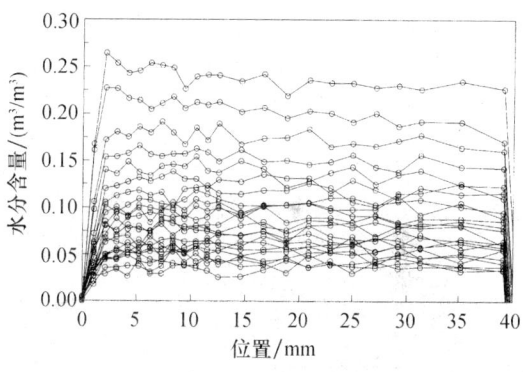

图4 NaCl溶液的干燥行为
不同时间水分的分布状况（NMR检测）[8]

当表面盐浓度达到6M时，即NaCl饱和浓度（图5）时，盐分在表面结晶。有趣的是，在NMR测试中没有观测到过饱和。Pel[7,8]猜测NaCl没有达到过度饱和状态，并且假定与NaCl有关的病害不能归因于过饱状态下NaCl溶液结晶所产生的压力。因为根据Correns的理论[9]，结晶压力与过饱和程度有关，NaCl不能产生很高的压力。Rodrigues-Navarro和Doehne[10]进一步说明，盐的立方结晶是在低过饱和状态下结晶的结果，这种晶体的危害要比在高饱和状态下形成的棱状结晶体小。这可以解释为什么在许多实验室试验中（下一个例子）NaCl对建筑材料的危害要低于Na_2SO_4。

---

① $1M = 1mol/dm^3$，下同。

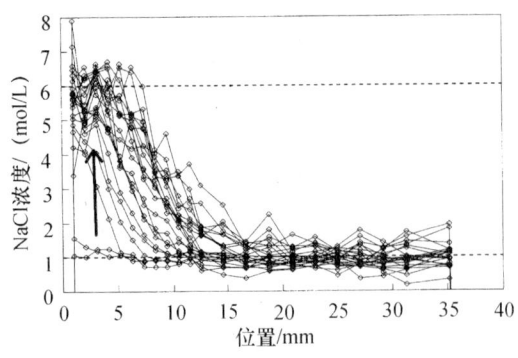

图5 NaCl 在不同时间的分布状况（NMR 检测）[8]

海盐所导致的严重危害，可能是其他盐类与 NaCl 共同作用的结果，也可能是由于结晶压力之外其他的损害机理所致。

四、NaCl 与 Na_2SO_4 的不同行为

在欧盟"SCOST"项目[11]框架中进行了一些试验，旨在评估砖基体中盐分的浓度限值，仍然允许进行防水处理。针对相当脆弱的 Dutch 砖块（表1）的实验，结果描述如下。

表1 材料性质

材料	编号	尺寸/mm	质量（干燥）/g	物理性质			机械性能	
				质量分数/%	渗透率 (g*cm-2h-0.5)	孔隙率/vol%	抗拉强度 干/MPa	抗拉强度 湿/MPa
红砖	RB	43×85×180	1098	14.1	2.88	36	1.37	1.38

实验中使用了两种类型的盐，Na_2SO_4 和 NaCl。砖块首先用防水剂处理，渗透深度大约 2cm。利用对盐溶液的毛细吸力，在处理过的砖块上用不同浓度的盐溶液进行试验。例如，当 Na_2SO_4 的质量百分含量达到 0.35% 时，在防水层出现剥落现象（图6）（后来的试验表明，即使在低浓度 Na_2SO_4 下，也可能造成这种危害）。这种病害出现在第一个干燥期（20℃/50% RH，4个月后），出现在整个防水层（大约厚 20mm）。

图6 （RB39-0.35S）红砖病害：处理/未处理界面出现的隐晶荧光以及已脱落的处理过的薄层

结果表明（图7），在防水层（2.5cm）几乎没有 Na_2SO_4 存在，但是它聚集在处理/未处理区域的界面上，导致病害的出现。测得的吸水量很低，是因为样品中的盐含量非常低。

在氯化钠含量达到处理过砖块的 1.41%（质量分数）时，病害发生了。开始时，在样品侧面出现可见裂纹（在大约两个月之后，20℃，相对湿度50%），如图8所示。在大概5个月后，开始完全剥落。值得注意的是，在此试验中防水层并没有全部脱落，而大约 5mm 的薄层发生了脱落。

图9显示了水分和盐分的分布，表明水分和盐存在于砖块表面 5~25mm 处，尽管渗透深度为 20~25mm。由此可知，防水层并没有发挥作用，因为它依然可以使液

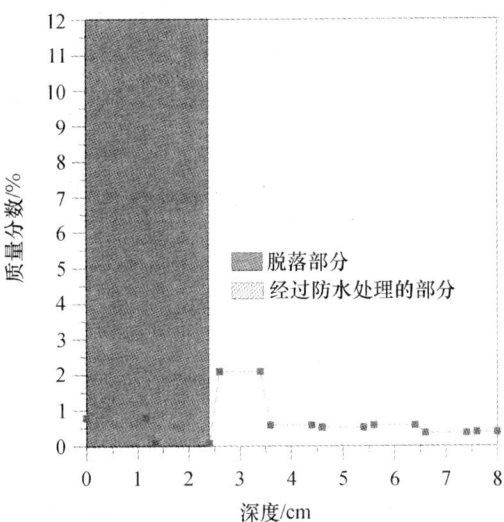

图 7 处理过的含有 Na_2SO_4 砖块的吸水试验

态水自由迁移。在病害发生的砖表面上可以分辨出潮湿和干燥区域（图 10）。

然而，不能因此假定在这块特定砖块上处理的深度要比试验中其他砖块小。因此，我们猜测在更深的地方有着特别小的孔隙，而防水剂并没有到达这些部位，最终使得盐溶液从背部渗入。

以上结果表明，硫酸钠和氯化钠两种盐所导致的病害类型不同，似乎与 Rodriguez Navarro、Doehne[10] 和 Arnold[2] 的理论相符，表明 NaCl 会在较细的孔隙中结晶，而 Na_2SO_4 则会在较粗的孔隙中结晶。从我们所获得的结果可以看出，在经过防水处理的区域，NaCl 溶液能够渗透到较小的孔隙中，而 Na_2SO_4 溶液却不能。

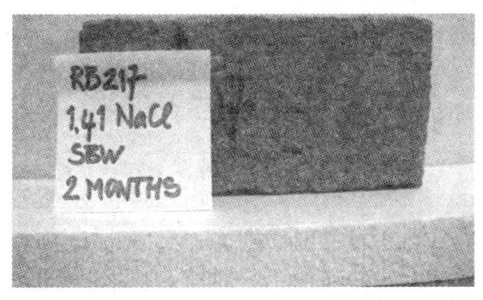

图 8 含有 NaCl 砖块的病害发展过程：两个月后出现裂缝，5 个月后粉化和表面层完全脱落

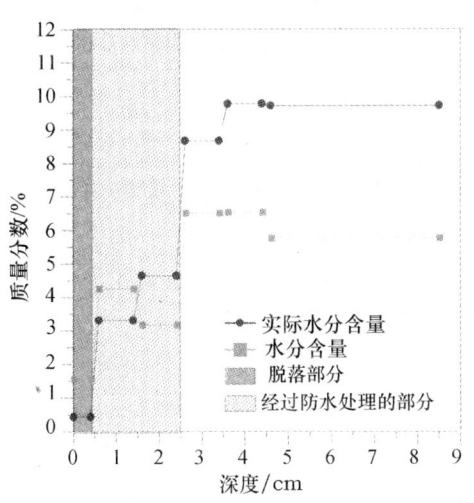

图 9 含有 NaCl 的砖块中的水分含量和吸湿量在整个区域，防水层的性能并不相同，由外而内逐渐降低

图 10 在损害表面出现的干燥（完全防水处理）和潮湿（没有完全进行防水处理）斑点假设潮湿是由于细孔隙中盐分吸湿性所致

五、不同使用原则下抗盐侵蚀砂浆的表现

1. 盐分可迁移砂浆，一种抵抗盐分侵害的方法

以下是在含有海盐基体中运用盐分可迁移砂浆的两个例子。

第一个事例是位于荷兰 Zeeland 地区的 Brouwenshaven 教堂。在 19 世纪 50 年代，这个地区的大部分被海水淹没。建筑物的墙壁吸收了相当多的海盐。Brouwershaven 教堂使用的砂浆损坏严重，并且顶部的砂浆被一层掺有水泥、砂子的沥青材料所取代。尽管在很长时间内都没有发生大的病害，这一层还是承受着很严重的侵蚀。在 90 年代（在大约使用了 30 年之后）这些砂浆最终被基于盐分可迁移原则的修复砂浆所替代。

在 5~8 年后，新型修复砂浆开始遭到损害，尽管荷兰建筑物中一般都含有较高的盐分。

我们猜测，由于潮湿度增高，并且表面混有沥青的第一层砂浆阻止了水分的蒸发，使砂浆中的盐分浓度比海水刚刚淹没时高很多。

图 11 给出了教堂的一面内墙在 2000 年和 2002 年（18 个月以后）的观察结果。通过两张照片对比可以看出病害不断增加。

(a) 2000 年　　　　　　　　　　(b) 2002 年

图 11　B 点的病害发展情况

图 12 给出了 B 点墙体中含水量分布，可以看出墙体湿度通常可以上升到大约 2m 高。根据吸湿量分布可以估算出大约 3m 处的盐浓度（这可从实际发生的损害中看出来，甚至在更高水平）。在这个高度收集的盐分风化产物经检测主要为 NaCl。

图 13 给出了 C 处的具体情况。此处的病害称为粉化，其中一部分砂浆已经脱落，与 B 处相比，毫无疑问此处的病变更加严重。

通常，病害发展是从颜料层脱落开始的，有时颜料层下的灰浆层也会一起脱落。病害进一步发展时，先是在灰浆表面出现龟裂，如 C 处出现的情况。接下来，裂缝附近的灰浆表面出现粉化和沙化，最终会完全粉化，导致龟裂处整体脱落。

由于有时受盐害影响最大的部位高于现在湿气到达的上限，因此，不能将病害原因完全归结为水分上升而导致的结晶破坏，而是与室内环境改变有关（主要是相对湿度的变化）。我们对温度和相对湿度的变化进行了监测，结果发现相对湿度在 75% 附近出现有规律的变化，而这正是 NaCl 的平衡相对湿度点，这导致了盐分溶

了结晶产生的压力外，膨胀及收缩的循环过程还导致灰浆性能下降，致使表面出现了粉化。

在Curacao发现了类似的病害，这里的建筑上使用了相同类型的灰浆，它们也遭受了盐分的破坏。

在修复期间发现了存在的大量盐分。在Curacao地区，历史上的一些建筑物通常使用添加了海水的灰浆和含有盐分的建筑石块[12]。由于高含量盐分以及潮湿环境，建议在外墙表面使用特殊的修复灰浆。基体中包含了一种当地产的很疏松的石灰石材料。在不遭受破坏时预计其使用寿命为5～10年。

在修复了1～2年后，病害发生了。病害的发展与Brouwershaven地区的情况非常类似：绘画表面脱落以及灰浆层表面酥粉化。一旦绘画层脱落，表面的纹理就会清晰地显现出来；首先出现龟裂，然后裂缝周围会完全脱落。图14是关于病害发展的具体情况。

图12 B处的水分含量以及吸湿量

解-结晶的多次循环。我们认为，存在于灰浆表层附近盐分的溶解-结晶循环，除

(a) 2000 C 处

(b) 2002 C 处

图13 C处的病害发展情况

在这个案例中提到了外墙表面情况，相对于盐分结晶造成的损害，环境因素造成的损害更为严重：除了相对湿度周期性变化外，还出现了高温和温度的周期变化（空气温度在23～37℃），而且灰浆直接暴露在雨水中。因此，病害发展变得更快更严重。

在两个例子中，灰泥上的绘画层可以在盐分导致的病害发生前起到有效的缓冲保护作用。绘画层可以阻止盐分到达表面，

图14 不同相机拍摄的 Scharlooweg-Curacao（NA）-nb 的不同外貌

使盐分聚集在灰泥表面附近，由于它的吸湿性，会随着相对湿度的变化影响水分的吸收和释放。溶解-结晶循环与吸湿后体积变化造成的剪切力一起，是病害形成的原因。

这里的例子说明这种用在盐分沉积表面建筑物的修复灰浆，在恶劣条件下不能得到令人满意的结果。这些因素包括：

（1）在基体中存在大量盐分（NaCl）；
（2）基体疏松（砖和石灰石）；
（3）相对湿度在 NaCl 平衡湿度点（75.5%）波动；
（4）由高温导致的快速干燥（如在 Curacao 地区）。

这些因素被证明在现实中是有害的，下文将介绍在实验室中针对这些方面的模拟实验。

2. 盐分可聚集的灰浆：实验室试验

盐分聚集的灰浆一般包含两层：底层，可使盐分通过，并且盐分可以在其中结晶；过渡层，具有排水性，不会被盐分侵蚀。

此处实验室试验中的含盐分灰浆由两层组成，表面没有绘画层。

在实验中，对不同环境条件的影响以及它们对于盐分迁移及其造成的最终危害进行了研究。实验中采取了两种方式（持续吸入 NaCl 溶液以及先用 NaCl 溶液，然后用水反复淋湿）以及 6 种不同的环境条件。试验样品为单纯灰浆样以及灰浆与砖块结合样。样品类型、试验方法和环境条件见表2。

表2 盐分聚集灰浆测试的方法和条件

样品类型		20℃ 50% RH	50℃ 50% RH	50℃ 35% RH	20~50℃ 50% RH	20℃ 50%~96% RH	温度和相对湿度循环（20~50℃；55%~15%）
灰浆样品	干-湿循环	无变化	无变化	无变化	1周	1周	1天
	持续吸收	无变化	无变化	无变化	1周	1周	1天
砖与灰浆结合样品	干-湿循环	无变化	无变化	无变化	1周	1周	1天
	持续吸收	无变化	无变化	无变化	1周	1周	1天

尽管实验仍在进行中，但已经有一些初步结果。图15表明所有环境条件都导致了同样的结果：盐分在灰浆底层中聚集，但是仍然有一部分到达了上层。在温湿度循环过程底层中有大量盐分沉积。由于灰浆底层也吸收了来自砖基体背面的盐溶液，而砖基体背面的湿度反复变化，最终使灰浆底层盐分的浓度高于砖基体的无灰浆面。

这可能是在后面例子中提及的离子扩散作用造成的。

值得注意的是，在这种修复灰浆中NaCl的分布与经过防水处理的砖块相比，砖块中的盐分主要聚集在防水层下，同时也存在于防水层中，尽管含量相当低。

3. 传统水泥（石灰）灰浆：实验室试验

在四种传统灰浆中进行了类似试验，其中三种是水泥，一种为石灰-水泥。这些灰浆表面没有绘画层。试验在没有砖基体的条件下进行。灰浆的组成和性质列于表3中。试验条件如下：

（1）在20℃，相对湿度50%条件下持续吸收盐溶液；

（2）在20℃，相对湿度35%条件下持续吸收盐溶液；

（3）在20℃，相对湿度50%条件下进行干-湿循环（从背面）；

（4）在指定温度、相对湿度下（20～50℃；55%～15%）进行干-湿循环。

在灰浆表面上出现了不同程度的风化，但没有发生损害，只有石灰-水泥灰浆例外，这种灰浆的机械性能是四种灰浆中最差的，在温湿度变化时，除了发生风化，表面还出现了粉化（图16）。

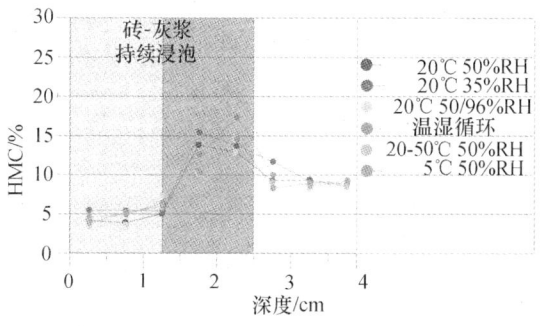

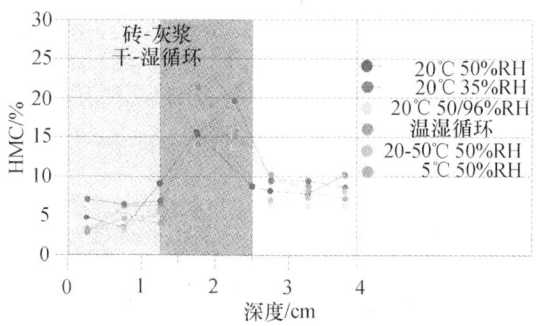

图15 盐分在灰浆中的分布情况

表3 灰浆性能

编号	灰浆类型*	样块的尺寸/mm	黏合剂	掺砂比（体积）	密度/（kg/m³）	孔隙率/%
1	CURA 26	0.125～5.6	Pc A	1:3	1975	25.5
2	CURA 42 0.5	0.5～4	Pc A	1:3	1741	34.3
3	CURA 42 0.5（内层）CURA 26（外层）	0.5～4　　　　0.125～5.6	Pc A	1:3	1914	27.8
4	CURA 42/0.5 水泥石灰	0.5～4	熟石灰+Pc A	1:1/4:2	1727	34.8

*在所有混合物中都加入了一种引气剂。

图 16　灰浆在潮湿和温湿度（20～50℃，15%～55%）循环 3 个月后的情况

在这项研究中，盐分在潮湿过程中可能会溶解，而在干燥过程中会快速结晶。病害的发展可能有以下三种机理：

（1）由高温引发的快速干燥造成潜伏的病害；

（2）温度周期变化造成的热收缩和膨胀（比盐分没有饱和的材料中要严重得多[13]）；

（3）湿度周期变化造成水分的吸收和释放，伴随着收缩和膨胀发生。

六、结果和讨论

在实验室和现场进行的一些观察研究可以更好地定义盐分病害容易发生的条件。对病害机理的理解不断发展，特别是 NaCl 的作用。然而，为了使盐分可聚集灰浆和盐分可迁移灰浆具有更好的耐盐性，需要对病害机理进行更深入的研究。

其中的关键问题如下：

（1）不同盐类的病害机理是什么？

（2）影响灰浆的因素？

①什么样的灰浆更耐用？

②防水层的作用？

③表面绘画层的影响？

④环境影响（动力学）是否比灰浆自身性能更重要？

病害影响因素记述如下：

（1）盐的种类。NaCl 比 Na_2SO_4 的侵蚀性强。根据 Pel 的实验，似乎与 NaCl 结晶时没有达到过饱和有关。根据 Corren 的理论，结晶产生的压力实际上与过饱和程度呈比例关系。通过在相似实验条件下 Na_2SO_4 和 NaCl 溶液结晶时过饱和程度的对比，以及在 NaCl 过饱和点对其他盐类产生影响的研究，进一步证实了过饱和现象与损害程度的关系。这在一定程度上解释了实际病害与实验室模拟观察的病害的不同，因为实际情况中一般存在多种盐类的综合作用，而实验室模拟研究仅限于 NaCl 溶液造成的影响。

（2）基体类型。相比细空隙的基体来说，粗孔隙的基体将提供给灰浆更高的湿度，这会促进灰浆对水分（溶液）的吸收。对灰浆和基体性能（包括盐溶液在砖和灰浆体系中的迁移模式理论）的研究有助于寻找更多适用于盐污染基体修复的灰浆。

（3）绘画层的存在。灰浆上绘画层的存在可以使病害加剧。在可盐分迁移的灰浆中，最初它可以抑制盐分的迁移。由于绘画层的阻挡，盐分不能到达表面，聚集在灰浆表面附近，导致相对湿度上升，并随着相对湿度的改变而释放出来。溶解-结晶循环与体积变化导致的剪切力一起被认为是造成病害的原因。对于盐分可聚集的灰泥层来说，一般认为绘画层作用要小一些，因为盐分被具有防水性能的灰泥外层所阻隔，不能到达表面。在实验室对有绘画层和无绘画层的灰浆进行试验，对证明此推测是必要的。

（4）干-湿循环的存在。如果含有盐分的砌体不断处于反复的潮湿和干燥过程，病害会加速进行。在实际情况中，最严重的病害存在于干-湿循环最多的毛细管水上升边缘。在实验中发现，存在干-湿循环时，病害最严重。

（5）温度。高温和（或）温度的循环过程都加速了病害的发展；在 Curacao 地区存在的含有盐分运动的灰泥所遭受的严重而快速的侵蚀证明了这一点；在实验室中进行的高温（循环）环境下石灰灰泥的病害情况也证明了这一点。这是否与快速的干燥或者温度循环有关，目前还不清楚。一些重要机理，如热膨胀和随之而来的剪切力，还需要加以考虑和证明。对盐污染灰浆的热膨胀进行研究，将会找到问题的答案，并将有助于发现新的 NaCl 结晶情况。

（6）湿度循环。在盐分湿度平衡点附近发生的湿度变化可以产生病害。在教堂内部已经观察到这种现象，在没有湿气上升（如水分导致的潮湿）的地方仍出现了病害，这一点对于可以潮解的盐类来说非常关键。例如，NaCl 在室内和室外环境中具有相同的湿度平衡点。病害是否仅仅与高湿环境下盐分的水解以及随后发生的在低湿环境下结晶所产生的晶体压力相关，或者是否也与水分上升导致的体积变化相关，仍需进一步研究。

致谢：德国国家博物馆文物保护实验室主任 Stefan Simon 博士在版权获准方面给予帮助，导师马清林研究员梅建军教授通阅全文，给予指导，在此表示感谢！

本文译自：R. P. J. van Hees, B. Lubelli, Transport and crystallization of salts in porous materials, European research on cultural heritage, State-of-the-art studies, Volume 5, Edited by Stefan Simon & Miloš Drdácký, Prague 2006, 315-328.

参 考 文 献

[1] Charola A E. Salts in the deterioration of porous materials: an overview. JAIC, 39, 2002, 327 – 343.

[2] Arnold A, Zehnder K. Salt weathering on monuments. Advanced workshop analytical methodologies for the investigation of damaged stones. Pavia, 1990 (1): 31~58.

[3] Hees van R P J. Optrekkend grondvocht, TNO rapport nr. B180-36, 1980: 29

[4] Tammes E, Vos B H. Warmte-en Vochttransport in Bouwconstructies. Kluwer Technische Boeken BV, Deventer, Antwerpen, 1980, ISBN 90 201 11663.

[5] Pühringer J. Salt disintegration, salt migration and degradation by salt-a hypothesis. Swedish Council for Building Research, Document D15: 1983, ISBN 91 540 4001 9.

[6] Larsen K P. Desalinization of painted brick vaults. PHD

thesis, Department of Structural Engineering and Materials, Technical University of Denmark, Series R, 52.

[7] Pel L, Huinink H, Kopinga K. Ion transport and crystallization in inorganic building materials as studied by nuclear magnetic resonance. Applied Physics Letters, 2002, 81 (15): 2893 – 2895.

[8] Pel L. Moisture and ion transport during drying, as studied by NMR, Mid term report EU project ASSET, contr. nr. ENK4-CT2000-00023, 2002.

[9] Correns C W. Growth and dissolution of crystal under linear pressure. Discussion of the Faraday Society, 1949, (5): 267 – 271.

[10] Rodriguez N C, Doehne E. Salt weathering: influence of evaporation rate, supersaturation, and crystallization pattern. Earth Surface Processes and Landform, 1999, (24): 191 – 209.

[11] De Witte E, et al. EU project ENV CT 98-0710 Salt Compatibility of Surface Treatments.

[12] Hees van R P J. Damage caused by salts to Curacao monuments. Proceedings of the Second International Congress on Structural Repair and Maintenance of Historic Buildings (STREMA' 91), Seville, 1991: 140 – 155.

[13] Larsen P K. Decay of bricks due to salt. Materials and Structures, 1990, (23): 16 – 25.

Analysis of Transport and Crystallisation of Salts in Restoration Plasters

R. P. J. van Hee, B. Lubelli

(1. Netherlands Organisation for Applied Scientific Research (TNO) Built Environment & Geosciences Netherlands)

(2. Delft University of Technology, Fac. Civil Engineering Netherlands)

Abstract For the understanding of the salt crystallisation mechanism in porous building materials, the understanding of water (moisture) transport is essential, as it is the influence of salts on the water transport. More specifically the drying behaviour, i. e. the moisture / salt transport and distribution during the drying, is important.

In this paper first several damage cases and damage types are described. For these cases the salt and moisture distribution is analysed and, for some of the cases, the development of the damage over time is monitored. The same is done for laboratory experiments performed at TNO over the past years. Recent experiments with NMR (in a cooperation between TNO and Eindhoven University of Technology) make it possible to understand better the moisture transport and the drying of porous materials.

Using these examples, some hypotheses are proposed on thecrystallization mechanism occurring in different types of restoration plasters, that had to be verified in the EU research project COMPASS.

Keywords Restoration plaster, Transport of salt, Crystallisation, Porous, Temperature, Wet-dry cycle

钻入阻力技术在石质文物保护中的应用：回顾和展望*

〔德国〕Marisa Pamplona Mathias Kocher
Rolf Snethlage Luís Aires Barros 著
张金风 译
（中国文化遗产研究院 北京 100029）

摘要 使用钻入阻力技术可以量测岩石的剖面强度，从而确定其劣化类型和应采取的相应有效保护措施，因此，此技术广泛应用于石质文物保护和修复领域。本文论述了钻入阻力技术的功能、原理及其发展过程，并对其优、缺点予以强调。通过钻入阻力和钻头直径之间关系的建立，可以直接比较不同直径钻头所测阻力。基于相关资料，本文推导出钻入阻力（DR）和单轴抗压强度（UCS）之间的线性关系。此外，还建立了钻入阻力及单轴抗压强度和莫氏硬度之间的关系。如果本文所述的这些相关性能得到更进一步的证实，就可以实现钻入阻力与其他强度参数之间的直接换算，钻入阻力技术的应用也将会更加广泛。

关键词 钻入阻力，钻头直径，单轴抗压强度，莫氏硬度

一、历史和发展

1. 背景

作为一名主要从事天然建筑材料研究的德国科学家，Julius Hirschwald（1845～1928年）发明了多种相关仪器，他在1908年发明的钻入仪[1]主要是应用于干、湿石材阻力的研究。Hirschwald做了不同岩石结构（矿物组成、粒径和胶结材料等）和岩石遇水（即软化）前后的钻入试验，试图量测决定材料失效的最软弱点。

他注意到在砂岩、杂砂岩、致密灰岩和泥质页岩中，湿气主要影响砂岩和杂砂岩中的胶结材料。在钻头钻入过程中，矿物颗粒仅仅是从原有粒状结构中分离，而不是被碾碎或压碎，这是钻入仪的理想工作状态。虽然Hirschwald的设计未能完全满足这个目标，但他所设计的特殊结构依然获得了基本满意的结果，这是因为：

（1）对于致密岩石，钻头的刃口是平滑、刀刃状的；而对于粗粒岩石，则是锯齿状的（图1）。钻头的刀刃被偏心地固定在钻头上，这样每一次旋转都是从侧边压在岩粒上，保证岩粒与较软弱的胶结材料脱离。

（2）钻头上的压力可以由不同的荷载调控，从而保证压力恒定，矿物颗粒不被碾碎。

钻入设备（图1）的主要结构是：带两个偏心刃口的钻钢e固定在一个平的、四边形的钻杆b上，钻杆可以在竖直方向上下移动。在其顶部，有一个放置荷载的

---

* 基金项目：国家自然科学基金资助项目（40772167）。

盘状物 c。通过杠杆 d，整个设备可以缓缓地向下移近或向上远离样品。应注意根据样品盘 a 的形状小心制作样品并固定在其中。固定系统可以在两个互为垂直的方向移动，这样样品就可以放置在任意位置。借助于手轮可以旋转样品盘。Hirschwald 设备的工作方式像现代车床：样品旋转而不是刀具旋转。计数设备 g 测定旋转数，而指针 f 则表示进尺深度。一旦钻入达到设计进尺深度，就会触发计时仪表。

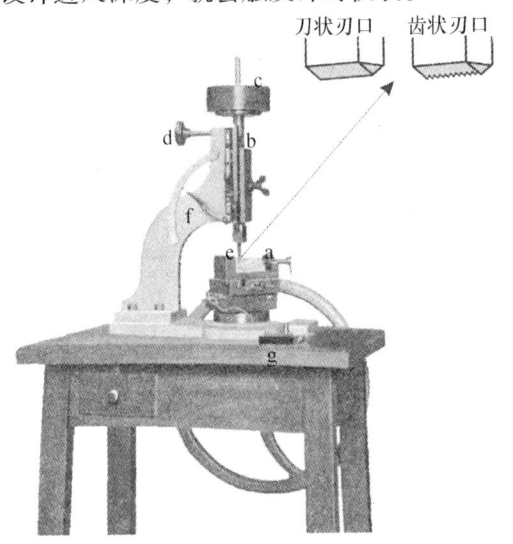

图 1　第一台钻入仪（Hirschwald，1908）
a. 样品盘；b. 钻杆；c. 盘状物；d. 杠杆；e. 钻钢；
f. 指针；g. 设数设备

此外，Hirschwald 似乎已经开始着手解决刀具的磨损问题。例如，他使用金刚砂薄片制造极其锋利的硬质刃口和斜角刃口。

Hirschwald 用钻入仪钻入一定进尺深度所需要的旋转数来表征钻入阻力（drilling resistance）。这样，岩石的软化系数可以用岩石处于干、湿状态下达到相同进尺深度的比值来表征。在这两种状况下，刀具承受同样的压力。

2. 技术发展过程

20 世纪六七十年代，在对天然石材加速老化现象进行研究过程中尽可能减少人为干预的需求，促进了钻入仪的进一步发展。

Fraunhofer Society 设在 Holzkirchen（德国慕尼黑），其下属的建筑物理学会（Institute of Building Physics，IBP）于 1963 年研发了一款钻入仪［图 2（a）］，并在 20 世纪 90 年代初将其改进为商业便携式钻入仪——Durabo Ⅲ S 型［图 2（b）］。

1989 年，在德国亚琛工业大学举办了题为"旋转钻入：一种微损检测方式"在石质保护领域应用的研讨会[2]。

1992 年，从 Alfes、Breit 和 Schiessl 提交的一篇国际会议论文中（被 Delgado Rodrigues 和 Costa 引用[3]），人们广泛认识到量测岩石强度特性的优势。他们利用压入球量测岩石的硬度，量测不只限于岩石外表面，还测量了硬度沿岩芯深度的分布。

1996 年，由多国研究者组成的国际小组开始了欧共体硬岩项目（European EC Hardrock Project，SMT4-CT96-2056）的研究工作，其目的是研发一种新的钻入设备并建立标准试验方法。2001 年，意大利 Sint Technology 公司研发的钻入阻力测定系统［drilling resistance measurements system，DRMS 图 2（c）］上市。2004 年，德国 Geotron-Elektronik 公司出品了 Tersis 钻入仪（图 2（d））。

二、系统体系

1. 应用领域

钻入阻力技术主要应用于建材和建筑遗产安全领域，正如 Exadaktylos[4] 等提到的，它不仅可以在采石场和文物原位实现岩石质量评价，还可以量测古建和新建结构中岩石随深度的风化程度。如此，更有可能建立有效保护程序并评价保护结果。

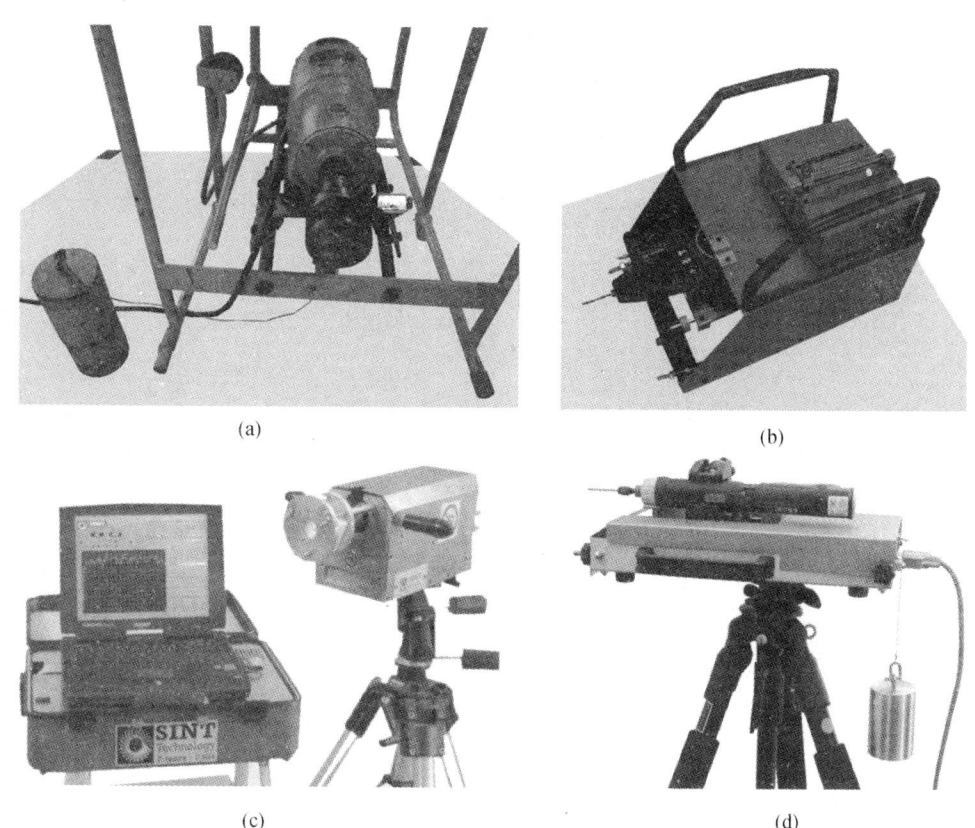

图 2 钻入仪从 20 世纪 60 年代到今天的演变
(a),(b),(d) 来自 Geotron-Elektronik;(c) 来自 Sint Technology

这项技术经常应用于木材建筑行业，用于原位量测街道两侧树干的完整性、休止点以及稳定性。

2. 测量技术指标

其他钻入仪 [如 Tersis，图 2 (d) 和 Durabo Ⅲ S，图 2 (b)] 是基于和 Hirschwald 类似的基本原理，即量测在恒定压力和恒定旋转速度下，钻入设定深度所需要的时间；而 DRMS 则是测定在恒定旋转速度和进尺速度下，钻入设定深度所需要的力。

DRMS 备有两个精密马达：钻入马达，提供恒定的预设旋转速度；步进马达，提供恒定的预设进尺速度[5]。在 DRMS 2.01 版本中，钻入仪参数为：最大进尺深度，50mm；进尺速度，1~40mm/min；旋转速度，100~1200 r/m；钻头直径，3~10 mm；深度分辨率，0.1 毫米/步和 0.05 毫米/步两种。钻入阻力值由压力传感器测定，其可量测最大值为 100N，精度为 ±1N，由校准压力传感器控制。校准压力传感器荷载容量为 250N，误差 ≤1%。

在欧共体硬岩项目中，一些 DRMS 配备了扭矩测定系统（两个压力传感器），本文对此类系统不作论述。

3. 校准材料

非常均质的材料，如人造基准石 (artificial reference sample, ARS) 和可加工玻璃陶瓷 (machinable glass ceramic) 被用作校准材料。人造基准石由瓷制材料组成，其有效孔隙率为 28.4%，单轴抗压强度为 61.3MPa，Tiano[6] 等论述过它的功能。可加工玻璃陶瓷是由美国康宁 (Corning) 公司生产，其商标为 Macor，它由 55% 的氟金云母和 45% 的硼硅酸玻璃组成，孔隙率为 0，单轴抗压强度为 345MPa。由于其精准特性和可靠性，Macor 被欧洲岩石耐久性资格认定项目组（European Project about Stone Durability Qualification）推荐为定期使用的校准材料[7]。

4. 性能

钻入阻力方法具有可靠、灵敏和微损等优点，它可以实现在现场、试验室甚至脚手架上的快速检测。

但是这种方法也存在一些缺点，如钻头可变问题、刀具磨损问题、粉尘堆积问题、钻入阻力与强度及硬度之间缺乏对应关系问题等。

下面将论述研究者们为减少或消除这些缺点——尤其是针对 Sint 的 DRMS 设备所做的努力。

三、解 决 方 案

1. 钻头的可变性

图 3 为钻入阻力量测中最常用的几种钻头。从左到右依次为，Durabo Ⅲ S 钻入仪使用的 Leonhardt 硬钢钻头，Tersis 钻入仪使用的 Tersis 聚晶金刚石钻头，Durabo Ⅲ S 钻入仪使用的 Porzner 聚晶金刚石钻头，Sint 生产的 Diaber 聚晶金刚石钻头和 Fischer 生产的 Punte Super DD（SDD）钻头，后两种都用在 DRMS 中。

在欧共体硬岩项目中，首先使用来自圬工行业（Fischer 为主要生产商）的 Widia 硬化钢钻头在人造基准石中钻孔试验。根据 Tiano[8] 的试验数据，在 190 个样品中，由于硬度或几何形状的微小变化，钻入阻力值的变异系数高达 16%。此后，Sint 公司专门研发出 Diaber 金刚石钻头，以减小由于钻头刀具变异而引起的阻力值

的离散程度（10 个样本的变异系数为 7%）。从此，金刚石钻头基本上取代了 Widia 硬化钢钻头。

图 3　钻入阻力量测中最常用的 5 种钻头

不同的钻头形状（平的或斜的）和不同的材质（金刚石或 Widia 硬化钢）会导致不同的钻入阻力值

虽然 Diaber 钻头的离散性较小，但使用之前最好还是先评价其离散性。试验可以采用和 Tiano[8] 相似的方法，即在校准材料中试钻几个孔，确定钻头的极值（最大值和最小值）。

试验数据（图 4 和图 5）表明，根据最大值和最小值计算得到的平均值和实际量测得到的中间值一致，此结论也适用于不同硬度的矿物。

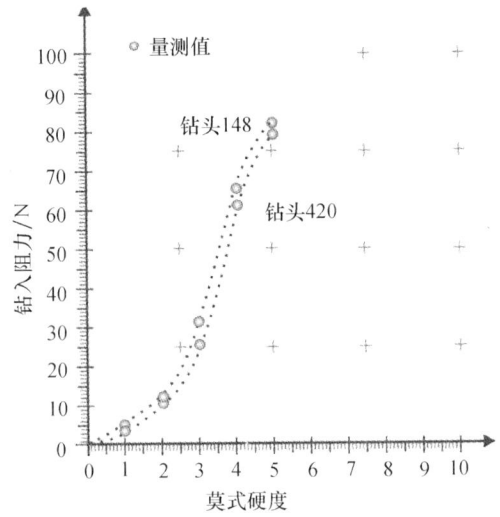

图 4　6 个 Diaber 钻头测得的莫氏矿物钻入阻力极值

1. 滑石；2. 石膏；3. 方解石；4. 萤石；5. 磷灰石；
6. 正花石；7. 石英；8. 黄玉；9. 刚玉；10. 金刚石

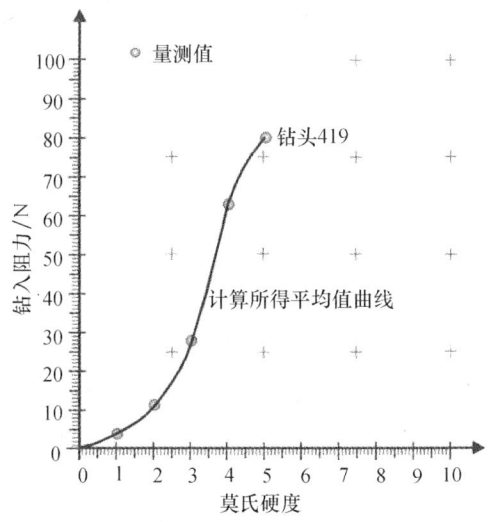

图5 中间值（6个钻头测得）和平均值
（由钻头极值（图4）计算得到的）的关系
1. 滑石；2. 石膏；3. 方解石；4. 萤石；5. 磷灰石；
6. 正花石；7. 石英；8. 黄玉；9. 刚玉；10. 金刚石

DRMS 的可测上限是 100N，因此，磷灰石是 5mm 钻头能够量测的最硬矿物材料。图4和图5所示平均值是由标准差在 0~3% 的3个测量值计算所得，其工作状态为：进尺深度，10mm；进尺速度，10mm/min；旋转速度，600r/m；钻头直径，5mm；低频收集模式。

2. 刀具的磨损问题

对于磨石（abrasive stone）而言，钻入过程中刀具刃口的磨损是一个很严重的问题，因为即使是在钻头的使用寿命期内，钻入阻力也会随着刃口磨损程度的增加而增加（图6）。修正的办法是假定磨损恒定，从而估计磨损速度。

在新钻头开始使用时，应首先钻入校准材料量测阻力值。随后，在钻头的使用寿命期限内，都应以固定的间隔来使用校准材料修正。例如，在图7中，每5个孔后使用 ARS 来校准一次。根据钻入深度和第一个钻孔阻力值，应用校准公式修正钻入阻力值。

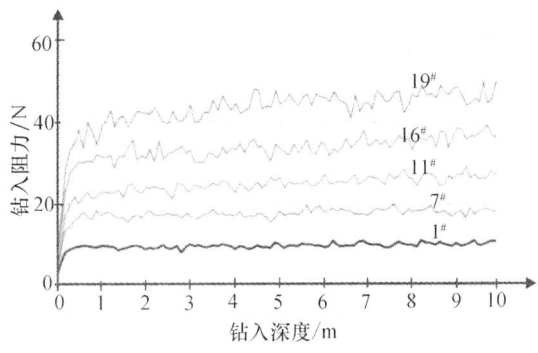

图6 连续钻入磨石（Sander 砂岩）后，磨损效应递增

图中 1#~19# 曲线是同一样品，使用 5mm 的 Diaber 钻头，旋转速度 600r/m，进尺速度 10mm/min（Delgado Rodrigues 和 Costa，2004）[3]

Delgado Rodrigues 和 Costa[3] 强调，记录钻头工作历史对于计算钻头的磨损速度非常重要。此外，每个钻头都应遵守规定的使用条件。一个钻头应当仅应用于同一测试目的的同一种岩石。最后，作者还强调应使用与待测岩石类似的岩样作为校准材料，而不是使用"通用"校准材料。这是因为对于不同组分和磨损性能的材料来说，即使初始钻入阻力相同，其磨损效果也会迥然不同，如图7所示。

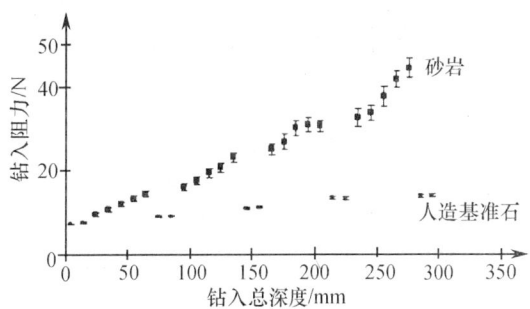

图7 5mm 的 Diaber 钻头在同样的工作条件下，间隔钻入砂岩（Sander 砂岩，SV）和 ARS 材料砂岩中钻20个孔，ARS 中钻10个孔。它们的初始钻入阻力值虽然相同，但是钻入阻力的增加值不同[3]

研究者们已经提出了多种刀具的磨损校准公式。其中，Pfefferkorn[9] 建立了针对 Durabo Ⅲ S 钻入仪的校准公式：从量测

值中减去钻头工作时间和恒定磨损速率的乘积，即

$$B_i = B'_i - \alpha \cdot \sqrt{t_i} \quad (1)$$

其中，B_i，修正后钻入阻力值，s/mm；B'_i，实际量测钻入阻力值，由于钻头磨损原因，其值逐渐增加，s/mm；α，磨损常数，s/mm·s$^{-0.5}$；t_i，钻入时间，s。

Singer 等[10]根据 DRMS 的特性，修正了 Pfefferkorn 公式，即从测量值中减去阻力增加速率与工作时间（在本例中，是指进尺深度）的乘积，即

$$\mathrm{DF}_{i,c} = \mathrm{DF}_{i,uc} - \frac{\mathrm{DF}_{n+x} - \mathrm{DF}_n}{d_{n+x}} \times d_i \quad (2)$$

其中，$\mathrm{DF}_{i,c}$，i 点修正后钻入阻力值，N；$\mathrm{DF}_{i,uc}$，i 点修正前钻入阻力值，N；DF_{n+x}，钻入 $n+x$ 孔时，平均钻入阻力值，N；DF_n，在钻入 n 孔时，平均钻入阻力值，N；d_{n+x}，钻入 $(n+x)$ 孔时，钻入距离，mm；d_i，i 点的钻入距离，mm。

为避免由于软弱夹层的存在而出现负值，Delgado Rodrigues 和 Costa[3] 修正了 Singer 等[10]的校准公式。新钻头首先钻入校准材料，并在钻头的使用过程中，以固定的间隔钻入校准材料。校准材料中阻力增加值除以第一个孔测得阻力值，和对应的总进尺深度绘制成图，得到线性回归关系，相应的方程表示磨损作用。用所测阻力值（用进尺深度为 10mm 孔中，2mm 和 8mm 的平均值表示）除以回归方程对应值来实现修正，即

$$\mathrm{Fc}_i = \frac{\mathrm{Fm}_i}{a + bx_i} \quad (3)$$

其中，Fc_i，i 点修正后阻力值，N；Fm_i，i 点测得阻力值，N；a，起始点的纵坐标；b，回归线的角系数；x_i，i 点之前钻头总进尺深度。

对于非均质材料，如软硬间层的岩石，其钻入阻力会有很大的变化。对于这样的材料，Massey[11]提出了一个替代校准公式。由于材料的非均匀性，第一个钻入阻力会是一个范围值，因此，为了计算这种材料的磨损速率，必须绘制多条回归线，每一条对应于材料强度的一个区域。Massey 认为校准系数取决于钻入点与岩层强度大小有关的力，而非定值。他在 Delgado Rodrigues 和 Costa[3]公式的基础上，推导出

$$\mathrm{Fc}_i = \frac{\mathrm{Fm}_i - y}{d_i + |x|} |x| + y \quad (4)$$

其中，Fc_i，i 点修正后钻入阻力值，N；Fm_i，i 点测得钻入阻力值，N；x 和 y，共同交点的坐标值；d_i，i 点总进尺深度。

3. 粉尘堆积问题

近年来，Mimoso 和 Costa[12]研究了如何降低由于粉尘堆积和凿尖原因而引起的压入阻力扰动（packing effect）问题。压入阻力是指钻头施加于岩石表面的压力。凿尖是指钻头端部连接刃口的部位。在钻入阻力图中，压入阻力对应于钻入阻力快速增长的初始部分[12]。这时，钻入过程主要以锤击作用为特征，切割作用还没有发生。

在机械工程中，经常使用辅助孔（pilot hole）来减少凿尖对推力的影响。例如，Won 和 Dharan[13]用辅助孔预钻了复合层材料，这样，整个钻入过程就不会出现分层现象。

Mimoso 和 Costa 的研究表明，辅助孔方法使得凿尖引起的压入阻力减少。在直径 3mm 的辅助孔上再使用直径 5mm 的钻头测试，阻力面积减少到 40%，相应地，阻力值也会减少。作者将 Carrara 大理石和较软的葡萄牙灰岩先钻成直径 3mm 的辅助孔，然后使用 5mm 的 Fischer SDD 钻头进行试验，它们的钻入阻力值分别降低了 55% 和 72%。这可能使得不同岩石种类或粒间内聚力（如加固前后）的钻入阻力差值缩小到分辨误差值内（±1N）。

特殊情况下，可以配合使用辅助孔和

压缩空气来增加结果的复验性，[12]但会使得操作尤其是现场操作不太方便。

Pfefferkorn[9]提到，钻孔过程所产生的粉尘阻碍作用会随着进尺深度的增加而增加，"显然，其作用大小很大程度上取决于材料的孔隙结构和含水量"。作者注意到，当进尺深度小于18mm时，钻入阻力值相对恒定。超过18mm后，钻入阻力会有一个非常明显的增长。为了避免由于粉尘堆积带来的阻力增长问题，应该使用恒值区域来计算平均钻入阻力值。

四、研究结果

1. 钻入阻力和钻头直径之间的关系

钻入阻力量测中，通常使用直径5mm的钻头，其量测上限是100N。对于非常坚硬的材料，5mm的钻头会由于测限问题而无法使用，这时，可以改用直径3mm的钻头来减少钻入阻力。相反地，对于非常柔软的材料，则可以采用直径7mm或10mm的钻头来增加量测的灵敏性。这样，通过使用不同直径的钻头，使DRMS的响应得到优化（表1）。

另外，由不同直径钻头量测得到的钻入阻力值应该可以进行比较。为此，在DRMS的限测材料范围内，用直径从3mm到10mm不等的Diaber钻头进行试验。试验条件为：进尺深度，10mm；进尺速度，10 mm/min；旋转速度，600 r/m；低频收集模式。将测得阻力值带入式（5），计算结果如表1所示（割嘴长度等于钻头直径）。

$$DR_i = \frac{DR_m}{l} \quad (5)$$

其中，DR_i，与钻头直径无关的钻入阻力值，N/mm；DR_m，测得阻力值，N；l，割嘴长度，mm。

表1 不同直径的Diaber钻头量测值和转换值（钻入阻力是两次测定值的平均值）

l = drill bitØ	DR_m/N				DR_i/（N/mm）			
	3mm	5mm	7mm	10mm	3mm	5mm	7mm	10mm
滑石	2.3	4.4	5.3	8.8	0.8	0.9	0.8	0.9
ARS人造基准石	4.8	8.8	10.8	16.3	1.6	1.8	1.5	1.6
石膏	6.9	11.3	17.0	25.6	2.3	2.3	2.4	2.6
方解石	15.6	26.1	38.5	60.1	5.2	5.8	5.5	5.9
玻璃陶瓷	16.4	28.1	41.4	67.7	5.5	5.6	5.9	6.8

从图8中可以看出，对于莫氏硬度从1到3的几种材料（滑石、人造基准石、石膏、方解石和玻璃陶瓷），不同钻头直径的DR_i值基本吻合。直径10mm的Diaber钻头在Macor中的钻入阻力值，接近于系统可测上限（100N）。如果用单位切割面积上的力（MPa）来表示DR_i，则无法得到图8所示令人满意的结果。因此，本文以下所有试验结果都将用牛/毫米来表示。

2. 钻入阻力和单轴抗压强度及硬度之间的关系

由于钻入阻力试验方法所具有的技术优势，以及岩石硬度（划痕硬度、贯入硬度、回弹硬度）的量测缺乏统一方法等，DRMS被推荐为表征岩石硬度和评价石质材料加固处理效果的标准工具[14]。另外，研究者们正在试图建立钻入阻力和其他力学特性参数（如单轴抗压强度）之间的关

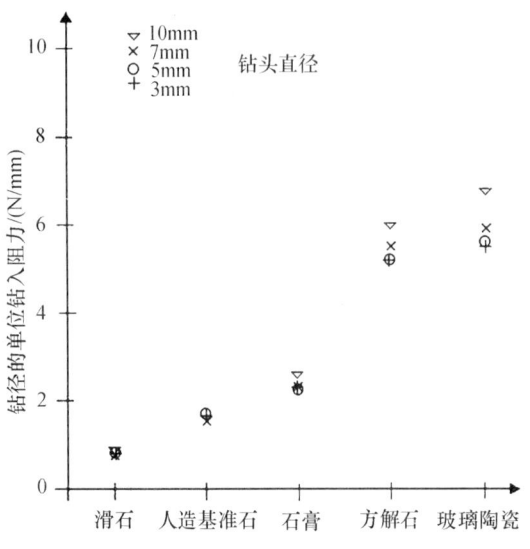

图8 不同硬度的几种材料，DR_i 和钻头直径之间的对应关系

系。通过相关性的建立，一个试验结果就可以表征材料的多种特性。

1）技术发展水平

Detournay 和 Defourny[15] 根据 Fairhurst 和 Lacabanne 的早期建议——钻头和岩石之间的相互作用可以表征为岩石切割作用和摩擦接触作用共存，定义单切刀的比能（specific energy，E）为单位切割面积上的切向力 [式（6）]；抗钻强度（drilling strength，J）为单位切割面积上的法向力 [式（7）]，它们均含有切割力和摩擦力分量。

$$E = \frac{F_s}{A} \quad (N/mm^2) \quad (6)$$

$$J = \frac{F_n}{A} \quad (N/mm^2) \quad (7)$$

其中，F_s，单切刀的切向力；A，切割面积；F_n，单切刀的法向力。

Detournay 和 Defourny[15] 用固有比能 ε（intrinsic specific energy）来量化岩石复杂的破坏过程。固有比能的大小与很多因素有关，如岩石种类、刀具倾角、刀具材料和岩石表面压力等。

对于非常锋利、没有摩擦的理想刀具而言，比能和材料的固有比能相等，即 $\varepsilon = E$。然而，E 代表切割单位体积岩石所消耗的能量，与刀具锋利与否无关；而 ε 只有针对特定的切割过程才有意义[15]。

对于较钝的聚晶金刚石刀具（polycrystalline diamond cutter，PDC），切割和摩擦过程同时发生，E 和 J 的关系可以用式（8）来表示。

$$E = E_0 + \mu J \quad (8)$$
$$E_0 = (1 - \mu\zeta)\varepsilon, \quad J = \varepsilon\zeta$$

式中，μ，摩擦系数；ζ，切割面上竖直方向力和水平方向力的比值（没有摩擦时为 E 和 J 的比值）；ε，材料的固有比能，常数。

因此，单切刀的切割过程可以用 ε 和 ζ 两个常数表征；摩擦过程可用系数 μ 定义。

为了将上述单切刀模型推广为适用于多切刀组成的切削型钻头（drag bit）的广义模型，Exadaktylos 等[4] 在单轴抗压强度和抗钻强度之间建立了相关关系。他们定义 J 为 $W/a\delta$，它的大小和推力（W）或钻头上的重力（用 N 来表示）、钻头半径（a）和每转切入深度（δ）有关。由于它是钻头旋转速度和进尺速度的函数，因此，可以根据不同工况所量测数据，建立单轴抗压强度和抗钻强度 J 之间的关系。石质文物岩石的单轴抗压强度通常在 25～86MPa，在这个范围内选取 5 个样本，量测其单轴抗压强度和抗钻强度，图9 为两者之间建立的回归关系[4]。

然而，图9 所示回归曲线没有通过 y 轴的零点。理论上讲，单轴抗压强度为零时，抗钻强度也应为零。因此，线性回归关系似乎更能精确地表述它们之间的关系。Wendler 和 Sattler[16] 的试验结果也证实了这一点。作者使用 Durabo Ⅲ S 仪，量测了从低硬度（黏土胶结）到高硬度（硅质胶结物）各种砂岩的钻入阻力，结果如图10 所示，其中双轴抗弯强度数据来自 Prim 和

Wittmann[1]的试验结果。

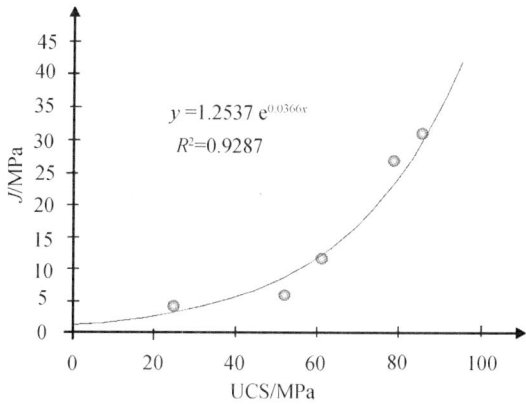

图9 5种岩石的抗钻强度（J）和单轴抗压强度之间的指数关系[4]

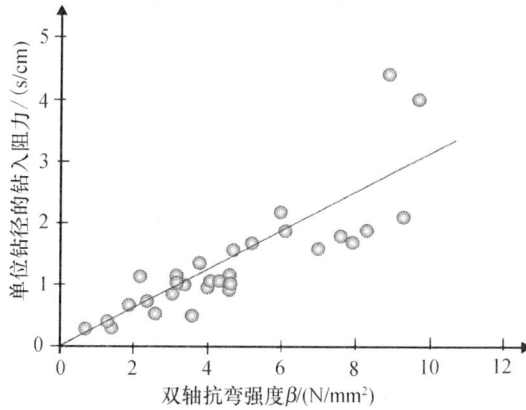

图10 新鲜岩石的钻入阻力（Durabo仪器量测）和双轴抗弯强度之间的线性回归关系[16]

Leonhardt等[18]也建议用线性回归关系来估算钻入阻力和双轴抗弯强度之间的关系。由于他们使用的Durabo Ⅲ S钻入仪的设计独特，测试结果无法和Wendler和Sattler[16]的结论比较，因此，本文不作论述。然而，Lotzmann和Sasse[19]对加固前后砂岩岩样进行了量测，钻入阻力（Durabo Ⅲ S测定，s/mm）和双轴抗弯强度之间不存在任何对应关系。他们认为，这种钻入方法可以提供足够精确的劣化状态信息，但不能量化加固措施的成功程度。

摩尔-库仑理论描述的是材料对于应力的响应。剪应力是压应力和拉应力的组合，因此，双轴抗弯强度是压应力和拉应力的综合效应。考虑到双轴抗弯强度和钻入阻力之间存在线性关系（图10），单轴抗压强度和钻入阻力很有可能也存在类似线性关系。这个问题将在下面讨论。

2) 单轴抗压强度

使用已发表的DRMS钻入阻力和单轴抗压强度数据，建立这两种特性之间的关系。在McDUR欧洲项目[20]中，按照欧标EN1926[21]量测单轴抗压强度，钻入阻力由巴伐利亚州文物局（Bavarian State Department of Historical Monuments，BLfD）测定。图11所示为灰岩（产地：Portland Whitbed和Vicenza Arcari）、砂岩（产地：Sander）和大理岩（产地：Gioa and Cervaiole）的单轴抗压强度和DR_i之间的回归关系，钻入阻力量测使用直径5mm的Diaber钻头。

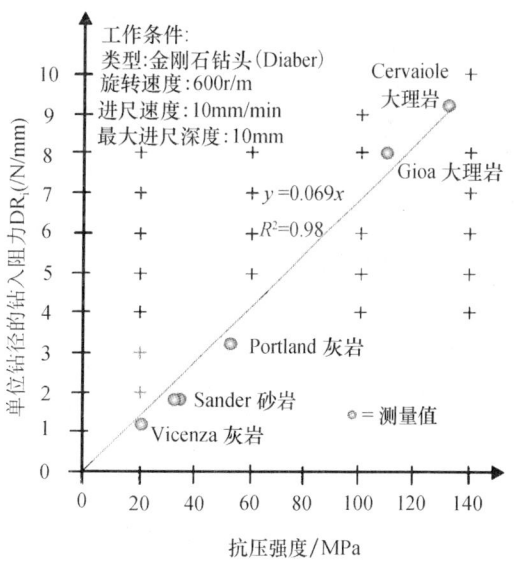

图11 Diaber钻头测得钻入阻力和单轴抗压强度之间的线性关系[14]

图 12 所示为硅质灰岩（产地：Tuffeau）和灰岩（产地：Monks Park 和 Ançā）与单轴抗压强度之间的回归关系，其中，钻入阻力由直径5mm 的 Fisher SDD 钻头量测（Delgado Rodrigues 和 Costa 收集，2000）[22]，用 DR_i（N/mm）来表示。虽然图 11 和图 12 是不同钻头在不同工况下量测所得数据，但都符合线性关系。

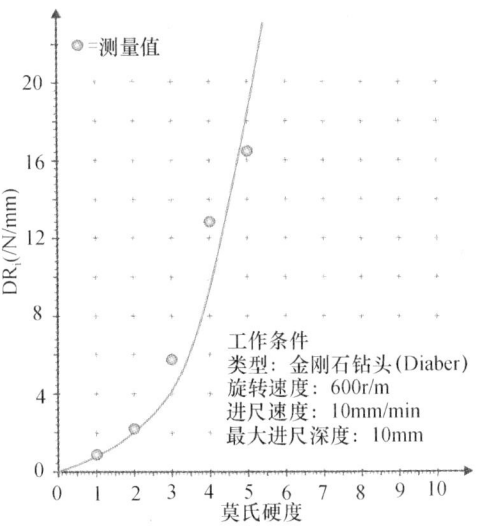

图 13 Diaber 金刚石钻头测得钻入阻力（DR_i）和莫氏硬度之间的关系

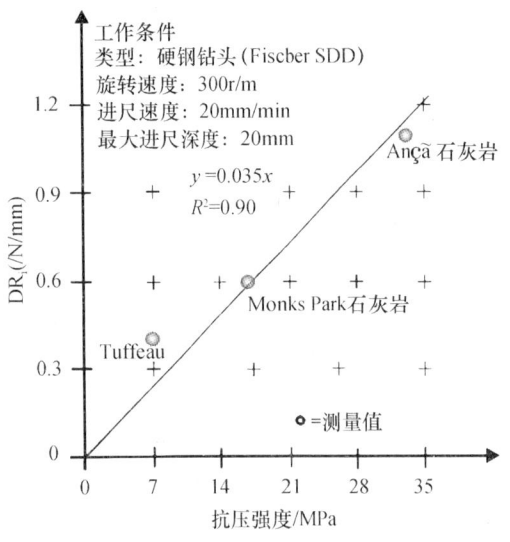

图 12 SDD 钻头测得钻入阻力（DR_i）和单轴抗压强度之间的线性关系[22]

虽然目前还没有完全弄清钻入阻力和单轴抗压强度之间的关系，但 Wendler 和 Sattler[16]，Leonhardt 等[18]，Tiano 等[20]，Delgado Rodrigues 和 Costa[5] 所做测试均表明它们之间很可能存在线性关系。

3）硬度

另一个比较材料内聚力参数的方法是建立莫氏硬度和钻入阻力之间的关系。对于直径5mm 的 Diaber 钻头，DRMS 的量测上限是 100N，其对应的莫氏硬度为 5。图 13 所示为莫氏硬度和钻入阻力之间的抛物线形关系，这可能是由于莫氏硬度的非线性所致。

五、结　　论

本文按年代顺序记述了钻入阻力技术的发展过程，介绍了目前市场上的各种钻入仪和钻头，但主要关注 Sint 钻入仪和 Diaber 钻头。

研究者们一直致力于克服钻入阻力技术存在的缺点。本文对他们的试验结果进行了阐述和讨论，建议采用与钻头直径无关的钻入阻力的表达方式，这样可以根据材料的硬度选取相应直径的钻头。同时，不同直径钻头量测所得数据可以相互比较大小，从而提高钻入阻力技术的应用潜力。

本文就金刚石钻头和 Widia 钻头，建立了单轴抗压强度和钻入阻力之间的线性回归关系，这与由 Durabo Ⅲ S 所测数据吻合颇好[19]，从而有助于未来对于这个问题的进一步研究。

由于莫氏硬度序列的非线性，钻入阻力和莫氏硬度之间存在抛物线性回归关系。

钻入阻力技术在石质材料保护领域很有应用前景，但它的现场应用却受到一定的限制。由于岩石含水率的变化和风化所引起的材料性质的非均一性，量测所得钻入阻力值不能用作其他岩石的参考值[23]。

Hirschwald 曾经针对不同胶结材料岩石，设计了刀刃和锯齿刃两种不同形状的刃头，如此可以提高岩粒的分离效果，这比现有钻头更为科学合理。因此，未来应考虑进一步改变钻头形状。

2004 年以来已有三种钻入仪面世，目前，钻入阻力技术主要应用于欧洲。预期不久的将来，这种技术会得到更为广泛的应用。本文阐述了钻入阻力技术的优点和缺点（Hirschwald 在 1908 年已经考虑到了其中的一部分），以此提供必要的相关知识，使这种技术能够获得最大效益。

译者按：此篇文章首次刊登在 Zeitschrift der Deutschen Gesellschaft für Geowissenschaften 第 158 期（2007 年）665～679 页。Mathias Kocher 博士在提供翻译版权许可方面给予帮助，承马清林博士通阅全文。在此表示感谢。

参 考 文 献

[1] Hirschwald J. Die Prüfung der natürlichen Bausteine auf ihre Wetterbeständigkeit. Berlin, 1908.

[2] Alfes C, Breit W, Schiessl P. Hardness testing for the measurement of stone degradation. Proc. 7th Int. Congr. on Deterioration and Conservation of Stone, Lisbon (LNEC), 1992: 771 – 780.

[3] Delgado Rodrigues J, Costa D. A new method for data correction in drilling resistance tests for the effect of drill bit wear. Int. J. Restoration of Buildings and Monuments, 2004, 10: 1 – 18.

[4] Exadaktylos G, Tiano P, Filareto C. Validation of a model of rotary drilling of rocks with the drilling force measurement. Int. J. Restoration of Buildings and Monuments, 2000, 3: 307 – 340.

[5] Delgado Rodrigues J, Ferreira Pinto A, Costa D. Tracing of decay profiles and evaluation of stone treatments by means of microdrilling techniques. Int. J. Cultural Heritage, 2002, 3: 117 – 125.

[6] Tiano P, Filareto C, Ponticelli S, et al. Drilling force measurement system, a new standardisable method to determine the stone cohesion: prototype design and validation. Int. J. estoration of Buildings and Monuments, 2000, 6: 115 – 132.

[7] Tiano P, et al. Annex to deliverable 15-Draft of recommended methodologies for stone durability qualification. The European Commission Project ACOUTHERM. (GRD3-2001-60001) Effects of the weathering on stone materials: assessment of their mechanical durability (McDUR). 2005.

[8] Tiano P. The hardrock project: milestones, deliverables and system improvement Proc. of the Workshop DRILLMORE, Firenze (Centro Stampa Toscana Nuova), 2000: 8 – 16.

[9] Pfefferkorn S. Correction functions for eliminating drill bit abrasion and blocked drill dust transport. Proc. of the Workshop DRILLMORE, Firenze (Centro Stampa Toscana Nuova), 2000: 67 – 74.

[10] Singer B, Hornschild I, Snethlage R. Strength profiles and correction functions for abrasive stones. Proc. of the Workshop DRILLMORE, Firenze (Centro Stampa Toscana Nuova), 2000: 35 – 42.

[11] Massey S. An alternative method for correction of data for the effect of the drill bit wearing in drilling tests for very heterogeneous samples. J. for Restoration of Buildings and Monuments, 2004, 10: 23 – 29.

[12] Mimoso J, Costa D. The DRMS drilling technique with pilot holes Proc. Int. Conf. Heritage, Weathering & Conservation, Madrid (Consejo Superior de Investigaciones Científicas), 2006: 651 – 656.

[13] Won M S, Dharan C. Chisel edge and pilot hole effect in drilling composite laminates. J. Manufacturing Science and Engineering, 2002, 124: 242 – 247.

[14] Tiano P, Delgado Rodrigues J, De Witte E, et al. The conservation of monuments: a new method to evaluate consolidating treatments. Int. J. Restoration of Buildings and Monuments, 2002, 6: 133 – 150.

[15] Detournay E, Defourny P. A phenomenological model for the drilling action of drag bits. Int. J. Rock Mech. Min. Sci. & Geomech. Abstr, 1992, 29: 13 – 23.

[16] Wendler E, Sattler L. Bohrwiderstandsmessung als zerstörungsarmes Prüfverfahren. Proc. 4th Int. Koll. Werkstoffwissenschaften und Bauinstandsetzen (MSR IV'96), Esslingen. 1996: 145 – 159.

[17] Wittmann P P. Méthode de mesure de l'effect consolidants de produits de traitement de la Pierre. Proc. 5th Int. Congr. on Deterioration and Conservation of Stone. Lausanne (Presses Polytech. Romandes), 1985: 787 – 794.

[18] Leonhardt H, Lukas R, Kiessl K. Handgerä zur vereinfachten Vor-Ort-Bestimmung bauphysikalischer Kennwerte von Gesteinsoberflä hen. Jber. Steinzerfall-Steinkonservierung, 1989: 243 – 254.

[19] Lotzmann S, Sasse H. Drilling resistance as an indicator for effectiveness of stone consolidation. Proc. Int. Symp. on the use of and the need for preservation standards in architectural conservation. Atlanta (ASTM), 1999: 77 – 89.

[20] Tiano P, et al. Deliverable 6 – Handbook of rock categories. The European Commission Project ACOUTHERM – (GRD3-2001-60001) Effects of the weathering on stone materials: assessment of their mechanical durability. McDUR, 2002.

[21] Natural stone test methods – Determination of compressive strength. EN 1926. European Committee for Standardization, 1999.

[22] Delgado Rodrigues J, Costa D. Comparative tests on compressive strength and drilling resistance. Proc. of the Workshop DRILLMORE. Firenze (Centro Stampa Toscana Nuova), 2000: 43 – 47.

[23] De Witte E, Oostvogels A. In situ applications of the DFMS apparatus. Proc. of the Workshop DRILLMORE. Firenze (Centro Stampa Toscana Nuova), 2000: 58 – 63.

Drilling Resistance: Overview and Outlook

Pamplona M, Kocher M, Snethlage R, Aires Barros L

Abstract Drilling resistance technique is a valuable tool to be used in the field of conservation and restoration of our cultural heritage. Strength and strength profile measurements allow scientists to detect forms of deterioration and address adequate conservation actions. In this paper the drilling technique is described regarding its development during the last century and its function principle. Some advantages and some limits are highlighted. A correspondence between drilling force and drill bit diameter is established, so results obtained with bits of different diameter can be directly compared. Using results from different sources a linear relation between drilling resistance (DR) with uniaxial compressive strength (UCS) is derived. Furthermore, the drilling resistance and UCS values were related to the well-known Mohs hardness scale. A wider spreading of the drilling resistance method can be achieved by direct comparison with other strength parameters if the correlation expressed in this paper is further tested.

Keywords Drilling resistance, Drill bit diameters, Uniaxial compressive strength, Mohs hardness

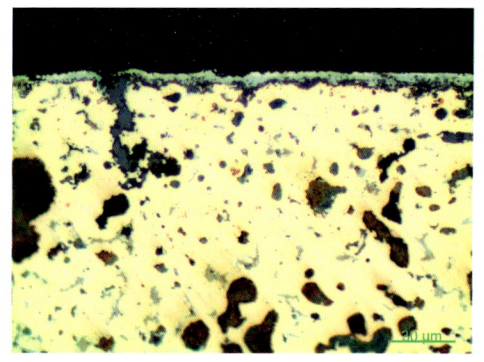

图版1　镀锡青铜鐏　　　图版2　青铜鐏截面金相照片（未浸蚀）

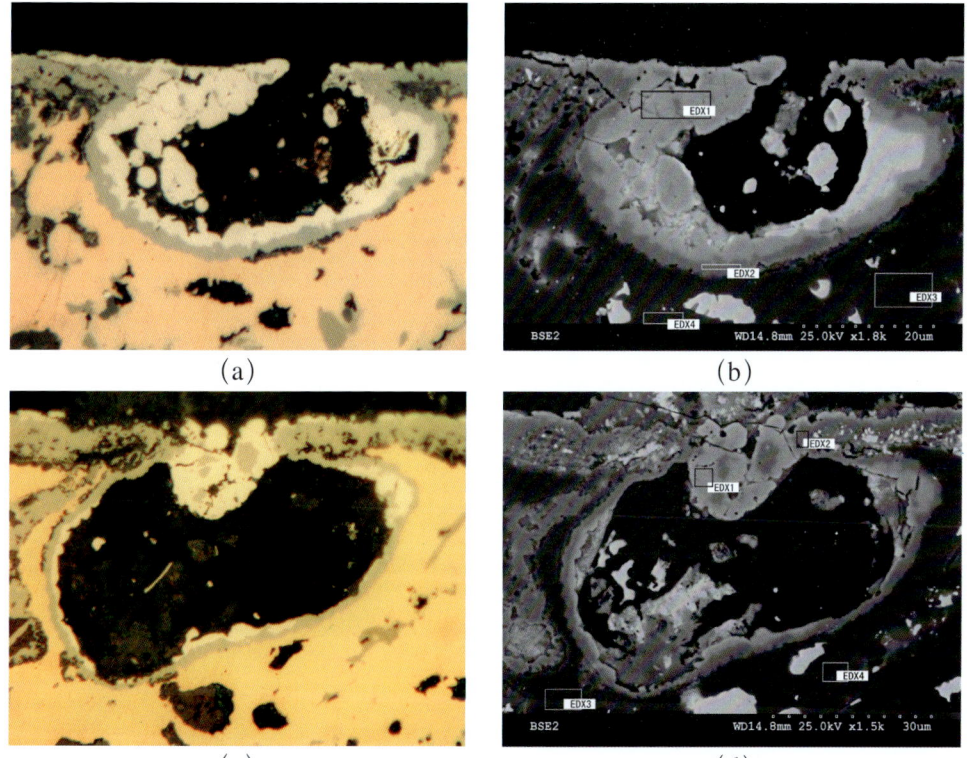

图版3　青铜鐏截面局部金相照片（a、c）与扫描电镜图像（b、d）对比图

图版4　青铜鐏基体金相图（×1000，FeCl$_3$盐酸乙醇溶液浸蚀）

 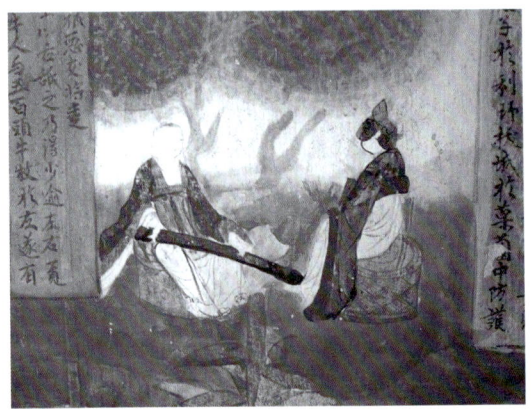

图版5　莫高窟第85窟正常光（左）和红外（右）图像
（中美合作保护莫高窟第85窟项目）

图版6　莫高窟第275窟南壁侧光（左）和红外（右）图像

图版7　莫高窟第272窟正常光（左）和紫外荧光（右）图像

图版8　莫高窟第194窟南壁东侧下部7身女供养人的正常光（左）和紫外荧光（右）图像

图版9　莫高窟第275窟北壁黑蓝色壁画正常光（左）和紫外荧光（右）图像

图版10　莫高窟第194窟正常光（左）和紫外线激发荧光（右）图像

图版11 "四神云气图"壁画1989年揭取前全貌

图版12 壁画3D模型反映出的壁画变形状况

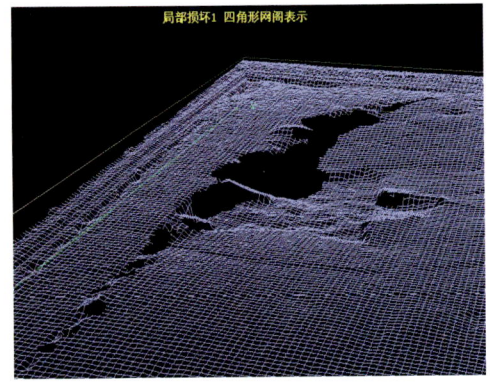

图版13 壁画位置1孔洞三维数据四角网格

图版14 壁画接缝起翘处的三维数据

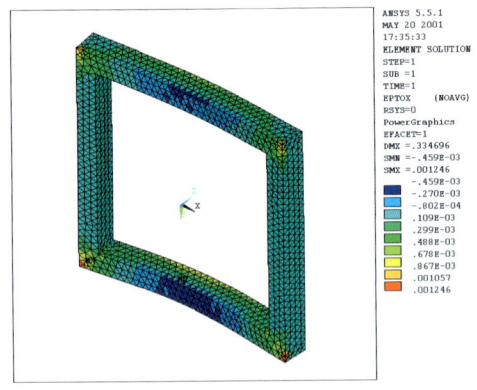

图版15 壁画框架弯曲变形应力分布的有限元计算结果1

图版16　青海都兰出土唐代丝织品清洗前（左）后（右）(标尺单位：cm)

图版17　新疆尼雅出土宋代丝棉帽残片清洗前（左）后（右）(标尺单位：cm)

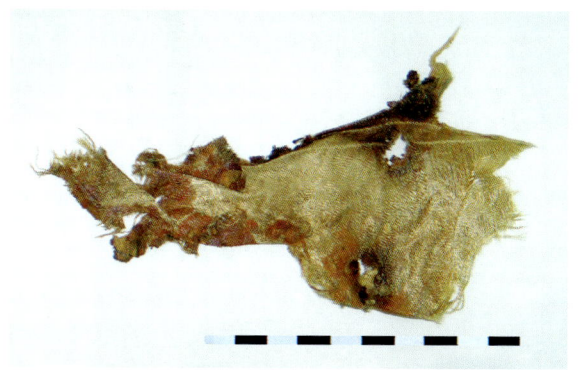 

图版18　内蒙古出土汉代马面罩残片清洗前（左）后（右）(标尺单位：cm)

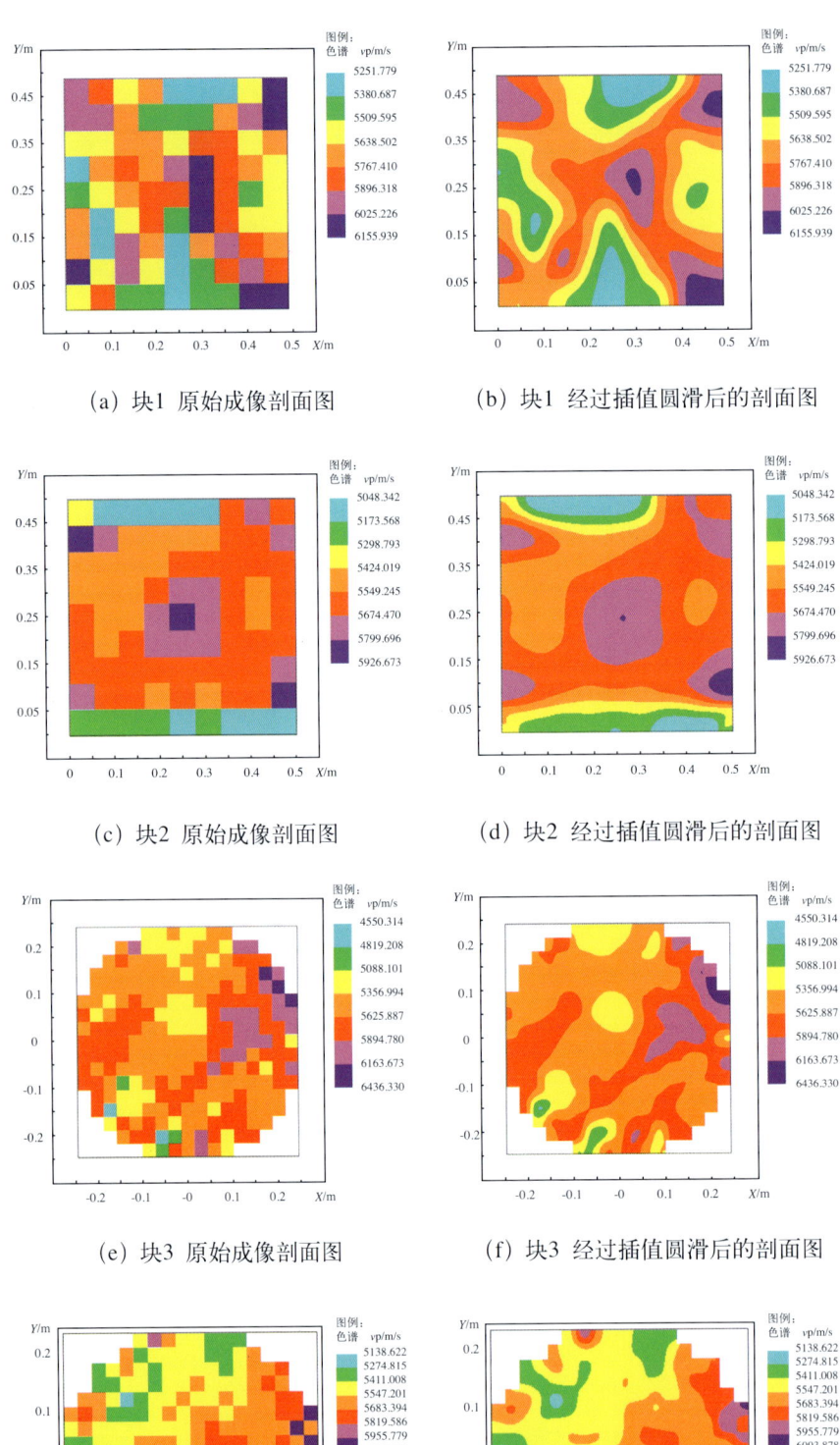

图版19 唐陵石刻标准试块成像剖面

图版20 "华光礁I号"沉船出水铁器样品

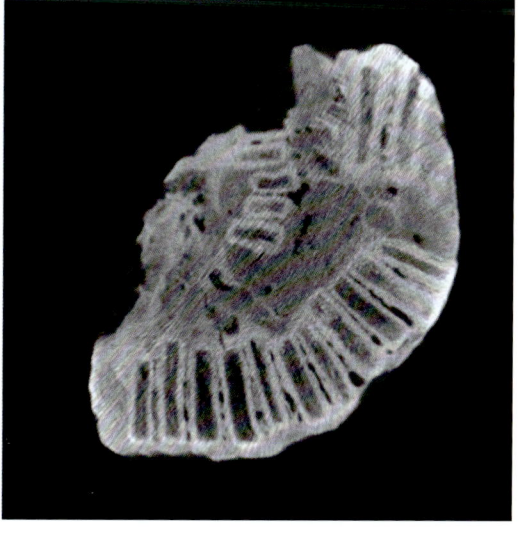

图版21 "华光礁I号"出水铁器样品及CT扫描图（HTQ-4）

图版22　沧州铁狮子现状

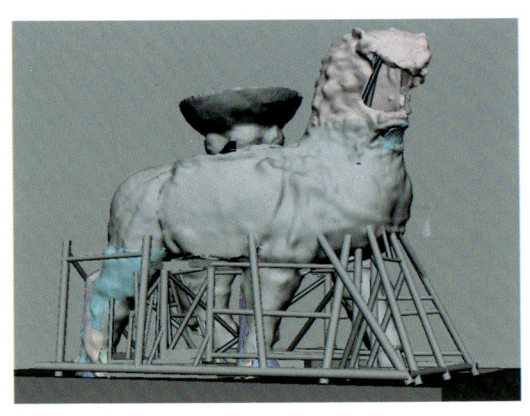
图版23　铁狮子几何模型（带支撑）

图版24　病害与铸造缺陷三维表达示例一

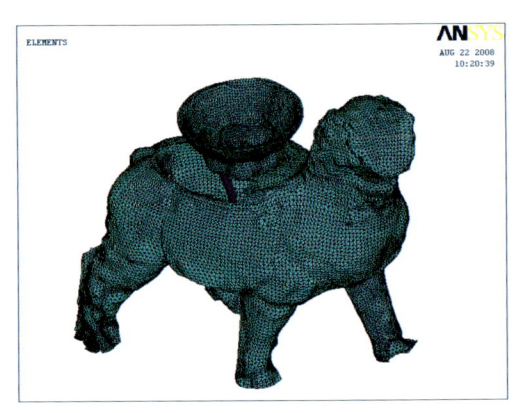
图版25　无支架无裂缝模型①

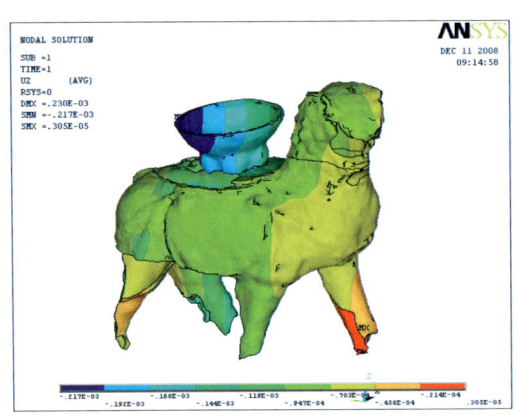
图版26　铁狮子位移云图

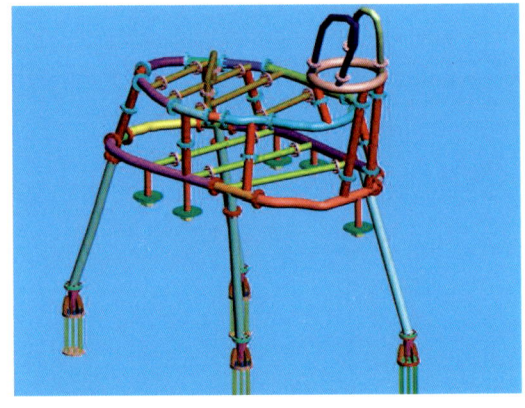
图版27　铁狮子内支架加固方案模型